Disfruten Aprendiendo los

Caracteres Chinos

Descubran sus Significados Escondidos

Autores Kun Ho Park & Kyung Yong Kong
Traducción Soo-hyun Hwang. Ph.D (Prof. Kyung Hee Univ.) & Ji-ah Chung
Diseño Sang Hee Kim, Jae Kyoung Shim & Dae Han Youn
Ilustración Jae Young Lee
Editor Kyung Yong Kong

Publicado por
KONG & PARK, Inc.
22, Samil-daero 15-gil, 4F, Jongno-gu, Seoul, 110-111 Rep. of KOREA
Número de publicación: 300-2008-82 (2 de septiembre de 2008)
Tel +82_2_565_1531
Fax +82_2_3445_1080
www.kongnpark.com

ISBN 978-89-97134-12-0
978-89-97134-13-7 (ePDF)
978-89-97134-14-4 (ePUB)

Distribuido por
KONG & PARK USA, Inc.
475 North Martingale Road, Suite 710, Schaumburg, Illinois 60173, USA.
Tel +1_847_241_4845
Fax +1_847_278_1577
www.kongnpark.com

Impreso en Corea

Disfruten Aprendiendo los Caracteres Chinos

Descubran sus Significados Escondidos

Kun Ho Park · Kyung Yong Kong

KONG & PARK

Índice

Prólogo 06

Guía para el lector 08

El ser humano 12

El cuerpo humano 14

Cabeza | 亠1 京2 高3 亥4 亡5 页6 首7 彡8 而9

Cara | 面10 目11 直12 见13 艮14 良15 口16 可17 奇18 古19 囗20 音21 言22 欠23 舌24 牙25 自26

Cuerpo | 身27 心28 骨29 歹30

Mano | 手31 才32 爪33 又34 史35 彐36 聿37 隶38 𠂇39 寸40 付41 寺42 廾43 其44 关45 勹46 包47 匈48 勿49 攵50 支51

Pie | 足52 止53 正54 疋55 夊56 各57 舛58 癶59 彳60 辶61 廴62

La persona 151

人 | 人63 内64 亼65 今66 佥67 𠂊68 尔69 亻70 儿71 兄72 元73

大 | 大74 头75 夬76 央77 夭78 立79 尢80

Forma humana | 疒81 己82 乙83 也84 㔾85 令86 卬87 匕88 旨89 尸90 尺91

El estatus 221

Estatus de origen | 巳92 厶93 去94 子95 女96 母97 父98 氏99 歺100 者101 长102

Rango | 辛103 士104 壬105 臣106 卧107 王108

La vida 256

La guerra 258

Armas | 弓109 弋110 矢111 至112 戈113 戊114 戋115 矛116 殳117 斤118 刀119 召120 干121 平122 并123

Transporte | 车124 舟125

Ceremonia | 示126 卜127 卓128 兆129

Artículos de primera necesidad 305

Ropa | 衣130 巾131 纟132 文133 白134 青135 黄136

Alimento | 食137 米138 禾139 豆140

Vivienda | 宀141 穴142 广143 户144 门145 互146
阝147 厂148 冂149 向150 里151

La agricultura 356

Campo de labranza | 土152 圭153 田154 甶155 由156 申157 火158

Aperos de labranza | 力159 方160 㫃161

Envase | 酉162 畐163 斗164 网165 用166
凵167 亅168 冖169 西170

Naturaleza 396

Animal 398

Animales terrestres | 羊171 犬172 犭173 豕174 牛175 马176

Otros animales | 鸟177 隹178 只179 喿180 非181 羽182
采183 虫184 鱼185 贝186 辰187

Derivados | 毛188 皮189 韦190 角191
肉192 𠂤193 内194

Paisaje 438

山195 谷196 石197 玉198 金199 工200 水201 氵202
氺203 气204 雨205 冫206 艹207 生208 丰209 木210
东211 林212 几213 丬214 片215 竹216 册217

Cuerpos celestes 484

日218 易219 昔220 月221 夕222

Otros 496

一223 且224 丁225 二226 云227 井228 八229
九230 十231 丨232 丶233 丿234 小235

Conclusión 525

Índice de los caracteres Pinyin 528

Índice de los caracteres básicos 535

Prólogo

Por el prejuicio que se tiene de que los caracteres chinos son jeroglíficos, la mayoría de los que estudian el chino se preocupan por cómo memorizar miles de dibujos. En realidad muchos de ellos prefieren leer y escribir en Pinyin (deletreo fonético de la lengua de Han) en lugar de memorizar los miles de dibujos complejos, que parece tarea posible sólo para un genio, con lo cual sólo podrán manejar la lengua a medias.
Pero si pensamos en el hecho de que no sólo los antepasados chinos que generaron los caracteres, sino también los chinos de hoy en día que los leen y escriben con facilidad, no todos son genios, debe de existir un atajo por el que se pueda aprender los caracteres chinos fácilmente. Este libro intenta compartir la clave para aproximarse a los caracteres de forma fácil e interesante.

Los países que más utilizan el carácter chino en la actualidad son 'China (incluidos Taiwán, Hong Kong y Singapur), Corea del Sur y Japón'. China, por supuesto, como país de origen, es donde se utilizan más. En China y en Singapur se utiliza el carácter chino simplificado mientras que en Taiwán y en Hong Kong, el carácter chino tradicional. En Japón en la actualidad se utilizan el carácter chino tradicional y algunas abreviaturas. En Corea se utiliza Hangul, sus propias letras, pero el 60% de su vocabulario tiene el origen de su significado en el carácter chino tradicional, con lo cual, el no saber el carácter chino complica la comprensión de su significado.
Por lo tanto, es en 'China, Corea y Japón' donde se realizan más estudios sobre los caracteres chinos. Hemos tomado en cuenta los vastos estudios y las opiniones de los académicos de estos tres países en conjunto y hemos clasificado más de 3.500 caracteres chinos de uso común, una cantidad que sobrepasa los 2.633 caracteres de HSK 1~6. El presente libro tratará unos 856 caracteres, incluidos los que están en relación con los caracteres básicos, para explicar los 623 caracteres presentes en HSK 1~3.

El carácter chino tuvo su origen en las inscripciones en los huesos oraculares, supuestamente utilizadas entre el siglo XIV A.C. y el siglo XII A.C., que posteriormente se desarrolló en China y en los siglos VI y VII, fue transmitido a Corea y luego a Japón para ser utilizado en la vida diaria. Con el tiempo cambia la lengua y, lógicamente, en China el significado de los caracteres también ha sufrido modificaciones. Sin embargo, en Corea y en Japón, donde sólo se adaptaron las letras sin afectar sus propias lenguas, aunque haya cambiado la fonética, el significado sí se ha mantenido. Por tanto, nos sirvió de mucha utilidad el haber tomado en consideración las opiniones de los académicos de los tres países.

Afirmamos el hecho de que hemos intentado explicar los principios de cómo se ha generado el carácter chino con base en las opiniones de los académicos de los tres países y, según lo requiera la ocasión, añadiendo opiniones personales basándonos en las inscripciones en los huesos oraculares y en bronce, que son jeroglíficos, ya que nuestro objetivo no es convertirnos en académicos que vayan a estudiar el origen de las letras, sino comprender mejor el carácter chino de forma más fácil. Pero los principios de cómo se han generado los caracteres tratados en el presente libro son explicaciones que se combinan para desarrollar otros 3.500 caracteres, con lo cual no se trata de una explicación a medias que sirve sólo para memorizar una letra.

PARK, Kun Ho
朴乾晧

KONG, Kyung Yong
孔卿镕

Guía para el lector

Para aprender el carácter chino de forma fácil se necesita comprender primero el contexto en el que se generó. Por lo tanto, en el presente libro se estudiarán los caracteres básicos separándolos en 3 clasificaciones: el hombre que utiliza los caracteres, la vida de los hombres y la naturaleza que es la base de su vida.

¿Cuáles son los caracteres que están relacionados con el hombre?

- El cuerpo humano : El cuerpo humano es el mismo en todo el mundo aunque varíe de color o de tamaño. Asimismo el cuerpo humano es el sujeto que realiza todas las actividades, con lo cual serán tratados en el presente libro los que más estén relacionados con él.
- Ser humano : El lector aprenderá que existen muchos caracteres básicos que imitan las figuras del ser humano como 'una persona que está de pie, una persona que se acuclilla, una persona que se arrodilla', etc.
- Estatus : Hablaremos del estatus de origen, desde un feto hasta un anciano, y del estatus social, desde un esclavo hasta un rey.

¿En qué contexto de la vida aparecen los caracteres básicos?

- Guerra : No sería muy equívoco decir que la historia del hombre es la historia de la guerra. En el carácter chino existen muchos relacionados con la guerra, que ha dejado mucho impacto en el hombre.
- Ropa, comida y vivienda : Estudiaremos los caracteres en directa relación con los elementos indispensables de la vida como 'ropa, comida y vivienda'.
- Agricultura (profesión) : La agricultura es la profesión que produce la alimentación, primordial para la supervivencia, con lo cual tiene una historia muy larga en el proceso de desarrollo en la historia humana.

¿Cómo se clasifican los caracteres relacionados con la naturaleza?

- Animal : Estudiaremos los caracteres clasificándolos en 'animales terrestres, otros animales y derivados' con los que el hombre se encuentra a lo largo de su vida.
- Paisaje natural : Podremos advertir la forma en que se utilizan los caracteres relacionados con las montañas, los minerales, el agua, la vegetación y los árboles.
- Cuerpos celestes : Estudiaremos cómo se combinan los caracteres clasificados por el sol, la luna y las estrellas, con otros caracteres para generar nuevos significados.
- Otros : Por último, se clasificarán los números y los signos que aún no hayan sido explicados. Una vez que entendamos el contexto en el que se generaron los caracteres chinos, siguiendo el orden anterior, y repitamos los caracteres básicos del diagrama, ya no miraremos los caracteres básicos y compuestos como caracteres independi-

entes, sino que los sentiremos como un todo. Si conseguimos esto, con un poco de esfuerzo podremos mejorar tanto la lectura como la escritura, de tal manera que nos asombraremos de cuánto hemos mejorado.

Es más, cuando nos encontremos con un carácter nuevo, que no hayamos estudiado en este libro, estaremos preparados para saber cómo leerlo y deducir su significado.

La estructura del libro

Para sacar mayor provecho del libro, sería útil mirar la estructura del libro y comprender la intención del editor. El texto del libro se puede dividir en dos grandes partes: diagramas y explicaciones.

Diagramas

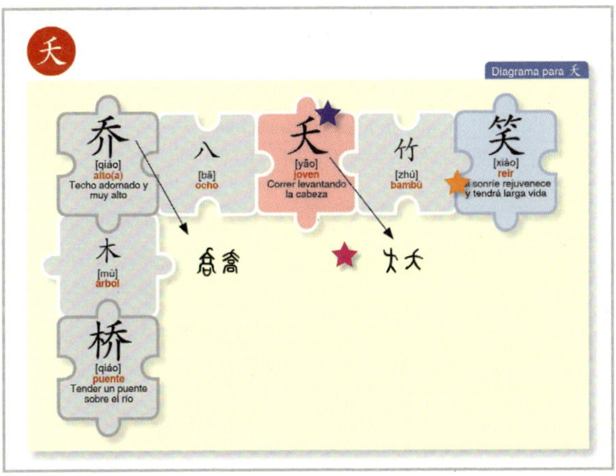

★ Carácter principal
★ Explicaciones resumidas
★ Caracteres antiguos

★ Carácter principal : Este carácter puede que no sea uno de los 200 caracteres que los académicos clasifican como radicales (部首), pero recordemos que son caracteres importantes que se repiten en otros caracteres. En realidad, los radicales sólo sirven para clasificar los caracteres y no se utilizan excepto cuando se busca un carácter en el diccionario. Y puesto que no es necesario memorizarlos, en el presente libro no se especifican. Pero una vez que termine de leer el libro por completo, el lector podrá encontrar el carácter que quiera en el diccionario sin problema ya que podrá ver la combinación de los diferentes caracteres básicos en el carácter.

Explicaciones resumidas : Estas explicaciones resumen las explicaciones largas del texto principal de manera que con sólo mirar el diagrama el lector podrá recordar el contexto en el que se generó el carácter. Puede que en la parte final del libro aparezcan en estos diagramas caracteres que no estén presentes en el texto principal. Estos caracteres ya se han explicado anteriormente, con lo cual bastan estas explicaciones resumidas para recordar al lector su contexto y así su significado. Asimismo le ayudará en el momento de repasar una parte ya estudiada con sólo mirar los diagramas gracias a estas explicaciones resumidas.

Caracteres antiguos : Se han incluidos caracteres antiguos como las inscripciones en los huesos oraculares, en bronce y en metal, para ayudar la comprensión de las letras actuales. Los caracteres antiguos le ayudarán a comprender cómo han obtenido el significado que tienen las letras utilizadas en la actualidad.

Explicaciones

16c — 16

号 hào **nombre; número**

boca 口 [kǒu] + hábil 丂 [kǎo]

Cuando llama(口) a alguien entre la multitud, es hábil(丂)si lo llama por su nombre. Además, significa 'número' ya que se le asigna un número a cada persona para llamarla con más facilidad, y también sirve como unidad al contar a las personas.

* "丂" tiene forma de un artesano que crea una obra con mucha delicadeza y se refiere a habilidad o ingenio.

一百多号人。más de cien personas. - 223 134a 222d 16c 63

16d

听 tīng **escuchar**

boca 口 [kǒu] + hacha 斤[118] [jīn]

Tiene forma de un hacha(斤) que tala la boca(口) para acentuar la necesidad de cerrar la boca y escuchar bien.

听见[tīngjiàn] escuchar - 13
听说[tīng/shuō] ser contado; enterarse de - 72d
听写[tīngxiě] dictar; dictado - 169a

Número de referencia rápida
Carácter explicativo
Descomposición
Orden de escritura
Explicaciones y notas al pie
Palabras
Ejemplos

★ Número de referencia rápida : En el presente libro encontrarán un número de referencia para cada carácter. Este número ha sido diseñado para ayudarles encontrar de forma fácil y rápida el carácter que desconocen o que no recuerdan. Mientras leen una explicación, una palabra o un ejemplo, si desean buscar un carácter, lo podrán hacer fácilmente

★ Carácter explicativo : Si un carácter que aparece en esta sección tiene un cuadro azul, se trata de un carácter utilizado en una palabra que corresponde a HSK Básico. Si además del cuadro azul, tiene otro borde azul, se trata de un carácter de mayor utilización, ya que corresponde a HSK Básico por sí solo, además de alguna palabra. El cuadro gris indica que se trata de un carácter que no está en HSK Básico, pero que es importante ya que se trata de un carácter básico o uno que sirve de vínculo entre un carácter básico y uno en HSK Básico. Un buen uso de estas diferencias les ayudará mucho en preparar HSK.

★ Descomposición : Es la parte que enseña qué caracteres componen un carácter explicativo. En especial, en esta parte es importante prestar atención a la influencia que ejerce el Pinyin del carácter chino sobre el carácter explicativo. En la conclusión del presente libro encontrarán que la mayoría de los caracteres chinos son caracteres compuestos con elementos fonéticos y semánticos. Y si la forma del carácter se modifica un poco al combinarse con el carácter explicativo, no se extrañen demasiado pero piensen en el contexto en el que se ha compuesto. Con el tiempo, el carácter se ha ido modificando un poco consiguiendo una estética figurativa.

★ Orden de escritura : Existen varias reglas en el orden de escritura del carácter chino, como 'de izquierda a derecha, de arriba a abajo, si se cruza el trazo horizontal con el vertical, primero el trozo horizontal', etc., pero para que el lector pueda escribirlo siguiendo el orden, hemos añadido esta parte podrán escribir los caracteres chinos de forma más equilibrada si intentan escribirlos en este orden. Y si repiten la escritura pensando en el contexto que les enseña el libro, será mucho más fácil recordarlo.

★ Explicaciones y notas al pie : Son la parte más importante del libro. Allí se explica el contexto en el que se componen los caracteres básicos. Si es necesario, sería bueno prestar atención a los caracteres antiguos que hemos incluido para ayudar su comprensión.

★ Palabras : Son las palabras en las que se utilizan los caracteres explicativos. Las palabras en negro incluyen todas las palabras que corresponden a HSK Básico. Las palabras en gris no corresponden a HSK Básico, pero ayudan a entender la utilización de los caracteres explicativos. Las palabras que contengan una barra (/) entre los Pinyin de la palabra son partes entrelazadas que pueden ser o bien unidas o separadas en una oración.

★ Ejemplos : En casos de que sea difícil de encontrar en las palabras el significado de los caracteres explicativos utilizados, hemos anotado ejemplos para ayudar su comprensión. Podemos ver cómo se utiliza el significado derivado de un carácter explicativo en las explicaciones.

El ser humano

El ser humano

El cuerpo humano

Para los chinos de la antigüedad era más fácil describir el ser humano, el hombre que utiliza los caracteres, para realizar descripciones simples y objetivas que sean comprensibles para cualquier persona a la hora de generar un carácter con pictogramas. Por lo tanto, todas las partes del cuerpo, desde la cabeza hasta los pies, se utilizaron como caracteres básicos.

1. La cabeza tiene, además del significado literal de la cabeza, un significado simbólico del líder.
2. La cara tiene órganos como 'ojos, nariz, boca, orejas', etc.
3. ¿Qué partes del cuerpo se utilizaría para expresar las emociones del hombre como la alegría, la tristeza o el placer? Se utiliza el carácter "corazón 心 [xīn]" que describe la forma del corazón.
4. ¿Cuáles son las partes del cuerpo que se utilizan más? La parte que diferencia más al hombre del animal es el uso de la mano. Por lo tanto, son los caracteres básicos que significan la mano los que más hay.
5. Después de la mano, es el pie el que más se utiliza, por lo que también existen muchos caracteres básicos.

La persona

En los caracteres básicos, existen los que significan no sólo una parte del cuerpo humano, sino que se refieren al ser humano en sí. Hay los que contienen el carácter que significa el 'ser humano', pero también los hay que tienen la forma original del ser humano pero con diferente significado.

1. Demostrar cómo contribuyen los caracteres básicos con significado 'ser humano' como "人" al significado final del carácter.
2. Hay caracteres básicos parecidos al carácter "大" que describe al hombre que extiende sus brazos y piernas.
3. Se estudiarán los caracteres como 'hombre de pie, hombre que acuclilla, hombre que se arrodilla', que tienen una 'forma humana' pero con diferente significado.

El estatus

Cualquier diccionario define al ser humano como un animal social. Por tanto, en esta sección estudiaremos cómo se utiliza en los caracteres básicos el estatus social al que pertenece el ser humano

1. Existen caracteres básicos que se refieren al estatus de origen de nacimiento, desde un feto en la matriz de la madre hasta un anciano.
2. Desarrollaremos el tema clasificando el ser humano según su rango social, desde un esclavo hasta un rey. Ya que el número de súbditos supera al número de reyes, lógicamente existen mucho más caracteres relacionados con los súbditos.

亠

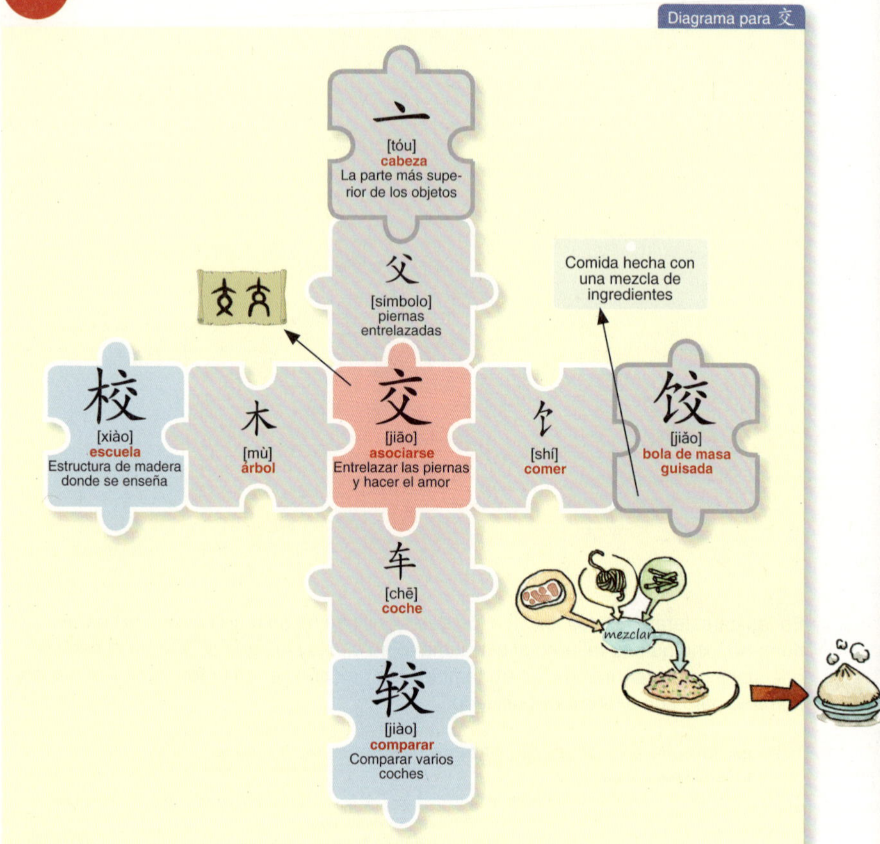

1

1 丶 亠

亠 tóu	**cabeza**

Este carácter se refiere a la 'cabeza' si se trata de una persona o de un animal, la 'cima' si se trata de un edificio y a la 'parte superior' si es una cosa.

1a 丶 亠 亠 六 交 交

交 jiāo	**asociarse**

cabeza 亠 [tóu] + piernas enredadas 父 [símbolo]

Es la figura de dos personas(亠) que entrelazan las piernas(父) y que hacen el amor, y tiene el significado de 'asociarse con'. Y el hecho de que las piernas de un hombre y de una mujer se entrelazan, significa que están teniendo una relación sexual.

* El carácter de "padre 父[98][fù]" contenido en "交" describe las piernas entrelazadas, y no tiene ninguna relación con el 'padre'. Hay que recordar que el parecido figurativo no tiene porqué dar lugar al mismo significado.

交付[jiāofù] entregar; pagar - 41 交换[jiāohuàn] intercambiar; cambiar algo por otro - 68d
交流[jiāoliú] cambiar; intercambiar - 202a
外交 [wàijiāo] diplomacia; asuntos exteriores - 222a

1b 丿 𠂊 饣 饣 饣 饣 饣 饺 饺

饺 jiǎo

bola de masa guisada

comer 饣=食[137][shí] + mezclar/asociarse 交 [jiāo]

El wantan se hace con una mezcla(交) de varios ingredientes envuelta en una capa de masa fina, que luego se cuece(饣).

饺子[jiǎozi] wantan (con relleno de carne y vegetales) - 95

1c 一 𠂇 𠂇 车 车 车 车 车 轳 较

较 jiào

comparar

coche 车[124][chē] + mezcla/asociarse 交 [jiāo]

De un surtido(交) de entre varios coches(车), comparar cuál es el mejor.

* Se puede comprobar que se utiliza el coche para comparar la posición social de una persona en el mundo.

比较[bǐjiào] comparar - 88a

1d 一 十 才 木 木 木 木 木 杉 校

校 xiào

escuela

árbol 木[210][mù] + asociarse 交 [jiāo]

Una escuela es una estructura de madera(木) donde profesores y estudiantes se reúnen para intercambiar(交) conocimiento.

* Un ejemplo de la estructura antigua de madera de China sería la Ciudad Prohibida.

学校[xuéxiào] escuela - 95a 校长[xiàozhǎng] maestro(a); director(a) - 102

1

京

Diagrama para 京

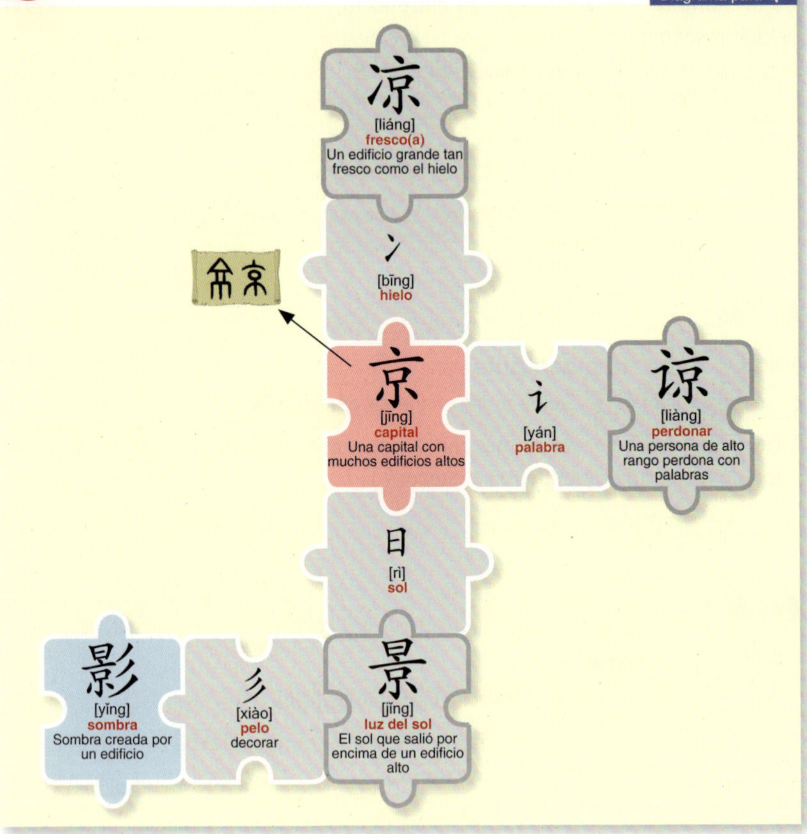

2

2

丶 亠 亡 亣 古 亨 亨 京

京 jīng

capital

cima 亠[1] [tóu] + edificio principal 尒 [símbolo]

De la forma de un edificio alto y grande(尒) con cima(亠) llegó a tener el significado básico de 'grande, alto'. Y es en una ciudad grande como una capital donde hay muchos edificios altos.

* Es una letra relacionada con edificios, con lo cual "亠" se refiere a la cima y el resto al edificio principal. No guarda relación alguna con "boca 口[16] [kǒu]" o "pequeño 小[235] [xiǎo]".

北京 [Běijīng] Beijing; Pekín - 88c

2a 丶 冫 冫 冫 冫 冫 冫 冫 凉 凉

凉 liáng

fresco(a)

hielo 冫[206][bīng] + grande/capital 京 [jīng]

Un edificio grande(京) tiene el techo alto y las paredes gruesas, por lo que aún en verano no hace mucho calor sino que hace frío como el hielo(冫).

凉快[liángkuai] agradablemente fresco - 28d

2b 丶 讠 讠 讠 讠 讠 讠 讠 谅 谅

谅 liàng

perdonar

palabra 讠=言[22][yán] + grande/capital 京 [jīng]

Las palabras(讠) de una persona de alto rango que vive en un edificio alto(京) tiene el poder de perdonar.

原谅[yuánliàng] disculpar; perdonar - 201d

2c 丨 冂 日 日 旦 早 早 昌 昌 景 景 景

景 jǐng

luz del sol

sol 日[218][rì] + grande/capital 京 [jīng]

El sol(日) sale por encima de un edificio alto(京) y brilla intensamente a su alrededor.

风景[fēngjǐng] paisaje; panorama - 213c

2d 丨 冂 日 日 旦 早 早 昌 昌 景 景 景 景 影 影

影 yǐng

sombra

luz del sol 景 [jǐng] + decorar/pelo 彡[8][shàn]

Es la forma de una sombra(彡) que hace un edificio grande cuando brilla(景) el sol. También tiene el significado de 'fotografía, película' que se expresan a través del contraste entre la luz y la sombra.

* "彡" es la forma de una sombra que realiza la función de recalcar la forma del edificio.

电影[diànyǐng] filme; película - 157a

影响[yǐngxiǎng] influencia; afecto - 150a

2

高

Diagrama para 高

3

3

高 gāo

alto(a)

De la forma de un palacio magnífico con una entrada(口[16]) grande por donde entra y sale mucha gente llegó a tener el significado básico de 'alto, grande'.

* Se trata de una letra relacionada con edificios y "亠[1][tóu]" se refiere al tejado, cima de un edificio.

高兴[gāoxìng] contento(a); feliz - 43d
高度[gāodù] altitud; grado alto - 143b
高涨[gāozhǎng] incrementar - 102b
提高[tígāo] levantar, mejorar - 54c
高尚[gāoshàng] noble; elevado(a) - 150b

3a

一 十 才 扌 扩 扩 护 护 护 搞 搞 搞 搞

搞 gǎo

hacer

mano 扌=手[31][shǒu] + alto 高 [gāo]

En un palacio tan alto y magnífico como la Ciudad Prohibida hay mucho trabajo que hacer y se requiere mucha mano(扌) de obra.

搞鬼[gǎo/guǐ] tramar - 155a　　搞好了吗? ¿Está hecho? - 3a 96c 168a 176a

3b

丶 亠 亠 亡 亡 卢 高 亭 亮

亮 liàng

brillante

alto(a) 高 [gāo] + persona 儿[71][rén]

Igual que un edificio alto(高), una persona(儿) con habilidades sorprendentes o de buen ver brilla a su alrededor.

* De la letra "高" se ha eliminado la parte inferior al ser combinada con otra letra por motivos de estética.

漂亮[piàoliang] bonito(a); hermoso(a) - 126e　　月亮[yuèliang] luna - 221

3c

丶 亠 亠 亡 亡 亨 亨 享

享 xiǎng

disfrutar

alto(a) 高 [gāo] + hijo 子[95][zǐ]

Para agradar a sus antepasados los descendientes(子) preparan un altar alto (高) y magnífico.

* En China los ritos se pueden dividir en dos tipos: uno para los dioses y otro para los antepasados. "享" es una letra que se refiere a un rito para honrar a los antepasados.

享福[xiǎng/fú] disfrutar de una vida feliz - 126i

3d

丶 亠 亠 亡 亡 亨 亨 享 郭 孰 孰

孰 shú

quién

disfrutar 享 [xiǎng] + inclinarse/bolita 丸[230c][wán]

Está mirando quién está inclinándose(丸) ante el altar alto para honrar(享) a sus antepasados.

* "丸" describe la forma de la espalda cuando una persona está inclinándose.

3

3e 丶 亠 亠 亠 亡 亨 享 享 孰 孰 孰 孰 熟 熟 熟

熟 shú

cocido; maduro

quién 孰 [shú] + fuego 灬=火[158] [huǒ]

Para honrar a los antepasados hay que ofrecer la comida que les gustaba bien cocida al fuego(灬) quienquiera(孰) que prepare las ofrendas. Y por supuesto que hay que ofrecer fruta que esté también bien madura.

* Efectivamente en China cuando se rinde culto a los antepasados, además de las ofrendas habituales, se añaden los platos que les gustaban.

成熟[chéngshú] maduro - 114a 熟练[shúliàn] experimentado; apto - 132g

亥

Diagrama para 亥

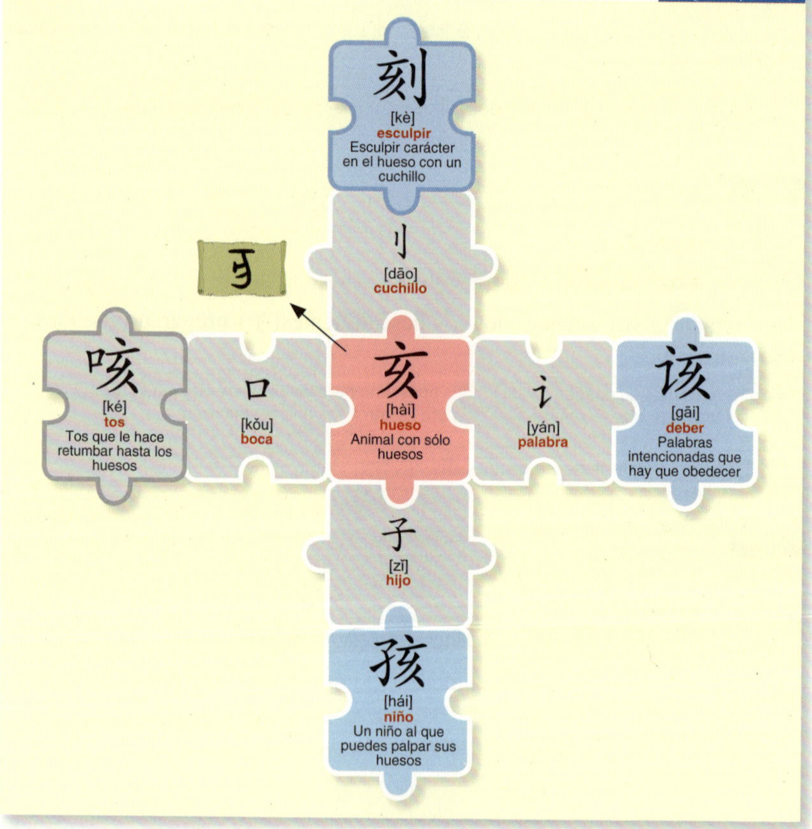

4

4 丶 亠 亡 方 亥 亥

亥 hài hueso

Es la forma de un animal descarnado con sólo huesos y cuando se añade a otro carácter confiere el significado de 'hueso, marco'.

* Ya que se trata de una letra relacionada con el animal, "亠[1][tóu]" se refiere a la cabeza.

4a 丶 亠 亡 方 亥 亥 亥 刻

刻 kè esculpir

hueso 亥 [hài] + cuchillo 刂=刀[119][dāo]

Se esculpen caracteres o dibujos en el hueso(亥) con un cuchillo(刂) como las inscripciones en los huesos oraculares. En la época antigua se dividía el día en 100 '刻[kè]' y se esculpía la hora en un reloj de agua. De ahí llegó a tener el significado de 'momento; un cuarto de hora'.

* Inscripciones en los huesos oraculares: Son los caracteres inscritos con cuchillos en caparazones de tortugas o en huesos de vacas que aparecieron alrededor del siglo XIV a.C. y que dieron origen a los caracteres chinos que conocemos.

立刻[lìkè] inmediatamente; en seguida - 79
深刻[shēnkè] hondo; profundo - 202c
时刻[shíkè] tiempo; hora; momento - 42d

4b 丶 讠 讠 讠 订 访 该 该

该 gāi deber

palabra 讠=言[22][yán] + hueso 亥 [hài]

Palabras(讠) con hueso(亥) significan lecciones que la gente debe seguir o cumplir como es debido.

应该[yīnggāi] deber; debería; tener que - 143c

4c 乛 了 子 孑 孑 孒 孩 孩 孩

孩 hái niño

hijo 子[95][zǐ] + hueso 亥 [hài]

Cuando se abraza a un hijo(子) pequeño que aún no tiene desarrollados los músculos, se puede sentir los huesos(亥). De ahí llegó a tener el significado de niño.

孩子[háizi] niño - 95
小孩儿[xiǎoháir] niño; chico - 235 71

4

4d

咳 ké

tos

boca 口[16] [kǒu] + hueso 亥 [hài]

A diferencia de hablar o respirar, la tos(口) puede hacer retumbar hasta los huesos.

* Aquí "口" funciona como la boca que tose.

咳嗽[késou] tos; toser - 211b

亡

Diagrama para 亡

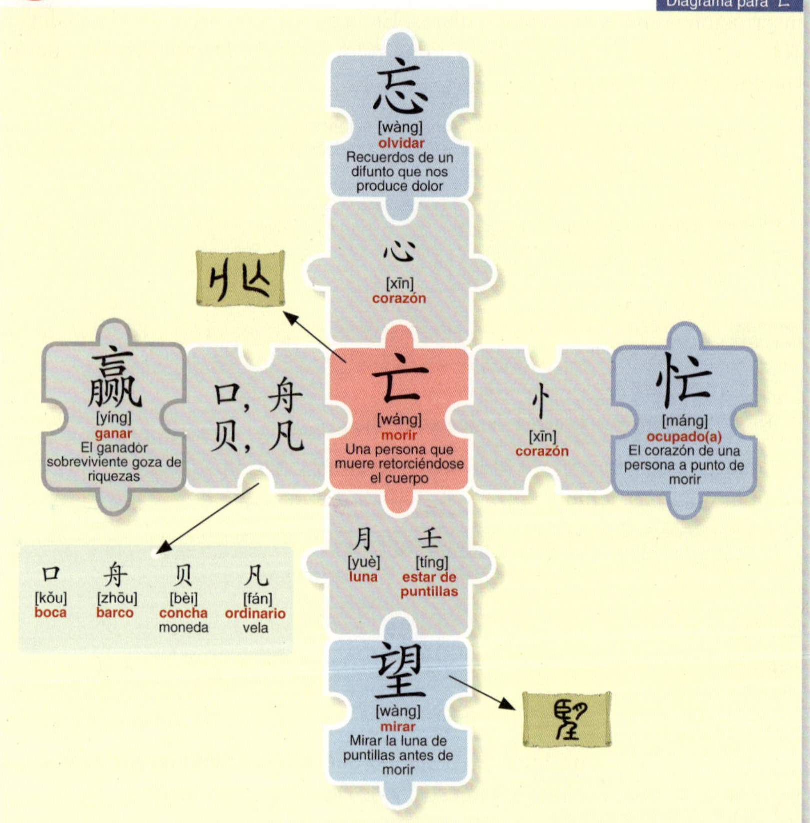

5

5

丶 亠 亡

亡 wáng

morir

Una persona(亠) recta(丨) se pone enferma o envejece con el cuerpo ya no recto sino doblado(乚) y muere.

* Aquí "亠[1][tóu]" se refiere a la cima del cuerpo, es decir, la cabeza.

死亡[sǐwáng] morir - 30a

5a

丶 亠 亡 产 忘 忘 忘

忘 wàng

olvidar

morir 亡 [wáng] + corazón 心[28][xīn]

Los recuerdos de un difunto(亡) querido nos produce dolor en el corazón(心), con lo cual es mejor olvidarlo pronto.

忘记[wàngjì] olvidar - 82b

5b

丶 丷 忄 忄 忙 忙

忙 máng

ocupado(a)

corazón 忄=心[28][xīn] + morir 亡 [wáng]

Describe el corazón(忄) ocupado de una persona que se enfrenta a una muerte (亡) inminente. El tiempo que le queda pasa volando, y su corazón late más de prisa.

* Será más fácil de memorizar de la siguiente forma: "忘[5a]" tiene en la parte superior "亡", con lo cual hay que olvidarlo de la cabeza, mientras que "忙" tiene a la derecha "亡", con lo cual se enfrenta a la muerte que está próximo.

帮忙[bāng/máng] ayudar - 209b　　急忙[jímáng] apresuradamente; apuradamente - 36f

5c

丶 亠 亡 切 切 切 胡 胡 望 望 望

望 wàng

mirar

morir 亡 [wáng] + luna 月[221][yuè] + estar de puntillas 王→壬[105][tíng]

Una persona a punto de morir(亡) en el extranjero echa de menos a su familia y mira de puntillas la luna(月) que ellos también estarán mirando.

* En los caracteres antiguos "rey 王[108][wáng]" fue una transformación del caracter "estar de puntillas(壬)".

希望[xīwàng] esperar; desear - 131d　　愿望[yuànwàng] deseo; esperanza - 201e

5

5d

赢 yíng	**ganar**	+ moneda/concha 贝[186][bèi] + vela/ordinario 凡[213b][fán]
	morir 亡 [wáng] + boca 口[16][kǒu] + barco 月→舟[125][zhōu]	

Un barco(舟) de vela(凡) simboliza la guerra. La persona(口) que gana la guerra ha sobrevivido o no ha muerto(亡) en esa guerra y goza de riquezas (贝).

* "口" se encarga de hablar y comer, con lo cual a veces significa una persona viva.

* Cuando el character "luna 月[221][yuè]" se combina con otro, normalmente significa "carne 肉[192][ròu]", pero a veces se utiliza para significar "bote 舟 [zhōu]".

这场比赛谁赢了? Quién ganó el juego? - 133a 152a 88a 206d 178b 5d 168a

页

Diagrama para 页

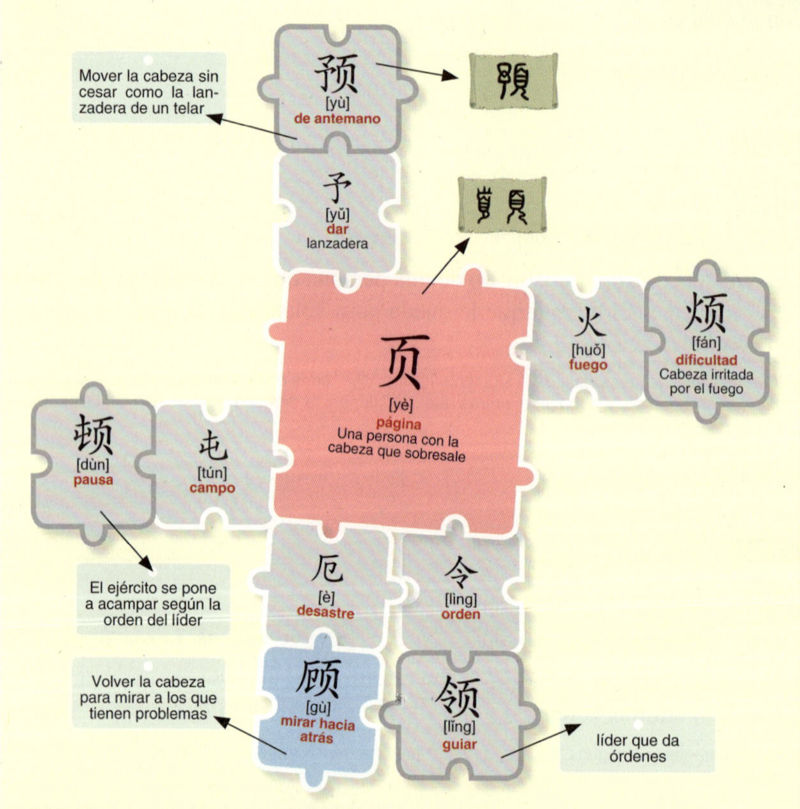

6

页 yè **página**

Se enfatizan la cabeza(一) y el rostro(冂) de una persona(人[63]→"persona 儿[71] [rén]") y tiene el significado básico de 'cabeza'. Asimismo llegó a tener el significado de página ya que es el número que se escribe en la parte superior de las hojas.

6a

预 yù **de antemano**

lanzadera/dar 予[168b] [yǔ] + cabeza/página 页 [yè]

Al igual que una lanzadera(予) que mueve sin cesar entre los hilos de urdimbre y tramas en un telar, mueve la cabeza(页) sin cesar. Esto significa pensar y preveer de antemano el futuro.

* "予" describe la forma de una lanzadera que mueve en horizontal entre los hilos de urdimbre en un telar.

预习 [yùxí] preparar lecciones antes de una clase - 182a
预备 [yùbèi] preparar - 56a

6b

烦 fán **dificultad**

fuego 火[158] [huǒ] + cabeza/página 页 [yè]

Que tenga fuego(火) en la cabeza(页) quiere decir que está a punto de estallarle por las dificultades.

麻烦 [máfan] problemático; inconveniente - 212a

6c

领 lǐng **guiar**

orden 令[86] [lìng] + cabeza/página 页 [yè]

La cabeza(页) de un equipo es quien guía y da órdenes(令).

领导 [lǐngdǎo] guiar; líder - 7b
本领 [běnlǐng] habilidad; capacidad - 210a

6d

顾 gù

mirar hacia atrás

desastre 厄[85a] [è] + cabeza/página 页 [yè]

La cabeza(页), el líder tiene que mirar hacia atrás y cuidar a los que están en peligro(厄).

* "厄" es la forma de una persona(㔾[85]) que se agacha en el fondo de un acantilado(厂[148]).

照顾[zhàogù] considerar; cuidar - 120c 顾客[gùkè] cliente - 57b

6e

顿 dùn

pausa; <cuantificador>

campo 屯 [tún] + cabeza/página 页 [yè]

El líder(页) ordena a su ejército que tomen un descanso, una pausa para comer mientras sus hombres se ponen a acampar(屯). Cada vez que acampan, ellos cocinan y comen. De ahí llegó a ser una unidad para medir, un cuantificador de 'comidas (número de comidas), veces (número de reprimendas)'.

* "屯" es la forma de una planta con raíces bajo el suelo, similar a los postes en el suelo para sostener las tiendas de campaña.

7

一顿早饭。Un set de desayuno. - 223 6e 218e 148b
我被他批评了一顿。Él me dio un regaño. - 113b 130a 84b 88b 122a 168a 223 6e

首

Diagrama para 首

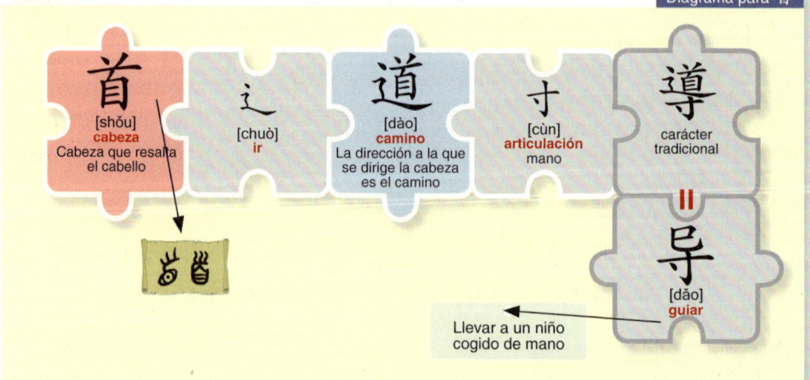

7　丶 丷 䒑 丷 产 首 首 首 首

首 shǒu — cabeza

Dibujando tan sólo el cabello(䒑) sobre el rostro(自) de una persona se creó este carácter que significa una cabeza.

* En este carácter "uno mismo 自[26][zì]" describe la forma de la 'nariz', que se destaca más que cualquier otro órgano en el rostro, y simboliza la cara.

首都[shǒudū] capital; metropolitano - 101a　首先[shǒuxiān] primero(a) - 71d

7a　丶 丷 䒑 丷 产 首 首 首 首 首 道 道

道 dào — camino; moraleja; <cuantificador>

cabeza 首 [shǒu] + ir 辶[61][chuò]

La dirección hacia la que va(辶) la cabeza(首), es decir, el jefe, es el camino que la muchedumbre tiene que seguir. Asimismo llegó a tener el significado de moraleja ya que tal camino es la norma que hay que seguir. También se utiliza como unidad para medir distancias.

知道[zhīdào] saber; darse cuenta - 111c
道理[dàoli] principio; razón - 108b
走道[zǒudào] acera; pavimento - 53c
街道[jiēdào] camino; calle - 60c
道路[dàolù] calle; camino; vereda - 57a
一道河。Una corriente fluvial. - 223 7a 17d

7b　フ コ 巳 巳 导 导

导 dǎo — guiar

niño recién nacido 巳[92][sì] + mano/articulación 寸[40][cùn]

Está llevando a un niño(巳) cogiéndolo de mano(寸) para que no se caiga.

* En el carácter tradicional(導) se está guiando a un camino correcto(道[7a]) cogiéndolo de mano(寸).

辅导[fǔdǎo] dar orientación en el estudio o en el entrenamiento; tutor - 124a
领导[lǐngdǎo] guiar; líder - 6c　半导体[bàndǎotǐ] semiconductor - 175b 29b

7

彡

8

8 丿 彡 彡

彡 shàn

pelo

Esta letra describe la pelusa de las frutas o del cuerpo humano. Todos los pelos, excepto la cabellera que sirve para mantener la temperatura, son para adornar a las personas o los objetos, con lo cual todas las letras que incluyen este carácter están relacionadas con 'adornar, decorar, embellecer'.

8a ノ ク 彡 彡 彡 彡 须 须 须

须 xū

deber

pelo 彡 [shàn] + cabeza/página 页[6][yè]

Todos los hombres tienen, sin falta, barba(彡) como astillas en el rostro(页).

* "页" muchas veces se utiliza también para representar a un rostro.

必须[bìxū] deber; tener que; necesario(a) - 28b

8b ノ ㇒ ㇒ ㇒ 爫 平 平 采 采 彩 彩

彩 cǎi

color

recoger 采[33d][cǎi] + decorar/pelo 彡 [shàn]

Decora(彡) una tela o vestido a partir de los diferentes colores recogidos(采) de hojas de plantas o árboles.

精彩[jīngcǎi] brillante; espléndido(a); maravilloso(a) - 135b
彩色[cǎisè] de multicolores; color - 68f

8c 𠃋 厶 厶 ⺈ 夫 叁 叁 参

参 cān

tomar parte en

privado 厶 [símbolo] + persona/grande 大[74][dà] + decorar/pelo 彡 [shàn]

Una dama(大) que adorna(彡) su pelo con ornamentos(厶) para tomar parte en una fiesta.

* El carácter tradicional(參) describe cómo ha adornado(厽) el pelo(peludo y negro 㐱 [zhěn]) con adornos para participar en una fiesta.

参加[cānjiā] tomar parte en; participar en - 159g
参观[cānguān] visitar; mirar alrededor - 13b

8

8d 丶 亠 亠 亣 立 产

产 chǎn

parir

ponerse de pie 立[79][lì] + precipicio 厂[148][ān]

Una persona que se pone de pie(立) al borde de un precipicio(厂) quiere decir que es un héroe que supera los momentos difíciles. Una madre que pare un hijo desea que éste sea tan grande como ese héroe.

* El carácter tradicional(產) es una combinación de "hombre virtuoso y habilidoso 彦[8e][yàn]" y "nacer 生[208][shēng]", apoyando la explicación anterior.

生产[shēngchǎn] producir - 208

8e 丶 亠 亣 亣 立 产 产 彦 彦

彦 yàn

hombre virtuoso y habilidoso

parir 产 [chǎn] + pelo 彡 [shàn]

El hijo al que parió(产) la madre con el deseo que sea un héroe llegó a ser un buen hombre honorable (con barba(彡)); de ahí el significado de 'hombre virtuoso y habilidoso'.

8f 丶 亠 亣 亣 立 产 产 彦 彦 彦 彦 彦 颜 颜 颜

颜 yán

cara

hombre de virtud y de habilidad 彦 [yàn] + cabeza/página 页[6] [yè]

En los tiempos antiguos las personas virtuosas y respetadas por la gente(彦) tenían una barba(彡) larga. Asimismo la cara es el lugar de la cabeza(页) donde crece la barba.

颜色[yánsè] color; semblante - 68f

8

而

Diagrama para 而

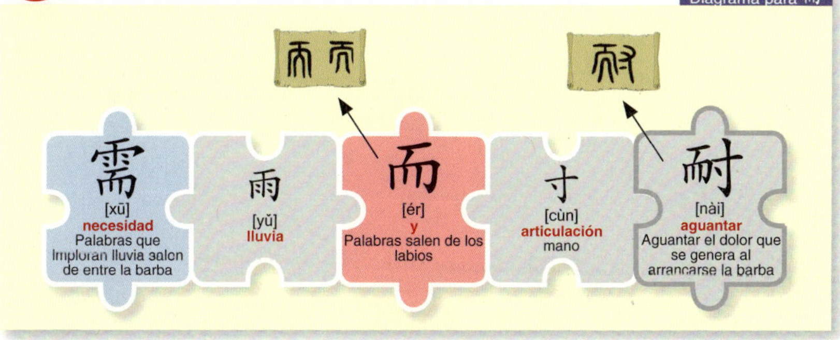

9

而 ér

y; además de

Originalmente significaba ‘barba’, pero ya que las palabras sabias salían de los labios de las personas que tienen barba, empezó a utilizarse como una conjunción: ‘y, además de’.

而且[érqiě] no sólo … sino (también); y que - 224

9a

耐 nài

aguantar

barba/y 而 [ér] + mano/articulación 寸[40] [cùn]

Aguantar el dolor que produce el arrancarse el pelo de la barba(而) con la mano(寸).

9b

需 xū

necesidad

lluvia 雨[205] [yǔ] + barba/y 而 [ér]

Antiguamente cuando había una sequía, lo único que podía hacer la gente era rogar para que lloviera. La escena donde un líder pedía a Dios lluvia(雨) es expresada por medio de las palabras que salen constantemente de entre la barba(而).

需要[xūyào] necesitar - 170b

9

面

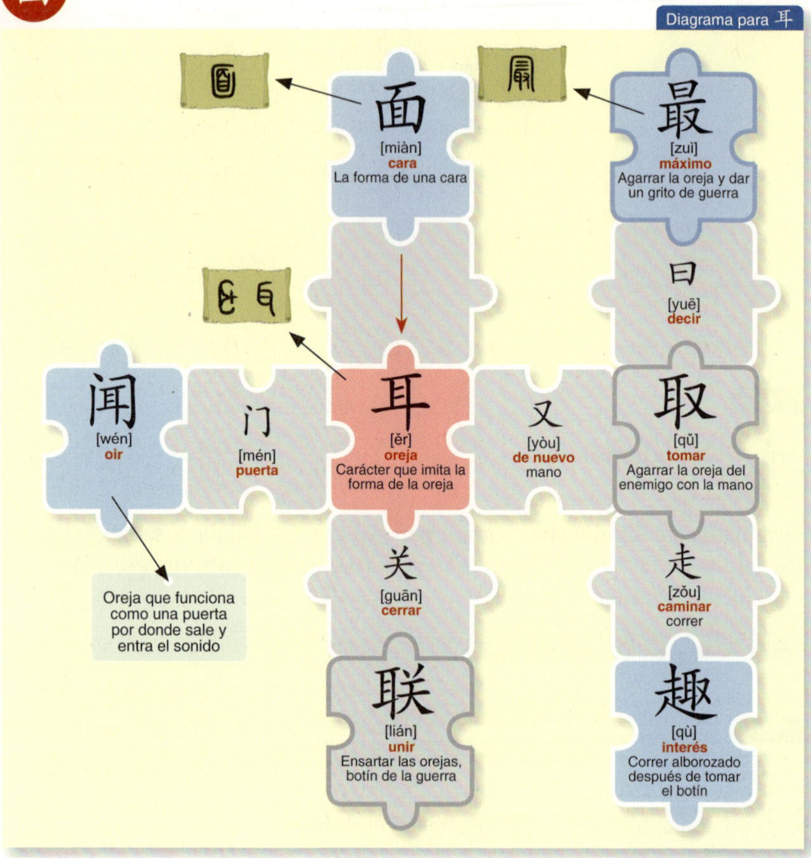

10

10

面 miàn **cara; harina**

Es un carácter que dibuja de forma abreviada las partes de la cara como los ojos(目[11]), la nariz(自[26]) y la boca. Ya que la pronunciación es la misma para los granos, en especial, la harina, se utiliza también como 'harina, fideos, harina de granos'.

后面[hòumiàn] detrás; atrás; más tarde - 18d 前面[qiánmian] frente; enfrente - 221a
见面[jiàn/miàn] encontrarse con; ver - 13 面包[miànbāo] pan - 47 面条[miàntiáo] fideos - 56c
方面[fāngmiàn] aspecto; lado; campo - 160 面条儿[miàntiáor] fideos - 56c 71

10a

一 丆 丌 耳 耳 耳

耳 ěr

oreja

Se creó el carácter 'oreja' imitando la forma de la oreja y el canal auditivo.

耳朵[ěrduo] oreja - 210j

10b

一 丆 丌 丌 耳 耳 耴 取

取 qǔ

tomar

oreja 耳 [ěr] + mano/de nuevo 又[34][yòu]

Los soldados que ganan una guerra cortan y toman la oreja(耳) del enemigo con la mano(又).

* Se refleja la costumbre de tomar(取) la oreja izquierda del enemigo como prueba de sus proezas en la guerra.

取得[qǔdé] adquirir - 40b
采取[cǎiqǔ] adoptar; tomar - 33d
取消[qǔxiāo] cancelar - 235d
争取[zhēngqǔ] esforzarse por; luchar ror - 36a

10

10c

丶 冂 冃 日 旦 早 早 早 早 星 最 最

最 zuì

máximo

decir 曰[48a][yuē] + tomar 取 [qǔ]

Los soldados que ganan una batalla cortan la oreja(取) del enemigo y dan un grito(曰) cuando su ánimo llega al máximo estado de paroxismo.

* "decir 曰 [yuē]" es la forma de la lengua(一) fuera de la boca(口[16]) al hablar.
* En los caracteres antiguos "曰" fue una transformación de "capucha 冃[11e][mào]" y significa que es lo máximo tomar(取) la cabeza(冃) del líder enemigo.

最近[zuìjìn] recientemente; últimamente - 118a
最初[zuìchū] primero(a); supremo - 119c
最后[zuìhòu] último; final - 18d
最好[zuìhǎo] el mejor - 96c

10d

一 十 土 キ 丰 丰 走 走 赴 赳 趄 趄 趄 趣 趣

趣 qù

interés

correr/caminar 走[53c][zǒu] + tomar 取 [qǔ]

Los soldados que ganan una batalla toman(取) el botín, el mayor interés para ellos, y corren(走) a sus casas con alborozo.

兴趣[xìngqù] interés - 43d

10e 一 厂 丌 丌 耳 耳 耳' 耳'' 耳⺍ 耳⺍ 联 联

联 lián

unir

oreja 耳 [ěr] + cerrar 关[45] [guān]

Los soldados que ganan la batalla ensartan (关) las orejas de enemigos en una hilera para llevárselas como botín.

* "关" describe la forma en que la puerta está cerrada con el pestillo amarrado con una cuerda.

联系 [liánxì] contactar; conectar - 132b
联邦 [liánbāng] federación; unión - 209a
联合 [liánhé] unir; combinar - 65a

10f 丶 丨 门 门 门 闩 闻 闻 闻

闻 wén

oir; oler

puerta 门[145] [mén] + oreja 耳 [ěr]

10

Una puerta sirve como un acceso por donde entra y sale la gente. Del mismo modo en el cuerpo la oreja(耳) es una puerta(门) por la que se oye. El sonido y el olor son ambas sensaciones que vienen del exterior, y además tienen la misma pronunciación; de ahí también el significado de 'oler'.

新闻 [xīnwén] noticias - 103b

目

Diagrama para 目

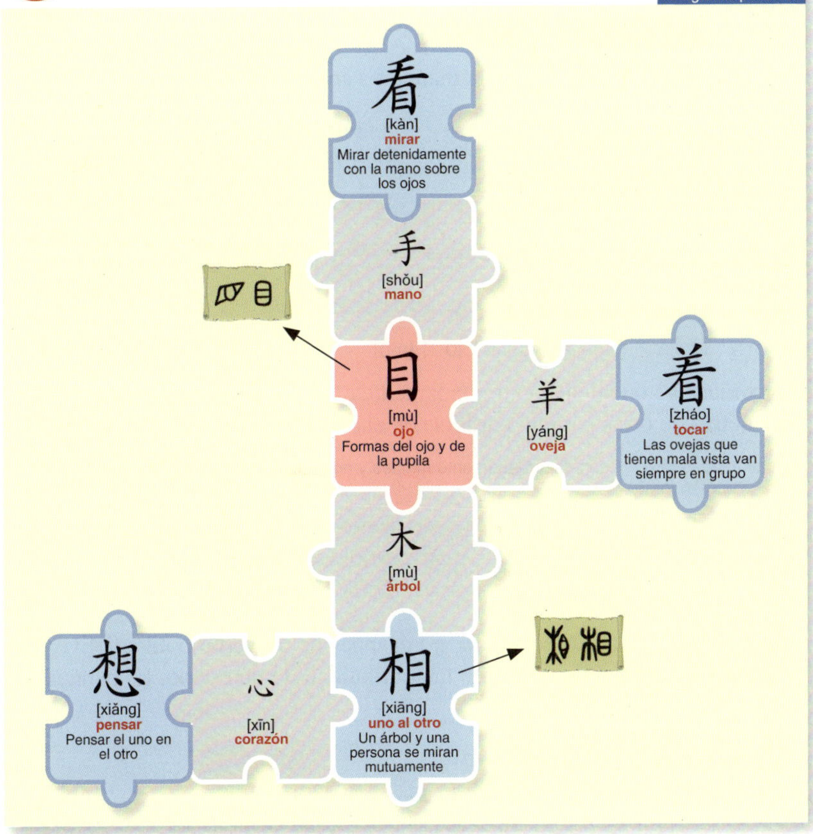

11

11 丨 冂 冃 月 目

目 mù — ojo

Este carácter imita la forma del ojo incluida la pupila.

节目 [jiémù] programa (TV, radio) - 85g
目前 [mùqián] por ahora; en este momento - 221a
目的 [mùdì] propósito; objetivo; meta - 46b
题目 [tímù] título; tema - 54d

11a 一 二 三 手 手 看 看 看 看

看 kàn

mirar

mano 手[31] [shǒu] + ojo 目 [mù]

Mirar detenidamente algo con la mano(手) sobre los ojos(目)

看见[kànjiàn] notar; ver - 13
看病[kàn/bìng] ver a un paciente; cuidar - 81a
看电视。ver tele. - 11a 157a 13c
好看[hǎokàn] bien parecido(a) - 96c
难看[nánkàn] feo(a) - 34h
看天气。observar el tiempo. - 11a 74b 204

11b 丶 丷 丷 丷 兰 羊 羊 着 着 着 着

着 zháo/zhe

tocar / <posposición>

oveja 𦍌→羊[171] [yáng] + ojo 目 [mù]

Las ovejas(羊) que tienen extremadamente mala vista(目) se mueven pegadas unas detrás de otras para no perderse en el camino.

* Realmente las ovejas son extremadamente miopes y no saben diferenciar si hay un bosque o un acantilado en frente.

着急[zháo/jí] preocuparse; estar ansioso(a) - 36f
上不着天，下不着地。Por arriba no se llega al cielo, y por abajo no se llega a la tierra. - 223f 223a 11b 74b, 223g 223a 11b 84a

11

Es una posposición que se añade(着) después de un verbo o un adjetivo para expresar el progreso de un acto o la continuidad de un estado. Es parecido al '...ing' en inglés.

接着[jiēzhe] pegar; continuar - 96i
他正穿着衣服。Él se está vistiendo. – progreso/continuación de un acto - 84b 54 25a 11b 130 34b
我到家时大门开着。La puerta estaba abierta cuando llegué a casa. – continuidad de un estado - 113b 112b 174a 42d 74 145 43a 11b

11c 一 十 才 木 朩 机 相 相 相

相 xiāng/xiàng

uno al otro/apariencia

árbol 木[210] [mù] + ojo 目 [mù]

Una persona mira(目) un árbol(木) para elegir la madera, de ahí llegó a tener el significado de mirar uno al otro.

* El árbol ofrece al hombre una vista agradable, frutas comestibles, madera para calentarse, etc. y la persona planta, riega y cuida al árbol. Esta relación demuestra que han sido buenos amigos uno del otro.

相同[xiāngtóng] idéntico(a), igual - 149b
相信[xiāngxìn] confiar - 22a
互相[hùxiāng] mutuo(a); uno al otro - 146

Mirar(目) un árbol(木) para elegir la madera quiere decir que se está mirando la apariencia.

照相机[zhàoxiàngjī] cámara - 120c 213a　　照相[zhào/xiàng] tomar foto - 120c

11d　一 十 才 木 木 机 相 相 相 相 想 想 想

想 xiǎng

pensar

uno al otro 相 [xiāng] + corazón 心[28] [xīn]

Los amantes piensan y echan de menos el uno al otro(相) en su corazón(心).

思想[sīxiǎng] pensamiento; consideración; idea - 28a

目

Diagrama para 目

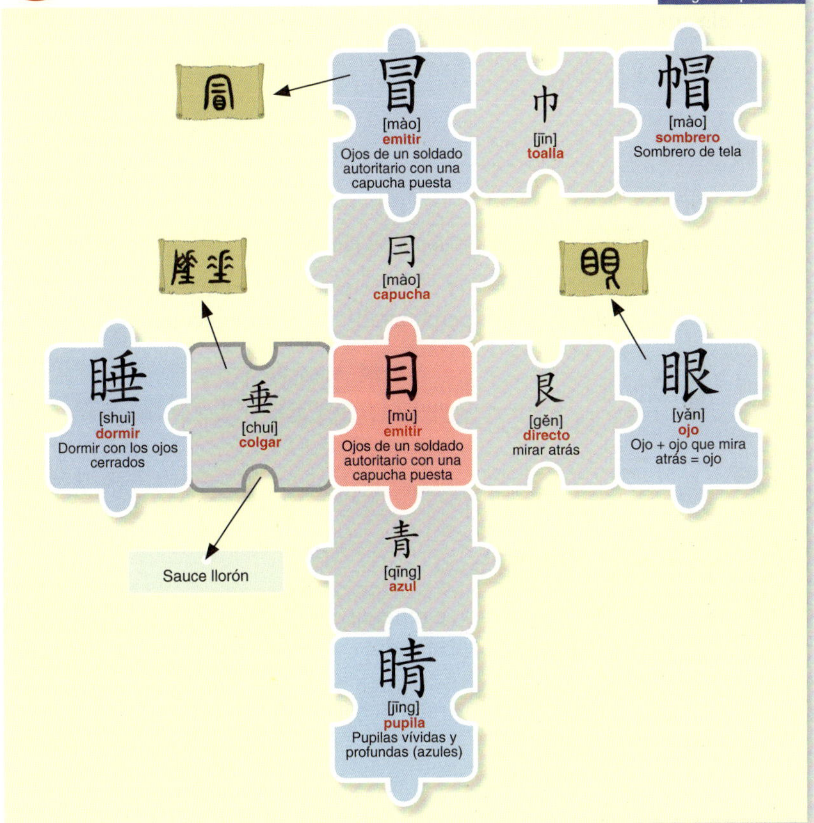

11

11e 丨 冂 冃 冃 冃 冐 冐 冐 冒

冒 mào

emitir; arriesgar

capucha 冃[28e][mào] + ojo 目 [mù]

Los ojos de un soldado con una capucha(冃) puesta emiten un aire guerrero. Asimismo significa también que es un riesgo ir al campo de batalla.

* "冃" describe la forma de una capucha que cubre la cabeza.

感冒[gǎnmào] coger un resfriado; gripe - 114d

11f 丨 冂 巾 巾 巾 巾 帄 帽 帽 帽 帽 帽

帽 mào

sombrero; gorro

toalla 巾[131][jīn] + emitir 冒 [mào]

El significado del carácter "冒" cambió a 'emitir, arriesgar', entonces se añadió el carácter "巾" (tela, trapo) para darle el significado de 'sombrero'.

帽子[màozi] gorro; sombrero - 95

11

11g 丨 冂 月 月 目 目 目 目 眼 眼 眼

眼 yǎn

ojo

ojo 目 [mù] + mirar atrás/directo 艮[14][gěn]

Combinando el carácter "ojo 目" y el carácter "ojo que mira atrás 艮", se creó otro carácter que significa 'ojo' pero con diferente pronunciación.

眼睛[yǎnjing] ojo - 11h
眼镜[yǎnjing] gafas - 21e
眼前[yǎnqián] por ahora; en este momento - 221a

11h 丨 冂 月 月 目 目 目 目 目 睛 睛 睛 睛

睛 jīng

pupila

ojo 目 [mù] + azul 青[135][qīng]

Los ojos(目) vívidos y profundos se refieren a las pupilas, al igual que el agua se ve azul(青) cuando es clara y profunda.

* Cuando el rayo de sol cae en una superficie de aguas claras y profundas, los rayos infrarrojos son absorbidos mientras que los rayos ultravioleta son retractados, haciendo que el agua se vea de color azul.

眼睛[yǎnjing] ojo - 11g

11i

垂 chuí — colgar

Se refiere a un árbol(木[210]) con las ramas y hojas que cuelgan hacia el suelo (土[152]) como un sauce llorón.

垂直[chuízhí] perpendicular; vertical - 12

11j

睡 shuì — dormir

ojo 目 [mù] + colgar 垂 [chuí]

Los párpados de los ojos(目) que cuelgan hacia abajo(垂) describen a unos ojos cerrados. Y se da a entender que está durmiendo.

睡觉[shuì/jiào] dormir; ir a la cama - 13a

直 12

Diagrama para 直

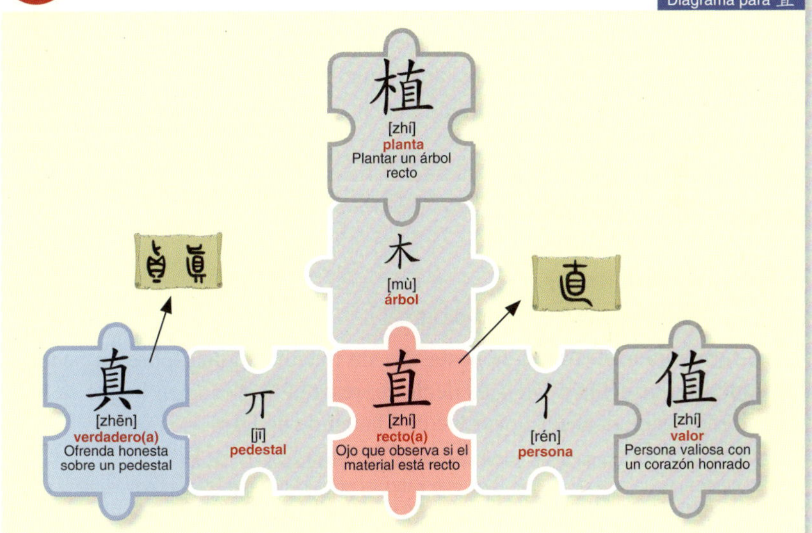

12　一 十 亣 冇 冇 有 直 直

直 zhí

recto(a)

Forma en la que el carpintero o el artesano coge un material(一) y revisa detenidamente con sus ojos(目[11][mù]) si está recto tanto horizontal(十) como verticalmente.

一直[yīzhí] recto(a); continuamente - 223
垂直[chuízhí] perpendicular; vertical - 11i
直接[zhíjiē] directo(a); inmediato(a) - 96i

12a　一 十 才 木 木 杧 杧 枋 栺 梢 植 植

植 zhí

planta

árbol 木[210][mù] + recto(a) 直 [zhí]

Forma en la que planta un árbol(木) recto(直) para que crezca bien.

种植[zhòngzhí] planta; crecer - 232c

12b　丿 亻 亻 仁 仕 佑 佰 侑 値 值

12

值 zhí

valor

persona 亻[70][rén] + recto(a) 直 [zhí]

Una persona(亻) verdaderamente valiosa no es aquella que posee mucho dinero o tiene muchos conocimientos, sino aquella que tiene un corazón honrado (直).

值得[zhíde] valer la pena - 40b

12c　一 十 亣 冇 冇 有 直 直 真 真

真 zhēn

verdadero(a)

recto(a) 直 [zhí] + pedestal 丌[44][jī]

Tiene forma de una ofrenda honesta(直) sin mácula alguna sobre un pedestal (丌) que será ofrecida a Dios, es decir, representa la escena en la que se hace una ofrenda para alcanzar la verdad con la ayuda de Dios.

* "丌" de abajo tiene forma de un pedestalsobre el cual puede colocar cosas.
* El carácter antiguo tiene forma de Dios que saborea con la cuchara(匕[88]) la comida dentro de la olla con patas(鼎-败 Véase[186g]) que se usa en el ritual y da a conocer la verdad.

认真[rènzhēn] sincero(a); serio(a) - 63a
真正[zhēnzhèng] genuino(a); verdadero(a); real - 54

见

Diagrama para 见

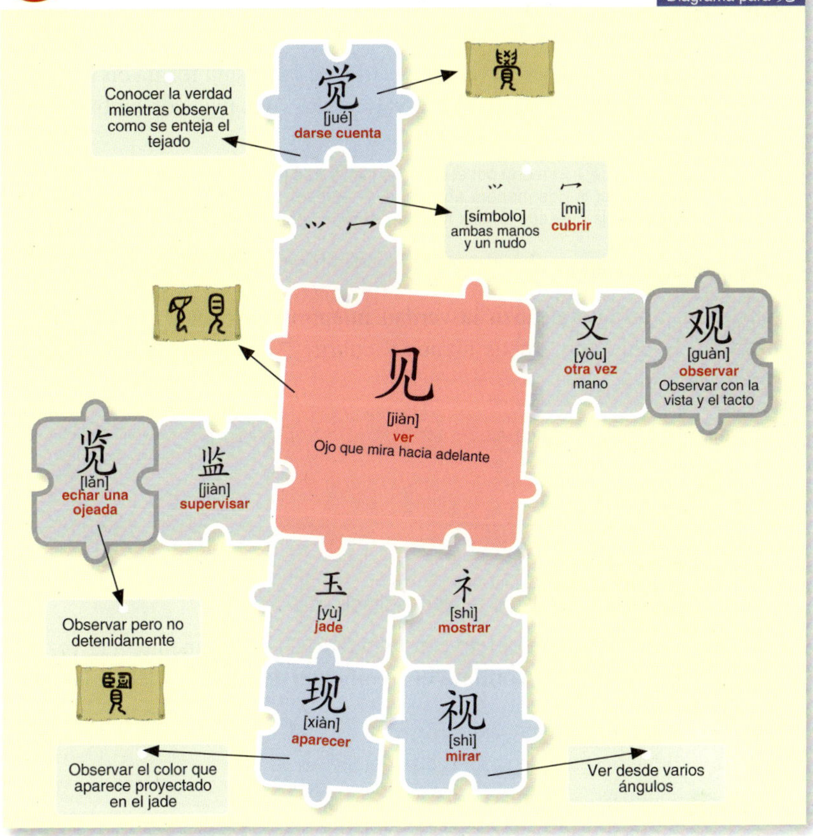

13

13 见 jiàn — ver

丨 冂 贝 见

Mirar con fijeza hacia adelante, representado mediante la forma del ojo(冂→目[11]) sobre una persona(儿[71])

* El carácter tradicional(見) está formado por el ojo(目) y la persona(儿).

看见[kànjiàn] notar; ver - 11a
见面[jiàn/miàn] conocer; ver - 10
意见[yìjiàn] opinión; idea; vista - 21b
再见[zàijiàn] adiós; hasta la vista - 149a
听见[tīngjiàn] escuchar - 16d

13

13a

丶 丷 丷 ⺍ 𠂉 ⺌ 学 学 觉

觉 jué/jiào

darse cuenta; sentir / dormir

ambas manos y un nudo ⺍ [símbolo] + cubrir 冖[169] [mì] + ver 见 [jiàn]

Llegó a significar 'conocer la verdad, sentir' de la misma forma en la que un niño, mientras observa(见) a los adultos trenzar(⺍) la paja con ambas manos y cubrir(冖) el techo, alcanza la verdad.

* El carácter tradicional(覺), formado por el carácter "觉" y tres puntos(⺍) encima, muestra ambas manos(𦥑[95a]) y el nudo(㐅) de manera abreviada, y representa conocer la verdad mientras mira (見) como trenza(㐅) la paja con ambas manos(𦥑) para cubrir(冖) el techo.

觉得[juéde] sentir; sentido - 40b

Compara al niño que alcanza la verdad mientras observa(见) a los adultos trenzar(⺍) la paja con ambas manos y cubrir(冖) el techo, a aquel que se despierta del sueño.

睡觉[shuì/jiào] dormir; ir a la cama - 11j

13b

フ ヌ 又 刃 观 观

观 guàn

observar

mano/otra vez 又[34] [yòu] + ver 见 [jiàn]

Forma en la que se toca un objeto con la mano(又) directamente, a la vez que se observa(见) con el ojo. Conlleva el significado de observar detenidamente.

参观[cānguān] visitar; mirar alrededor - 8c
观察[guānchá] observar - 126b
观众[guānzhòng] audiencia; espectador; observador - 63h
乐观[lèguān] optimista; sanguíneo(a) - 212c

13c

丶 ネ 礻 礻 礻 礼 祀 视

视 shì

mirar

mostrar 礻=示[126] [shì] + ver 见 [jiàn]

Al mirar un objeto, no se debe ver(见) sólo con el ojo, sino ver también su interior, como si fuera visto(礻) por una revelación de Dios.

* "礻" tiene forma del altar y representa la escena en la que Dios da la revelación como respuesta a la ofrenda.

电视[diànshì] televisión; TV - 157a
监视[jiānshì] vigilar; vigilancia - 107a
重视[zhòngshì] dar importancia - 151a

13d 一 二 千 王 玎 玑 玥 现

现 xiàn

aparecer; regalo

jade 王→玉[198][yù] + ver 见 [jiàn]

Es la forma en la que aparecen varios colores proyectados mientras examina (见) el jade(玉) a la luz del sol para determinar su valor. También significa 'regalo' por los diferentes colores que pudiera tener el jade(玉) dependiendo de la intensidad del sol al momento de examinarlo(见).

* El carácter "玉" al unirse a otro carácter, usualmente cambia a "rey 王[108][wáng]", sin el punto(丶).

现在[xiànzài] ahora; actualmente - 32a
出现[chūxiàn] aparecer; emerger; presentarse - 167a
发现[fāxiàn] encontrar; descubrir - 34f
表现[biǎoxiàn] mostrar; expresar - 130b
实现[shíxiàn] realizar; conseguir - 75a
现代[xiàndài] tiempos modernos - 110c

13e 丨 㐄 ⺌ 此 ⺌ ⺌ 𫠤 览 览

览 lǎn

echar una ojeada

supervisar 监[107a][jiàn] + ver 见 [jiàn]

"监" es la forma de una persona(𠂉→人[63]) que observa(刂→臣[106]) su rostro detalladamente en el recipiente(皿) con agua(丶), en una época en la que no había espejos. A este carácter se le agrega "见", que tiene forma de observar con los ojos hacia adelante, para crear 'ver' que conlleva el significado de ver con menos minuciosidad.

* "sujeto 臣 [chén]" que tiene forma de ojos bien abiertos cumple con el papel de ver.
* "Vasija 皿 [mǐn]" tiene forma del recipiente en el que se coloca la comida.
* El carácter tradicional(覽) es formado por "supervisar 監 [jiàn]" y "ver 見 [jiàn]".

展览[zhǎnlǎn] exhibir; mostrar; exponer - 90a
游览[yóulǎn] ir a dar un paseo - 161b

13

艮

Diagrama para 艮

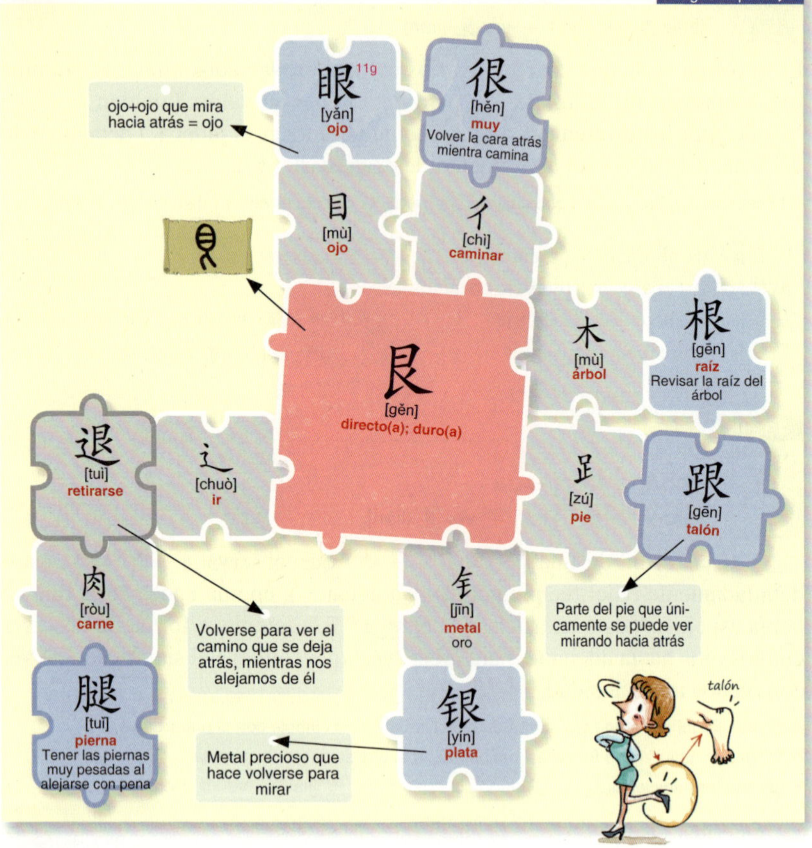

14

14

艮 gěn directo(a); duro(a)

Es el carácter contrario a "ver 见[13][jiàn]" que tiene forma de mirar fijamente hacia adelante. "艮" tiene forma de mirar hacia atrás y su significado básico es 'mirar atrás'. Volver la cabeza hacia atrás cuando una persona le pide algo, muestra claramente su voluntad de desacuerdo, por lo que también conlleva el significado de 'carácter directo, duro'

14a ノ ㇒ 彳 彳ᄀ 彳ᄏ 彳ᄏ 彳艮 彳艮 很

很 hěn

muy

caminar 彳[60][chì] + mirar atrás/directo(a) 艮 [gěn]

Tiene forma de una persona que continuamente mira hacia atrás(艮) mientras camina(彳) hacia adelante, y significa que echa mucho de menos algo que ha dejado atrás.

得很[dehěn] muy (bueno, mucho etc.) - 40b   很好 muy bueno(a) - 14a 96c

14b 一 十 才 木 木ᄀ 木ᄏ 木ᄏ 木艮 木艮 根

根 gēn

raíz

árbol 木[210][mù] + mirar atrás/directo(a) 艮 [gěn]

Una vez sembrado el árbol(木), se debe revisar(艮) y cuidar el árbol hasta que la raíz esté fuerte. Este carácter también sirve para contar unidades largas como la raíz.

根据[gēnjù] basarse en; de acuerdo con - 90h   根本[gēnběn] raíz; fundamental- 210a

一根草。un tallo de césped - 223 14b 207a

14c 丶 ㄇ 口 ㄗ 早 ⻊ 𧾷 𧾷ᄀ 𧾷ᄏ 𧾷ᄏ 跀 跟 跟 14

跟 gēn

talón; seguir; y

pie ⻊=足[52][zú] + mirar atrás/directo(a) 艮 [gěn]

El talón es la parte del pie(足) que se puede ver únicamente mirando hacia atrás(艮). Conlleva el significado de 'seguir; y' ya que el talón(足) sólo se ve si se mira hacia atrás(艮).

跟前[gēnqián] cerca; en frente - 221a

英国跟中国的文化。Cultura de Inglaterra y China. - 77a 20a 14c 232a 20a 46b 133 70a

14d ノ ㇒ ㇒ 乍 钅 钅ᄀ 钅ᄏ 钅ᄏ 钅艮 钅艮 银

银 yín

plata

oro/metal 钅=金[199][jīn] + mirar atrás/directo(a) 艮 [gěn]

En la Edad Antigua la plata era más preciosa que el oro debido a que la producción de plata era menor a la de oro, y también por su delicado proceso de refinación. Por tanto, de la búsqueda de plata deriva el significado de metal (金) precioso que hace volverse para mirar(艮).

银行[yínháng] banco - 60b

14e

退 tuì

retirarse

mirar atrás/directo(a) 艮 [gěn] + ir 辶[61] [chuò]

"辶" está formado por la unión del camino(彳[60]) y pie(止[53]). Es decir, volverse hacia atrás para ver(艮) mientras que marcha(辶) significa estar cada vez más lejos, y de ahí deriva 'alejarse'.

14f

腿 tuǐ

pierna

carne 月[221]→肉[192][ròu] + retirarse 退 [tuì]

Para una persona que se vuelve hacia atrás para ver el camino que va dejando mientras se aleja(退) de él con pena, de todo su cuerpo, las piernas han de ser las partes(月)más pesadas.

* Cuando "luna 月 [yuè]" se une a otro carácter, usualmente llega a significar "肉".

鸡大腿 pierna de pollo - 177a 74 14f

15

良

Diagrama para 良

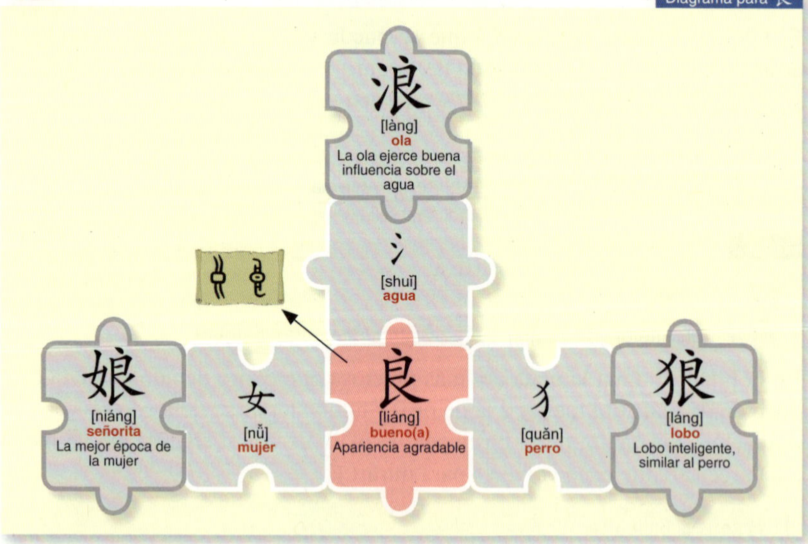

15 丶 ㄋ ㄋ ㄋ 户 良 良

良 liáng bueno(a); muy

Significa que la columnata del palacio o camino sobre la muralla bien arreglada tiene buen aspecto.

* Este carácter no tiene ninguna relación con "directo 艮 [gěn]".

良好[liánghǎo] bueno(a); fino(a) - 96c

15a

浪 làng ola

agua 氵[202][shuǐ] + bueno(a) 良 [liáng]

Significa que la ola ejerce buena(良) influencia sobre el agua(氵). Este carácter da a entender que "¡El agua se pudre si se estanca!" y que la ola renueva el agua, en efecto. El plancton, la fuente de vida de las aguas del mar, flota por las olas.

风浪[fēnglàng] viento y olas; tormenta - 213c

15

15b

狼 láng lobo

perro 犭[173][quǎn] + bueno(a) 良 [liáng]

Se entiende que el lobo(犭) es un animal muy inteligente(良) y listo. Los indios americanos veneraban al lobo, que era considerado como un animal sagrado por su inteligencia.

* "犭" se usa como elemento semántico en los caracteres que signifiquen animales de tamaño pequeño como el perro.

15c

娘 niáng señorita

mujer 女[96][nǚ] + bueno(a) 良 [liáng]

Se refiere a 'señorita' en el sentido de la mejor(良) época en la vida de una mujer(女). Como toda mujer desea verse más joven, también es utilizado para tratar con respeto a mujeres mayores o de familiares como 'madre, tía'.

姑娘[gūniang] jovencita; señorita - 19c
我娘刚回来了。Acaba de regresar nuestra madre. - 113b 15c 165b 20d 212d 168a

口

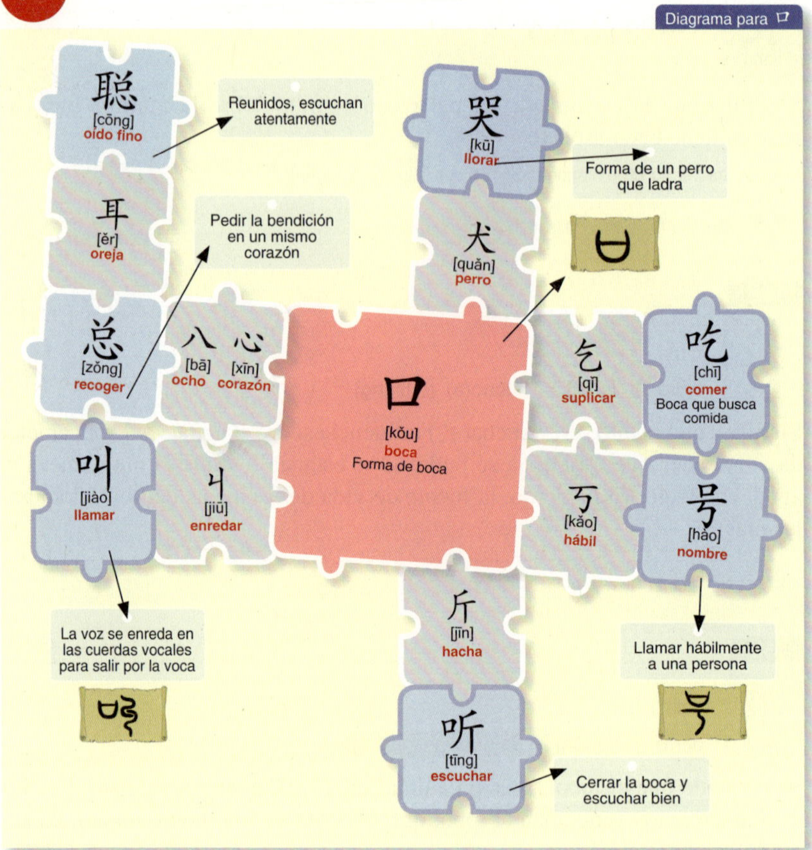

16

16 丨 冂 口

口
kǒu

boca

Carácter en forma de boca. Cuando este carácter se une a otro carácter se refiere a todas las actividades relacionadas a la boca, como ‘comer, hablar, llorar’. Pero se debe tener en cuenta que existen caracteres con la misma forma de “口” pero sin relación alguna con la ‘boca’.

* Como el carácter chino ha ido evolucionando durante mucho tiempo, existen caracteres que tienen la misma forma pero de orígenes totalmente diferentes. Por tanto, se debe abandonar la idea de que ‘¡Si tienen la misma figura, tendrán el mismo significado!’

口语 [kǒuyǔ] lenguaje hablado - 226c　　门口 [ménkǒu] entrada; puerta - 145

16a

丶 ㄇ ㅁ ㅁ丨 ㅁㄇ ㅁㅁ 㗊 哭 哭 哭

哭 kū

llorar

gritar 吅 [xuān] + perro 犬[172] [quǎn]

Tiene forma de un perro(犬) que ladra(吅) cuando entra un ladrón o está molesto por algo.

* "吅" esta formado por dos bocas(口) para dar a entender a una persona que expresa su 'argumento, opinión o sentimiento' apasionadamente.

你为什么哭呢? ¿Por qué estás llorando? - 69a 159c 231a 93a 16a 90c

16b

丨 ㄇ 口 口丿 口𠂉 吃

吃 chī

comer

boca 口 [kǒu] + suplicar 乞[83a] [qǐ]

Literalmente significa que la boca(口) suplica(乞) por la comida.

* "乞" tiene forma de una persona(𠂉 → 人[63]) que se inclina(乙[83]) para suplicar.

好吃[hǎochī] sabroso(a); delicioso(a) - 96c

16c

丨 ㄇ 口 口一 号

号 hào

nombre; número

boca 口 [kǒu] + hábil 丂 [kǎo]

Cuando llama(口) a alguien entre la multitud, es hábil(丂)si lo llama por su nombre. Además, significa 'número' ya que se le asigna un número a cada persona para llamarla con más facilidad, y también sirve como unidad al contar a las personas.

* "丂" tiene forma de un artesano que crea una obra con mucha delicadeza y se refiere a habilidad o ingenio.

一百多号人。más de cien personas. - 223 134a 222d 16c 63

16d

丨 ㄇ 口 口´ 口厂 口𠂆 听

听 tīng

escuchar

boca 口 [kǒu] + hacha 斤[118] [jīn]

Tiene forma de un hacha(斤) que tala la boca(口) para acentuar la necesidad de cerrar la boca y escuchar bien.

听见[tīngjiàn] escuchar - 13
听说[tīng/shuō] ser contado; enterarse de - 72d
听写[tīngxiě] dictar; dictado - 169a

16

16e 丨 𠃌 口 叫 叫

叫 jiào

llamar; llorar

boca 口 [kǒu] + enredar 丩[50e][jiū]

Forma de voz que se enreda(丩) y sale por la boca(口) para llamar a alguien. En efecto, esta descripción es correcta ya que el aire sale por el pulmón, se enreda(丩) en las cuerdas vocales y sale por la boca(口) para producir la voz. También significa 'ladrar' en el sentido de llamar al animal.

* " 丩 " tiene forma de enredadera que abraza al árbol y sube por él arbitrariamente.

叫做[jiàozuò] llamarse - 19b

16f 丶 丷 丷 当 台 峃 总 总 总

总 zǒng

recoger

ocho 丷→八[229][bā] + boca 口 [kǒu] + corazón 心[28][xīn]

Unidos, piden(口) la bendición(八) a Dios con un mismo corazón(心). Llegó a significar 'siempre; de todas formas; por lo menos' en el sentido de que uno desea ser bendecido cuandoquiera, por cualquier medio.

* El carácter "八" tiene forma de 'bendición de Dios que desciende del cielo'.

总是[zǒngshì] siempre - 54b
总结[zǒngjié] resumen - 104b
总理[zǒnglǐ] primero; primer ministro - 108b

16g 一 丅 丌 丌 Ħ 耳 耳 耳' 耶 耶 耶 耶 聪 聪 聪

聪 cōng

oído fino

oreja 耳[10a][ěr] + recoger 总 [zǒng]

Hay que acatar la voluntad de Dios para poder recibir su bendición. Reunidos (总) para recibir la bendición de Dios, escuchan atentamente, prestándo atención a la doctrina con sus orejas(耳).

聪明[cōngmíng] inteligente; brillante; listo(a) - 218h

16

可

Diagrama para 可

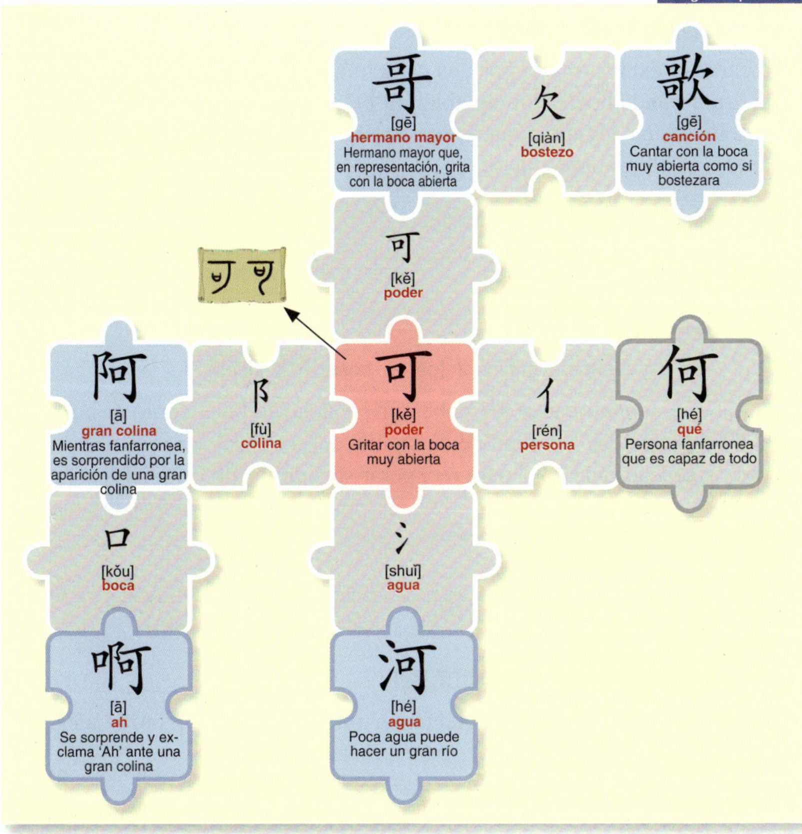

17

17

可 kě

poder

Abrir mucho la boca 丁 [símbolo] + boca 口[16][kǒu]

El significado 'poder; aprobar' deriva de la forma en la que con la boca(口) muy abierta(丁) fanfarronea, llena de confianza. También se usa como una conjunción adversativa, 'pero; todavía' en el sentido de que, aun si esté fanfarroneado, no se puede saber el resultado hasta que esté efectivamente hecho.

可能[kěnéng] posible; poder; puede que - 89b
可爱[kě ài] adorable; agradable - 34e
可怕[kěpà] miedoso; terrible; horrible - 134c
可以[kěyǐ] poder; puede que - 63j
可是[kěshì] pero; todavía - 54b

17a 一 丆 丅 可 可 哥 哥 哥 哥 哥

哥 gē

hermano mayor

poder 可 [kě] + poder 可 [kě]

Este carácter está formado por dos caracteres iguales(可＋可) superpuestos, el de gritar con la boca(口)muy abierta(丁), y originalmente significaba 'cantar'. Actualmente significa que la persona que grita en representación de toda la familia es el hermano mayor.

哥哥[gēge] posible; poder; puede que

17b 一 丆 丅 可 可 哥 哥 哥 哥 哥 哥 歌 歌 歌

歌 gē

canción

canción/hermano mayor 哥 [gē] + bostezo 欠[23][qiàn]

Acentúa que cuando canta(哥) debe abrir mucho la boca como si bostezara (欠). El carácter "哥" cambia de su significado original 'cantar' a 'hermano mayor', y se le agrega "欠" para recuperar su significado original 'cantar'.

唱歌[chànggē] cantar una canción - 218d

17

17c 丿 亻 仁 仃 何 何 何

何 hé

qué

persona 亻[70][rén] + poder 可 [kě]

Tiene forma de una persona(亻) que fanfarronea, llena de confianza, que puede hacer(可) cualquier cosa.

任何[rènhé] cualquier; lo que sea - 105a　　如何[rúhé] cómo - 96g

17d 丶 丷 氵 汀 汀 河 河 河

河 hé

río

agua 氵[202][shuǐ] + poder 可 [kě]

Regatos de agua(氵) forman un arroyo, y si se unen los arroyos pueden(可) crear un río.

一条河。Un río - 223 56c 17d

17e 阝 阝 阝 阝 阿 阿 阿

阿 ā

gran colina

colina 阝[147][fù] + poder 可 [kě]

Tiene forma de una persona que, mientras fanfarronea que lo puede hacer (可), es sorprendida y exclama '¡Ah!' ante la aparición de una barrera como la colina(阝) . Llegó a significar gran colina en el sentido de que es una barrera tan grande como para sorprender a un fanfarrón.

阿姨[āyí] tía - 109e

17f

丨 口 口 口 吖 吖 吖 吖 吖 啊

啊 ā/a

ah; oh / <partícula modal>

boca 口[16] [kǒu] + gran colina 阿 [ā]

"阿" que tiene forma de una persona que se sorprende y exclama 'Ah' ante la colina, es utilizado como 'gran colina' y se le añade "口" para expresar sonido. Se utiliza como interjección de sorpresa o admiración.

啊，又下了大雪。Wow, está nevando otra vez. - 17f 34 223g 168a 74 205a

Si está escrito al final de una frase, se usa como partícula para señalar admiración o duda, sin tono.

你看，外面天气多好啊。Mira, qué buen tiempo hace afuera.
- 69a 11a 222a 10 74b 204 222d 96c 17f

你去不去啊? ¿Vas a salir, eh? - 69a 94 223a 94 17f

18

奇

Diagrama para 奇

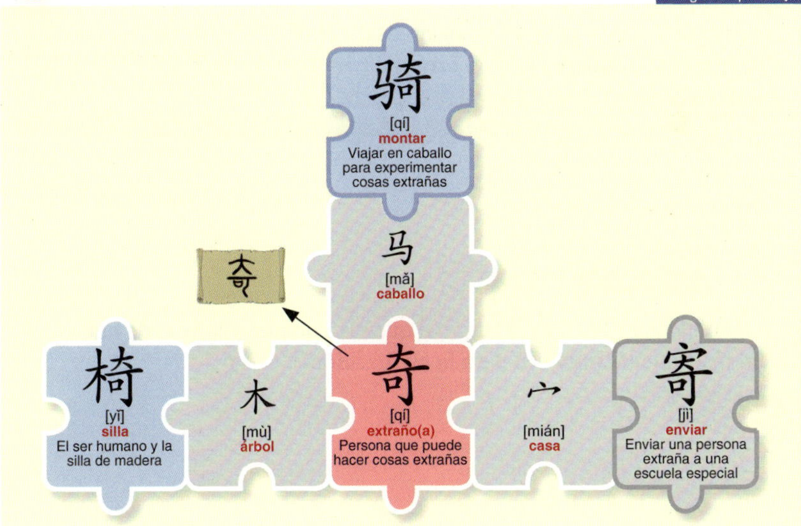

18 一 ナ 大 太 夻 夲 奇 奇

奇 qí

extraño(a)

persona/grande 大[74][dà] + poder 可[17][kě]

Significa que es una persona(大) que puede(可) hacer cosas extrañas, cosas que una persona normal no podría.

奇怪[qíguài] extraño(a); raro(a) - 152f　　好奇[hàoqí] curioso(a) - 96c

18a ㇋ 马 马 马一 马ナ 马大 马太 马夲 马夻 骑 骑

骑 qí

montar (un animal o bicicleta)

caballo 马[176][mǎ] + extraño(a) 奇 [qí]

Tiene forma de una persona que monta a caballo(马) y viaja para experimentar cosas extrañas(奇) y singulares que no ocurren en su tierra natal o en su país.

妈妈骑马。Mamá se monta al caballo. - 176b 176b 18a 176

我每天骑自行车上班。Me monto en la bicicleta para ir a trabajar todos los días. - 113b 97a 74b 18a 26 60b 124 223f 119f

18

18b 丶 丷 宀 宀 宀 宊 宎 宎 寄 寄 寄

寄 jì

enviar

casa 宀[141][mián] + extraño(a) 奇 [qí]

Enviar a una persona que puede hacer cosas extrañas(奇) que una persona normal no podría, a una escuela(宀) especial para que desarrolle sus habilidades.

寄信 enviar una carta - 18b 22a

18c 一 十 才 木 木一 木ナ 木大 木太 木夲 椅 椅 椅

椅 yǐ

silla

árbol 木[210][mù] + extraño(a) 奇 [qí]

El ser humano es el único(奇) animal que vive de pie, y la silla de madera(木) fue un instrumento muy útil para la civilización.

椅子[yǐzi] silla - 95

司

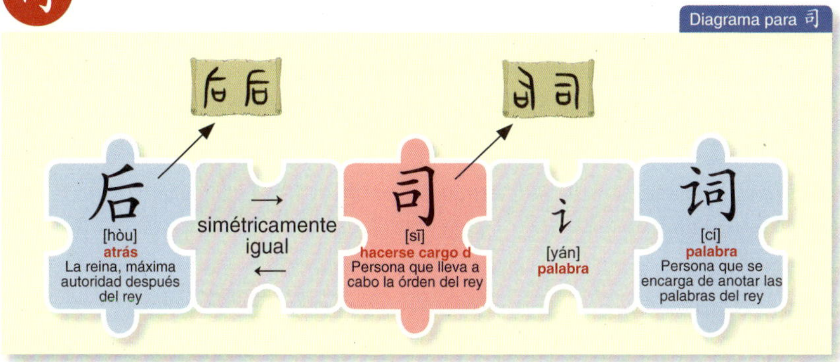

18d ㇒ 𠂆 𠂉 𠂇 后 后

后 hòu

atrás; después

persona ⺁→人[63][rén] + boca 口[16][kǒu]

El significado original de este carácter, que tiene forma de una persona(⺁→人) y una boca(口) que da órdenes, era rey, quien podía dar órdenes a cualquiera. Actualmente significa "reina 王后 [wánghòu]", la esposa del rey y también significa 'atrás, después' ya que la reina está detrás del rey, en segundo lugar a la hora de dar órdenes.

后面[hòumiàn] atrás; parte trasera; después - 10
然后[ránhòu] luego; después; más tarde - 158e
以后[yǐhòu] después de; después - 63j
后边[hòubiān] atrás; parte trasera; detrás de - 61a
最后[zuìhòu] último(a); final - 10c

18e 𠃌 ㇆ 𠃌 司 司

司 sī

hacerse cargo de

persona ㇆→人[63][rén] + boca 口[16][kǒu]

Este carácter contiene el carácter 'boca(口)' que da orden y el del súbdito (㇆→人) que se encarga de llevar a cabo dicha orden.

公司[gōngsī] corporación; empresa - 93b
司机[sījī] conductor; chófer - 213a

18f 丶 讠 订 讨 词 词 词

词 cí

palabra

palabra 讠=言[22][yán] + hacerse cargo de 司 [sī]

Los súbditos se encargan(司) de anotar las palabras(讠) del rey; de ahí el significado 'palabra'.

词语[cíyǔ] palabras; expresiones; términos - 226c 词典[cídiǎn] diccionario; léxico - 217a
生词[shēngcí] nueva palabra - 208

19

古

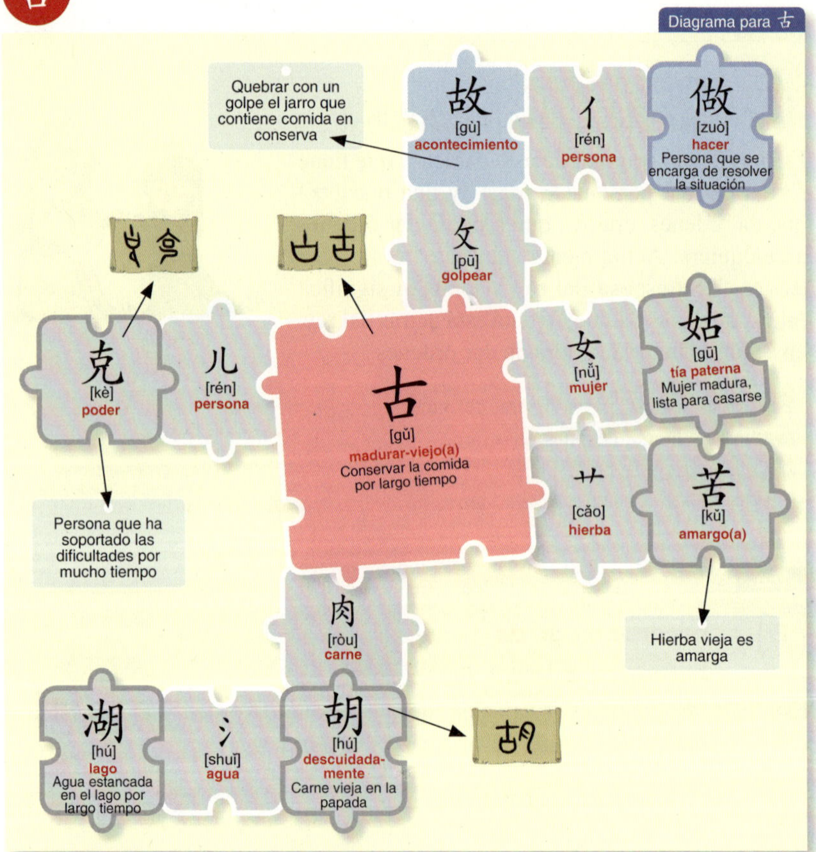

19 一 十 十 古 古

古 gǔ madurar-viejo(a)

Representa la escena en la que deposita la comida en un jarro(口) y la presiona con una piedra(十) pesada para dejarla madurar por largo tiempo.

* Aquí, con el carácter "口" se refiere a jarro o vasija y no tiene relación alguna con la boca.

古代[gǔdài] tiempos antiguos - 110c

19a 一 十 十 古 古 古' 古 古 故

故 gù acontecimiento

madurar-viejo(a) 古 [gǔ] + golpear 攵[50] [pū]

Representa la escena en la que, con un golpe(攵), quiebra el jarro que contiene comida que se ha tenido en conserva por largo tiempo(古). En aquella época en la que no existía frigorífico, quebrar un jarro con comida era un gran acontecimiento que representaba la preocupación por la alimentación.

故事[gùshi] cuento; relato - 36d 故意[gùyì] intencionalmente; obstinadamente - 21b

19

19b 丿 亻 亻 什 什 估 估 估 估 做 做

做 zuò hacer

persona 亻[70] [rén] + acontecimiento 故[gù]

Tiene forma de una persona(亻) que está resolviendo un percance(故), el del jarro quebrado que contenía comida.

叫做[jiàozuò] llamarse - 16e

19c ㇛ 女 女 女 女 女 姑 姑

姑 gū tía paterna

mujer 女[96] [nǚ] + madurar-viejo(a) 古 [gǔ]

Con mujer(女) vieja(古) se refiere al cuerpo maduro de una mujer listo para el matrimonio. Este carácter relacionado al matrimonio, también se utiliza para referir a 'tías' paternas (hermanas del padre) casadas o a 'cuñada' que son parte de familia política.

姑娘[gūniang] jovencita; señorita - 15c

19d 一 十 艹 兰 芊 芊 苦 苦

苦 kǔ

amargo(a)

hierba 艹[207][cǎo] + madurar-viejo(a) 古 [gǔ]

Con hierba(艹) vieja(古) se refiere a hierbas medicinales, y da a entender que la medicina oriental deja un sabor amargo en la boca. Hay un dicho que dice "La buena medicina es amarga en la boca, pero efectiva para el cuerpo"

* En la medicina oriental se secan las hierbas(艹) para conservarlas por largo tiempo(古) y se utiliza como medicinas.

辛苦[xīnkǔ] arduo(a) - 103 痛苦[tòngkǔ] dolor - 81c

19e 一 十 𠂇 古 古 胡 胡 胡 胡

胡 hú

descuidadamente

madurar-viejo(a) 古 [gǔ] + carne 月[221]→肉[192][ròu]

Literalmente significa carne(月) vieja(古), y tiene forma de carne vieja en la papada de la vaca. Describe el movimiento libre de la papada.

* Cuando "luna 月 [yuè]" se une a otro carácter, usualmente significa "肉".

19

胡乱[húluàn] sin cuidado - 24e

19f 丶 丶 氵 氵 汁 汁 沽 沽 沽 湖 湖 湖

湖 hú

lago

agua 氵[202][shuǐ] + carne bajo la mandíbula/descuidadamente 胡 [hú]

Tanto el agua(氵) estancada como la carne vieja bajo la mandíbula(胡) se refiere al lago. Esto se debe a que el agua del lago no fluye sino está estancada por largo tiempo.

19g 一 十 𠂇 古 古 声 克

克 kè

poder

madurar-viejo(a) 古 [gǔ] + persona 儿[71][rén]

Una persona(儿) fuerte que ha soportado las dificultades por mucho tiempo (古) puede hacer cualquier cosa. También se utiliza como 'gramo' por su pronunciación similar.

克服[kèfú] superar; vencer - 34b

口

Diagrama para 口

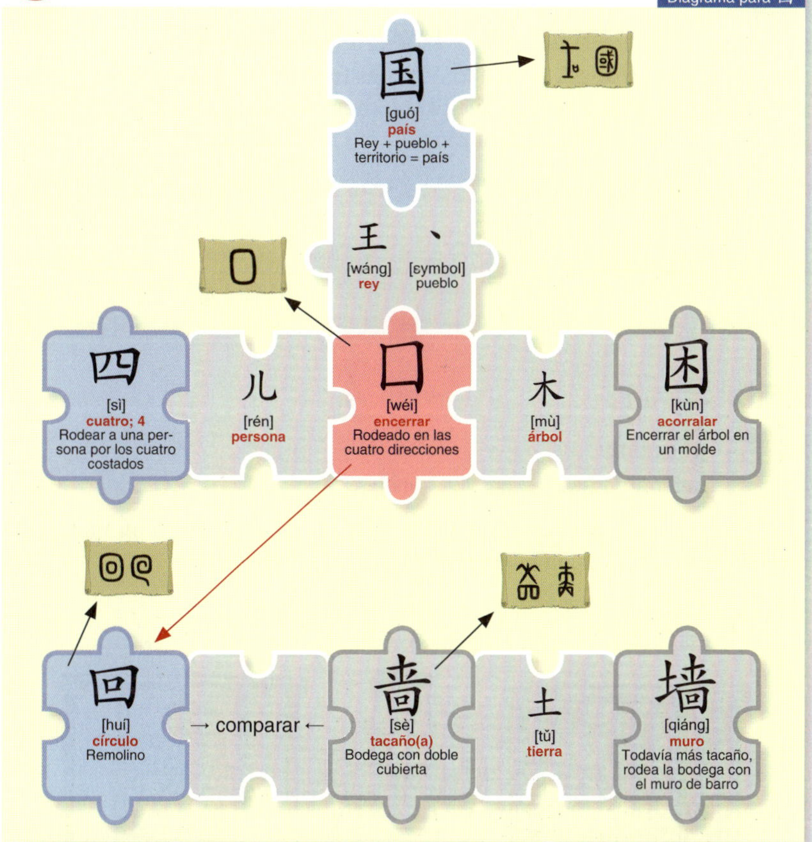

20

20

口
wéi

encerrar

Este carácter indica que está rodeado de las cuatro direcciones, como un muro.

* Tiene la misma forma que "boca 口[16][kǒu]" pero se distingue claramente por el tamaño mayor del carácter.

20a 丨 冂 冂 冃 冃 囯 国 国

国 guó

país

encerrar 囗 [wéi] + rey 王[108][wáng] + pueblo 丶 [símbolo]

El rey que gobierna(王), el pueblo(丶) y las fronteras del país(囗) forman este carácter 'país'. Da a entender que para formar un país se necesitan 3 factores, el soberano, el pueblo y el territorio.

* El carácter tradicional(國) está formado por el pueblo(口[16]), el territorio(一), la lanza(戈[113])y la demarcación(囗).

中国[Zhōngguó] China - 232a
国家[guójiā] país; estado; nación - 174a
外国[wàiguó] país distinto al propio - 222a
祖国[zǔguó] tierra natal; propio país - 126j
国王[guówáng] rey - 108

20b 丨 冂 冃 円 闲 闲 困

困 kùn

acorralar

encerrar 囗 [wéi] + árbol 木[210][mù]

Tiene forma de un árbol(木) o una persona encerrados dentro un molde(囗) sin poder moverse ni una pulgada.

困难[kùnnan] dificultad; difícil - 34h

20c 丨 冂 冂 四 四

四 sì

cuatro; 4

encerrar 囗 [wéi] + persona 儿[71][rén]

Tiene forma de una persona(儿)rodeada(囗) en los cuatro costados.

四分之一 uno(a)-cuarto (1/4); un cuarto - 20c 119a 83d 223

20d 丨 冂 冂 冋 回 回

回 huí

círculo; viento / tiempo

Tiene forma del agua turbulenta que gira en un remolino. También se utiliza como 'cuantificador para contar la cantidad de cosas o movimientos'.

* Este carácter no está relacionado a "encerrar 囗 [wéi]" o a "boca 口[16][kǒu]".

回答[huídá] contestación; respuesta - 65b
回来[huílái] regresar; volver - 212d
回去[huíqù] regresar; regresar a - 94
看一回。echar una ojeada. - 11a 223 20d

20e 一 十 ＋ 亠 亠 亣 吂 亩 啬 啬 啬

啬 sè

tacaño(a)

doble cubierta 丷, 十 [símbolo] + bodega 回 [símbolo]

Tiene forma de un silo para grano(回) a la que el dueño tacaño le ha puesto una doble cubierta(丷, 十) para prevenir el robo.

* En este carácter el silo (回) es similar al "círculo 回 [huí]" pero no tienen ninguna relación con él sino que representa la forma de los granos apilados uno sobre otro.

20

20f 一 十 土 圹 圹 圹 坩 垆 垆 墙 墙 墙 墙 墙

墙 qiáng

muro

tierra 土[152][tǔ] + tacaño(a) 啬 [sè]

El dueño tacaño(啬) rodea el silo con un doble muro de barro(土) para protegerla del saqueo.

21

音

Diagrama para 音

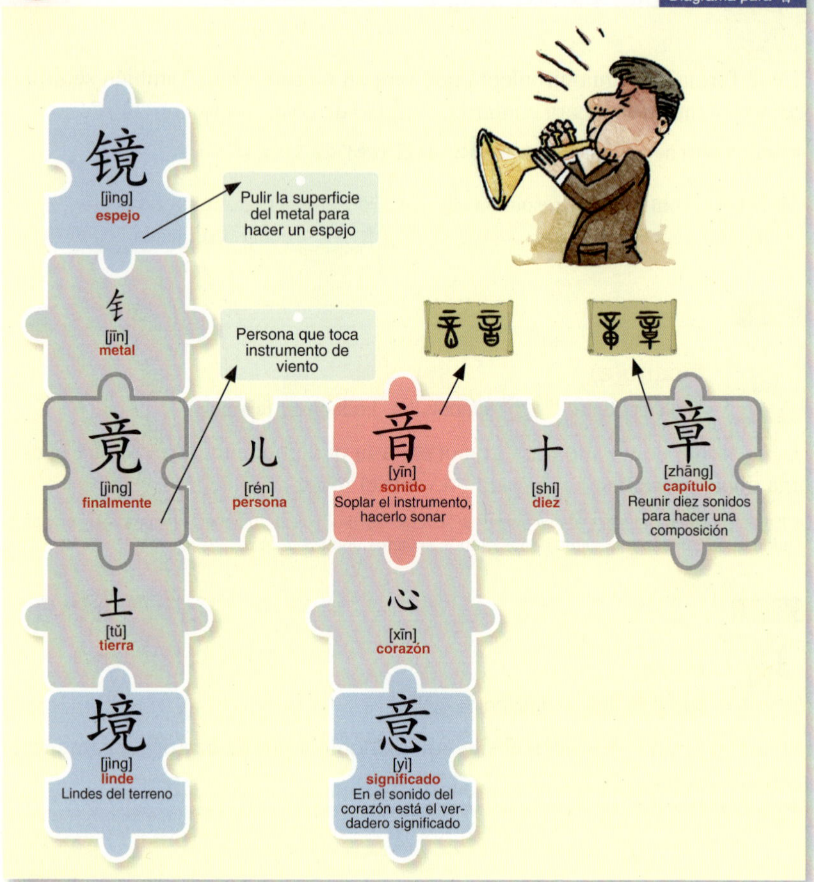

21

丶 亠 亠 立 立 产 音 音 音

音 yīn

sonido

En las inscripciones en los huesos oraculares, tanto en "palabra 言[22][yán]" como en "sonido 音" parece que están soplando un instrumento con la boca. Al principio se utilizaron sin distinción alguna pero con el tiempo "音" llegó a significar sonido, y "言" para enfatizar al contenido.

* La parte superior de "立" tiene forma de "de pie 立[79][lì]" pero no tienen ninguna relación.

声音[shēngyīn] voz; sonido - 104d
音乐[yīnyuè] música - 212c
录音[lù/yīn] grabación de sonido - 203a

21a

丶 亠 亠 立 立 产 音 音 音 章 章

章 zhāng

capítulo

sonido 音 [yīn] + diez 十[231] [shí]

Cuando se unen varios(十) sonidos(音) se crea una composición, y si se unen varias composiciones se pueden crear capítulos y versos.

* En el carácter antiguo se puede ver que la 'letra' salió de hacerse tatuaje en el cuerpo con la aguja(辛[103]) para tatuajes, y que la unión(十) de varias letras ha creado la composición.

文章[wénzhāng] artículo; ensayo - 133

21b

丶 亠 亠 立 立 产 音 音 音 音 意 意 意

意 yì

significado

sonido 音 [yīn] + corazón 心[28] [xīn]

Significa que el verdadero significado no está en las palabras en sí mismas sino en el sonido(音) del corazón(心) oculto.

意思[yìsi] significado - 28a
满意[mǎnyì] satisfecho(a) - 64e
同意[tóngyì] estar de acuerdo - 149b
愿意[yuànyì] estar dispuesto(a) a; estar listo(a) - 201e
注意[zhùyì] atención a; tener en cuenta - 233e
没意思[méiyìsi] aburrido(a); poco interesante - 117f 28a
意见[yìjiàn] opinión; idea; punto de vista - 13
意义[yìyì] significado; sentido - 233a
有意思[yǒuyìsi] sentido; significativo(a) - 39c 28a
主意[zhǔyì] plan; idea - 233c

21c

丶 亠 亠 立 立 产 音 音 音 竟 竟

竟 jìng

finalmente

instrumento/sonido 音 [yīn] + persona 儿[71] [rén]

Tiene forma de una persona(儿) que toca un instrumento(音) de viento. Con hacer un ruido no se puede decir que sabe tocar un instrumento, por tanto, este carácter se refiere a una persona que, como músico, ha alcanzado cierto nivel y de esta forma llegó a significar "finalmente; terminar".

21

21d 一 十 士 𡈼 𡉀 圹 圹 垆 垆 培 培 培 埦 境

境 jìng

linde

tierra 土[152][tǔ] + terminar/finalmente 竟 [jìng]

Llegó a significar 'linde' ya que se refiere al lugar en donde termina(竟) el terreno(土). A la vez, significa algún 'lugar' relativamente grande en cuanto al espacio por referirse a la existencia del límite, y también puede significar la 'situación' de dicho lugar.

环境[huánjìng] medio ambiente; circunstancias - 108c

21e 丿 𠂉 𠂉 𠂉 钅 钅 钅 钅 钅 铲 铲 锫 锫 锫 镜 镜

镜 jìng

espejo; lentes

metal 钅= 金[199][jīn] + finalmente 竟 [jìng]

En la antigüedad se utilizaba la plata o el bronce(金) para hacer un espejo. Representa el hecho de que para hacer un espejo es necesario pulir la superficie del metal(钅) limpiamente hasta que finalmente(竟) se pueda ver la cara. Con la aparición del espejo de vidrio en los siglos XII-XIII, derivó el significado de 'lente' de vidrio.

21

眼镜[yǎnjìng] gafas - 11g

言

Diagrama para 言

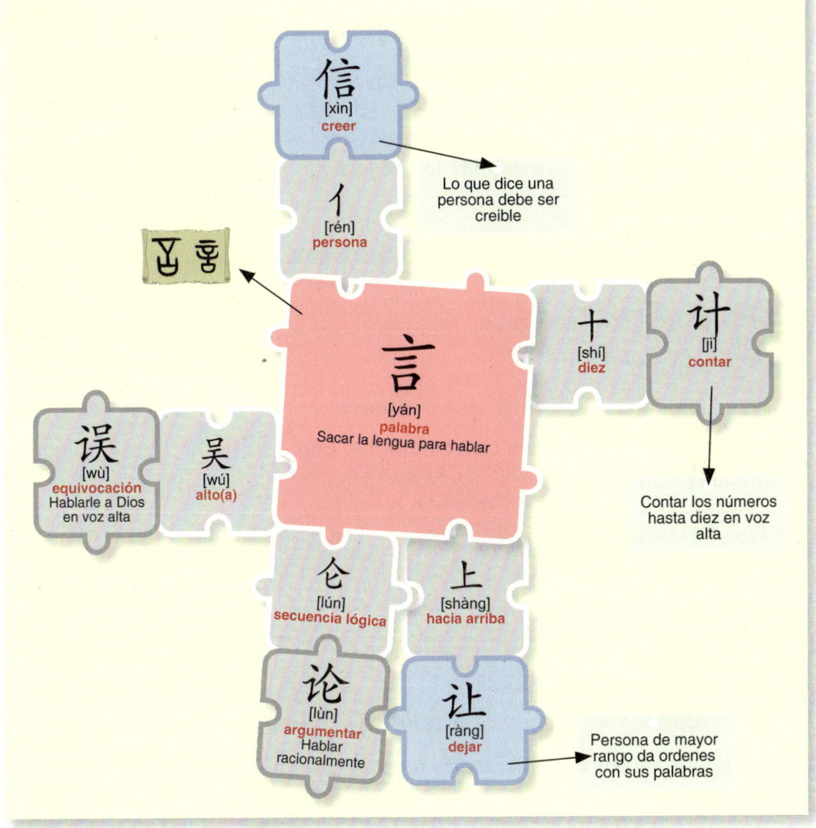

22

22

言
yán

palabra

Representa a una persona que habla con entusiasmo, con la lengua afuera de la boca(口[16]). Cuando se combina con otro carácter, se reduce al carácter “讠”.

语言 [yǔyán] idioma - 226c

发言 [fā/yán] hablar; hacer una declaración (discurso) - 34f

22a

丿 亻 亻 亻 仁 仁 信 信 信

信 xìn

creer; carta

persona 亻[70][rén] + palabra 言 [yán]

Expresa que la palabra(言) dada por las personas(亻) deben ser mutuamente creíbles. También significa que una carta en la que una persona(亻) expresa sus palabras(言) mediante letras debe ser igualmente creible.

相信[xiāngxìn] creer - 11c　　信封[xìnfēng] sobre - 40e

22b

丶 讠 讠 计

计 jì

contar

palabra 讠=言 [yán] + diez 十[231][shí]

Tiene forma de una persona que cuenta los números hasta diez(十) mientra musita las palabras(讠).

计划[jìhuà] plan; proyecto - 119g　　计算[jìsuàn] contar - 43b
设计[shèjì] plan; diseño - 117e

22

22c

丶 讠 讠 讠 让

让 ràng

dejar; reconocer

palabra 讠=言 [yán] + hacia arriba 上[223f][shàng]

Es uno de los verbos causativos más representativos y llegó a significar 'ordenar' por su forma de hablar(讠) desde arriba(上) hacia abajo. A la vez significa 'ceder' por la forma en la que se invita a una persona mayor(上) o de mayor rango a sentarse a la cabecera de la mesa o a ofrecerle comida con sus palabras(讠).

22d

丶 讠 讠 讠 论 论

论 lùn

argumentar

palabra 讠=言 [yán] + secuencia lógica 仑 [lún]

Llegó a significar 'discutir' por la forma de hablar(讠) racionalmente(仑), es decir, de manera coherente.

* El carácter tradicional(侖) de "仑" representa la forma de libros(冊[217]) apilados(亼[65]) consecutivamente.

讨论[tǎolùn] discutir; hablar sobre - 40g　　争论[zhēnglùn] disputa - 36a

22e 丶 讠 讠 讠 讠 讠 误 误 误

误 wù equivocación

palabra 讠=言 [yán] + alto(a) 吴 [wú]

Conlleva el significado de que es incorrecto que un ser limitado mire hacia el cielo y hable(讠) en voz alta(吴) a un Dios todopoderoso.

* "吴" tiene forma de una persona que abre su boca(口[16]) y grita en voz alta hacia el ciel(天[74b]).

错误[cuòwù] equivocado(a); equivocación; error - 199b
误会[wùhuì] malinterpretar; equivocación - 66c

欠

Diagrama para 欠

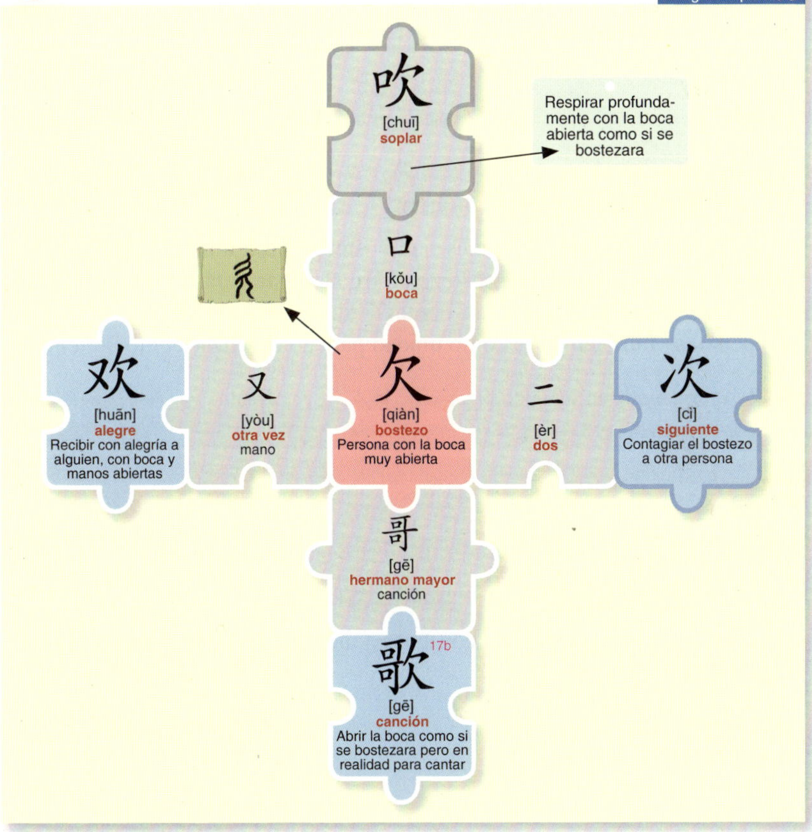

23

23

欠 qiàn — **bostezo**

Tiene forma de una persona(人[63]) que bosteza con la boca muy abierta.

23a

吹 chuī — **soplar**

boca 口[16][kǒu] + bostezo 欠 [qiàn]

Representa a una persona que expira y respira profundamente como si bostezara(欠) para tocar un instrumento con la boca(口).

他把火给吹着了。Él apagó el fuego soplando. - 84b 92b 158 65d 23a 11b 168a

23b

次 cì — **siguiente**

dos 二[226][èr] + bostezo 欠 [qiàn]

Existen diveras especies animales que bostezan pero únicamente el hombre y simios pueden contagiar el bostezo a otro ser. Este carácter conlleva el significado de que el bostezo(欠) se contagia al siguiente, es decir, a la segunda (二) persona. También sirve como unidad para contabilizar el movimiento.

其次[qící] siguiente; en segundo lugar - 44　第二次 la segunda vez - 109b 226 23b
8次列车 Tren núm. 8 - 23b 30b 124

23c

欢 huān — **alegre**

mano/otra vez 又[34][yòu] + bostezo 欠 [qiàn]

Recibir con alegría al invitado con boca y manos(又) muy abiertas, como si bostezara(欠).

喜欢[xǐhuan] gustar; disfrutar - 140a　欢迎[huānyíng] bienvenido(a) - 87a
欢送[huānsòng] despedir; enviar - 45a

舌

Diagrama para 舌

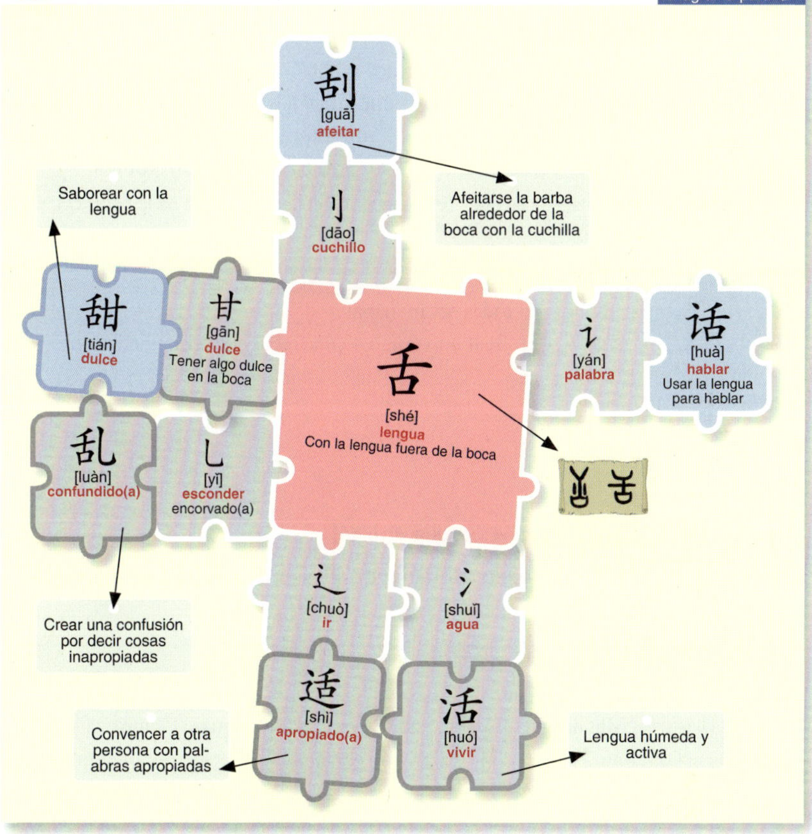

24

24

舌 shé	**lengua**

丿 二 千 千 舌 舌

El significado 'lengua' derivó de la forma en la que se saca la lengua(千) fuera de la boca(口[16][kǒu]).

24

24a

一 二 千 千 舌 舌 刮 刮

刮 guā

afeitar; soplar(del viento)

lengua 舌 [shé] + cuchillo 刂=刀[119] [dāo]

Se agrega “舌” como símbolo fonético y “刂” como elemento semántico para describir el acto de cortar con el cuchillo(刂). También se utiliza como ‘soplar(del viento)’ debido a que tiene la misma pronunciación aunque la forma y el significado del carácter tradicional son totalmente diferentes.

* Para recordarlo fácilmente, piense que “舌” tiene forma de lengua afuera de la boca(口), y que está afeitándose con la cuchilla(刂) la barba alrededor de la boca.

刮风[guāfēng] soplar (del viento) - 213c
我每天早上刮脸。Me afeito todas las mañanas. - 113b 97a 74b 218e 223f 24a 67d
首尔的夏天常刮东南风。En Seúl en verano sopla frecuentemente viento del sudeste. - 7 69 46b 56e 74b 150c 24a 211 231b 213c

24b

丶 讠 讠 计 许 许 话 话

话 huà

hablar

palabra 讠=言[22] [yán] + lengua 舌 [shé]

El carácter ‘hablar’ fue creado asemejando el uso de lengua(舌) para hablar (讠).

打电话[dǎdiànhuà] hacer una llamada (telefónica) - 31c 157a
说话[shuō/huà] hablar; conversar - 72d
普通话[pǔtōnghuà] Mandarín (forma de hablar común del lenguaje Chino) - 79g 166b
电话[diànhuà] teléfono - 157a
会话[huìhuà] conversación; diálogo - 66c
讲话[jiǎng/huà] hablar; conversar - 228a
谈话[tán/huà] conversación; charla - 158c
笑话[xiàohua] chiste; broma - 78a

24c

丶 丶 氵 氵 汗 汗 汗 活 活

活 huó

vivir; trabajo

agua 氵[202] [shuǐ] + lengua 舌 [shé]

Una lengua(舌) con agua(氵), es decir, con saliva, significa que está sana y con vida. También llegó a significar ‘trabajo’ en el sentido de que está vivo.

* En efecto, las glándulas de la superficie de la lengua(舌)producen un líquido(氵) que hace que la lengua de una persona sana y activa se mantenga siempre húmeda.

活动[huódòng] actividad - 159d
生活[shēnghuó] vivir; vida - 208

24d ㇒ 二 千 千 舌 舌 舌 话 活 适

适 shì

apropiado(a)

lengua 舌 [shé] + ir 辶[61] [chuò]

Se debe utilizar correctamente la lengua(舌) para que otras personas sigan el camino al que se dirige(辶). Es decir, con las palabras(舌) apropiadas en cada ocasión se puede hacer que otros le sigan(辶).

合适[héshì] apropiado(a) - 65a　　舒适[shūshì] consuelo; cómodo(a) - 168d

24e ㇒ 二 千 千 舌 舌 乱

乱 luàn

confundido(a)

lengua 舌 [shé] + encorvado(a)/esconder 乚[83e] [yǐ]

Con la lengua(舌) encorvada(乚) se da a entender que se ha causado una confusión o se ha caído en situaciones embarazosas por decir cosas fuera de lugar.

* "乚" es un carácter sujeto a diversas interpretaciones, y practicamente no contribuye al significado.

胡乱[húluàn] descuidadamente - 19e
家里很乱 La casa está muy desordenada. - 174a 151 14a 24e
现在的社会是很乱。La sociedad en este momento es muy caótica.
- 13d 32a 46b 126h 66c 54b 14a 24e

24

24f 一 十 廾 廿 甘

甘 gān

dulce

Es la forma en la que se tiene algo(一) dulce en la boca(廿→口[16]), sin tragársela.

24g ㇒ 二 千 千 舌 舌 舌 刮 甜 甜 甜

甜 tián

dulce

lengua 舌 [shé] + dulce 甘 [gān]

Describe que la lengua(舌) es el órgano que siente el sabor dulce(甘) en la boca.

牙

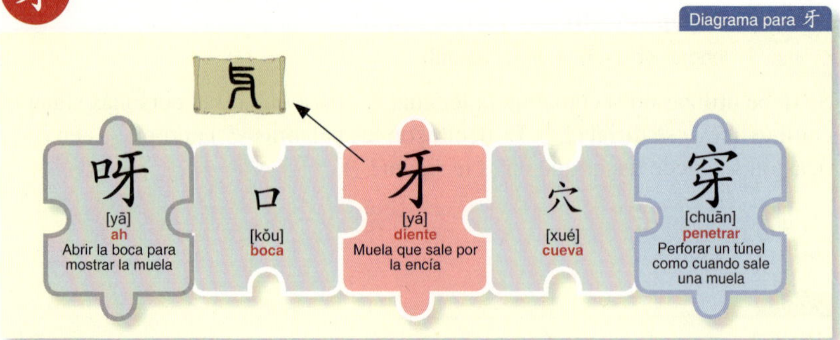

25 一 二 于 牙

牙 yá

diente

Este carácter imita la forma de una muela que sale por la encía. La muela está colocada en la parte más profunda de la boca.

25

刷牙[shuāyá] cepillarse los dientes - 90i

25a 丶 丶' 宀 宀 穴 穵 穻 穿 穿

穿 chuān

penetrar; llevar puesto; ponerse

cueva 穴[142] [xué] + diente 牙 [yá]

Se refiere a perforar una colina para hacer un túnel(穴), al igual que una muela(牙) perfora la encía. Su significado fue ampliado a 'vestir (de ropa), poner (el calcetín, zapato)' ya que para vestirse la mano o el pie debe salir por las mangas o las perneras de la ropa.

她从不穿绿色的衣服。Ella nunca se viste de verde. - 84c 63g 223a 25a 132j 68f 46b 130 34b

25b 丨 ㄇ 口 口一 口二 吁 呀

呀 yā/ya

ah; oh / <partícula modal>

boca 口[16] [kǒu] + diente 牙 [yá]

Se crean las interjecciones 'ah; oh' por la forma de boca(口) muy abierta que permite ver la muela(牙).

Es una partícula modal y se utiliza, en lugar de '啊[17f]', cuando la sílaba anterior termina con la vocal 'a, e, i, o, ü'.

自

Diagrama para 自

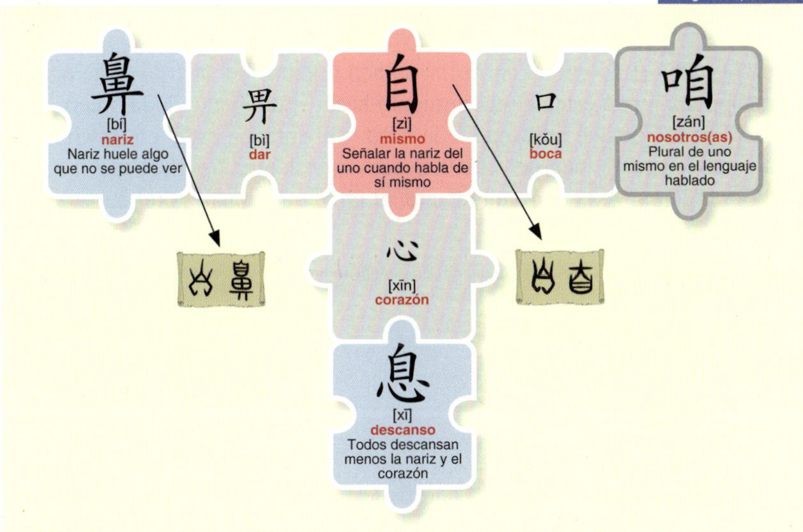

26

26 ′ 丨 门 白 白 自

自 zì

mismo

Este carácter imita la 'nariz' que es la parte más sobresaliente y distinguida de la cara. Las personas, con frecuencia, en Oriente, señalan su nariz cuando hablan de sí mismo.

* La nariz aparece usualmente en proverbios relacionados al orgullo o engreimiento. El simbolismo de la nariz da a entender que la nariz ha sido utilizada para referirse a sí mismo.

自行车[zìxíngchē] bicicleta - 60b 124
自卑[zìbēi] sentirse inferior - 215b
自己[zìjǐ] uno mismo - 82
自我[zìwǒ] uno mismo; mismo; ego - 113b

26a 丨 口 口 口′ 口′ 咱 咱 咱 咱

咱 zán

nosotros(as)

boca 口[16][kǒu] + mismo 自 [zì]

Al lenguaje hablado se le agregó boca(口) para describir nosotros, el plural de uno mismo(自).

咱们[zánmen] nosotros(as) - 145a

26b

息 xī

descanso; noticia

nariz/mismo 自 [zì] + corazón 心[28][xīn]

Tanto la nariz(自) como el corazón(心) son órganos del cuerpo relacionados a la respiración que están en movimiento hasta el momento de la muerte. Por tanto, el hecho de que únicamente la nariz y el corazón están en movimiento da a entender que el cuerpo está en descanso. Además significa que la información es actualizada constantemente, al igual que la nariz o el corazón que trabajan continuamente.

休息[xiūxi] descanso - 70c　　消息[xiāoxi] noticia - 235d

26c

鼻 bí

nariz

Como el significado de "自[zì]", que tiene forma de nariz, se transformó en 'mismo', se le agregó la parte de sonido "畀[bì]" para que recupere su significado original.

26

* "dar 畀 [bì]" tiene forma de olla(田) con agujeros en el fondo por donde sube el vapor. La olla está sobre un soporte(丌[12c]). Al parecer se quiso resaltar(丌) la función de nariz, que puede oler algo invisible, como el vapor(田).
* En el carácter antiguo se puede ver que la forma de la olla de vapor(田) con agujeros es distinta al "campo 田[154][tián]".

鼻子[bízi] nariz - 95

身

Diagrama para 身

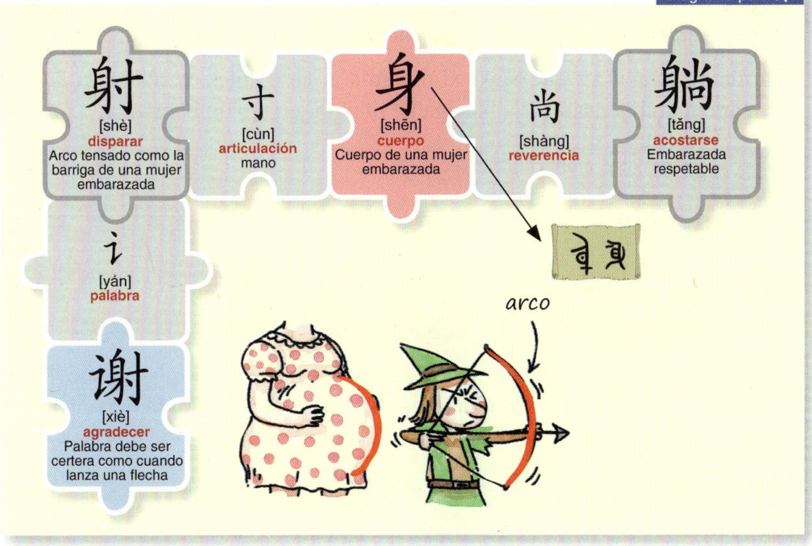

27

27

身 shēn — **cuerpo**

Es la visión de perfil del cuerpo de una mujer en estado avanzado de embarazo.

身体[shēntǐ] cuerpo; salud - 29b　　身边[shēnbiān] al lado - 61a

27a

躺 tǎng — **acostarse**

mujer embarazada/cuerpo 身 [shēn] + reverencia 尚 [150b] [shàng]

Tiene forma de una persona tumbada para expresar que una mujer(身) en estado avanzado de embarazo debe ser respetada(尚) por todos.

地上躺着四个人。
Hay cuatro personas tumbadas en el piso. - 84a 223f 27a 11b 20c 63b 63

27b

射 shè

disparar

mujer embarazada/cuerpo 身 [shēn] + mano/articulación 寸[40] [cùn]

Describe la mano(寸) que tensa al máximo el arco antes de lanzar la flecha. Compara el arco tensado a la barriga de una mujer(身) embarazada.

注射[zhùshè] inyectar; poner una inyección - 233e

27c

谢 xiè

agradecer

palabra 讠=言[22] [yán] + disparar 射 [shè]

Las palabras(讠) de agradecimiento deben ser certeras como cuando lanza (射) una flecha, para que sean eficaces. Si pierde la oportunidad o se habla a la ligera, no tendrá ningún efecto.

谢谢[xièxie] gracias   感谢[gǎnxiè] agradecer - 114d

27

心

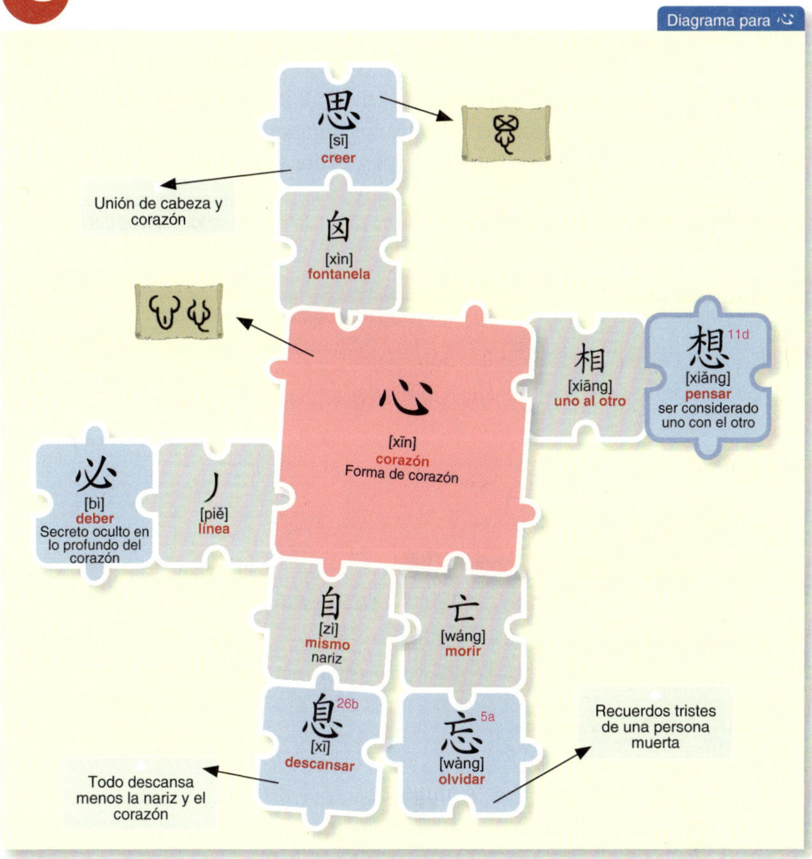

28

28 丶 心 心 心

心 xīn corazón

Es un carácter que imita la forma del corazón. Se utiliza literalmente como corazón, pero también se utiliza simbólicamente para referir a sentimientos o características.

担心[dān/xīn] preocuparse; ansioso(a) - 31g
放心[fang/xīn] tener la mente (corazón) tranquila - 50a
关心[guānxīn] concernir; interés; atención - 45
小心[xiǎoxīn] tener cuidado - 235

28a 丨 冂 日 田 田 田 思 思 思

思 sī

pensar

cabeza/fontanela 田[154] → 囟[132h] [xìn] + corazón 心 [xīn]

El pensamiento es la unión de cabeza(囟) y corazón(心). Este carácter tiene su origen en la idea maravillosa de los antiguos que pensaban que el pensamiento es un trabajo conjunto entre la mente(囟) y el corazón(心).

* En el carácter antiguo se puede ver que "campo 田 [tián]" es la transformación de "cabeza 囟". La fontanela es la zona blanda en en donde todavía no se han desarrollado los huesos del cráneo del bebé y se puede notar el latido cada vez que el bebé respira.

意思[yìsi] significado - 21b
没意思[méiyìsi] aburrido(a); poco interesante - 117f 21b
思想[sīxiǎng] pensamiento; consideración; idea - 11d
有意思[yǒuyìsi] significativo(a); con significado - 39c 21b

28b 丶 心 心 必 必

必 bì

deber

corazón 心 [xīn] + línea 丿[234] [piě]

28

Da a entender que un secreto oculto(丿) en lo profundo del corazón(心) debe ser guardado a toda costa, pase lo que pase.

* "丿" es un carácter que no tiene significado alguno y está sujeto a diversas interpretaciones.

必须[bìxū] deber; tener que; necesario(a) - 8a

忄

Diagrama para 忄

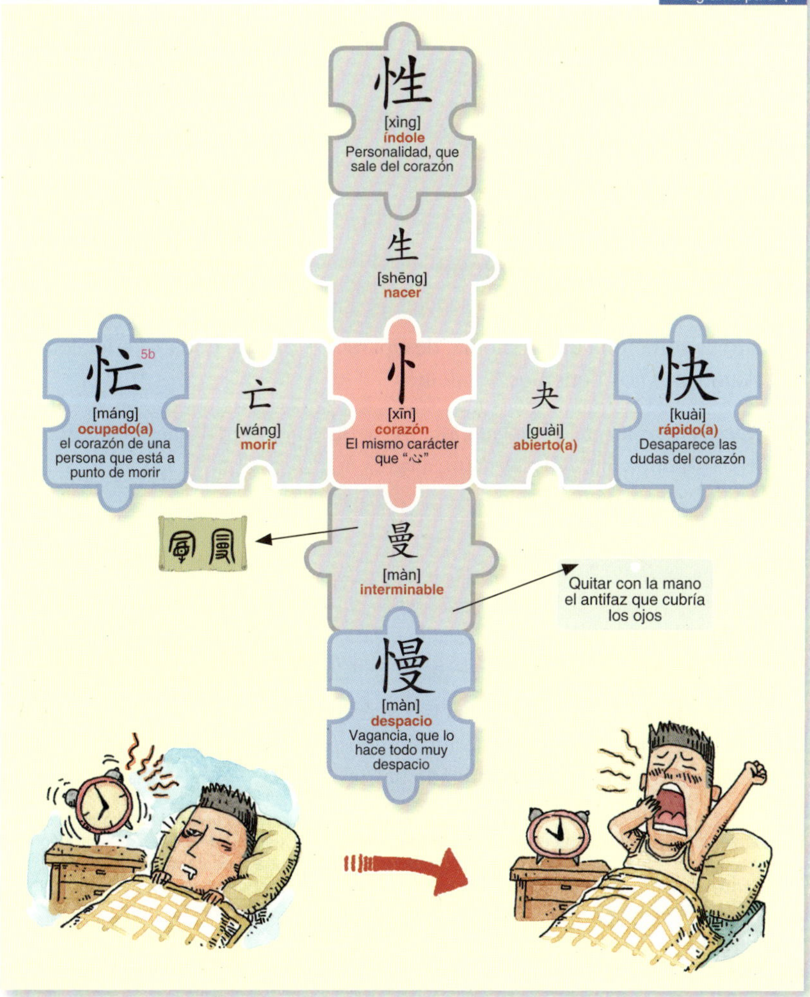

28

28

忄 xīn	**corazón**

"忄" es el mismo carácter que "corazón 心 [xīn]" pero no se utiliza por sí solo sino que se añade a otro carácter siempre a la izquierda.

28c 丶 丷 忄 忄 忙 忙 性 性

性 xìng

índole

corazón 忄=心 [xīn] + nacer 生[208][shēng]

Lo que nace(生) del corazón(忄) es su personalidad.

个性[gèxìng] individualidad - 63b

28d 丶 丷 忄 忄 忄 快 快

快 kuài

rápido(a); contento(a)

corazón 忄=心 [xīn] + abierto(a) 夬[76][guài]

Cuando se soluciona un problema, desaparece rápido la duda(夬) del corazón (忄). Asimismo nos ponemos 'contentos'.

快乐[kuàilè] feliz; alegre; encantado(a) - 212c 凉快[liángkuai] agradablemente fresco - 2a
痛快[tòngkuài] muy feliz; encantado(a); alegre - 81c
愉快[yúkuài] alegre; agradable - 221c

28

28e 丨 冂 日 日 旦 昌 昌 昌 昌 曼 曼

曼 màn

interminable

capucha 日→冃[11e][mào] + ojo 罒→目[11][mù] + mano/otra vez 又[34][yòu]

Quitar con la mano(又) el antifaz(冃) que cubre los ojos(目). Por la mañana cuando te despiertas, se necesita un tiempo para que los ojos se adapten a la luz; de ahí llegó a tener el significado de 'prorrogar'.

* En la retina hay un tipo de proteína llamado rodopsina. Ésta produce una reacción química al exponerse a la luz y emite una energía que produce la visión. Cuando se sale de un lugar oscuro a otro con mucha luz, la rodopsina se descompone emitiendo una gran cantidad de energía, produciéndose una ceguera temporal. Pero pasado un tiempo, desaparece la rodopsina en su totalidad y la vista vuelve a funcionar normalmente.

28f 丶 丷 忄 忄 忄 忄 忄 忄 忄 忄 忄 忄 慢 慢

慢 màn

despacio

corazón 忄=心 [xīn] + interminable 曼 [màn]

Una persona perezosa(忄) que lo hace todo despacio tarda(曼) en despertar.

* "心" expresa un sentimiento o una característica; aquí describe la pereza.

我的表慢五分钟。Mi reloj va cinco minutos retrasado. - 113b 46b 130b 28f 226a 119a 232b

骨

Diagrama para 骨

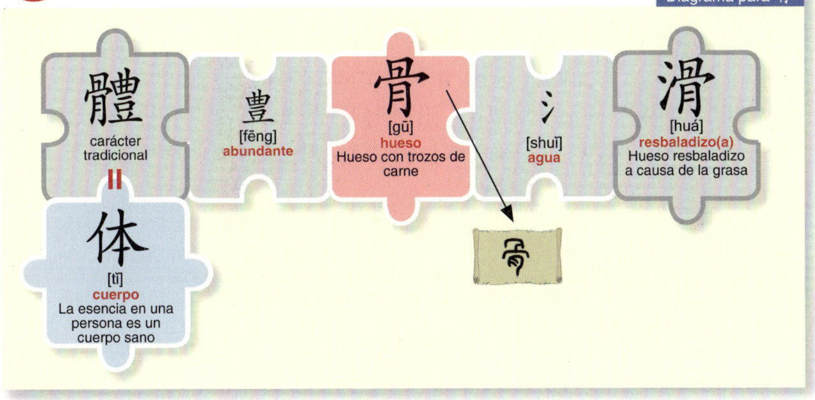

29

骨 gū — hueso

29

Este carácter que contiene el carácter hueso(冎) con carne(月) se refiere al 'hueso'. El carácter "冎 [guǎ]" describe al hueso sin nada de carne.

* El carácter "月[221] [yuè]" normalmente tiene el significado de "carne 肉[192] [ròu]" cuando se añade a otro carácter.

骨头 [gǔtou] hueso - 75

29a

滑 huá — resbaladizo(a)

agua 氵[202] [shuǐ] + hueso 骨 [gū]

El hueso(骨) con el carácter agua(氵) en la superficie quiere decir que tiene grasa por fuera. De ahí llegó significar 'resbaladizo'.

滑冰 [huá/bīng] patinaje sobre hielo - 206a

29b 丿 亻 仁 什 什 休 体

体 tǐ

cuerpo

persona 亻[70][rén] + raíz 本[210a][běn]

"Perder el dinero es perder poco, pero perder la salud es perderlo todo." Este dicho nos dice que lo esencial(本) en una persona(亻) es tener un cuerpo sano.

* El carácter tradicional(體) combinó el de hueso(骨) y el de carne abundante(豊→丰[209]) para crear el carácter 'cuerpo'.

身体[shēntǐ] cuerpo; salud - 27
全体[quántǐ] todo; entero(a) - 63f
尸体[shītǐ] cadáver - 90
体育[tǐyù] deporte; educación física - 192b
半导体[bàndǎotǐ] semiconductor - 175b 7b

30

歹

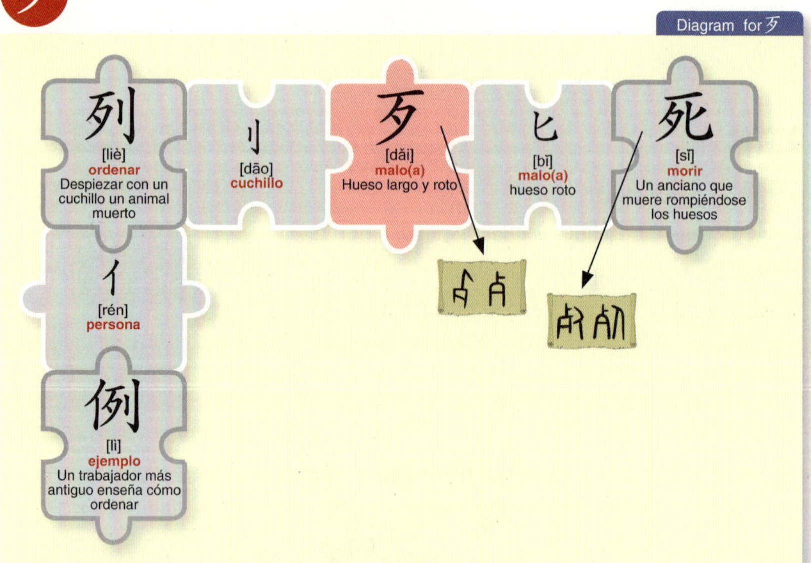

30 一 丆 歹 歹

歹 dǎi **malo(a)**

El hueso descarnado se refiere a un hueso roto. Cuando se utiliza por sí solo significa 'malo(a)' y cuando se añade a otro carácter se utiliza con el significado de 'muerte y desastre'.

30a 一 ア 歹 歹 歹' 死

死 sǐ **morir**

hueso roto/malo(a) 歹 [dǎi] + hueso roto/malo(a) 匕[88][bǐ]

La combinación del hueso roto(歹) y un anciano(匕) dio lugar al significado de 'morir'.

* El carácter "匕" traza la forma de un hombre(人[63]) pero cambiado de dirección (derecha e izquierda), para describir a un 'anciano'.

死亡[sǐwáng] morir - 5
他什么时候死了? ¿Cuando murió? - 84b 231a 93a 42d 111b 30a 168a

30b 一 ア 歹 歹 歹' 列

列 liè **ordenar**

muerte/malo(a) 歹 [dǎi] + cuchillo 刂=刀[119][dāo]

Separar las partes del cuerpo muerto(歹) de un animal con un cuchillo(刂) para ordenarlas.

排列[páiliè] ordenar - 181a

30c ノ 亻 亻 亻 仴 仴 例 例

例 lì **ejemplo**

persona 亻[70][rén] + ordenar 列 [liè]

Para ordena(列) las partes del cuerpo de un animal muerto, se requiren normas y un orden. Un trabajador más antiguo(亻) da ejemplo según las normas.

例如[lìrú] por ejemplo - 96g

30

手

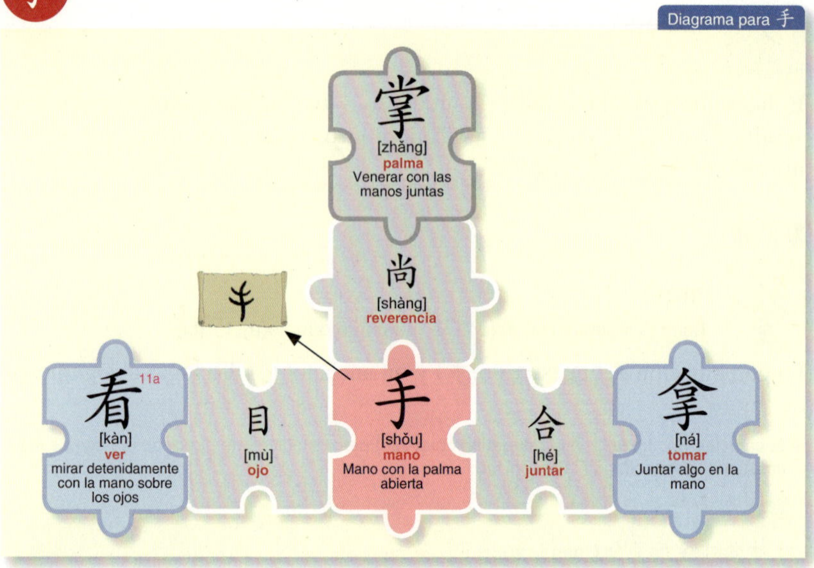

31

31

一 二 三 手

手 shǒu — **mano**

Es el carácter más representativo de la 'mano' con la palma abierta.

手表[shǒubiǎo] reloj pulsera - 130b	手机[shǒujī] teléfono móvil - 213a
洗手间[xǐshǒujiān] baño, lavabo - 71e 145c	握手[wò/shǒu] darse la mano - 90f
手段[shǒuduàn] medios; medida; método - 117a	
手续[shǒuxù] procedimiento; proceso - 75e	
手指[shǒuzhǐ] dedo - 89a	

31a

掌 zhǎng — **palma**

reverencia 尚 150b [shàng] + mano 手 [shǒu]

Normalmente la gente junta las manos(手) para hacer reverencias(尚). Por ejemplo, para venerar al Dios, se reza o se inclina el cuerpo con las manos juntas.

掌握[zhǎngwò] asir; dominar - 90f	鼓掌[gǔ/zhǎng] aplaudir - 51b

31b 丿 人 𠆢 合 合 合 合 拿 拿 拿

拿
ná

tomar

juntar 合[65a][hé] + mano 手 [shǒu]

Juntar(合) algo en la mano(手) es lo mismo que tomarlo.

他手里拿的是什么? ¿Qué tiene en su mano? - 84b 31 151 31b 46b 54b 231a 93a

手

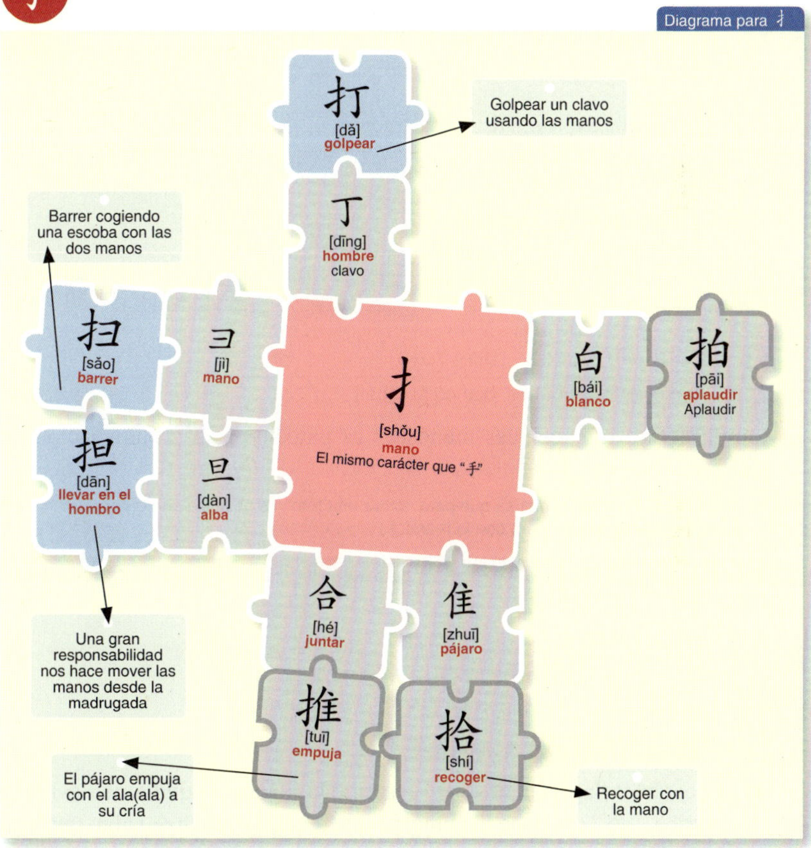

31

31

31

一 丨 扌

扌 shǒu

mano

Se trata del mismo carácter que "mano 手 [shǒu]". Pero mientras que "手" se utiliza solo o en el centro de un carácter, "扌" suele estar a la izquierda de un carácter.

31c

一 丨 扌 扌 打

打 dǎ

golpear

mano 扌=手 [shǒu] + clavo/hombre 丁[225][dīng]

Con la mano(扌) se coge un martillo y se golpea un clavo(丁).

打电话[dǎdiànhuà] llamar a alguien (por teléfono) - 157a 24b
打篮球[dǎlánqiú] jugar al baloncesto - 107c 198b
打扫[dǎsǎo] limpiar - 31h
打算[dǎsuan] plan - 43b
打败[dǎ/bài] vencer; golpear - 186g
打倒[dǎdǎo] derrocar; abajo con - 112c

31d

一 丨 扌 扌' 扌' 拍 拍 拍

拍 pāi

aplaudir; tomar (una foto)

mano 扌=手 [shǒu] + blanco 白[134][bái]

El sonido de aplaudir con las manos(扌) es parecido a la pronunciación de "白 [bái]".

* Será más fácil de recordar si piensa que para 'tomar una foto', se necesita una buena iluminación (白) y hay que manejar la cámara con la mano(扌).

拍手 palmada - 31d 31
拍电影 filmar - 31d 157a 2d

31e

一 丨 扌 扌 扌 扲 拎 拾 拾

拾 shí

recoger

mano 扌=手 [shǒu] + juntar 合[65a][hé]

Si bien el carácter "agarrar 拿[31b][ná]" describe la mano(手) que junta(合) algo que está arriba, "拾" describe la mano(扌) que recoge y junta(合) algo que está en el suelo.

收拾[shōushi] reunir; poner en orden; organizado - 50e

31f 一 十 扌 扌 扌 扌 扌 扌 推 推 推

推 tuī

empuja

mano 扌=手 [shǒu] + pájaro 隹[178][zhuī]

Un pájaro empuja suavemente a su cría(隹) con la mano(el ala)(扌) para saber si está preparado para volar o no.

推动[tuīdòng] seguir adelante - 159d　　推车。empujar el coche. - 31f 124

31g 一 十 扌 扌 扣 扣 扣 担

担 dān

llevar en el hombro

mano 扌=手 [shǒu] + alba 旦[218a][dàn]

Desde alba (el sol justo por encima del horizonte)(旦) se debe mover sin cesar la mano(扌) ya que tiene muchas responsabilidades; de ahí llegó a tener el significado de 'asumir, hacerse cargo'.

担心[dān/xīn] preocuparse; ansioso(a) - 28

31

31h 一 十 扌 扌 扫 扫

扫 sǎo

barrer

mano 扌=手 [shǒu] + mano 彐[36][jì]

Está barriendo o limpiando el suelo cogiendo con una escoba.

* El carácter tradicional(掃) contiene a la derecha la mano(彐) que coge una escoba o trapo hecho con una tela(巾[131]).

打扫[dǎsǎo] barrer; limpiar - 31c

才

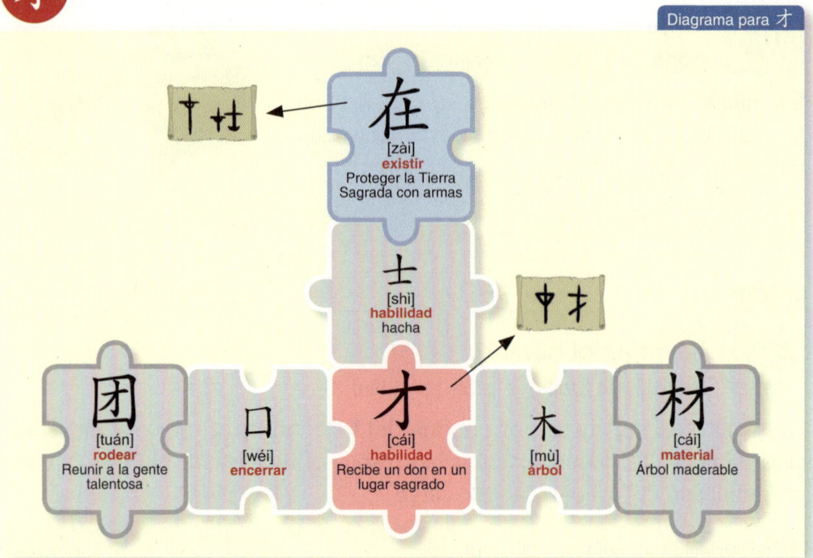

32 **32** 一 十 才

才 cái — habilidad

Se marca(丿) el lugar sagrado con una cruz(十). Se puede recibir un don(habilidad) especial en tal sitio. Asimismo se utiliza como adverbio 'recién, a duras penas'.

刚才[gāngcái] recién; hace un momento - 165b　人才[réncái] persona de capacidad - 63

32a 一 ナ 才 在 在 在

在 zài — existir

habilidad 才 [cái] + hacha/erudito 土[152]→士[104][shì]

Proteger un lugar sagrado con hachas(士) quiere decir que ahí está(existe) el Dios que le puede dar dones(才).

* Si miramos las inscripciones en bronce, la parte izquierda del carácter "在" tiene el mismo origen que "才", mientras que la parte derecha no es "tierra 土 [tǔ]", sino que es un carácter que imita la forma de un hacha, "士".

现在[xiànzài] ahora; actualmente - 13d
正在[zhèngzài] en el proceso de; en el curso de - 54

32b 一 十 才 木 朩 村 材

材 cái

material

árbol 木[210][mù] + habilidad 才 [cái]

Un ábrol(木) con habilidad(才) se refiere a la madera buena, apta para ser utilizado como material de construcción.

材料[cáiliào] material - 164b

32c 丨 冂 冃 冃 団 团

团 tuán

rodear

encerrar 口[20][wéi] + habilidad 才 [cái]

Para reunir a la gente talentosa(才) la rodeamos(口) con un círculo.

* El centro del carácter tradicional(團) pone énfasis en la forma redonda de una bobina(專[zhuān]) que se gira con una mano(寸[40]).

团结[tuánjié] unirse; mitin - 104b

32

爪

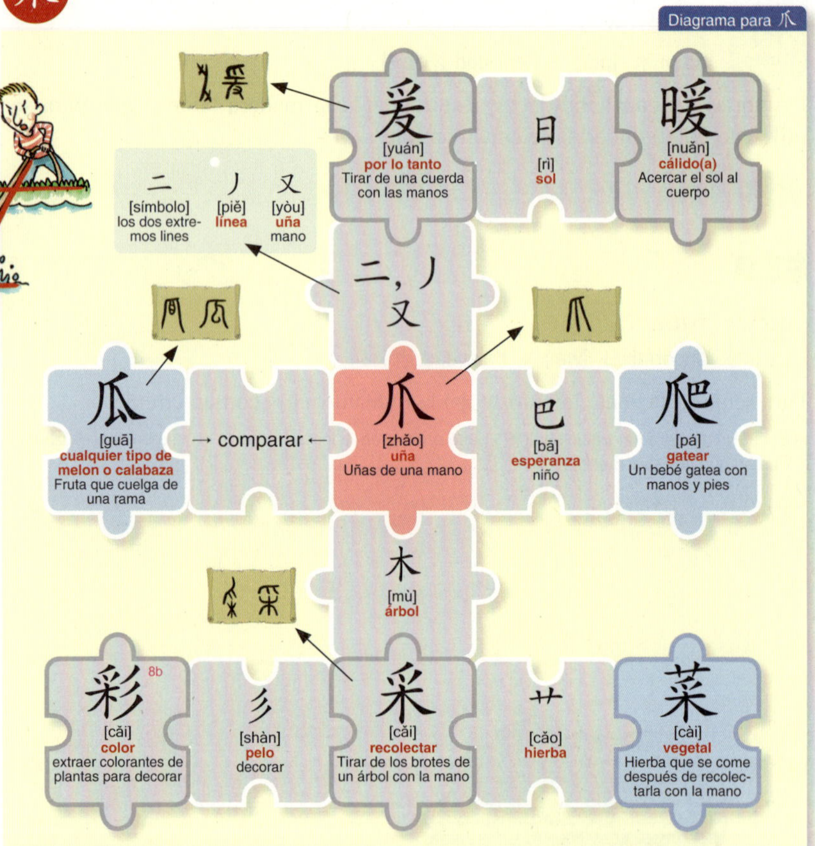

33

33

丿 厂 爪 爪

爪 zhǎo **uña**

Este carácter imita a la forma de las uñas para coger algo. Cuando se añade a otro carácter normalmente significa 'mano'. A veces se abrevia a "爫".

* En el carácter antiguo se utiliza de forma similar que "mano 手[31][shǒu]" aunque tenga una forma algo distinta.

33a

爰 yuán

por lo tanto + línea 丿[234][piě] + mano/otra vez 又[34][yòu]
mano/uña 爫=爪 [zhǎo] + los dos extremos 二 [símbolo]

Una cuerda(丿) conecta la mano(爫) de una persona que está fuera del agua (一)(爫) con la mano(又) de una persona que se está ahogando(一). Está tirando de la persona que se ahoga. De ahí cambió poco a poco el significado hasta significar 'por lo tanto'.

* "丿" no tiene un significado fijo y se puede entender de diferentes formas.

33b

暖 nuǎn

cálido(a)
sol 日[218][rì] + tirar/ por lo tanto 爰 [yuán]

Si tira(爰) del sol(日), ¡hará mucho calor!

暖和 [nuǎnhuo] cálido(a); agradable y cálido - 139a

33c

爬 pá

gatear
mano/uña 爪 [zhǎo] + niño/esperanza 巴[92a][bā]

Un bebé(巴) gatea con manos(爪).

* "巴" imita la forma de un niño gordo.

爬山 [páshān] alpinismo - 195

33d

采 cǎi

recolectar
mano/uña 爫=爪 [zhǎo] + árbol 木[210][mù]

Recolectar con la mano(爫) los brotes, hojas o frutas de un árbol(木).

33e

菜 cài

vegetal
hierba 艹[207][cǎo] + recolectar 采 [cǎi]

Los vegetales son hierbas(艹) que se recolecta(采) con la mano y se comen.

33

菜单[càidān] menú; carta - 231c　　白菜[báicài] Col china - 134

33f　　丿 厂 爪 爪 瓜

瓜
guā

cualquier tipo de melon o calabaza

Se utiliza para designar a las frutas o calabazas que cuelgan de una rama.

* La forma del carácter es parecida a la del "uña 爪 [zhǎo]" pero no tiene ninguna relación.

西瓜[xīguā] sandía - 170

34

又

Diagrama para 又

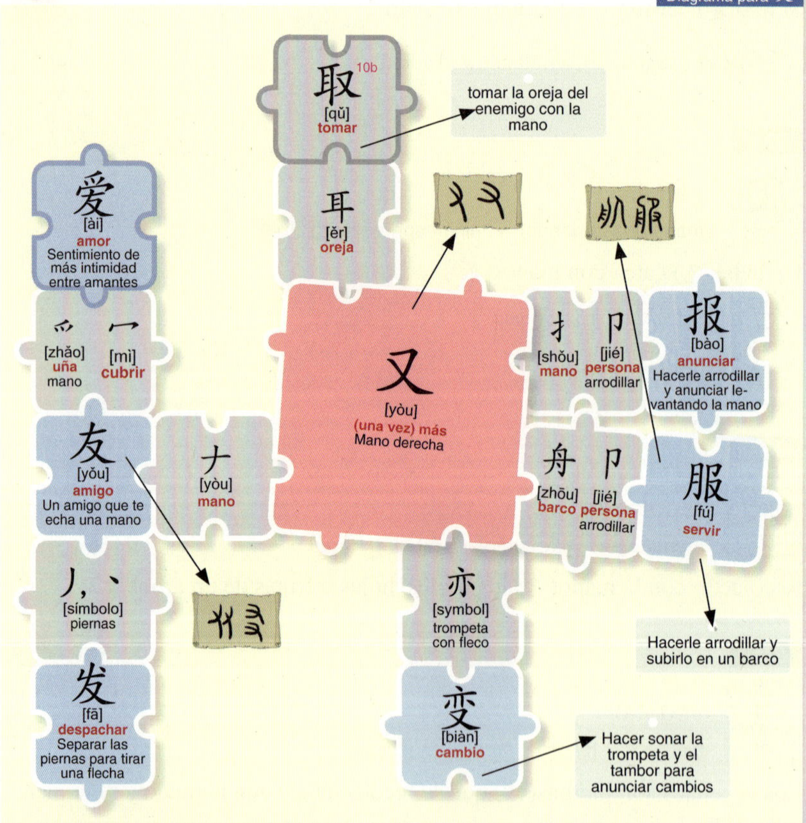

34 ㇇ 又

又 yòu (una vez) más

En un principio significaba 'mano derecha' pero, ya que con la mano derecha se realizan la mayoría de las acciones, llegó a significar también 'otra vez'. Cuando se añade a otro carácter, no sólo se refiere a mano derecha sino a la 'mano' en general.

34a 一 十 扌 扌 扣 扨 报

报 bào anunciar

mano 扌=手[31][shǒu] + arrodillar/persona 卩[85][jié] + mano/otra vez 又 [yòu]

Con la mano(又) indica a su oponente que se arrodille(卩), y anuncia el suceso levantando la mano(扌). De ahí llegó a significar también 'periódico' ya que en él se dan noticias nuevas.

* "卩" imita a una persona que se arrodilla.

报纸[bàozhǐ] periódico - 99a
报告[bàogào] informar; reportar - 175d
报名[bào/míng] inscribirse; alistarse; rellenar con su nombre - 222c
画报[huàbào] revista ilustrada; pictórico - 167c

34

34b 丿 刀 月 月 月' 肜 服 服

服 fú servir; ropa

barco 月[221]→舟 [zhōu] + arrodillar/persona 卩[85][jié] + mano/otra vez 又 [yòu]

Con la mano(又) indica a su oponente que se arrodille(卩) y que suba al barco (舟). Es decir, le obliga a servirlo, y ya que lo vestirá de un tipo de vestimenta específica, llegó a tener el significado de ropa.

* El carácter "luna 月 [yuè]" contenido en "服" tenía forma de "舟" en los caracteres antiguos.

衣服[yīfu] ropa - 130
服务员[fúwùyuán] personal de servicio - 159f 186h
舒服[shūfu] cómodo(a) - 168d
服务[fúwù] servir - 159f
克服[kèfú] vencer; superar - 19g

34c　丶 亠 亣 亣 亦 亦 亦 变

变 biàn

cambio

trompeta con fleco 亦 [symbol] + mano/otra vez 又 [yòu]

Cuando hay acontecimientos que conllevan grandes cambios como la coronación de un nuevo rey, se tocan trompetas(亦) con flecos y tambores (con la mano(又)).

* Si miramos el carácter tradicional (變), indica cómo se toca un instrumento de viento(言[22/21]) adornado con flecos(絲[132a]) y un tambor (con la mano(攵[50])).

变化[biànhuà] cambiarse - 70a　变成[biànchéng] transformarse; convertirse en - 114a
改变[gǎibiàn] cambiar - 50b

34d　一 ナ 方 友

友 yǒu

amigo

mano ナ[39] [yòu] + mano/otra vez 又 [yòu]

Dos manos(ナ, 又) juntas quiere decir 'unir fuerzas'. Un amigo extiende su mano para ayudarte en tiempos difíciles.

34

朋友[péngyou] amigo - 192a　友好[yǒuhǎo] buen amigo - 96c
友谊[yǒuyì] amistad - 224e　小朋友[xiǎopéngyǒu] niños - 235 192a

34e　一 〃 〃 〃 爫 爫 爫 爱 爱 爱

爱 ài

amor

mano/uña 爫 = 爪[33] [zhǎo] + cubrir 冖[169] [mì] + amigo 友 [yǒu]

El amor es el deseo de tocar con la mano(爫) las partes más íntimas(冖) de un amigo de diferente sexo(友).

爱好[ài/hào] tener afecto a; interés; hobby - 96c　可爱[kě'ài] adorable; precioso(a) - 17
爱人[àiren] cónyuge - 63　爱情[àiqíng] amor (entre hombre y mujer); afecto - 135d
热爱[rè'ài] amor ardiente - 158f

34f　𠃍 ナ 方 发 发

发 fā/fà

despachar/pelo

piernas ノ, 丶 [símbolo] + mano ナ[39] [yòu] + mano/otra vez 又 [yòu]

Separa las piernas(ノ + 丶) para tirar flechas con la mano(ナ) o lanzar una jabalina con la mano(又). De ahí llegó a significar 'despachar'.

* Si miramos el carácter tradicional(發), describe la forma en que separa las piernas(癶[59]) para tirar flechas(弓[109]) o lanzar una jabalina(殳[117]).

发烧[fā/shāo] tener fiebre; tener calentura - 158b 发现[fāxiàn] encontrar; descubrir - 13d
出发[chūfā] partir; iniciar - 167a 发生[fāshēng] pasar; ocurrir; suceder - 208
发展[fāzhǎn] desarrollar; crecer - 90a

También se utiliza como 'pelo' ya que la pronunciación es la misma aunque tenga diferente tono.

头发[tóufa] cabello - 75 理发[lǐ/fà] corte de pelo; peluquería - 108b

又

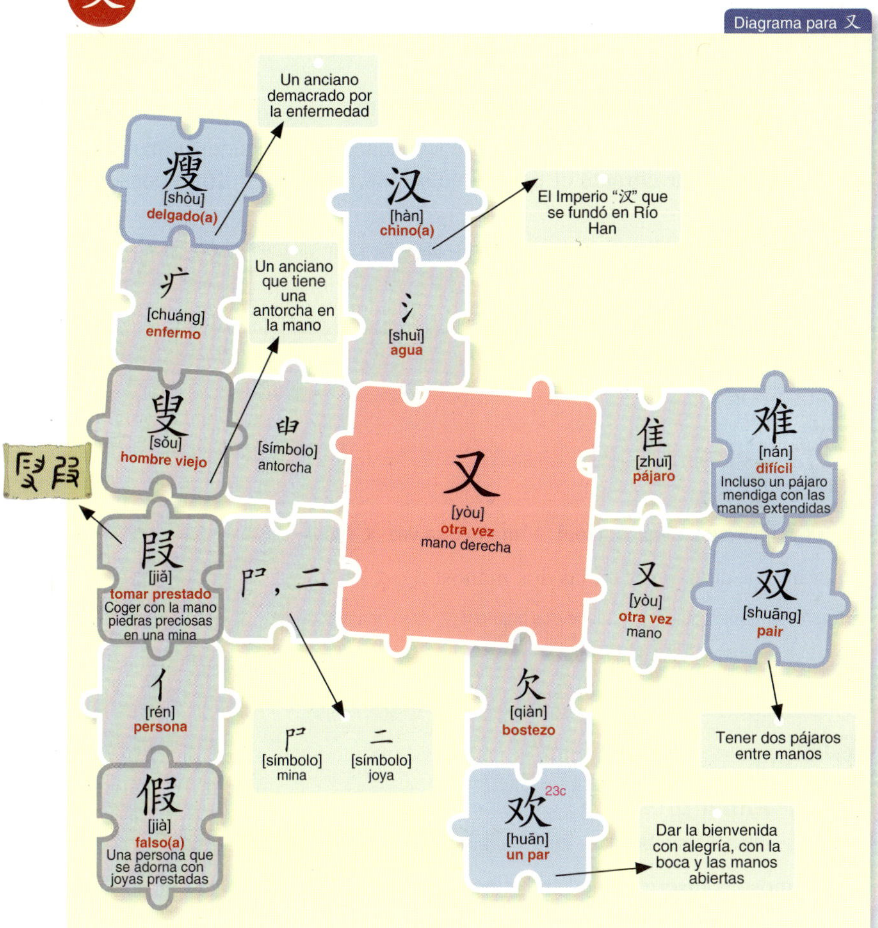

34

34g 丶 丷 氵 汈 汉

汉 hàn

chino(a)

agua 氵[202] [shuǐ] + mano/otra vez 又 [yòu]

Este carácter se refiere al Río Han(Hanshui 汉江[hànjiāng]), el mayor afluente del río Yangtse(长江[chángjiāng]). El Imperio "汉" se fundó en las cuencas de Hanshui. "汉" perfeccionó todo lo que se considerará como cultura china.

* Sería más fácil de recordar si piensa que la cultura china se perfeccionó cerca del Río Han(氵) por la mano(又) de la gente del Imperio "汉" .

汉语[hànyǔ] (lenguaje) chino - 226c　　汉字[hànzì] carácter chino - 95b

34h ㇇ 又 对 对 对 对 难 难 难 难

难 nán

difícil

mano/otra vez 又 [yòu] + pájaro 隹[178] [zhuī]

Inscluso un pajaro(隹) que vuela despreocupadamente extiende su mano(ala)(隹) para mendigar durante el tiempo de sequía, cuando es difícil conseguir comida.

34

* El carácter tradicional(難) describe un terreno seco(堇[jǐn]), sin vida, en el que ni siquiera un pájaro(隹) encuentra comida.

难过[nánguò] tener dificultades- 40f　　困难[kùnnan] dificultad; difícil - 20b

难看[nánkàn] feo(a) - 11a

34i ㇇ 又 丒 双

双 shuāng

un par

mano/otra vez 又 [yòu] + mano/otra vez 又 [yòu]

Tener un par de pájaros en las dos manos(又+又).

* El carácter tradicional(雙) contiene dos pájaros(隹[178]) en una mano(又).

双方[shuāngfāng] ambos lados; ambas partes - 160

34j ㇇ ㇇ 尸 尸 尸 尸 尸 叚 叚

叚 jiǎ

tomar prestado

mina 𠃜 [símbolo] + joya 二 [símbolo] + mano/otra vez 又[34] [yòu]

Si miramos las inscripciones en bronce aparece una escena en la que se toma con la mano(又) una joya(二) en una mina(尸). En la filosofía china tales piedras se toman prestadas temporalmente de la naturaleza.

* Ya que el carácter chino ha cambiado durante largo tiempo a veces no se puede entender su significado con una simple descomposición de los caracteres.

34k

丿 亻 亻 亻 们 作 作 作 作 假 假

假 jiǎ/jià

falso(a); vacaciones

persona 亻[70] [rén] + tomar prestado 叚 [jiǎ]

Una persona(亻) que se adorna con las joyas prestadas de la naturaleza(叚). Es una belleza falsa. Asimismo las vacaciones son un descanso temporal, un descanso prestado(叚) a una persona(亻) que trabaja.

放假 [fàng/jià] tener vacaciones - 50a
寒假 [hánjià] vacaciones de invierno - 206b
请假 [qǐng/jià] pedir vacaciones - 135c

34l

丶 亻 仐 臼 臼 臼 申 叟 叟

叟 sǒu

hombre viejo

antorcha 申 [símbolo] + mano/otra vez 又 [yòu]

Un anciano con mala vista busca en los rincones de la casa con una antorcha (申) en la mano(又).

34m

丶 亠 广 广 疒 疒 疒 疒 疒 疒 疒 疒 瘦 瘦

瘦 shòu

delgado(a); demacrado(a)

enfermo 疒[81] [chuáng] + viejo 叟 [sǒu]

Un anciano(叟) enfermo(疒) está delgado.

34

史

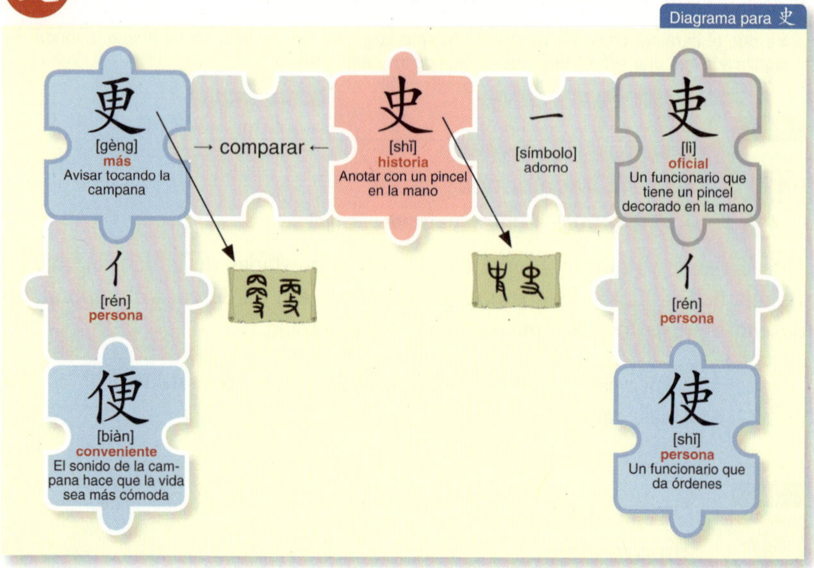

35

35

史 shǐ

historia

Con un pincel en la mano(⼜→"又[34][yòu]") está anotando algo. Una persona que anota de forma profesional es alguien que trabaja en el gobierno. Este carácter nos indica que una de las tareas importantes en un gobierno es registrar la historia.

历史[lìshǐ] historia - 159j

35a

吏 lì

oficial

adorno 一 [símbolo] + pincel en la mano/historia 史 [shǐ]

Imita la forma de un pincel decorado(一) en la mano(史). Mientras que "史 [shǐ]" se refiere a un secretario que registra la historia, "吏" contiene un pincel decorado con lo cual se refiere a un funcionario de alto rango.

35b

丿 亻 亻 亻 亻 亻 伃 使

使 shǐ — usar

persona 亻[70] [rén] + oficial 吏 [lì]

Un funcionario(吏) da órdenes y usa a los subordinados(亻).

使用[shǐyòng] hacer uso de; usar - 166　　大使馆[dàshǐguǎn] embajada - 74 193c

35c

一 丆 币 币 百 更 更

更 gèng — más

golpear 又→攵[50] [pū] + decir 曰[10c] [yuē]

En las oficinas del gobierno cada hora se toca(又→攵) la campana para avisar(曰). Asimismo deseamos que la situación mejore (más) cada hora.

* En el carácter antiguo la parte que parece como "曰" describe cómo se cuelga una campana(曰→丙).

更加[gèngjiā] aún más - 159g

35

35d

丿 亻 亻 亻 亻 亻 亻 便 便

便 biàn/pián — conveniente / barato(a)

persona 亻[70] [rén] + campanada/más 更 [gèng]

Las campanadas(更) que se dan cada hora han ayudado a que la gente(亻) lleve una vida más organizada y así más cómoda.

方便[fāngbiàn] conveniente - 160

En los tiempos en que no había frigorífico para la gente(亻) la campanada (更) que indica la hora de cerrar el mercado era una oportunidad para comprar barato.

便宜[piányi] barato(a); económico(a) - 224d

ヨ

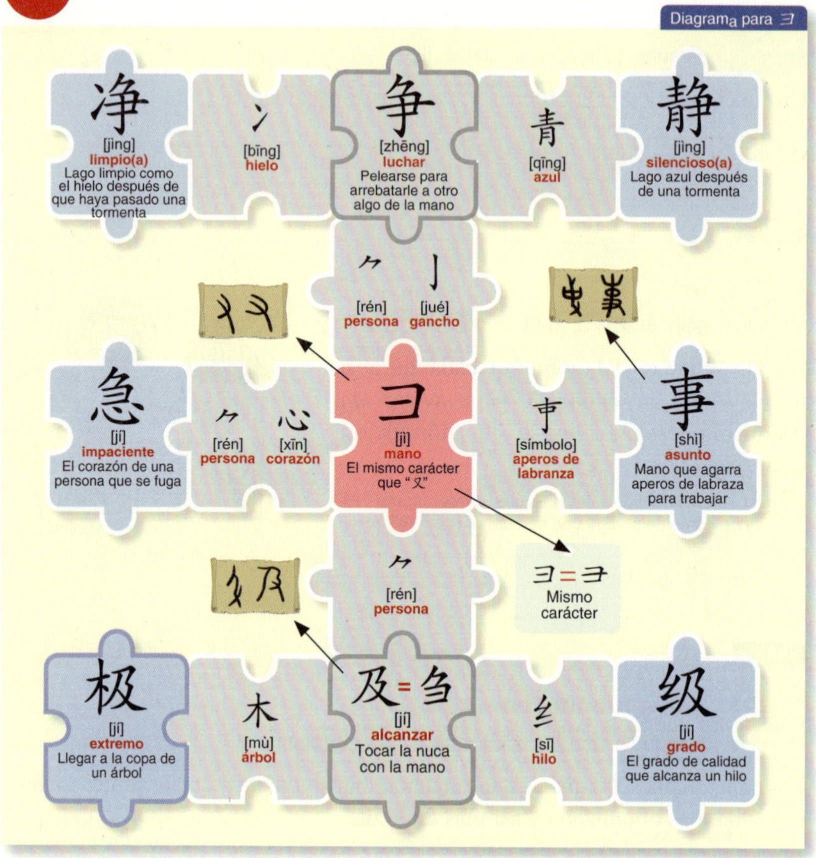

36

36

ㄱ ㅋ ヨ

ヨ jì

mano

Si miramos las inscripciones en los huesos oraculares este carácter es parecido al carácter "mano 又[34][yòu]".

36a

丿 ⺈ 刍 刍 刍 争

争 zhēng

luchar

persona ⺈[68][rén] + mano ヨ [jì] + gancho 亅[168][jué]

Una persona(⺈) tiene algo(亅) en la mano y otra persona lucha con él para arrebatárselo de la mano(ヨ).

* El carácter tradicional(爭) describe cómo luchan entre sí dos manos(爫[33], ヨ) para arrebatar algo (亅).

* "亅" tiene nombre de 'gancho' ya que tiene una curva en la parte inferior pero se puede interpretar de diferentes formas.

斗争[dòuzhēng] pelear; luchar - 164　　争论[zhēnglùn] disputar - 22d

36b

丶 冫 冫 冫 冫 冫 冫 净

净 jìng

limpio(a)

hielo 冫[206][bīng] + luchar 争 [zhēng]

Describe a un lago limpio como hielo(冫)después de que haya pasado una tormenta, que es una lucha(争) en el cielo, figurativamente hablando.

* El carácter tradicional(淨) describe un lago(氵) limpio después de una tormenta(爭).

干净[gānjìng] limpio(a); limpio y ordenado - 121

36c

一 = 丰 丰 丰 青 青 青 青 青 静 静 静 静

静 jìng

silencioso(a)

azul 青[135][qīng] + luchar 争 [zhēng]

Describe un lago azul(青) y tranquilo después de una tormenta(争).

* El azul del lago es el color del rayo de sol al reflejarse en el agua. Mientras más claro el cielo, más azul es el lago.

安静[ānjìng] silencioso(a); tranquilo(a) - 96a　　平静[píngjìng] calmado(a); tranquilo(a) - 122

36d

一 丁 丅 可 写 享 事 事

事 shì

asunto

aperos de labranza 亊 [símbolo] + mano ヨ [jì]

Trabaja agarrando con la mano(ヨ) los aperos de labranza(亊) .

事情[shìqing] asunto; cosa - 135d　　故事[gùshi] historia; cuento - 19a

同事[tong/shì] colega; trabajar juntos - 149b　　事件[shìjiàn] suceso; incidencia - 175a

36

36e　丿 乃 及

及 jí

alcanzar; y

persona ⺈ → ⺈[68] [rén] + mano/otra vez 又[34] [yòu]

Tocar con la mano(又) la nuca de una persona(⺈) que se fuga. Con el tiempo llegó a utilizarse también como la conjunción 'y'.

及时[jíshí] puntual; a tiempo - 42d

36f　ノ ク 彑 刍 刍 刍 急 急 急

急 jí

impaciente

persona ⺈[68] [rén] + mano ⺕ [jì] + corazón 心[28] [xīn]

Expresa el corazón(心) impaciente de una persona(⺈) que fuga para no ser capturado(⺕). ⺈ = 及

着急[zháo/jí] preocuparse; estar ansioso(a) - 11b
急忙[jímáng] apresuradamente; apuradamente - 5b

36

36g　⺁ 幺 纟 纫 纫 级

级 jí

grado

hilo 纟[132] [sī] + alcanzar 及 [jí]

Este carácter describe la categoría (buena, regular, mala) que alcanza(及) un hilo(纟).

年级[niánjí] curso; año - 121a
初级[chūjí] elemental; primaria; estudiante de primaria - 119c

36h　一 十 才 木 朸 极 极

极 jí

extremo

árbol 木[210] [mù] + alcanzar 及 [jí]

Alcanzar(及) la copa de un árbol(木) es lo mismo que llegar a su 'extremo'.

…极了[jíle] extremadamente - 168a　极其[jíqí] el más; máximo; extremadamente - 44

聿

Diagrama para 聿

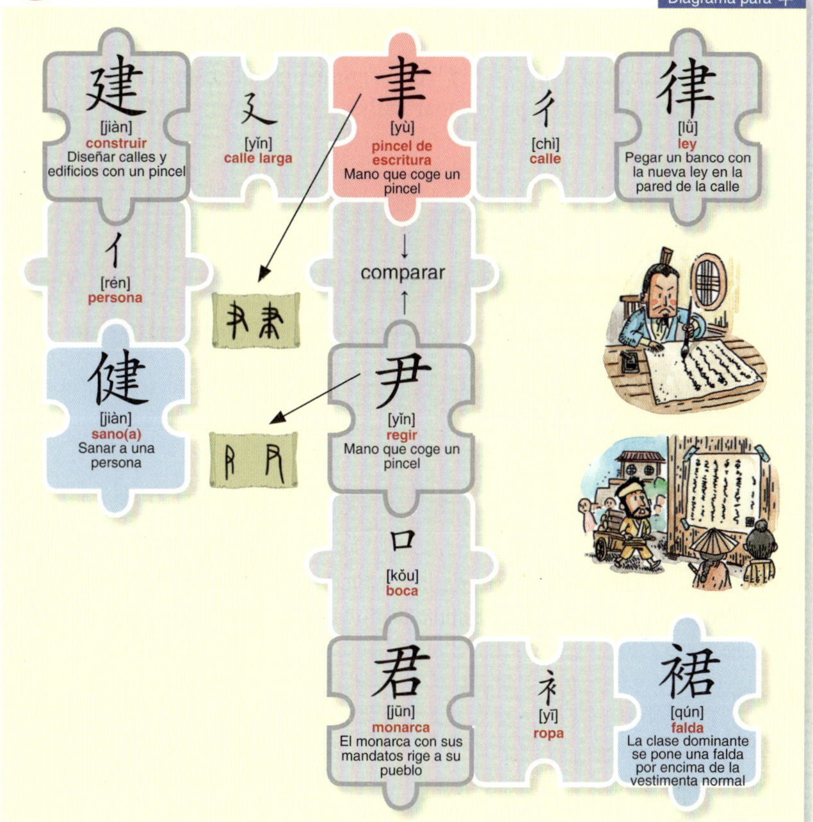

37

37

聿
yù

pincel de escritura

Coge un pincel(⺬), que correspondería a una pluma en el Occidente, con la mano (ヨ[36][jì]).

37a

律
lǜ

ley

calle 彳[60][chì] + pincel de escritura 聿 [yù]

Se solía escribir con un pincel(聿) una nueva ley y se pegaba en la calle para que los peatones(彳) pudieran ver.

37

37b

ㄱ ㅋ ㅋ ㅋ ㅌ 聿 𢌳 建

建 jiàn

construir

pincel de escritura 聿 [yù] + calle larga 廴[62] [yǐn]

Contiene los caracteres "廴" y "聿" que significan calle estrecha y pincel. Es decir, se está diseñando para diseñar calles(廴) y construir edificios con un pincel(聿).

37c

ノ 亻 亻 亻 亻 亻 亻 佳 健 健

健 jiàn

sano(a)

persona 亻[70] [rén] + construir 建 [jiàn]

De levantar(建) a una persona(亻) da lugar a entender que se puso sano.

健康[jiànkāng] salud; sano(a) - 38b　　健壮[jiànzhuàng] sano y fuerte; robusto(a) - 214b

37d

ㄱ ㅋ ㅋ 尹

尹 yǐn

regir

Al igual que el carácter "聿" imita la forma de una mano que coge un pincel (ヨ[36]). En la antigüedad solo la clase dominante utilizaba la escritura, por lo tanto, este carácter llegó a tener el significado de 'regir'.

37e

ㄱ ㅋ ㅋ 尹 尹 君 君

君 jūn

monarca

regir 尹 [yǐn] + boca 口[16] [kǒu]

De la clase dominante, el que rige(尹) a su pueblo con palabras(口) es el 'monarca'.

37f

丶 ㇇ 礻 礻 礻 衤 衤 衤 裙 裙 裙 裙

裙 qún

falda

ropa 衤=衣[130] [yī] + monarca 君 [jūn]

Para crear el carácter falda al carácter "ropa 衤[yī]" se añadió el carácter "monarca 君 [jūn]", que tiene una pronunciación parecida a la palabra 'falda' en chino.

* Sería más fácil de comprender si piensa que en la clase dominante(君) de China se ponía una ropa parecida a la falda encima de la vestimenta(衤) normal hasta la época contemporánea.

裙子[qúnzi] falda - 95

隶

Diagrama para 隶

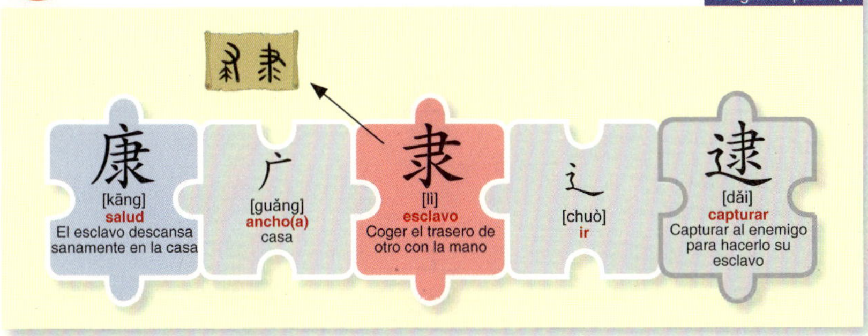

38

隶 lì

esclavo

Coge con la mano(⺕) el trasero(氺) del enemigo que se fuga y lo hace su esclavo.

* En las inscripciones en bronce este carácter imita a la mano(⺕) que coge la cola(氺) de un animal.

奴隶[núlì] esclavo - 96e

38a

逮 dǎi

capturar

esclavo 隶 [lì] + ir 辶[61][chuò]

Perseguir(辶) al enemigo y capturarlo para hacer su esclavo(隶).

逮捕[dàibǔ] arrestar; aprehender - 166d

38b

康 kāng

salud

casa/ancho(a) 广[143][guǎng] + esclavo 隶 [lì]

El esclavo(隶) que trabajó todo el día ahora descansa en la casa(广) de forma cómoda y sana.

* "广" imita el interior de una casa amplia.

健康[jiànkāng] salud; sano(a) - 37c

ナ

Diagrama para ナ

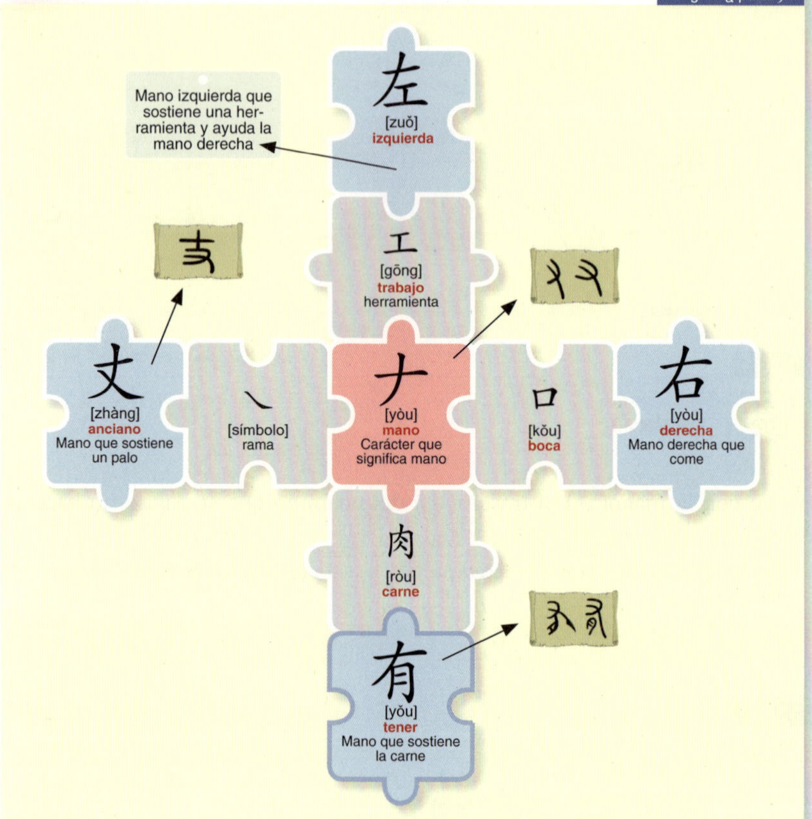

39

39 一 ナ

ナ yòu — mano

"ナ", "又[34][yòu]" y "ヨ[36][jì]" tienen en la actualidad formas diferentes pero en las inscripciones en los huesos oraculares se puede ver que todas tienen el mismo significado: 'mano'.

39a 一 ナ ナ 左 左

左 zuǒ — izquierda

mano ナ [yòu] + herramienta/trabajo 工[200][gōng]

De una mano(𠂇) que sostiene una herramienta(工) para ayudar a lo que hace la mano derecha llegó a significar 'izquierda'.

左边[zuǒbian] el lado izquierdo - 61a 左右[zuǒyòu] lado izquierdo y lado derecho - 39b

39b 一ナ才右右

右 yòu

derecha

mano 𠂇 [yòu] + boca 口[16][kǒu]

La mano(𠂇) que ayuda a la boca(口), es decir, la mano que come significa mano 'derecha'. Aunque hay gente que come con la mano izquierda, pero normalmente se come con la derecha.

右边[yòubian] el lado derecho - 61a 左右[zuǒyòu] lado izquierdo y lado derecho - 39a

39c 一ナ才有有有

有 yǒu

tener; existir

mano 𠂇 [yòu] + carne 月[221]→肉[192][ròu]

De la forma de la mano(𠂇) que sostiene carne(肉) para el sacrificio, llegó a tener el significado de 'tener, existir'.

* Cuando el carácter "luna 月 [yuè]" se añade con otro, generalmente significa "carne 肉".

有名[yǒumíng] famoso(a); bien conocido - 222c 没有[méiyǒu] no tener - 117f
所有[suǒyǒu] tener; poseer - 144a 有的[yǒude] alguno - 46b
有时候[yǒushíhou] de vez en cuando; ocasionalmente - 42d 111b
有些[yǒuxiē] alguno(a) - 88h 有意思[yǒuyìsi] significativo(a) - 21b 28a

39

39d 一ナ丈

丈 zhàng

anciano

mano 𠂇 [yòu] + rama ㇏ [símbolo]

Este carácter que contiene una persona que sostiene en la mano(𠂇) un palo largo(㇏), es decir, un bastón, se utiliza como la 'denominación de una persona mayor que tú o un anciano'.

丈夫[zhàngfu] marido - 74a

寸

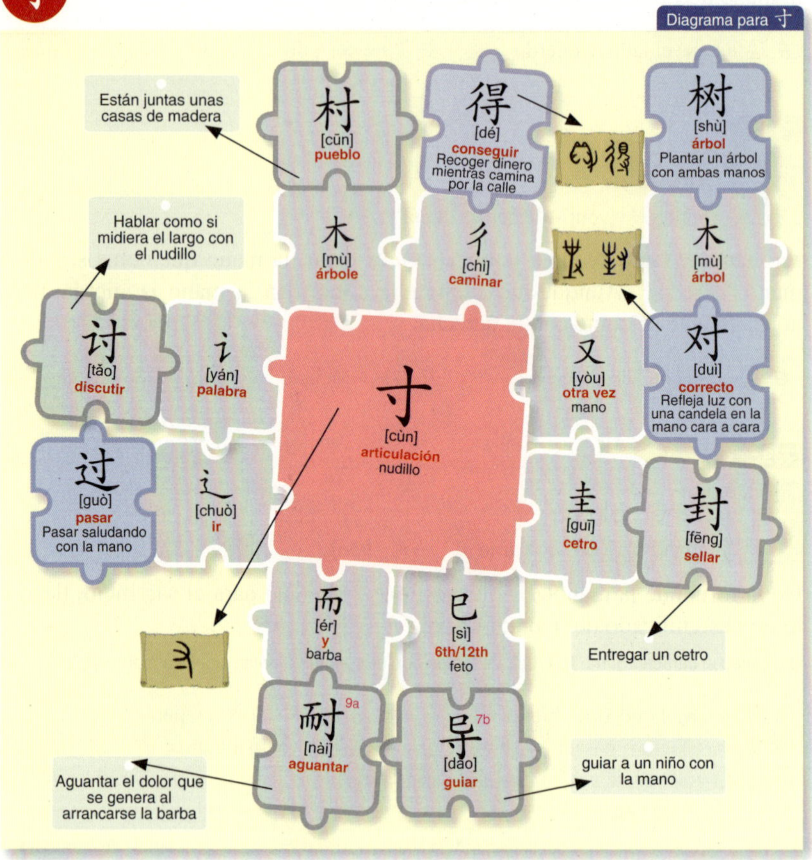

40

40 一 十 寸

寸
cùn

articulación

Se ofrece a una persona de alto rango una ofrenda; básicamente significa 'mano'. Asimismo el punto inferior se refiere a los nudillos y se utiliza como unidad para medir largo.

* Tanto en el Oriente como en el Occidente las mediciones utilizando partes del cuerpo habían sido las primeras medidas estándares en la antigüedad.
* Es una unidad de largo que corresponde a 3,33cm, 1/10 de "尺[chǐ]".

尺寸[chǐcun] medida; tamaño - 91

40a 一 十 才 木 木一 村 村

村 cūn

pueblo

árbol 木[210][mù] + mano/articulación 寸 [cùn]

Casas de madera(木) construidas a mano(寸) forman un 'pueblo'.

* De la Ciudad Prohibida, edificio más representativo de China, podemos comprobar que el material principal del edificio es madera.

农村[nóngcūn] pueblo rural; area rural - 130c　　村庄[cūnzhuāng] pueblo; aldea - 143d

40b ノ 彡 彳 彳 彳口 彳日 彳旦 得 得 得 得

得 dé/de/děi

conseguir / <particular estructural> / necesitar

caminar 彳[60][chì] + moneda/concha 旦[218a] → 贝[186][bèi] + mano/articulación 寸 [cùn]

Mientras camina por la calle(彳) recoger una concha(=dinero)(旦→贝) con la mano(寸); de ahí llegó a tener el significado de 'conseguir'.

* El carácter antiguo "alba 旦 [dàn]" fue una transformación del carácter (concha 贝).

得到[dédào] conseguir; obtener; ganar - 112b　　取得[qǔdé] adquirir - 10b

Con el significado de Obtuvo permiso(得) se utiliza como un auxiliar (o particular) estructural que significa autorización y se pone después de un verbo.

觉得[juéde] sentir - 13a　　记得[jìde] recordar - 82b
得很[dehěn] muy (bueno, mucho, etc.) - 14a　　懂得[dǒngde] entender - 151b
吃得了。Yo puedo comer. - 16b 40b 168a
这双鞋穿得上。Se pueden poner estos zapatos. - 133a 34i 153b 25a 40b 223f

Dondequiera que vaya(彳) se necesita dinero(旦→贝) en la mano(寸).

40c フ 又 又 对 对

对 duì

correcto; a···

mano/otra vez 又[34][yòu] + mano/articulación 寸 [cùn]

Se miran uno al otro con una candela en la mano(又, 寸) y se preguntan que si es la persona correcta a la que buscaban. Asimismo llegó a utilizarse también como la proposición 'a···' por la forma en que se miran.

* El carácter tradicional(對) nos indica que la parte izquierda se refiere a una candela.

对不起[duìbuqǐ] Lo siento - 223a 53d　　反对[fǎnduì] oponer - 148a
对象[duìxiàng] meta; objetivo - 174b
对。为什么不早点这么做呢? ¡Correcto! ¿Por qué no lo has hecho así antes? - 40c 159c 231a 93a 223a 218e 127d 133a 93a 19b 90c

40

40d　一 十 才 木 木フ 权 权一 树 树

树 shù

árbol

árbole 木[210][mù] + mano/otra vez 又[34][yòu] + mano/articulación 寸 [cùn]

Con las dos manos(又, 寸) se está plantando un árbol(木).

树林[shùlín] madera; bosquecillo - 212　　树木[shùmù] árbol - 210

40e　一 十 土 圭 圭 圭 圭一 封 封

封 fēng

sellar

cetro 圭[153][guī] + mano/articulación 寸 [cùn]

El rey entrega a un subordinado un cetro(圭) y la carta de nombramiento sellada en la mano(寸). También se utiliza como unidad para medir sobres, cartas, etc. sellados.

* "圭" es un adorno que los súbditos tenían en la mano, según el rango que tenía, cuando se presenta ante el rey.

信封[xìnfēng] sobre - 22a　　一封请柬。una carta de invitación - 223 40e 135c 211c

40f　一 十 寸 寸 讨 过

40

过 guò/guo

pasar / <posposición>

mano/articulación 寸 [cùn] + ir 辶[61][chuò]

Pasa saludando(辶) con la mano(寸).

También se utiliza como una posposición que se coloca después de un verbo para describir algo que ya ha pasado o una experiencia que ya ha tenido.

过去[guò/qù] en el pasado; anteriormente - 94　　经过[jīngguò] pasar; cruzar - 132e
难过[nánguò] tener dificultades - 34h　　过来[guòlái] venirse - 212d
通过[tōngguò] pasar; atravesar - 166b
我已经吃过饭了。Yo ya he comido. - 113b 82a 132e 16b 40f 148b 168a
去年我去过英国。El año pasado fui (había ido) a EEUU. - 94 121a 113b 94 40f 77a 20a

40g　丶 讠 讠一 讨 讨

讨 tǎo

discutir

palabra 讠=言[22][yán] + articulación 寸 [cùn]

Una discusión no son palabras(讠) cualesquieras sino fruto de un estudio como si se tratara una medición con el nudillo(寸).

讨论[tǎolùn] discutir; hablar sobre - 22d

付

Diagrama para 付

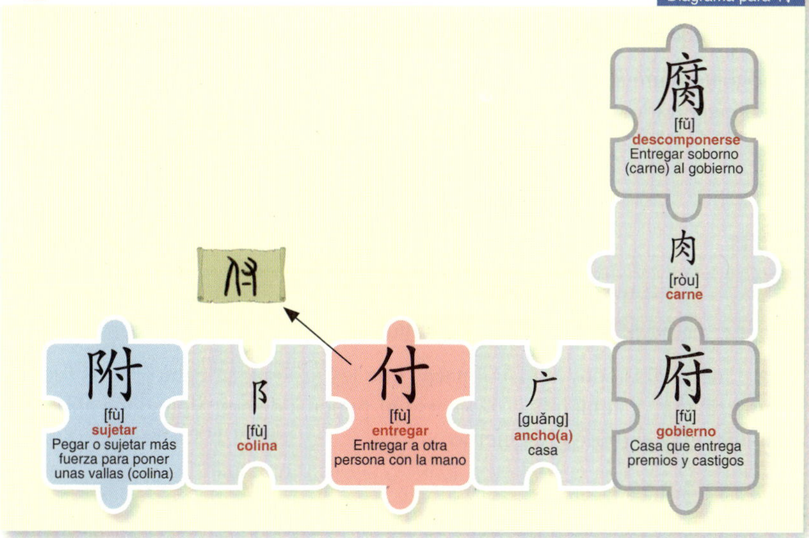

41

41 丿 亻 仁 付 付

付 fù

entregar

persona 亻[70][rén] + mano/articulación 寸[40][cùn]

Entregar algo a otra persona(亻) con la mano(寸).

交付[jiāofù] entregar; pagar - 1a

41a 丶 亠 广 广 庁 庁 府 府

府 fǔ

gobierno

casa/ancho(a) 广[143][guǎng] + entregar 付 [fù]

Una casa(广) que entrega premios(付) y/o castigos(付) a su pueblo es el gobierno.

* "广" es la forma de una 'casa' sin pared en uno de los cuatro lados; en la antigüedad, en una estructura parecida eran las oficinas gubernamentales donde había funcionarios trabajando.

政府[zhèngfǔ] gobierno - 50f

41b 丶 亠 广 广 广 庐 府 府 府 腐 腐 腐 腐 腐

腐 fǔ

descomponerse

gobierno 府 [fǔ] + carne 肉[192] [ròu]

Si la gente entrega sobornos como carne(肉) al gobierno(府) donde el poder está concentrado, éste está podrido.

豆腐 [dòufu] tofu - 140

41c ⻖ 阝 阝 阡 阡 附 附

附 fù

sujetar; acercarse

colina 阝[147] [fù] + hand over 付 [fù]

Para poner vallas como una colina(阝) que les proteja, sujetan(付) sus fuerzas al gobernador. Y tenían que acercarse al poder para ser protegidos aún sabiendo que está podrido el gobierno.

附近 [fùjìn] vecindad; cerca - 118a

41

寺

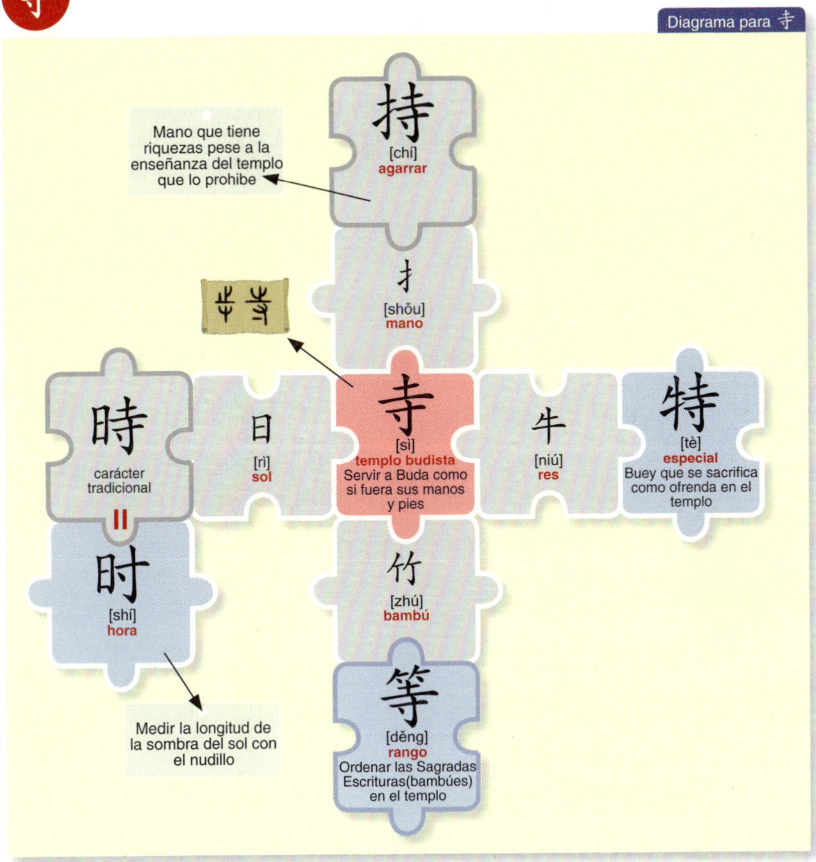

42

42 一 十 土 圭 寺 寺

寺 sì

templo budista

pie/parar 土[152]→止[53][zhǐ] + mano/articulación 寸[40][cùn]

Pie(土→止) y mano(寸) dan a entender que significa 'servir'. Al principio se utilizaba como 'oficina', pero desde que fue introducido el budismo en China ha significado 'templo'. El templo es un sitio donde se sirve a Buda.

* El carácter antiguo demuestra que "tierra 土 [tǔ]" es una transformación de la forma del pie "止".

42a 一 丨 扌 扌 扌 扌 挂 持 持

持 chí

agarrar

mano 扌=手[31][shǒu] + templo 寺 [sì]

El templo budista enseña la doctrina de 'no posesión': "venimos con las manos vacías y nos vamos igual". Dando énfasis a la mano(扌), hace referencia al carácter 'agarrar 持' que coge riquezas al contrario de esta enseñanza del templo(寺).

坚持[jiānchí] continuar; apegarse; acatar - 106c 支持[zhīchí] apoyar - 51

42b ノ 𠂉 牛 牛 牛 牛 牛 牿 特 特

特 tè

especial

res 牛[175][niú] + templo 寺 [sì]

El budismo prohíbe matar y comer carne roja. Si hay res(牛) en un templo(寺) no es para comer, sino para ofrecer como ofrenda: una razón especial.

* En un rito que se ofrece a Dios se sacrifica un buey grande y gordo como ofrenda.

42

特别[tèbié] especial; especialmente - 119e
特点[tèdiǎn] característico(a); personaje distintivo - 127d

42c ノ 𠂉 ⺮ ⺮ ⺮ ⺮ 竺 竺 笙 笙 等 等

等 děng

rango; esperar

bambú ⺮[216][zhú] + temple 寺 [sì]

Ordenan en el templo(寺) las Sagradas Escrituras, hechas con trozos de bambúes(⺮) según orden de importancia, o según rango. Asimismo llegó a significar esperar en cola de forma ordenada.

* En China antes de que fuese inventado el papel se utilizaba trozos de bambúes(⺮) donde se anotaban las letras.

平等[píngděng] igual; igualdad - 122
等车。esperar un tren. - 42c 124

42d 丨 冂 月 日 日一 时 时

时 shí

hora

sol 日[218][rì] + articulación 寸[40][cùn]

Se calculaba la hora midiendo con el nudillo la longitud de la sombra de la aguja del reloj solar(日).

* El carácter tradicional(時) nos demuestra cómo una oficina(寺) indicaba la hora al pueblo mirando el reloj solar(日).

时候[shíhou] hora; momento - 111b
时间[shíjiān] tiempo; hora - 145c
小时[xiǎoshí] hora - 235
同时[tóngshí] al mismo tiempo - 149b
有时候[yǒushíhou] de vez en cuando; ocasionalmente - 39c 111b

廾

Diagrama para 廾

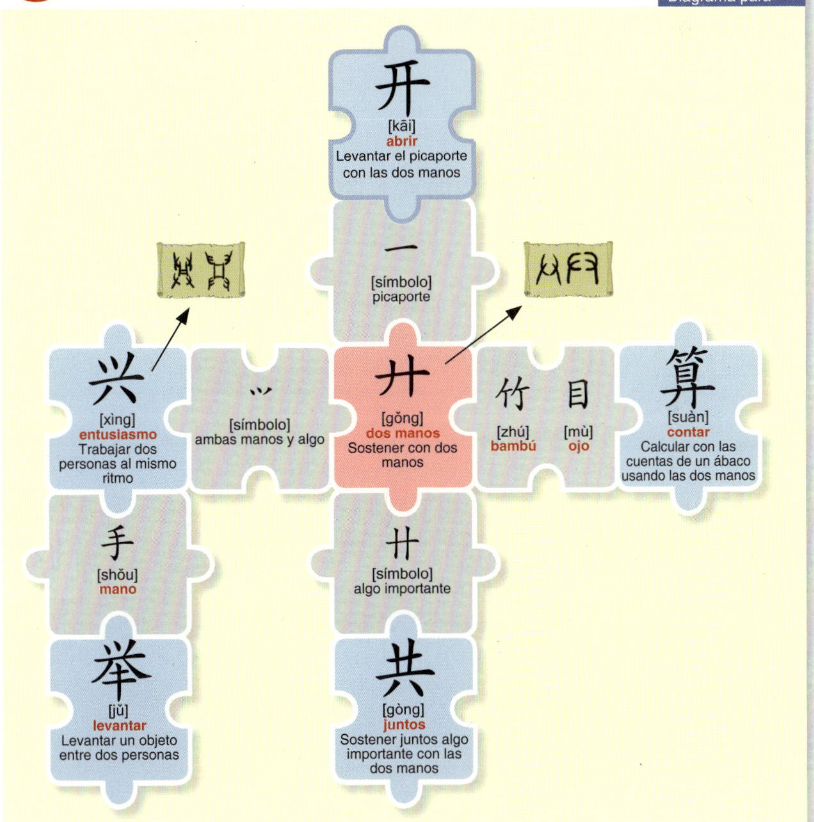

43

43

43

一 ナ 廾

廾
gǒng

dos manos

Sostiene algo con las dos manos. Cuando se añade a otro carácter a veces cambia un poco de forma.

43a

一 二 于 开

开
kāi

abrir

picaporte 一 [símbolo] + dos manos 廾 [gǒng]

Abre el portón levantando el picaporte(一) con las dos manos(廾).

开始[kāishī] empezar; comenzar - 93f
离开[líkāi] partir; salir de- 194a
开玩笑[kāiwánxiào] broma; burlarse de - 198a 78a
开学[kāi/xué] empieza la escuela; comienza el trimestre - 95a

43b

丿 𠂉 ⺮ ⺮ ⺮ ⺮ ⺮ 竹 笞 笞 笞 筲 笪 算

算
suàn

contar

bambú 竹[216] [zhú] + ojo 目[11] [mù] + dos manos 廾 [gǒng]

Calcular con las cuentas(目) de un ábaco hecho con bambú(竹) usando las dos manos(廾).

* A partir de que fue introducido a China el ábaco alrededor de 500 a.C. desde Europa, los chinos lo mejoraron con el bambú.

打算[dǎsuan] plan - 31c
计算[jìsuàn] contar - 22b

43c

一 十 廾 廾 共 共

共
gòng

juntos

algo importante 廾 [símbolo] + dos manos 廾 [gǒng]

Están sujetando juntos algo importante(廾) con las dos manos(廾).

* La forma de "廾" parece contener el carácter "八[229] [bā]" debajo de "uno 一[223] [yī]" por razones estéticas.

公共汽车[gōnggòngqìchē] autobús - 93b 204a 124
一共[yīgòng] en total - 223
公共[gōnggòng] público - 93b

43d 丶 丷 𰀁 兴 兴 兴

兴 xìng

entusiasmo

ambas manos y algo ⺍ [símbolo] + dos manos 廾 [gǒng]

Dos personas levantan algo(丶) con ambas manos(丷) de una persona y las dos manos(廾) de la otra. Trabajan con entusiasmo al mismo ritmo.

* El carácter tradicional(興) contiene el carácter "igual 同 149b[tóng]", "ambas manos 臼 13a[jiù]" y "廾". Dos(臼, 廾) personas trabajan juntos(同) con entusiasmo.
* "廾[gǒng]" imita la forma de las dos manos con la palma hacia arriba, mientras que el carácter "臼[jiù]" imita la de ambas manos con la palma hacia abajo.

高兴[gāoxìng] contento(a); feliz - 3 | 兴趣[xìngqù] interés - 10d

43e 丶 丷 𰀁 兴 兴 兴 举 举 举

举 jǔ

levantar

entusiasmo 兴 [xìng] + mano 扌→手 31[shǒu]

"兴[xìng]", que originalmente significaba levantar un objeto entre dos personas, llegó a significar 'entusiasmo', por lo que se le agregó una mano(手) que cumple el papel de levantar y así recuperó su significado original.

* En el carácter original(擧) se puede ver que hubo un cambio leve de "手" a "扌".

举行[jǔxíng] agarrar; escenario - 60b

44

其

Diagrama para 其

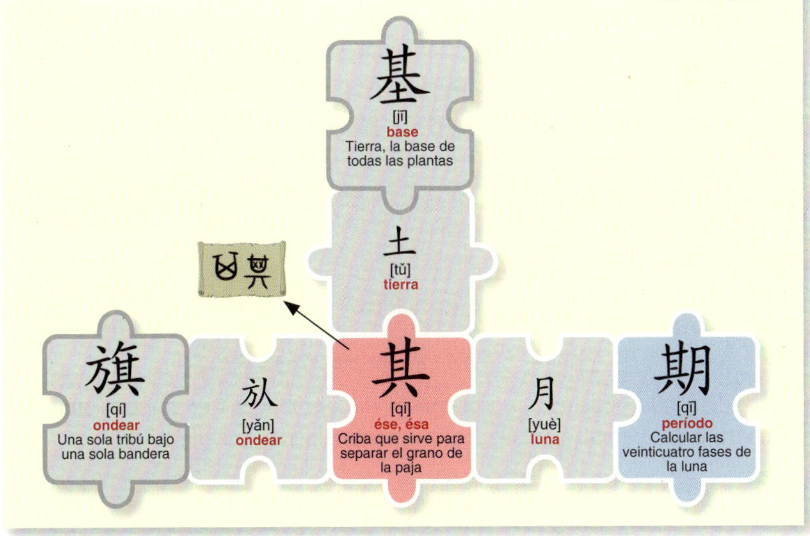

44

44 一 十 卄 廾 甘 甘 苴 其

其 qí **ése, ésa**

Representa a la criba, instrumento utilizado para separar la paja del grano, encima de un pedestal(丌[12c]). Llegó a utilizarse como pronombre demostrativo ya que llamaban 'ése, ésa' al grano tras el aventamiento.

* "丌[jī]" de abajo tiene forma de un pedestal sobre el cual se pueden colocar cosas.

其实[qíshí] en realidad; de hecho - 75a　　其他[qítā] otro(a); demás - 84b
尤其[yóuqí] especialmente; particularmente - 80a

44a 一 十 卄 廾 甘 甘 苴 其 其 其 基 基

基 jī **base**

cesta de aventamiento/ése, ésa 其 [qí] + tierra 土[152][tǔ]

El cereal para aventar(其) es fruto de la tierra(土), que es la base de todas las plantas.

基本[jīběn] básico(a) - 210a　　基础[jīchǔ] base; fundamento - 167b

44b 一 十 卄 廾 甘 甘 苴 其 其 期 期 期 期

期 qī **período**

cesta de aventamiento/ése, ésa 其 [qí] + luna 月[221][yuè]

Da a entender que para sembrar las semillas y cultivar los cereales que serán aventados(其), se regían por las fases lunares(月). Debido a que en el Oriente se utilizaba el calendario lunar, ésta(月) con sus veinticuatro fases, regían el tiempo de siembra y cosecha.

星期[xīngqī] semana - 208b　　星期日[xīngqīrì] Domingo - 208b 218
长期[chángqī] a largo plazo (período) - 102　　短期[duǎnqī] a corto plazo (período) - 111d

44c 丶 亠 方 方 方 方 扩 斾 斾 旃 旃 旗 旗 旗

旗 qí **bandera**

ondear 㫃[161][yǎn] + cesta de aventamiento/ése, ésa 其 [qí]

La bandera que ondea(㫃) en el mástil da a entender que las personas que compartían los cereales aventados(其) pertenecían al mismo tribú.

红旗[hóngqí] pendón rojo; pancarta roja - 132i

关

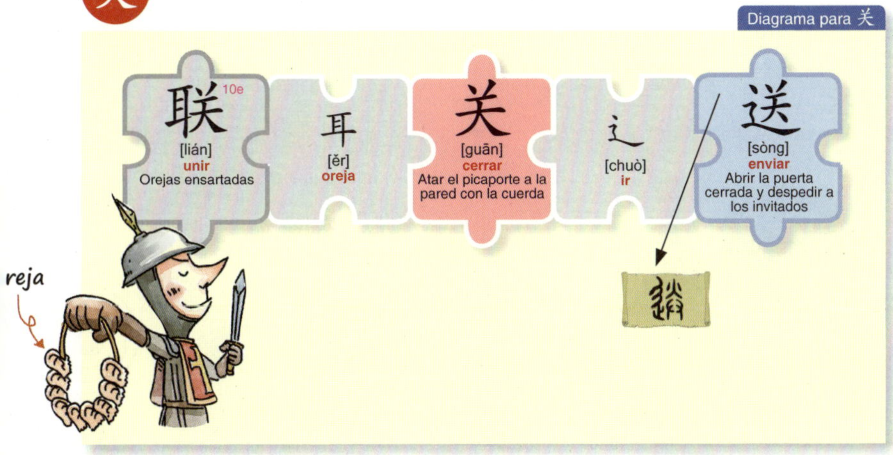

45 丶 丷 䒑 兰 关 关

关 guān — cerrar

Si "abrir 开[43a][kāi]" tiene forma de levantar el cerrojo(一) con ambas manos (廾[43]), "关 [guān]" tiene forma del picaporte de una puerta cerrada, que está atado con la cuerda.

* El carácter original(關) demuestra claramente que el cerrojo está atado con la cuerda(hilo 絲[132a][sī]).

没关系 [méiguānxi] da lo mismo - 117f 132b	关系 [guānxi] relación - 132b
关心 [guānxīn] concernir; interés; atención - 28	
关于 [guānyú] con respecto a; en relación con - 121d	海关 [hǎiguān] aduana - 97b

45

45a 丶 丷 䒑 兰 关 关 关 送 送

送 sòng — enviar

cerrar 关 [guān] + ir 辶[61][chuò]

Representa la escena en la que despide a los invitados abriendoles la puerta que estaba cerrada(关) para que éstos puedan salir(辶).

* El carácter antiguo representa la escena en la que se acompaña a una persona que se retira(辶), con la antorcha(火[158]) en alto con ambas manos(廾[43]).

欢送 [huānsòng] despedir; enviar - 23c

勹

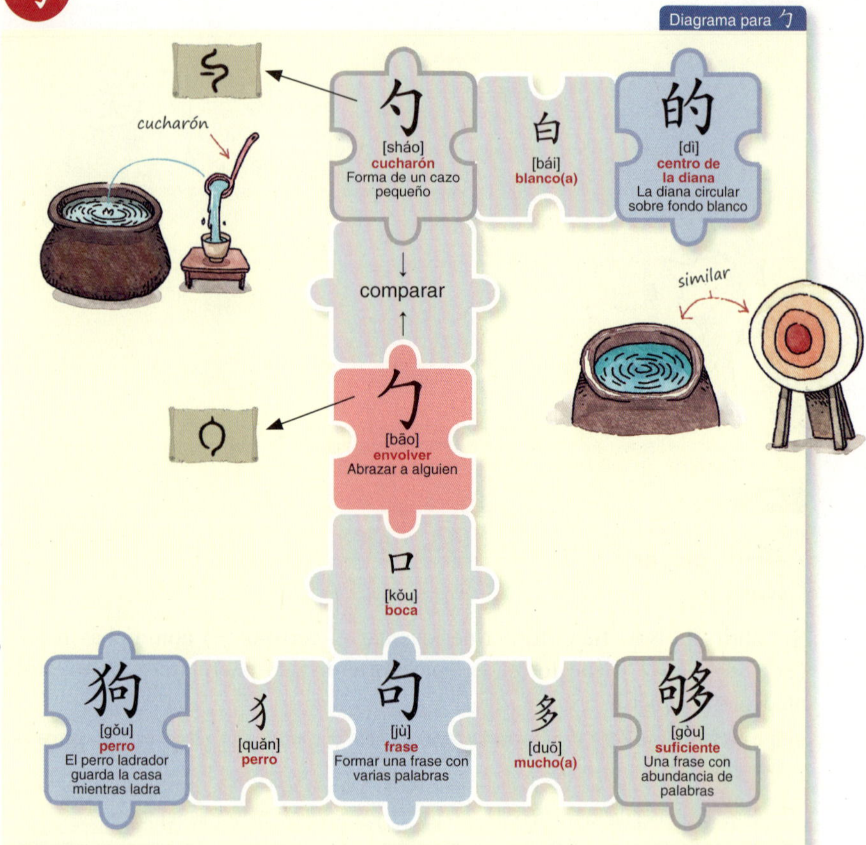

46 丿 勹

勹 bāo

envolver

Tiene forma de barriga crecida de una madre embarazada o de una persona que envuelve(abraza) a un niño con sus brazos.

46a 丿 勹 勺

勺 sháo

cucharón

Tiene forma de un cazo pequeño que sirve para coger el licor de la tinaja y verterlo a la copa.

* En el carácter antiguo se puede ver que es un carácter que no tiene ninguna relación con “envolver 勹 [bāo]”.

46b ′ 亻 白 白 白 的 的 的

的 dì/de

centro de la diana / <partícula estructural> de

blanco(a) 白[134][bái] + cucharón 勺 [sháo]

Las ondas que se producen cuando coge el licor de la tinaja con el cazo(勺) es similar a la diana. Además, se puede ver que todos las dianas están pintados sobre el fondo blanco(白) para que sean claramente visibles, incluso desde lejos.

Cuando se utiliza independientemente aplicándose el Rebus, se vuelve una partícula estructural detrás del atributivo(定语), mostrando la relación existente entre el modificador y el modificado.

别的[biéde] otro(a); demás - 119e　　有的[yǒude] alguno(a) - 39c
① En forma de 'sustantivo+的+sustantivo'. - 我的父亲。Mi padre. - 113b 46b 98 103a
② En forma de 'Verbo+的+sustantivo'. - 唱的歌。Canción que se canta. - 218d 46b 17b
③ En forma de 'Adjetivo+的+sustantivo'. - 漂亮的小姐。Señorita hermosa. - 126e 3b 46b 235 224a

46c ′ 勹 勺 句 句

句 jù

frase

envolver 勹 [bāo] + boca 口[16][kǒu]

Representa la escena en la que envuelve(勹) con ambos brazos la boca(口) que está hablando. En sentido figurado, significa que se han unido(勹) varias palabras(口), de una en una, para hacer una frase.

句子[jùzi] oración - 95

46

46d ′ 勹 勺 句 句 句 句 够 够 够 够

够 gòu

suficiente

oración 句 [jù] + mucho(a) 多[222d][duō]

En una buena frase(句) no se deben repetir las mismas palabras, sino deben haber variedad y armonía en abundancia(多) en el vocabulario.

46e ′ 犭 犭 犭 犭 狗 狗 狗

狗 gǒu

perro

perro 犭[173][quǎn] + oración 句 [jù]

Tiene forma de un perro(犭), que guarda bien la casa, ladra(句) sin cesar a un extraño.

包

Diagrama para 包

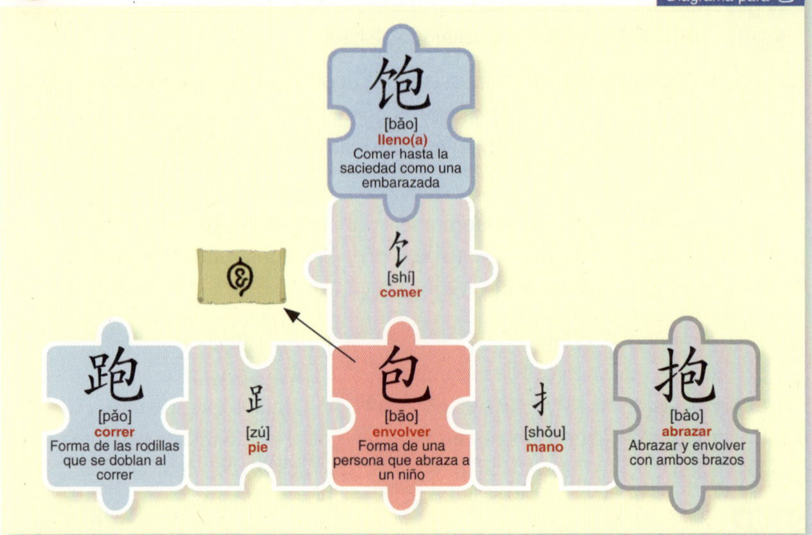

47

47 丿 勹 勺 匀 包

包 bāo — envolver

envolver 勹[46][bāo] + niño no nacido 巳[92][si]

Tiene forma de una embarazada que envuelve(勹) a un niño(巳) en su barriga, o que abraza(勹) al niño(巳) con ambos brazos.

面包[miànbāo] alimento - 10　　包含[bāohán] contener; encarnar; incluir - 66a
书包[shūbāo] mochila; cartera - 232d

47a 丿 ⺈ 饣 饣 饣 饣 饣 饱

饱 bǎo — lleno(a)

comer 饣=食[137][shí] + envolver 包 [bāo]

El significado 'lleno(a)' derivó de la forma en la que una persona que comió(饣) abundantemente terminó con la barriga llena como la de una embazada que parece estar envolviendo(包) a un niño en su barriga.

我吃饱了。Estoy lleno porque comí. - 113b 16b 47a 168a

47b 一 十 扌 扌 扚 扚 抅 抱

抱 bào

abrazar

mano 扌=手[31][shǒu] + envolver 包 [bāo]

Tiene forma de una persona que abraza fuertemente a un niño con ambos brazos(扌) , como una embarazada que envuelve(包) a un niño en su barriga.

母亲抱着孩子。La madre está abrazando al niño. - 97 103a 47b 11b 4c 95
一抱衣服。Una brazada de ropa. - 223 47b 130 34b

47c 丶 口 口 𧾷 𧾷 𧾷 𧾷 跁 跄 跑 跑 跑

跑 pǎo

correr

pie 𧾷=足[52][zú] + envolver 包 [bāo]

Al igual que los brazos que se flexionan cuando abraza(包) a alguien con sus manos(扌[31]), envolver(包) con los pies(足) recuerda a la forma en la que se flexionan las rodillas al correr.

跑步[pǎo/bù] correr; desfilar rápidamente - 53a　　逃跑[táopǎo] huir; escapar - 129b

48

匃

Diagrama para 匃

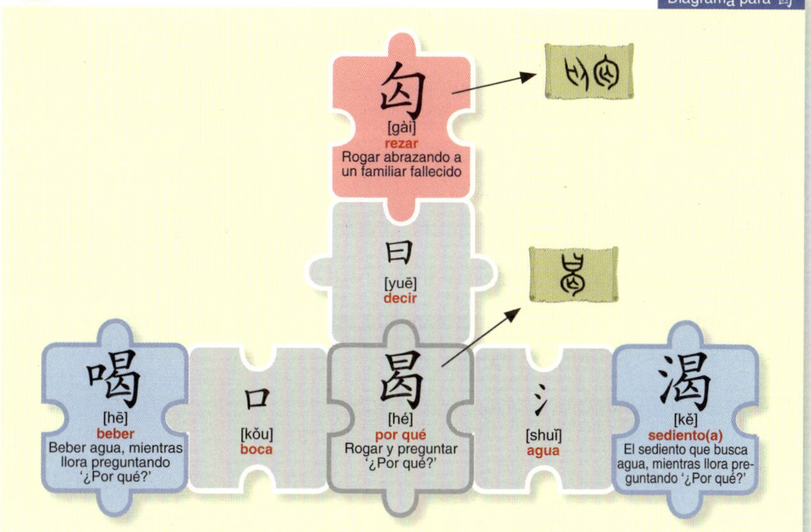

48

丿 勹 勹 匃 匃

匃 gài

rezar

envolver 勹[46][bāo] + morir 亾→亡[5][wáng]

Representa la escena en la que una persona que ha perdido a un miembro de su familia, envuelve(勹) en sus brazos a la persona que murió(亡) y ruega a Dios por su alma.

* En el carácter antiguo "亾" y "亡" son el mismo carácter.

48a

丶 冂 曰 曰 曷 曷 曷 曷 曷

曷 hé

por qué

decir 曰[10c][yuē] + rezar 匃 [gài]

Este carácter expresa la tristeza de una persona que ha perdido a un miembro de su familia, que, abrazando al muerto, ruega(匃) y grita(曰) hacia el cielo 'el porqué permitió tal cosa'.

* El carácter antiguo muestra que la parte superior de "曰" no es "sol 日[218][rì]" sino tiene el significado de hablar.

48

48b

丶 丶 氵 氵 沪 沪 沪 沪 渴 渴 渴 渴

渴 kě

sediento(a)

agua 氵[202][shuǐ] + por qué 曷 [hé]

Tiene forma de una persona que, cansada de llorar y gritar '¿Por qué?(曷)', busca agua(氵) para saciar la sed.

渴望。Desear con todo el corazón. - 48b 5c

48c

丨 冂 口 口丨 口冂 口冂 口曰 口曰 喝 喝 喝 喝

喝 hē

beber

boca 口[16][kǒu] + por qué 曷 [hé]

Tiene forma de una persona que, cansada de llorar y gritar '¿Por qué?(曷)', abre la boca(口) para beber agua.

请喝杯水。Bebe un vaso de agua. - 135c 48c 223b 201

勿

Diagrama para 勿

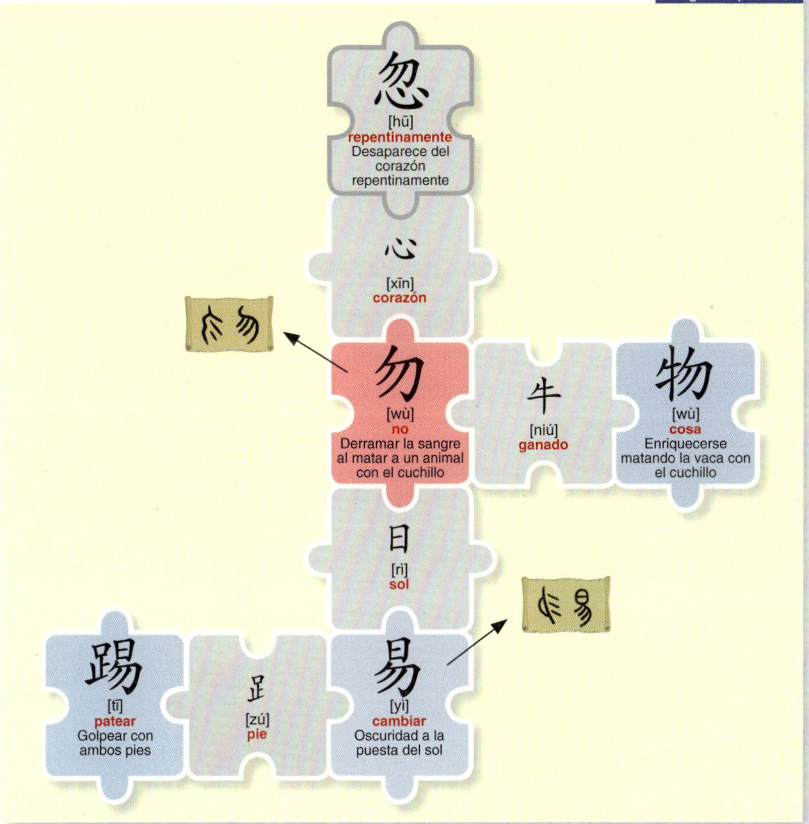

49

49 ノ 勹 勿 勿

勿 wù

no

sangre derramada ノ [símbolo] + cuchillo 刀[119] [dāo]

De acuerdo a las inscripciones en los huesos oraculares, parece ser la forma de un cuchillo(刀) de carnicero y la sangre(ノ) del animal derramada. Por tanto, el significado 'no' derivó del animal que derrama la sangre(ノ) y muere al matarlo con el cuchillo(刀).

* Cuando se usa "勿" relacionándolo con los objetos inanimados, puede significar pendón(ノ) ondeante o niebla que se eleva.

49

49a ノ 勹 勺 勿 勿 忽 忽 忽

忽 hū

repentinamente

no 勿 [wù] + corazón 心[28][xīn]

Da a entender que el pensamiento o el sentimiento no tienen ninguna consistencia y pueden desaparecer(勿) del corazón(心) repentinamente.

忽然[hūrán] repentinamente - 158e

49b ノ 𠂉 牛 牛 牜 㸰 物 物

物 wù

cosa

ganado 牛[175][niú] + matar con cuchillo/no 勿 [wù]

En una sociedad agrícola donde la vaca(牛) era la principal riqueza, si mataban(勿) la vaca podían no sólo obtener carne y cuero sino comprar objetos (bienes) necesarios.

* "勿" representa la escena en la que se desangra (ノ) al animal el cuchillo(刀[119]).

动物[dòngwù] animal - 159d
礼物[lǐwù] regalo; obsequio - 126g
物理[wùlǐ] leyes innatas de las cosas; física - 108b
食物[shíwù] comida - 137

49c 丨 冂 日 日 易 易 易 易

易 yì

cambiar; fácil

sol 日[218][rì] + niebla/no 勿 [wù]

Representa la escena en la que el sol(日) y los últimos rayos reverberan en el horizonte y se mueven como una niebla(勿). Al caer el sol, cambia de tarde a noche y oscurece en un instante. También llegó a significar 'fácil' por la forma en la que el sol(日) desaparece rápidamente al caer la noche.

容易[róngyì] fácil - 196a

49d 丨 口 口 ⻊ ⻊ ⻊ ⻊ 踢 踢 踢 踢 踢 踢 踢 踢

踢 tī

patear

pie ⻊=足[52][zú] + cambiar [yì]

Representa la escena en la que patea una pelota o un objeto cambiando(易) de pie, moviendo alternativamente el pie derecho(⻊) y el pie izquierdo(⻊).

踢足球[tīzúqiú] jugar al fútbol - 52 198b

攵

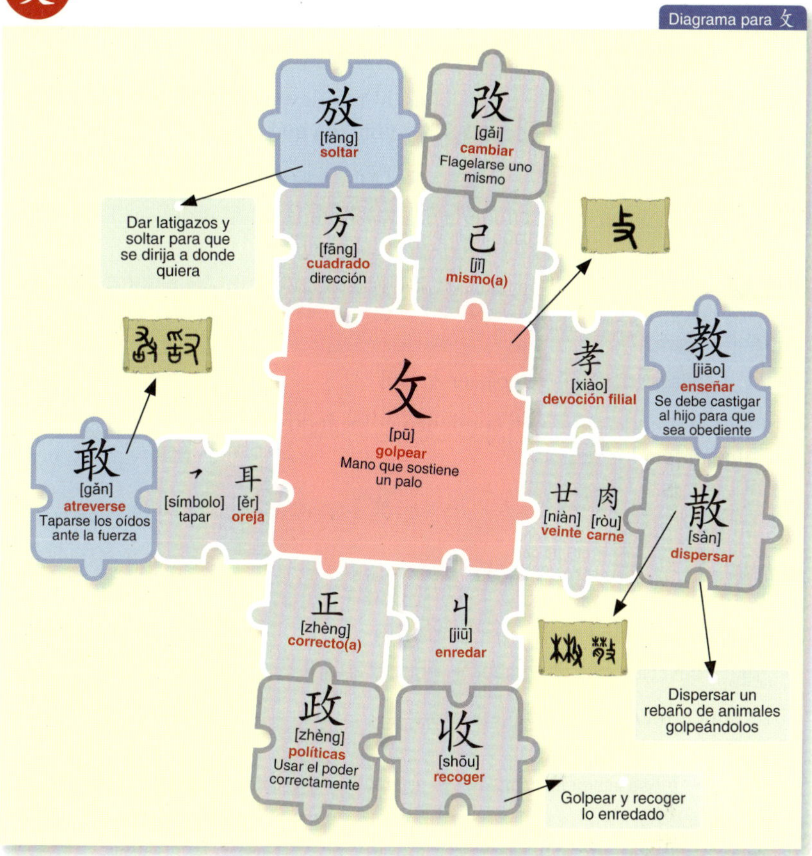

50

50

ノ 𠂉 𠂊 攵

攵
pū

golpear

LLegó a significar 'golpear' por la forma en la que sostiene en la mano(又[34]) un palo(丨).

* Recuérde que la 'mano' se encarga, tanto de golpear como de dar latigazos.

50a

丶 亠 亣 方 方' 方' 放 放

放 fàng

soltar

dirección/cuadrado 方[160][fāng] + golpear 攵 [pū]

Representa la escena en la que sueltan al reo después de darle latigazos(攵), para que se dirija hacia cualquier dirección(方) que desee.

放心[fàng/xīn] relajarse - 28
放假[fàng/jià] disfrutar feriado o salir de vacaciones - 34k　解放[jiěfàng] liberar - 175c

50b

㇆ コ 己 己' 己' 改 改

改 gǎi

cambiar

mismo(a) 己[82][jǐ] + golpear 攵 [pū]

Cambiar el mundo para bien comienza golpeándose(攵) uno a sí(己) mismo y no golpeando a los demás.

改变[gǎibiàn] cambiar - 34c　改革[gǎigé] reformar; reforma - 189b

50c

一 十 土 耂 耂 孝 孝 孝' 孝' 教 教

50

教 jiāo/jiào

enseñar / religión; enseñar

devoción filial 孝[100b][xiào] + golpear 攵 [pū]

Si se educa bien desde pequeño con castigos(攵) apropiados, el hijo obedecerá(孝) a sus padres.

* El carácter “攵” se interpreta como castigo ya que tiene forma de una persona con el palo en la mano.

我教她骑自行车。Le enseñé a ella a andar en bicicleta. - 113b 50c 84c 18a 26 60b 124

La religión es la enseñanza más grande y sublime.

教室[jiàoshì] aula - 112a　教育[jiàoyù] educación - 192b
教师[jiàoshī] maestro(a) - 131e　教员[jiàoyuán] maestro(a) - 186h

50d

一 十 卄 廾 廾 昔 昔 昔 昔' 昔' 散 散

散 sàn

dispersar

veinte 廿→廿[143b][niàn] + carne 月[221]→肉[192][ròu] + golpear 攵 [pū]

Representa la escena en la que dispersa un rebaño de animales(肉), que llegan a ser veinte(廿), golpeándolos(攵) con el palo para que dejen de arruinar la cosecha.

* De acuerdo a las inscripciones en los huesos oraculares, representa la escena en la que golpea (攵) el bosque(林[212]) con un palo, de esta forma describe la forma en la que caen y se dispersan los frutos del árbol para respués recolectarlos.
* "廿" está formado por 2 caracteres "diez 十[231][shí]" traslapados.
* "luna 月 [yuè]", cuando se une a otro carácter usualmente llega a significar "肉".

散步[sàn/bù] salir a caminar - 53a

50e 丩 丩 屮 收 收 收

收 shōu

recoger

enredar 丩[16e][jiū] + golpear 攵 [pū]

En sentido figurado, con lo de enredado(丩) se refiere a una persona caprichosa y da a entender que para corregir correctamente al caprichoso se debe castigar golpeándolo(攵) con un palo.

* "丩" tiene forma de enredadera que abraza al árbol y sube por él.

收拾[shōushi] reunir; poner en orden; organizado(a) - 31e 收入[shōurù] ingreso - 63e

50f 一 丅 下 正 正 正 正 政 政

50

政 zhèng

políticas

correcto(a) 正[54][zhèng] + golpear 攵 [pū]

El objetivo original de la política es utilizar correctamente(正) el poder(攵), es decir, por el bien del país y de su pueblo.

* "攵" representa la mano(又[34]) que sostiene el palo(丨) por lo que simboliza el poder con facultad de sanción.

政府[zhèngfǔ] gobierno - 41a 政治[zhèngzhì] política - 93e

50g 一 ⼆ 千 千 千 千 耳 耳 耳 敢 敢

敢 gǎn

atreverse

tapar 冖 [símbolo] + oreja 耳[10a][ěr] + golpear 攵 [pū]

Representa la escena en la que se tapa(⺈) los oídos(耳) de forma atrevida, a pesar de que se le ordena insistentemente(攵).

* En el carácter antiguo, representa la escena en la que se reta a Dios mientras que se agarra con ambas manos(又[34], 攵) el signo de adivinación(卜[127]), que corresponde a la parte superior de "ocupar 占[127a][zhān]", y lo turce con fuerza.

敢问。Atreverse a preguntar. - 50g 145b

支

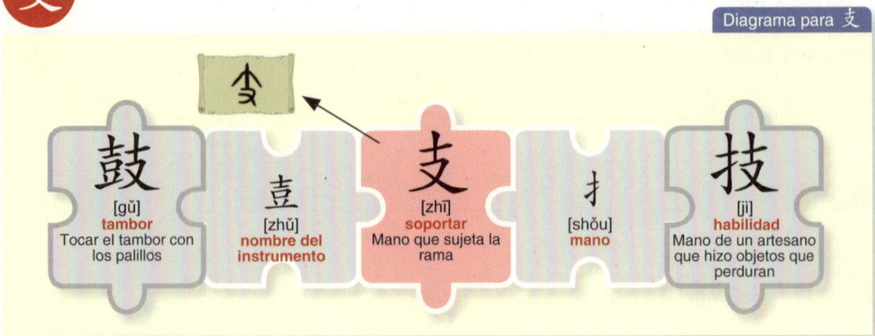

51 一 十 㞢 支

支 zhī — soportar

De acuerdo a las inscripciones en los huesos oraculares, es la forma de una mano(又[34][yòu]) que sujeta una rama(十) dividida, así llega a significar 'rama'. También significa 'soportar' por sostener la rama(十) en la mano(又) para que
51 no se caiga la columna. Además se usa como 'unidad para contar las tropas o la música' por tener en la mano(又) el bastón de mando(十).

支持[zhīchí] soportar - 42a　　一支歌。Una pieza musical. - 223 51 17b

51a 一 扌 扌 扌 扌 抟 技

技 jì — habilidad

mano 扌=手[31][shǒu] + soportar 支 [zhī]

Al observar una construcción que conserva su forma original y mantiene(支) su estructura firme sin alterarse durante miles de años, se puede ver la mano(扌) y la habilidad del artesano que la construyó.

51b 一 十 士 吉 吉 吉 吉 壴 壴 鼓 鼓 鼓 鼓

鼓 gǔ — tambor

nombre del instrumento 壴[140a][zhǔ] + rama/soportar 支 [zhī]

"壴" tiene forma del instrumento(十) sobre el altar(豆[140]) y se refiere al instrumento que se usa en la ceremonia religiosa. Debido a que, entre los instrumentos(壴), se refiere al instrumento que se tocaba con unas ramas(支), llegó a significar 'tambor'.

* Se crea "pegar 豆 [dòu]" por la forma del altar alto o plato usado en los servicios religiosos.

SER HUMANO | CUERPO HUMANO | **PIE**

足

Diagrama para 足

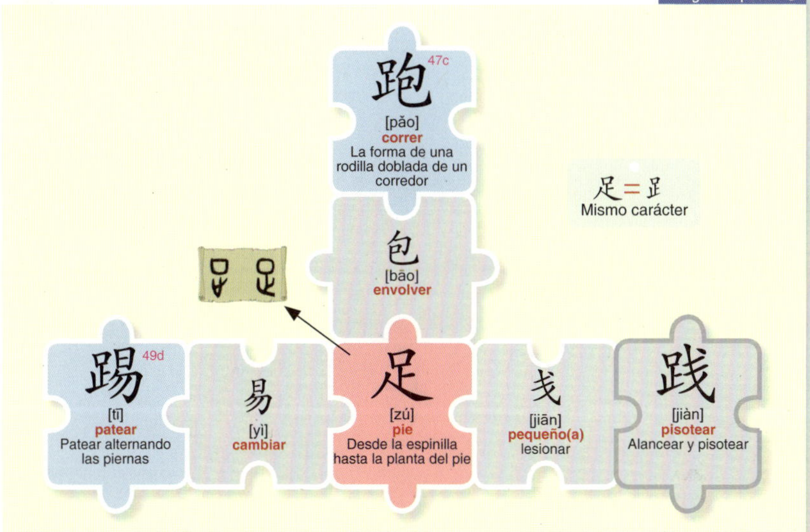

52 52

足 zú — **pie**

Imita la forma desde la espinilla hasta la pantorrilla, el tobillo y la planta del pie, y significa ‘pie’.

踢足球[tīzúqiú] jugar al fútbol - 49d 198b　　足球[zúqiú] fútbol - 198b
满足[mǎnzú] satisfecho(a); content(a) - 64e

52a

践 jiàn — **pisotear; llevar a cabo**

pie ⻊=足 [zú] **+** lesionar/pequeño(a) 戋[115] [jiān]

Representa la forma en la que se anda por terreno del enemigo, pisoteando (⻊) y alanceando(戋). También llegó a significar ‘hacer cumplir’ la misión encomendada.

* “戋” está formado por dos lanzas(戈[113]) traslapadas y significa, tanto volumen ‘pequeño’ como ‘lesionar’ ya que resaltan dos armas, las lanzas(戈).

实践[shíjiàn] práctica; cumplir - 75a

止

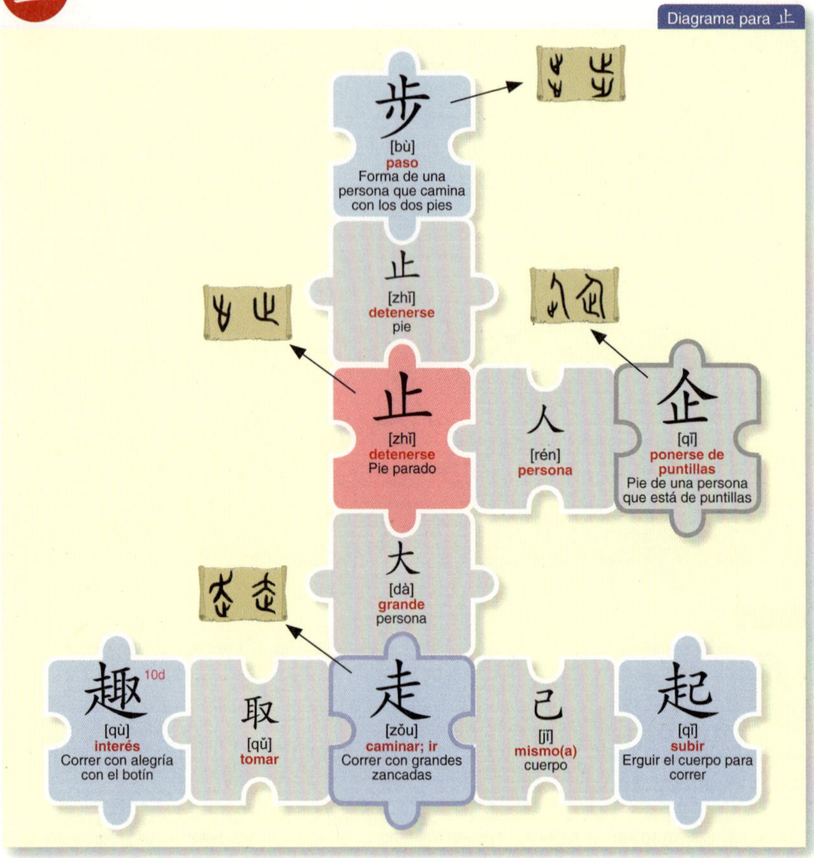

53

53

丨 ⺊ 㣺 止

止 zhǐ

detenerse

Dibuja el 'pie' que está por salir hacia adelante y debido a que actualmente no está en movimiento sino parado, derivó el significado 'detenerse'.

停止[tíngzhǐ] detenerse; alto - 225b

53a

丨 ⺊ ⺊ 止 𣥂 𣦶 步

步
bù

paso

pie/detenerse 止 [zhǐ] + pie/detenerse 少 → 止 [zhǐ]

Tiene forma de dos pies(止, 止) caminando, alternando el pie izquierdo(止) y el derecho(止) al caminar.

跑步[pǎo/bù] correr; desfilar rápidamente - 47c
散步[sàn/bù] salir a caminar - 50d
初步[chūbù] primer paso; inicial - 119c

53b

丿 人 个 个 仐 企

企
qǐ

ponerse de puntillas

persona 人[63][rén] + pie/detenerse 止 [zhǐ]

Este carácter describe el pie(止) de una persona(人) que está de puntillas, lista para salir.

企图[qǐtú] intentar; buscar; tratar de - 206f

53c

一 十 土 丰 丰 赱 走

走
zǒu

caminar; ir

persona/grande 土[152] → 大[74][dà] + pie/detenerse 止 [zhǐ]

El significado 'caminar, ir' derivó de la forma de una persona(大) que corre hacia adelante moviendo y agitando mucho ambos pies(止) y ambos brazos.

* En el carácter antiguo se puede ver que la parte superior de "tierra 土 [tǔ]" tiene forma de una persona(大).

走道[zǒudào] acera; pavimento - 7a

53

53d

一 十 土 丰 丰 赱 走 起 起 起

起
qǐ

subir

correr/caminar 走 [zǒu] + cuerpo/mismo(a) 己[82][jǐ]

Representa la forma en la que los atletas levantan el cuerpo(己) para correr (走) con todas sus fuerzas al recibir la señal de salida.

对不起[duìbuqǐ] Lo siento - 40c 223a
起床[qǐ/chuáng] levantarse; subir - 143a
一起[yīqǐ] en el mismo lugar; juntos(as) - 223
起来[qǐlái] ponerse en pie; ponerse en guardia - 212d

正

Diagrama para 正

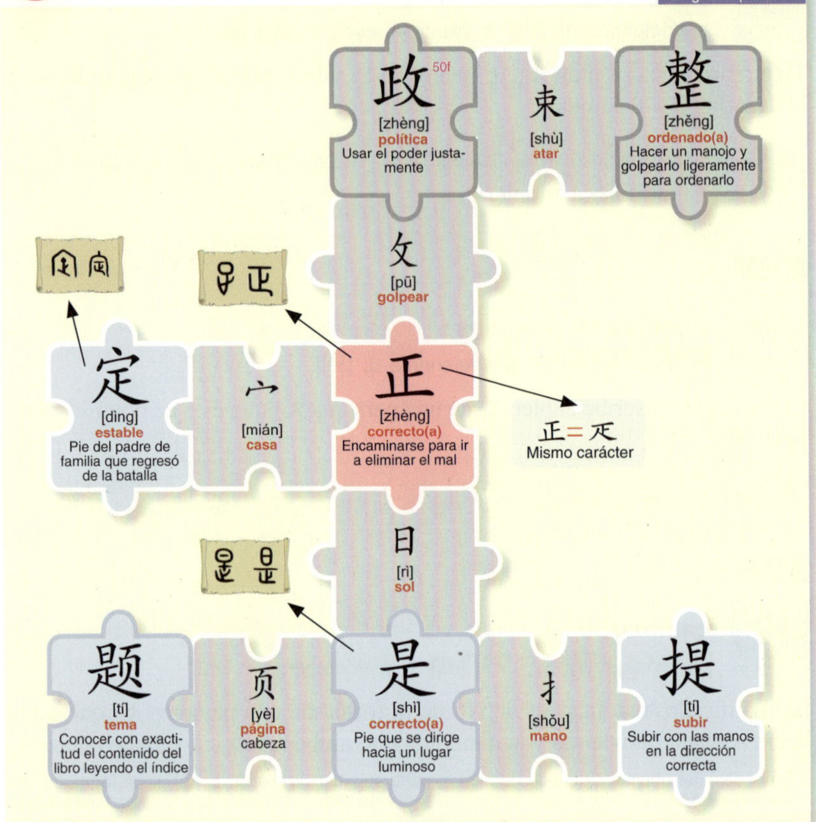

54

54 一 丅 下 正 正

正 zhèng

correcto(a)

campo enemigo 一 [símbolo] + pie/detenerse 止[53][zhǐ]

El significado 'conquistar' derivó de los pies(止) de los soldados que avanzan hacia el campo enemigo(一), y así llega a significar que es 'correcto' ir a eliminar las fuerzas del mal.

* De acuerdo a las inscripciones en los huesos oraculares, tiene forma del pie(止) con dirección hacia el castillo(口[20]).

正在 [zhèngzài] en proceso de; en curso - 32a
真正 [zhēnzhèng] genuino(a); verdadero(a); real - 12c

54a 一 𠂉 𠃊 … 整

整 zhěng

ordenado(a); entero(a)

atar 束[221a][shù] + golpear 攵[50][pū] + correcto(a) 正 [zhèng]

Es correcto(正) atar(束) los árboles en manojos, golpear ligeramente(攵) las partes salientes y arreglarlos de manera ordenada para facilitar su traslado. También derivó el significado 'entero(a)' por la forma en la que ordena cada rama en un sólo manojo.

整齐[zhěngqí] ordenado(a); aseado(a); uniforme - 133b　　整个[zhěnggè] entero(a) - 63b

54b 丨 冂 日 日 旦 早 早 昰 是

是 shì

correcto(a); éste(a)

sol 日[218][rì] + conquistar/correcto(a) 正 [zhèng]

El pie que avanza para conquistar(正) está dirigido hacia el sol(日). Significa que es correcto dirigirse hacia un lugar luminoso. Además significa 'éste(a)' ya que debe estar cerca de lo correcto.

* Es similar a "pie 疋[55][shū]" en cuanto a su forma pero la parte superior(乛) es distinta, por lo que es la modificación de "正".

但是[dànshì] pero; aunque - 218b　　还是[háishi] todavía; sin embargo - 61b
总是[zǒngshì] siempre - 16f　　可是[kěshì] pero; además - 17
要是[yàoshi] si; suponer que; por si - 170b

54c 一 扌 扌 扌 扌 押 押 押 捍 捍 提 提

提 tí

subir

mano 扌=手[31][shǒu] + correcto(a) 是 [shì]

Tiene la forma de una mano(扌) que, para ayudar, alza hacia arriba, es decir, hacia la dirección correcta(是).

提高[tígāo] subir, mejorar - 3

54d 丨 冂 日 日 旦 早 早 昰 是 是 是 是 题 题 题

题 tí

tema

correcto(a) 是 [shì] + cabeza/página 页[6][yè]

En la parte inicial del libro, es decir, en la cabecera(页) está descrito el tema para dar a entender con exactitud(是) el contenido del libro.

问题[wèntí] pregunta; problema - 145b　　题目[tímù] título; tema; tema - 11

54

54e

丶 丷 宀 宀 宁 宇 定 定

定 dìng

estable

casa 宀[141] [mián] + conquistar/correcto(a) 正 [zhèng]

El pie que salió a conquistar(正) vuelve hacia la casa(宀). Es decir, el padre de familia regresa a casa y encuentra la estabilidad.

* Es similar a "pie 疋[55] [shū]" en cuanto a su forma pero la parte superior(一) es distinta, por lo que es la modificación de "正".

决定 [juédìng] decidir - 76a	一定 [yīdìng] fijo(a); establecido(a); regular - 223
坚定 [jiāndìng] firme; resuelto(a) - 106c	

54

疋

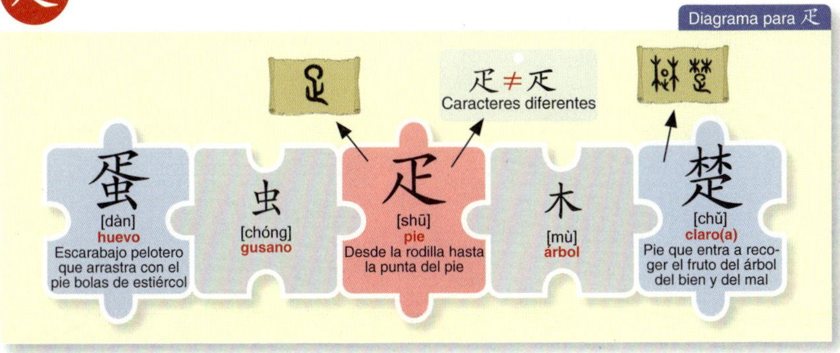

55

疋 shū

pie

Dibuja la forma desde la rodilla hasta la punta del pie y significa 'pie'.

55a

楚 chǔ

claro(a); dolor

árbol 木[210][mù] + árbol 木 [mù] + pie 疋 [shū]

Tiene forma del pie(疋) de Eva que entró caminado en medio de los dos árboles(林) para recoger los frutos del árbol(木) del conocimiento y de la vida, a pesar de que Dios había prohibido claramente a los primeros hombres comer de sus frutos. Al comer el fruto del 'árbol del bien y del mal' no mejoró la vida de la humanidad como insinuó la serpiente. En el Genesis 3:18 dice que "la tierra ha abierto las espinas", es decir, el camino del dolor.

* ¿Cómo podemos saber que este pie es el de Eva? Interesantemente, "prohibir 禁 [jìn]"da a entender que Dios(示[126]) prohibió los dos árboles(林) en cuestión y "avaro(a) 婪 [lán]" deja entender que la mujer(女[96]), es decir, Eva fue la que deseó los dos árboles(林).

清楚[qīngchu] claro(a); entender - 135a　　苦楚[kǔchǔ] sufrimiento; miseria - 19d

55b

蛋 dàn

huevo

pie 疋 [shū] + gusano 虫[184][chóng]

Este carácter significa 'huevo' redondo por la forma en la que el escarabajo pelotero(虫) arrastra con el pie(疋) bolas de excremento mucho más grandes que él, rodándola y trasladándola.

鸡蛋[jīdàn] huevo (de gallina) - 177a　　蛋糕[dàngāo] pastel - 171d

55

Las Escrituras Sagradas
禁
El árbol de la vida
El árbol del conocimiento del bien y del mal
Dios
婪
楚
Dios

夂

Diagrama para 夂

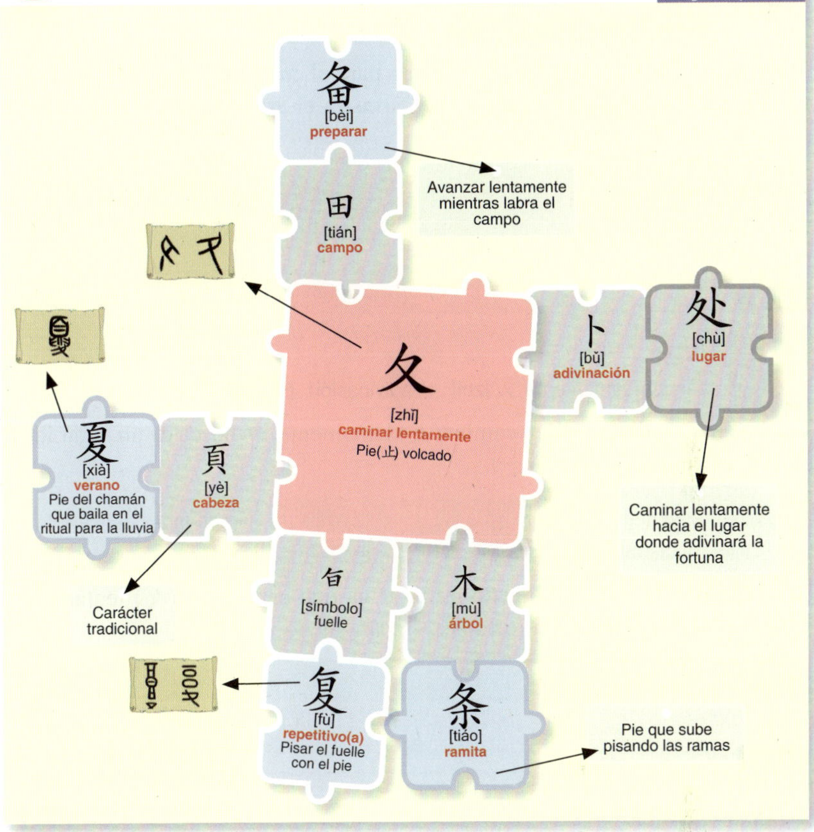

56

56 ノ ク 夂

夂 zhǐ **caminar lentamente**

Tiene la forma del pie(止[53]) volcado debido a que alguien lo jaló desde atrás. Su significado básico es ‘caminar lentamente, atrasarse’ ya que no es posible caminar rápido si alguien lo interrumpe.

56a ノ ク 夂 夂 各 各 备 备

备 bèi

preparar

caminar lentamente 夂 [zhǐ] + campo 田[154] [tián]

Representa al campesino que se prepara para el cultivo del año, quien avanza (夂) lentamente mientras que la vaca arrastra el arado para labrar el campo (田).

准备[zhǔnbèi] preparar - 178c
设备[shèbèi] equipo; instalación - 117e
预备[yùbèi] preparar - 6a

56b ノ ク 夂 处 处

处 chù/chǔ

lugar / vivir

caminar lentamente 夂 [zhǐ] + adivinación 卜[127] [bǔ]

Representa al adivino quien camina(夂) lentamente, en busca de un lugar ideal donde adivinará la fortuna(卜).

好处[hǎochu] ventaja; beneficio - 96c
到处[dàochù] en todas partes - 112b
坏处[huàichu] lastimar; desventaja - 152d

56

También conlleva el significado de vivir ya que caminando(夂) lentamente, busca en dónde adivinar la fortuna(卜), para luego vivir ahí.

处理[chǔlǐ] manejar - 108b

56c ノ ク 夂 夂 冬 条 条

条 tiáo

ramita

pie/caminar lentamente 夂 [zhǐ] + árbol 木[210] [mù]

Describe al pie(夂) que sube al árbol(木), pisando cuidadosamente las ramitas. También se usa para contar unidades delgadas y largas como las largas ramas, ya sean materiales o inmateriales.

* Se utilizó "夂" con forma de pie volcado, para representar subir al árbol.

面条[miàntiáo] fideos - 10
面条儿[miàntiáor] fideos - 10 71
条件[tiáojiàn] condición; cualificación - 175a
三条河。Río de tres ramas. - 223e 56c 17d

56d

复 fù

repetitivo(a)

fuelle 复 [símbolo] + pie/caminar lentamente 夂 [zhǐ]

De acuerdo a las inscripciones en los huesos oraculares, el origen de este carácter está en pisar con el pie(夂) el fuelle(复) que provoca el viento. Es la forma del fuelle que 'se infla y se desinfla' repetidamente.

复习[fùxí] revisar - 182a
复杂[fùzá] complicado(a) - 230b
复印[fùyìn] duplicado(a); copia - 87b

56e

夏 xià

verano

cabeza 頁→页[6](simplified)[yè] + pie/caminar lentamente 夂 [zhǐ]

Según algunas teorías, representa al pie(夂) que baila con movimientos deslumbrantes del chamán(頁), quien celebra el ritual. El ritual para la lluvia es el ritual más importante, y debido a que la lluvia normalmente está relacionada con el verano, llegó a utilizarse como 'verano' a partir del período de Zhou Oriental(东周, 770~256 BC).

* "夏" que corresponde a la parte superior de "夏[xià]" representa al chamán quien baila vestido de luto en manga larga, y tanto las inscripciones en bronce como las de metal describen claramente ambas manos(臼[43d]). Se empezó a utilizer "夂" debido a que los pies del chamán en estado de trance durante el ritual parecieran estar volcados por sus movimientos deslumbrantes.

夏天[xiàtiān] verano - 74b

56

各

Diagrama para 各

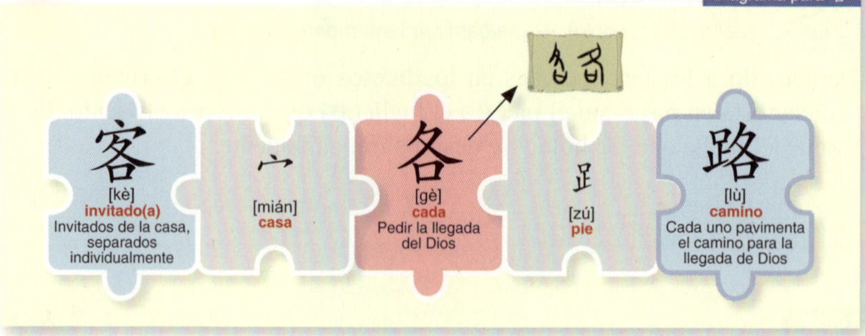

57 丿 ク 夂 夂 各 各

各 gè

cada; todo(a)

pie/caminar lentamente 夂 [zhǐ] + boca 口[16] [kǒu]

57

Si el carácter "止[53] [zhǐ]" tiene forma del pie con dirección hacia arriba, "夂" tiene forma del pie volcado hacia abajo. Por tanto, "各" está formado por la boca (口) que ruega a Dios por su ayuda y por el pie(夂) de Dios dirigido hacia dicha boca. Es decir, significa que cada uno, sea quien sea, puede pedir(口) a Dios su llegada(夂) y su compañía.

各种[gèzhǒng] cada clase - 232c

57a 丶 口 口 早 早 𧾷 𧾷 𧾷 趵 跤 跤 路 路

路 lù

camino

pie ⻊=足[52] [zú] + cada 各 [gè]

Al "各" que significa que cada uno, sea quien sea, puede pedir a Dios su llegada y su compañía, se le agregó "足" que significa que Dios está en camino. Es decir, para que llegue Dios, se debe pavimentar bien el camino.

道路[dàolù] camino; vereda - 7a　　马路[mǎlù] calle; camino - 176

57b 丶 丷 宀 宀 穵 灾 突 客 客

客 kè

invitado(a); visitante

casa 宀[141] [mián] + cada 各 [gè]

Se refiere al 'invitado' ya que está dentro de la casa(宀), pero cada(各) persona está separada.

不客气[búkèqi] descortés; De nada - 223a 204　　客人[kèrén] invitado(a) - 63

舛

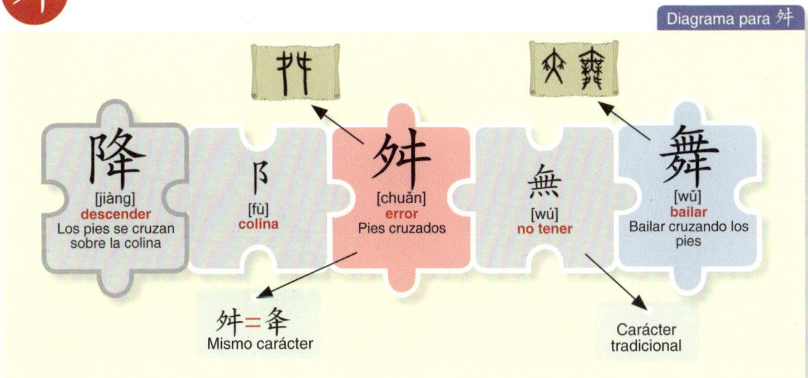

58

舛 chuǎn — error

“tarde 夕[222][xī]” de la izquierda es el carácter simplificado de “夂[56][zhǐ]”, que tiene forma del pie dirigido hacia abajo. El carácter de atrás también tiene forma del pie(牛→ 止[53]), y llegó a significar ‘error’ por la forma de los pies cruzados hacia lados opuestos. 58

58a

舞 wǔ — bailar

no tener 無→无[80c](simplificado)[wú] + pies cruzados/error 舛 [chuǎn]

“無” representa la escena en la que el chamán, con objeto sagrado en forma de pluma en ambas manos, baila de manera deslumbrante en estado de trance, tanto que sus pies parecen ser cuatro puntos(灬). A este carácter, con forma de baile, que llega a significar ‘no tener’ debido a que no se miran los pies, se le agregó “舛” con forma de pies cruzados hacia direcciones opuestas, para crear un carácter que significa bailar cruzando los pies.

跳舞[tiào/wǔ] bailar - 129a　　鼓舞[gǔwǔ] inspirar; animar; estimular - 51b

58b

降 jiàng — descender

colina 阝[147][fù] + pies cruzados/error 舛 [chuǎn]

Tiene forma de pies(舛) que se cruzan sobre la colina(阝). Si los pies se cruzan en la cima de una colina alta, se caerá desde arriba hacia abajo.

癶

Diagrama para 癶

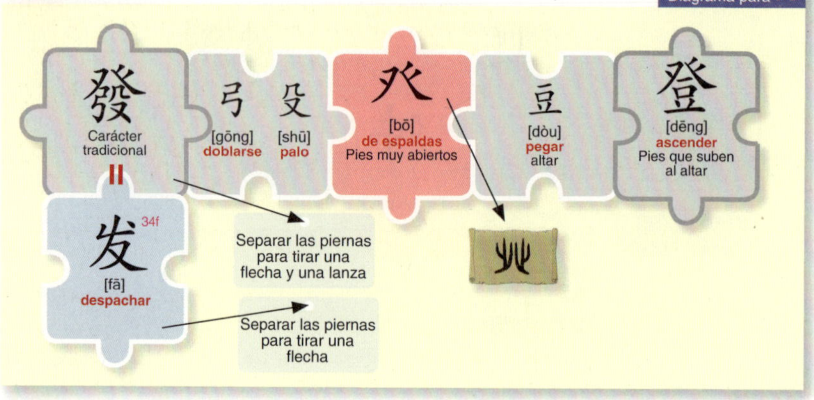

59 ㇇ ㇇ ㇇ ㇇ 癶

癶 bō

de espaldas; extender

59 Este carácter se creó por la forma de ambos pies con dirección hacia afuera o hacia arriba, y significa 'dar la espalda, extender'. Por tanto, tienes que asociar este carácter con actividades del 'pie'.

59a 癶 癶 癶 癶 癶 癶 癶 癶 癶 登 登 登

登 dēng

ascender

ambos pies/de espaldas 癶 140 [bō] + altar/pegar 豆 [dòu]

Representa a ambos pies(癶) que suben al altar(豆) alto para ofrecer la ofrenda sacrificial a Dios.

* Se crea "豆" por la forma del altar alto o plato usado en los servicios religiosos.

登记[dēngjì] inscribirse; registrarse; ingresar el nombre - 82b

彳

Diagrama para 彳

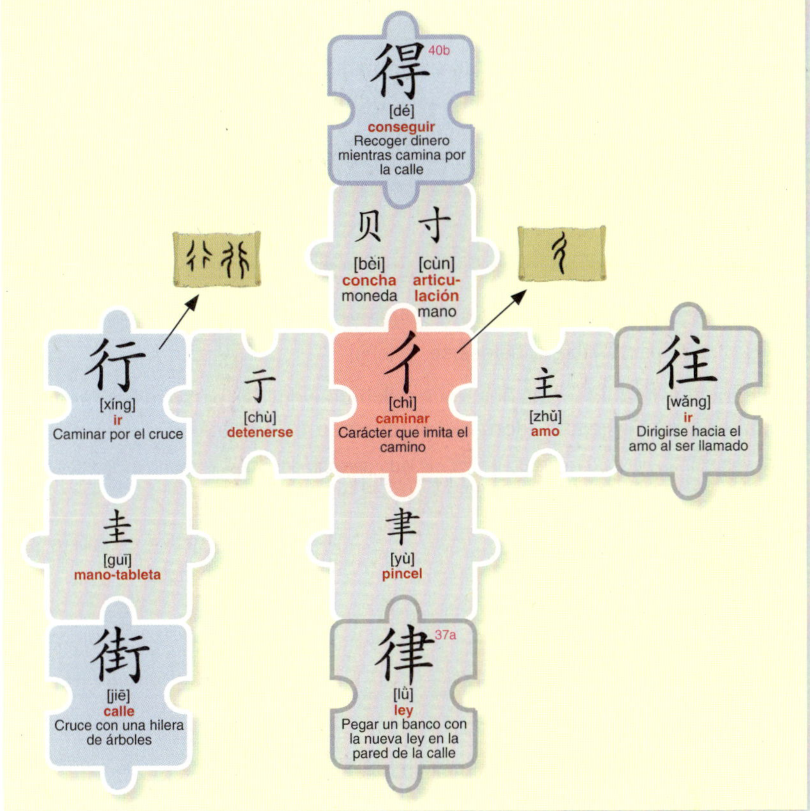

60

60

彳
chì

caminar

Corresponde a la parte izquierda del “ir 行[60b][xíng]” que tiene forma del cruce, y significa ‘camino, caminar’.

* Los significados ‘camino’ y ‘caminar’ dan a entender que este carácter está relacionado con el ‘pie’.

60

60a

丿 彡 彳 彳 行 行 往 往

往 wǎng

ir; hacia

caminar 彳 [chì] + amo 主[233c] [zhǔ]

Representa a una persona que, al ser llamada, camina(彳) y se dirige hacia el amo(主). "Rey 王[108] [wáng]", el carácter original de "主" se encarga de la pronunciación.

你往南，我往北。Tú vas hacia el sur y yo voy hacia el norte. - 69a 60a 231b, 113b 60a 88c

60b

丿 彡 彳 彳 彳 行

行 xíng

ir; caminar

caminar 彳 [chì] + detenerse 亍 [chù]

Este carácter imita la forma del cruce y debido a que las personas caminan por el camino o por las calles, derivó el significado 'ir, caminar'.

* "彳" tiene forma del lado izquierdo y "亍" del lado derecho del cruce. Ninguno de los dos caracteres(彳, 亍) se utiliiza individualmente.

自行车[zìxíngchē] bicicleta - 26 124
行李箱[xínglǐxiāng] maleta; tronco - 95c 216a
进行[jìnxíng] progreso; avance - 228b
举行[jǔxíng] sostener; escenario - 43e
银行[yínháng] banco - 14d
旅行[lǚxíng] viaje - 63i

60c

丿 彡 彳 彳 彳 往 往 待 往 往 街 街

街 jiē

calle

cruce/ir 行 [xíng] + mano-tableta 圭[153] [guī]

Llegó a significar 'calle' ya que los edificios o las hileras de árboles en el cruce(行) están colocados en fila, al igual que los súbditos, sosteniendo el cetro(圭), se alinean frente al Rey.

* "圭" es un tipo de adorno que los súbditos sostenían en las manos, según el rango, cuando asistía a la audiencia con el Rey.

街道[jiēdào] calle; camino; vía - 7a
大街[dàjiē] avenida; calle; calle principal - 74

辶

Diagrama para 辶

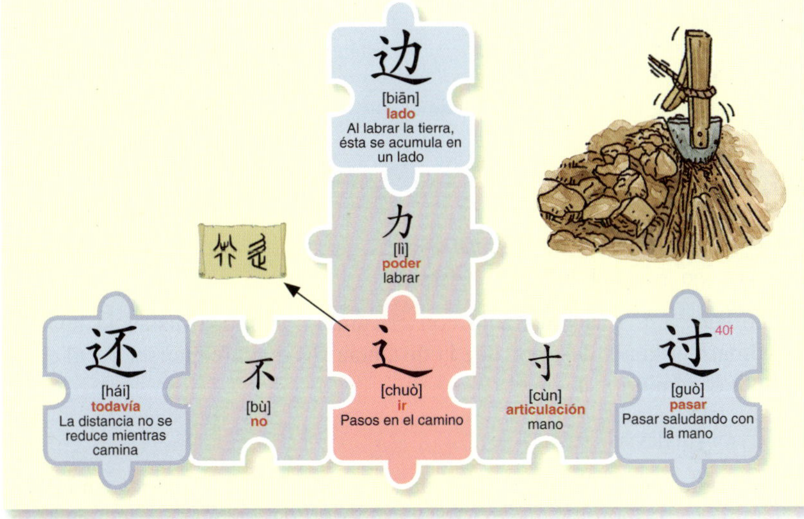

61

61 丶 ⻌ 辶

辶 chuò — ir

De acuerdo a las inscripciones en los huesos oraculares, está formado por "cruce/ir 行[60b][xíng]" y por "pie/detenerse 止[53][zhǐ]", y llegó a significar 'camino relacionado a una distancia lejana o próxima' e 'ir'.

61a ㇆ 力 力 边 边

边 biān — lado

labrar/poder 力[159][lì] + ir 辶 [chuò]

Al labrar(辶) la tierra con el arado(力) se crea un surco, y se acumula hacia un lado del surco la tierra arrastrada por el arado.

* El carácter "力" imita la forma del arado.

旁边[pángbiān] lateral; side - 160b	右边[yòubian] derecho - 39b
左边[zuǒbian] izquierda - 39a	一边[yìbiān] un lado - 223
北边[běibiān] lado norte - 88c	东边[dōngbiān] lado este - 211

后边[hòubian] parte de atrás; atrás; detrás de - 18d
里边[lǐbian] adentro - 151
南边[nánbian] lado sur - 231b
前边[qiánbiān] adelante; estar enfrente - 221a
上边[shàngbian] al costado - 223f
外边[wàibian] afuera - 222a
西边[xībiān] lado oeste - 170
下边[xiàbian] debajo de; bajo - 223g
一边…一边…[yībiān…yībiān…] Señala que se están desarrollando dos cosas al mismo tiempo - 223
(他们一边工作一边学习。Ellos trabajan y aprenden al mismo tiempo.) - 84b 145a 223 61a 200 234b 223 61a 95a 182a

61b 一 ア 不 不 不 环 还

还 hái/huán todavía / volver (regresar)

no 不[223a] [bù] + calle/ir 辶 [chuò]

Al utilizar "辶" relacionándolo con el camino, significa distancia lejana o próxima. Por tanto, describe que la distancia sigue sin reducirse(不) al caminar por el camino(辶).

还是[háishì] todavía; sin embargo - 54b

El hecho de que la distancia continúa sin reducirse(不) mientras camina por el camino(辶), significa que existe alta probabilidad de que renuncie y se regrese.

61

还东西。Devolver un objeto. - 61b 211 170

廴

Diagrama para 廴

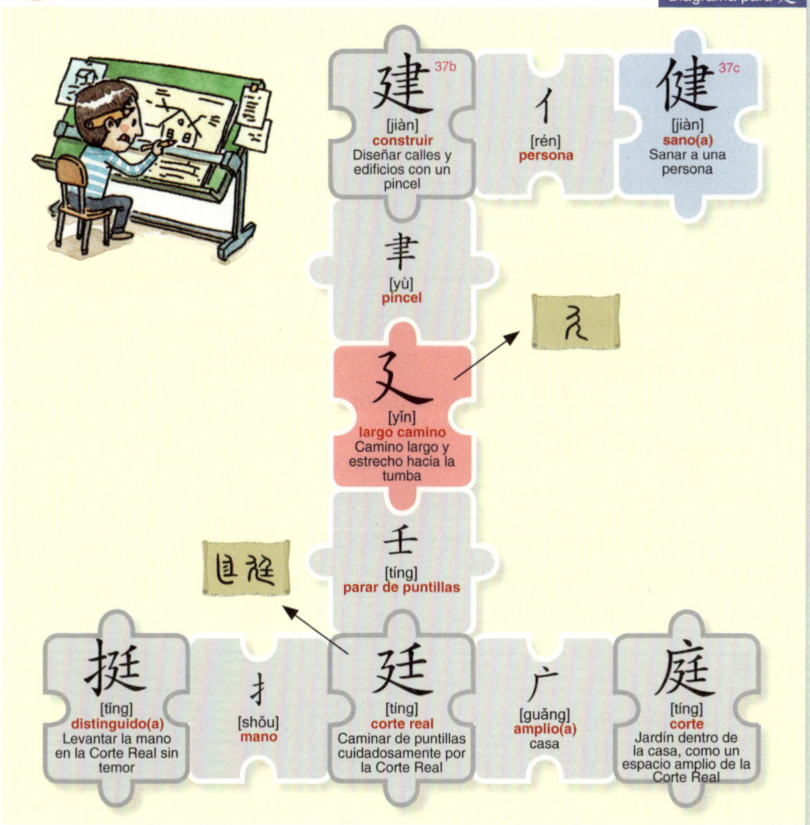

62

62

廴 yǐn

largo camino

Este carácter representa el camino largo y estrecho hacia el mausoleo del Rey y significa 'caminar largamente, camino estrecho'.

* Los mausoleos como los del Rey Qin Shi Huang están diseñados de tal manera que únicamente pueden accederse a ellos mediante caminos largos y estrechos debido a que están enterrados también los objetos preciosos. Piensa en una persona que camina cuidadosamente por un camino largo y estrecho como un laberinto.

62a ㇒ 二 千 壬 廷 廷

廷 tíng

corte real

parar de puntillas 壬[105] [tíng] + largo camino 廴 [yǐn]

Representa a los súbditos de la Corte Real que caminan(廴) de puntillas(壬) cuidadosamente para asistir a la audiencia con el Rey. "壬", con forma del talón de pie(止[53]) levantado, funciona también como signo de la pronunciación.

* "壬" y "9no/10mo 壬[105] [rén]" tienen la misma forma, pero son caracteres totalmente distintos que afectan incluso a la pronunciación.

62b 丶 亠 广 广 庄 庄 庄 庭 庭

庭 tíng

corte; salón

casa/amplio(a) 广[143] [guǎng] + royal court 廷 [tíng]

En la antigüedad, la mayoría de las casas orientales tenían el jardín dentro de la casa y no construían paredes para utilizarlo como espacio abierto. Debido a que es un espacio amplio y abierto sin pared dentro de la casa(广), al igual que un espacio amplio de la Corte Real(廷), derivó su significado 'jardín, salón'.

* "广" tiene forma de una casa amplia, sin la pared en un lado.

62 家庭 [jiātíng] familia - 174a

62c 一 十 扌 扌 扌 扌 扌 挺 挺

挺 tǐng

distinguido(a); muy

mano 扌=手[31] [shǒu] + corte real 廷 [tíng]

Representa al súbdito distinguido que levanta su mano(扌) sin temor para hablar con convicción en la Corte Real(廷), frente al Rey. También significa que es muy difícil hablar con convicción delante del Rey.

我们都挺喜欢他的。Todos lo queremos mucho. - 113b 145a 101a 62c 140a 23c 84b 46b

人

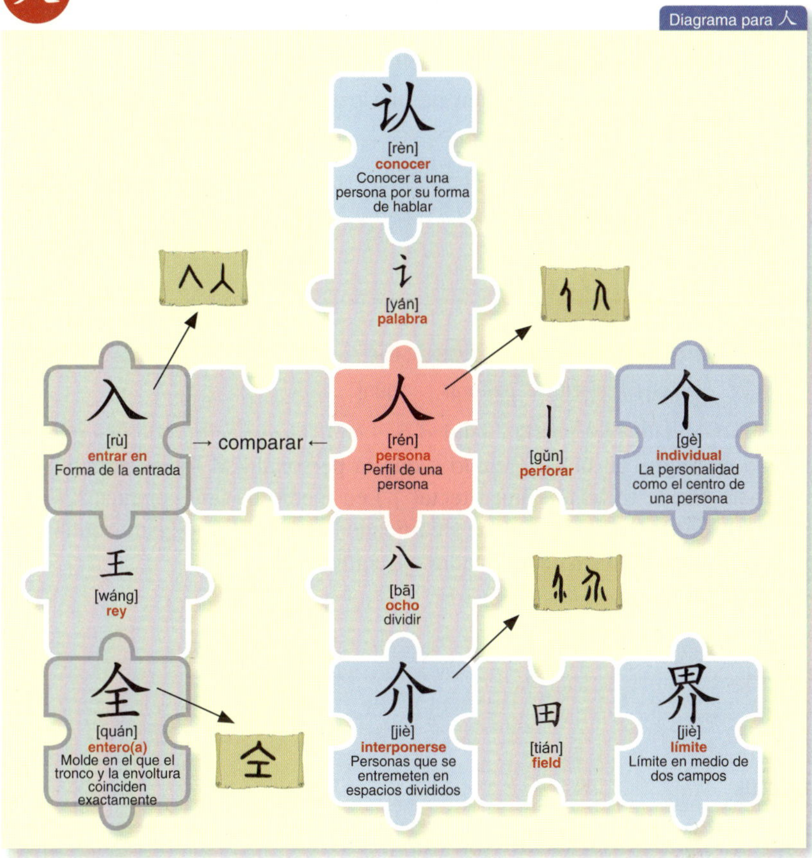

63

63 丿 人

人 rén — persona

Este carácter imita el perfil de una persona y significa ‘persona’.

男人[nánrén] hombre - 159a
别人[biérén] otra gente; otros(as) - 119e
爱人[àiren] cónyuge - 34e
工人[gōngrén] trabajador(a); obrero - 200
人民[rénmín] la gente - 99c
女人[nǚrén] mujer - 96
客人[kèrén] invitado(a) - 57b
夫人[fūren] señora; dama; Sra. - 74a
人们[rénmen] gente - 145a

63a 丶 讠 讠 认

认 rèn

conocer

palabra 讠=言[22][yán] + persona 人 [rén]

Conocer la tendencia o el origen de una persona(人) por el contenido o el acento de su lengua(讠).

认识[rènshi] reconocer; conocer - 179b
认为[rènwéi] pensar; considerar - 159c
认真[rènzhēn] sincero(a); serio(a) - 12c

63b 丿 人 个

个 gè

individual; <cuantificador>

persona 人 [rén] + perforar 丨[232][gǔn]

La personalidad(个性) es la cualidad o el carácter específico de una persona que la distingue de otras. Debido a que la personalidad forma el centro de una persona, se trazó una línea recta(丨) en medio de una persona(人) para utilizarlo como 'individual'. Este significado llegó a utilizarse para contar unidades de sustantivo sin cuantificador específico.

* Aquí " 丨 " señala 'centro, en el medio'.

那个[nàge] aquel - 147e
这个[zhège] éste - 133a
个性[gèxìng] individualidad - 28c
哪个[nǎge] cuál - 147f
整个[zhěnggè] entero(a) - 54a

63c 丿 人 介 介

介 jiè

interponerse; introducir

persona 人 [rén] + dividir/ocho 八[229][bā]

Una persona(人) que se entremete en medio de una cosa dividida(八) en dos para resolver algún problema o presentar a dos personas para que se conozcan.

介绍[jièshào] introducir; presentar - 120a

63d 丨 冂 冃 田 田 罒 罘 界 界

界 jiè

límite

campo 田[154][tián] + interponerse 介 [jiè]

Se le agregó "介" debido a que "田[tián]"que describe al arroyuelo o atajadero, es decir, el límite de tierra de labranza, llega a utilizarse como 'tierra de

63

labranza, campo de cultivo'. Significa el límite en medio de(介) dos campos (田).

世界[shìjiè] mundo - 207f

63e

丿 入

入 rù

entrar en

Este carácter imita la forma de la entrada de la cueva o de la chabola. El significado 'entrar' deriva de las personas que entran por dichas entradas.

* No existe una teoría establecida sobre su principio de constitución, aunque es una letra radical. Se debe prestart atención ya que su forma es similar a "persona 人 [rén]".

深入[shēnrù] profundizar en - 202c

63f

丿 入 亼 仐 仝 全

全 quán

entero(a)

entrar 入 [rù] + rey 王[108] [wáng]

Representa al molde en el que el tronco(王) y la envoltura(入) coinciden perfectamente.

* Sin importar la tipografía, "王" significa tronco y "入" envoltura del molde.

* El carácter antiguo(仝) tiene forma del molde para hacer herramientas agrícolas(trabajo 工[200] [gōng]) y su envoltura(入).

全部[quánbù] total; entero(a) - 79f
全体[quántǐ] todo(a); entero(a) - 29b
完全[wánquán] perfecto(a); completo(a); entero(a) - 73a
安全[ānquán] a salvo; seguro(a) - 96a

63

人

Diagrama para 从

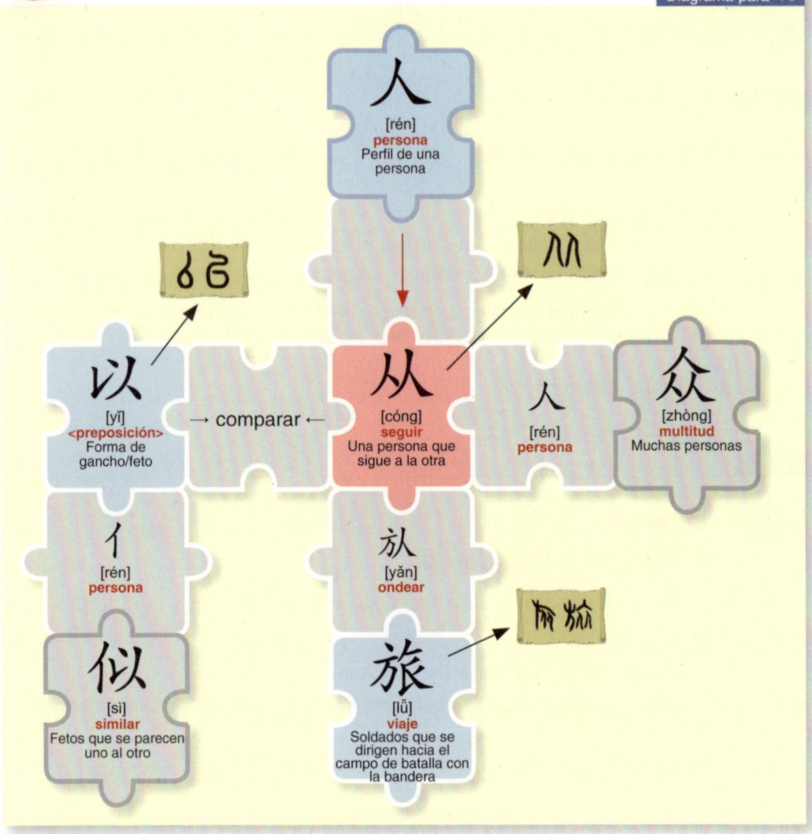

63

63g 丿 ㇏ 从 从

从 cóng

seguir; desde

persona 人 [rén] + persona 人 [rén]

Las inscripciones en los huesos oraculares dibuja únicamente a dos personas (人人) para describir la forma en la que la persona de atrás(人) sigue a la de adelante(人). También se utiliza como preposición para señalar 'desde cúando', 'desde dónde' la ha seguido.

从…到…[cóng···dào···] desde… hasta - 112b　　从前[cóngqián] antes; anteriormente - 221a

63h 丿 人 亼 仌 众 众

众 zhòng

multitud

persona 人 [rén] + seguir 从 [cóng]

Este carácter está formado por tres "人" traslapados para referir a muchas personas.

63i 丶 亠 方 方 方 方 方 旅 旅 旅

旅 lǚ

viaje

ondear 方 → 㫃[161] [yǎn] + personas/seguir 从 → 从 [cóng]

Ha dibujado a dos personas(从) bajo la bandera ondeante(㫃) para describir a los soldados que se dirigen hacia el campo de batalla con la bandera. También llegó a significar 'viaje' por los soldados que recorren países lejanos durante la guerra.

旅游[lǚyóu] viaje; turismo - 161b 旅行[lǚxíng] viaje - 60b

63j ㇑ ㇑ 以 以

以 yǐ

<preposición>

Según algunos, este carácter con forma de gancho imita la forma del arado, un instrumento agrícola con forma de gancho, y según otros imita la forma del feto. Debido a que el cultivo comienza desde el momento que labra la tierra con el arado y las personas empiezan desde el feto, se utiliza como preposición para describir 'base, método, medida, causa, etc. de algún comportamiento o gesto'.

* En el carácter actual está incluido un carácter similar a "persona 人 [rén]" pero en las inscripciones en los huesos oraculares está dibujado únicamente un carácter en forma de gancho.

可以[kěyǐ] poder; puede que - 17 所以[suǒyǐ] así que; por lo tanto - 144a
以后[yǐhòu] después de; después - 18d 以前[yǐqián] antes; anteriormente - 221a
以为[yǐwéi] pensar; creer; considerar - 159c

63

63k 丿 亻 亻 亻 似 似

似 sì

similar

persona 亻[70] [rén] + feto/preposición 以 [yǐ]

A "以" que se parece al arado o al feto, se le agregó persona(亻). Significa que los bebés(以) recién nacidos, sin importar de quien(亻) sea, son tan similares que no es fácil distinguirlos.

内

Diagrama para 内

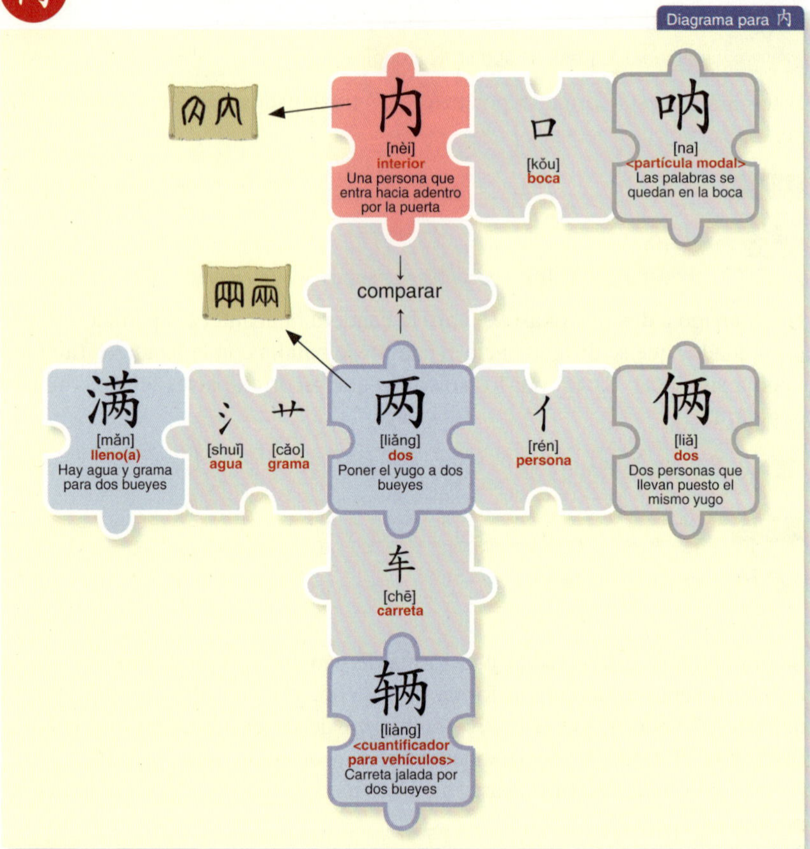

64

64 丨 冂 内 内

内 nèi

interior

entrada 冂 [símbolo] + persona 人 63 [rén]

Tiene forma de una persona(人) que entra hacia adentro por la entrada(冂).

内容[nèiróng] contenido; materia - 196a　　内部[nèibù] adentro; interior - 79f

64a 丨 口 口 叮 叮 呐 呐

呐 na

<partícula modal>

boca 口[16][kǒu] + interior 内 [nèi]

Este carácter representa a las palabras que se quedan en(内) la boca(口) por lo que llegó a significar 'tartamudear'. Pero también se usa como partícula modal para suavizar una oración o para hablar con encanto, si se usa al final de una frase sin un significado en especial.

* Tiene el mismo uso que "哪[147f][na]". (天[74b]呐！= 天啊！- ¡Oh Dios mío!)

谢谢您呐。Gracias. - 27c 27c 69b 64a
你们得小心呐。Debéis ser precavidos. - 69a 145a 40b 235 28 64a

64b 一 丆 丙 丙 丙 两 两

两 liǎng

dos

yugo 丆 [símbolo] + forma de algo puesto 冂 [símbolo]

Tiene forma de dos bueyes o caballos que llevan puesto(冂) el yugo(丆), para tirar del arado o para jalar la carreta.

* Yugo – Un palo encorvado que se pone sobre el cuello del buey o del caballo para que tire del arado o jale la carreta.

* Se ha incluido en esta parte por que es un carácter en forma de persona(人[63]) pero su significado es ajeno a ésta.

他比我大两岁。Él es mayor que yo por dos años. - 84b 88a 113b 74 64b 195a

64c 丿 亻 亻 仃 仃 佂 俩 俩 俩

俩 liǎ

dos

persona 亻[70][rén] + dos 两 [liǎng]

Las personas(亻) que, entre los dos(两), llevan puesto el mismo yugo, significa dos personas. Debido a que el sujeto del número dos(两) es persona(亻), no se requiere cuantificador adicional. La única diferencia es que actualmente se utiliza tanto para persona como para número 'dos' como "两", y que 'no es necesario un cuantificador'.

你俩吃饭了吗? ¿Vosotros dos ya comisteis? - 69a 64c 16b 148b 168a 176a

64

64d 一 𠄌 𠃊 车 车 车 车 车 轲 辆 辆

辆 liàng

<cuantificador para vehículos>

carreta 车[124][chē] + dos 两 [liǎng]

Este carácter fue creado por la forma de dos(两) bueyes o caballos que jalan la carreta(车), mientras llevan puesto el mismo yugo, y sirve para como cuantificador para contar carretas o vehículos.

三辆自行车。Tres unidades de bicicleta. - 223e 64d 26 60b 124

64e 丶 丶 氵 氵 氵 氵 氵 氵 洁 满 满 满 满

满 mǎn

lleno(a)

agua 氵[202][shuǐ] + grama 艹[207][cǎo] + dos 两 [liǎng]

El significado 'lleno' derivó de la forma satisfactoria en la que hay suficiente agua(氵) y grama(艹) para alimentar a dos(两) bueyes o caballos que llevan puesto el mismo yugo.

满意[mǎnyì] satisfecho(a) - 21b

满足[mǎnzú] satisfecho(a); contento(a) - 52

64

亼

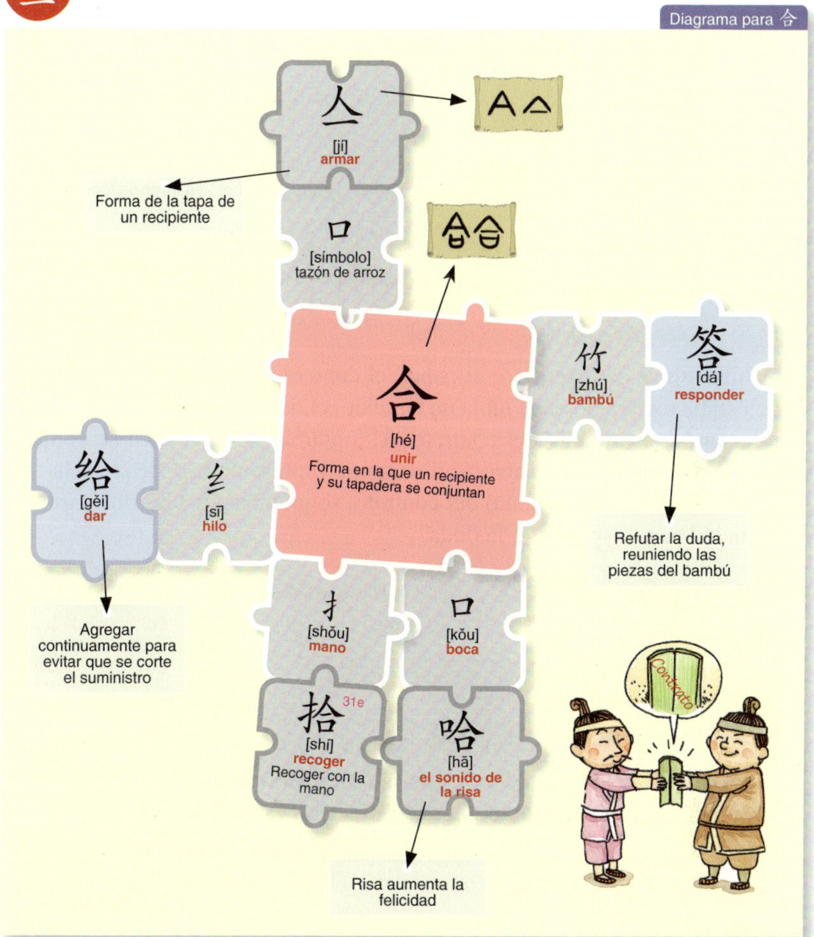

65

65 丿 人 亼

亼
jí

armar

Tiene la forma de la tapa de un recipiente, y significa que deben conjuntarse la tapa y el recipiente, que hagan juego.

* Este carácter está mencionado aquí debido a que es similar a "persona 人[63][rén]", pero no tiene relación alguna con la persona.

65a　丿 人 亼 今 合 合

合 hé

unir

armar 亼 [jí] + tazón de arroz 口 [símbolo]

Representa a la tapa(亼) y el tazón(口) de arroz que hacen juego perfectamente.

* Algunos consideran que este carácter demuestra que la humanidad era una comunidad unida (亼) con un sólo idioma(口[16]) antes de la construcción de la Torre de Babel – Referencia Génesis 11:1-9

65b　丿 𠂉 ⺮ 𥫗 竹 竺 竽 笒 笒 筌 答 答

答 dá

responder

bambú 竹[216][jí] + reunir 合 [hé]

En China, antes de inventarse el papel, el contenido de todo contrato importante estaba registrado en la tabla de bambú(竹), y éstas se partían en dos, una para cada parte firmante del contrato. Al juntarlas(合) de nuevo se comprobaba que el contrato era correcto. Por tanto, representa la escena en la que, si se dudaba del cumplimiento del contrato, se juntaban(合) las dos partes de bambú(竹) para responder a la duda.

回答[huídá] replicar; contestar - 20d　　答应[dāying] contestar; replicar; responder - 143c

65

65c　丨 口 口 口丿 叭 叺 吟 哈 哈

哈 hā

el sonido de la risa

boca 口[16][kǒu] + unir 合 [hé]

A este carácter se le agregó “口”, que se refiere al sonido, y “合”, el signo de la pronunciación, únicamente para registrar con la escritura el sonido de la risa.

* Es más fácil de recordar si pensamos que el sonido(口) de la risa aumenta(合) la felicidad.

65d　㇀ 纟 纟 纟丿 纵 纷 绐 给 给

给 gěi

dar; para; por

hilo 纟[132][sī] + unir 合 [hé]

La característica del hilo(纟) es unir o enlazar. Por tanto, representa la forma en la que agregan(合) continuamente los materiales para evitar que se acaben. También ha llegado a significar las preposiciones ‘para; por’ ya que designa la persona a la que se le está entregando los materiales.

给予[jǐyǔ] dar - 168b　　把这本书给她。Darle a ella el libro. - 92b 133a 210a 232d 65d 84c
给儿子讲故事。Hablar al hijo. - 65d 71 95 228a 19a 36d

亼

Diagrama para 今

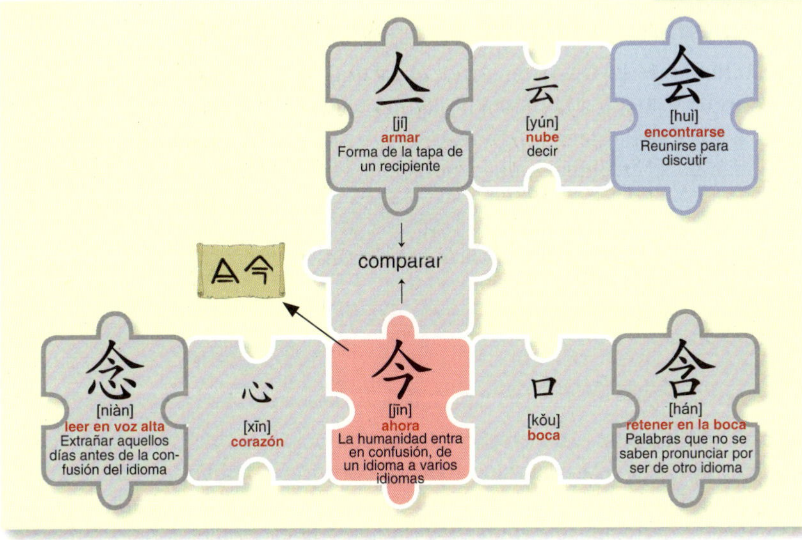

66 丿 人 亼 今 66

今 jīn **ahora**

congregarse 亼[65][jí] + romperse ㇇ [símbolo]

La humanidad, antes de construir la Torre de Babel, era una comunidad unida (亼) que usaba un sólo idioma(口[16]). Pero la construcción de la Torre de Babel provocó la ira de Dios, y Dios dividió(㇇) el idioma de la humanidad para dispersar y confundir a las personas. Este hecho en el que se confunden los idiomas fue un momento crítico en la historia de la humanidad, por lo que llegó a significar 'ahora'. – Referencia Génesis 11:1-9

* "㇇" representa la forma de "boca 口 [kǒu]" rota y describe simbólicamente la división del idioma.

今天[jīntiān] hoy - 74b　　今年[jīnnián] este año - 121a
至今[zhìjīn] hasta ahora - 112

66a 丿 人 亼 今 今 含 含

含 hán

retener en la boca

se complican los idiomas/ahora 今 [jīn] + boca 口[16] [kǒu]

Al confundirse(今) los idiomas por el castigo de Dios tras la construcción de la Torre de Babel los hombres no logran entenderse a pesar de poder hablar (con la boca(口)). Llegó a significar 'retener en la boca' ya que ya que aunque hablaban no se entendían unos a otros.

包含[bāohán] contener; plasmar; incluir - 47

66b 丿 人 亼 今 今 念 念 念

念 niàn

leer en voz alta

confusión del idioma/ahora 今 [jīn] + corazón 心[28] [xīn]

Una vez separados y dispersados por la confusión(今) del idioma debido al castigo de Dios, recuerdan con todo su corazón(心) aquellos momentos en los que vivían reunidos en una sola comunidad. Además, el significado 'leer en voz alta' derivó de dejarlo por escrito para que las generaciones futuras no cometan el mismo error del pasado.

66

留念[liúniàn] aceptar(guardar) como un recuerdo - 87d
概念[gàiniàn] concepto; noción - 80f
纪念[jìniàn] conmemorar - 82c
想念[xiǎngniàn] anhelar volver a ver; extrañar - 11d

66c 丿 人 亼 亼 会 会

会 huì

encontrarse; poder

reunirse 亼[65] [jí] + decir/nube 云[227] [yún]

El significado 'encontrarse' derivó de varias personas reunidas(亼) para discutir(云). También significa que puede llegar a hacerse lo imposible ya que si se reúnen(亼) varias personas, en su discusión(云) pueden obtenerse buenas ideas o soluciones.

会议[huìyì] reunión; conferencia - 233b
机会[jīhuì] momento oportuno; oportunidad - 213a
一会儿[yīhuìr] un rato - 223 71
会话[huìhuà] conversación; diálogo - 24b
社会[shèhuì] sociedad - 126h
晚会[wǎnhuì] velada; fiesta nocturna - 68b
宴会[yànhuì] banquete; festividad - 96b
你会说英语吗? ¿Puede hablar usted el Inglés? - 69a 66c 72d 77a 226c 176a

佥

Diagrama para 佥

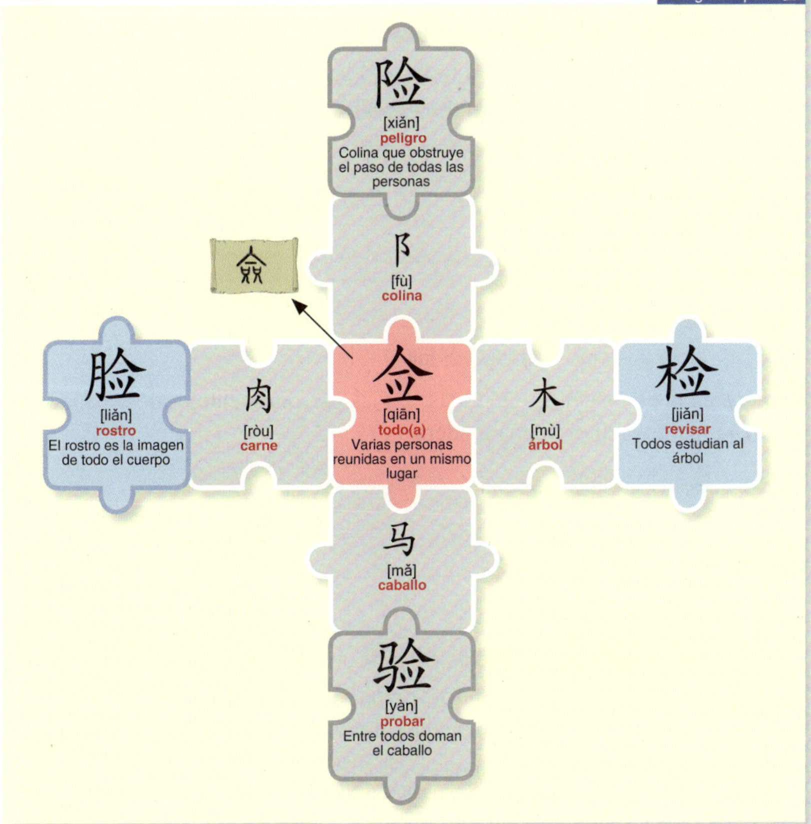

67

67 ノ 人 亼 今 佥 佥 佥

佥 qiān

todo(a)

reunir 亼[65] [jí] + varias personas 㐅 [símbolo]

Representa a varias personas(㐅), todas reunidas(亼) en un mismo lugar

* El carácter original(僉) representa a varias personas(人[63] 人), todas reunidas(亼) en un mismo lugar y cada una habla por su boca(口[16] 口).

67

67a

丨 阝 阝' 阝𠆢 阝𠆢 阝𠆢 阝𠆢 险 险

险 xiǎn

peligro

colina 阝[147][fù] + todo(a) 佥 [qiān]

Colina(阝) que obstruye el paso a todas(佥) las personas se refiere a una montaña muy difícil de atravesar o a un obstáculo insalvable. De ahí se deriva su significado 'peligroso'.

危险[wēixiǎn] peligroso(a) - 68e

67b

一 十 才 木 木' 木𠆢 木𠆢 木𠆢 木𠆢 检 检

检 jiǎn

revisar

árbol 木[210][mù] + todo(a) 佥 [qiān]

Representa la escena en la que todas(佥) las personas, entre todos, estudian el árbol(木) para ver si es buena madera.

检查[jiǎnchá] inspeccionar; examinar - 224c

67c

㇇ 马 马 马' 马𠆢 马𠆢 马𠆢 马𠆢 验 验

验 yàn

probar

caballo 马[176][mǎ] + toda(a) 佥 [qiān]

Todas(佥) las personas, entre todos, doman el caballo(马) de varias formas, haciéndolo correr, etc. para seleccionar el mejor semental.

* El árbol(木) de "revisar 检[67b][jiǎn]" puede ser examinado visualmente para saber si tiene buena madera, pero un caballo sólo se sabe si es bueno cuando se le doma. Recuérdalo de manera separada.

经验[jīngyàn] experiencia - 132e 试验[shìyàn] experimento; prueba - 110b

67d

丿 月 月 月 月' 月𠆢 月𠆢 月𠆢 月𠆢 脸 脸

脸 liǎn

rostro

carne 月[221]→肉[192][ròu] + todo(a) 佥 [qiān]

Significa que el rostro es la parte del cuerpo humano(月) que representa a todas(佥) las demás partes.

* Cuando "luna 月 [yuè]" se une a otro carácter usualmente llega a significar "肉".

你每天都要洗脸。Tienes que lavarte la cara todos los días. - 69a 97a 74b 101a 170b 71e 67d
他很要脸。Para él guardar las apariencias es muy importante. - 84b 14a 170b 67d

𠂉

Diagrama para 𠂉

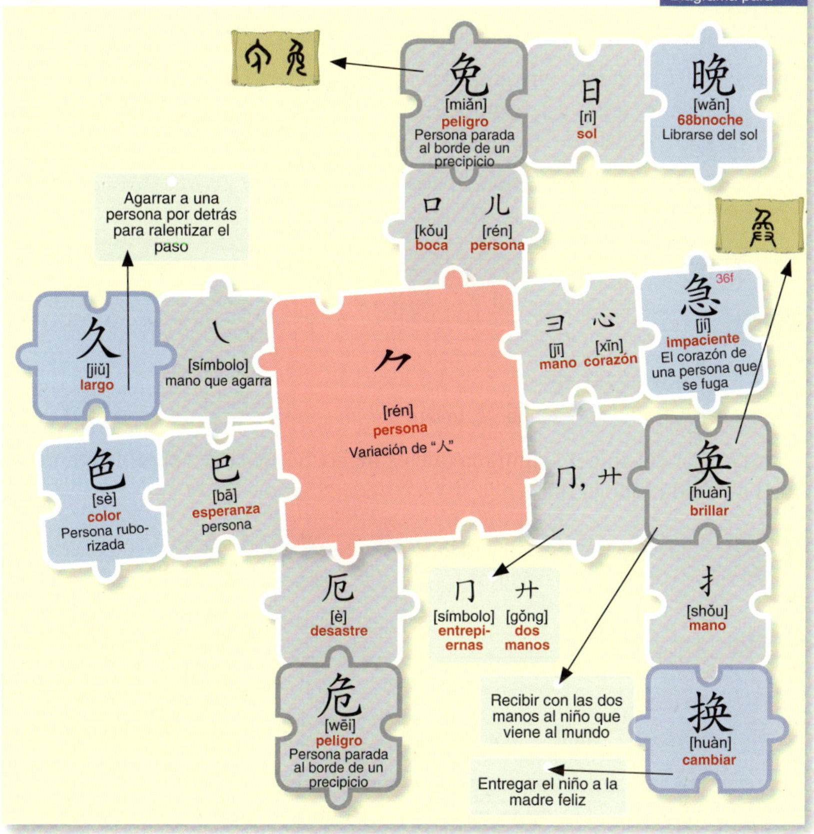

68

68 ノ 𠂉

𠂉 rén

persona

Este carácter tiene diferente forma pero tiene el mismo significado que "persona 人[63][rén]". A veces es utilizada con otro significado totalmente diferente a "persona". Por tanto, es necesario tomar en cuenta que, aun que la figura sea la misma, no siempre tiene el mismo significado.

68

68a

丿 𠂊 𠂊 㐬 𠂊 免 免

免 miǎn

escapar

persona 𠂊 [rén] + boca 口[16] [kǒu] + persona 儿[71] [rén]

Representa a la madre embarazada(𠂊) que, con la cadera(口) abierta, está dando a luz a un niño(儿). Significa 'escapar' ya que la mujer ha pasado ya el dolor de parto o el sentirse culpable por no poder dar a luz.

* En el pasado, el esposo podía echar a su esposa por siete motivos, y uno de ellos era el 'pecado de no poder dar a luz'.

不免[bùmiǎn] inevitable - 223a

68b

丨 冂 月 日 日' 日𠂊 日𠂊 晚 晚 晚 晚

晚 wǎn

noche; tarde

sol 日[218] [rì] + escapar 免 [miǎn]

Librarse(免) del sol(日) significa que es de noche. A la vez significa tarde ya que ha pasado todo el día.

晚上[wǎnshang] (por la) tarde; (en la) noche - 223f
晚饭[wǎnfàn] comida; cena - 148b
晚会[wǎnhuì] velada; fiesta nocturna - 66c
夜晚[yèwǎn] noche - 222b

68c

丿 𠂊 𠂊 㐬 奂 奂 奂

奂 huàn

brillar

persona 𠂊 [rén] + entrepiernas 冂 [símbolo] + dos manos 大→廾[43] [gǒng]

Representa a la comadrona recibiendo con las dos manos(廾) al recién nacido de las entrepiernas(冂) de la madre(𠂊). Significa que el acto más brillante para la mujer es dar a luz a un niño.

68d

一 扌 扌 扌 扌 扌 扌 换 换 换

换 huàn

cambiar

mano 扌=手[31] [shǒu] + brillar 奂 [huàn]

Representa a la comadrona llevando en brazos(扌) el recién nacido a la madre que rebosa(奂) de felicidad. Significa que, ahora que la mujer cumplió con su deber de dar a luz, su situación ha cambiado.

兑换[duìhuàn] intercambiar - 72c
交换[jiāohuàn] intercambiar; cambiar algo por otro - 1a

68e ノ ⺈ ⺈ 产 斥 危

危 wēi

peligro

persona ⺈ [rén] + desastre 厄[85a][è]

Representa a una persona(⺈) parada peligrosamente al borde de un alto precipicio que puede sufrir un accidente(厄) al caerse.

* "厄" representa a una persona (㔾[85]) tendida boca abajo al haberse caído del precipicio(厂[148]).

危险[wēixiǎn] peligroso(a) - 67a　　危机[wēijī] crisis; la hora de la verdad - 213a

68f ノ ⺈ 𠂊 㐃 㐃 色

色 sè

color

persona ⺈ [rén] + persona/esperanza 巴[92a][bā]

Significa 'color' por representar a una persona(⺈) montada sobre otra persona(巴) en el acto sexual durante el cual se ruborizan por la excitación.

* El significado básico de "巴" es 'persona' y representa a un bebé regordete.

颜色[yánsè] color; expresión - 8f　　彩色[cǎisè] multicolor; color - 8b

68

68g ノ ク 久

久 jiǔ

largo; por un largo tiempo

persona ⺈ [rén] + mano que agarra ㇏ [símbolo]

Este carácter tiene la forma de una persona(⺈) a la que agarran por detrás con la mano(㇏). Significa 'largo(tiempo), tardar mucho' y derivó del hecho de que si agarran a una persona por detrás, a ésta se le dificulta el paso y le cuesta mucho tiempo avanzarse.

不久[bùjiǔ] pronto; en breve - 223a　　好久[hǎojiǔ] por un largo tiempo; largo - 96c

尔

Diagrama para 尔

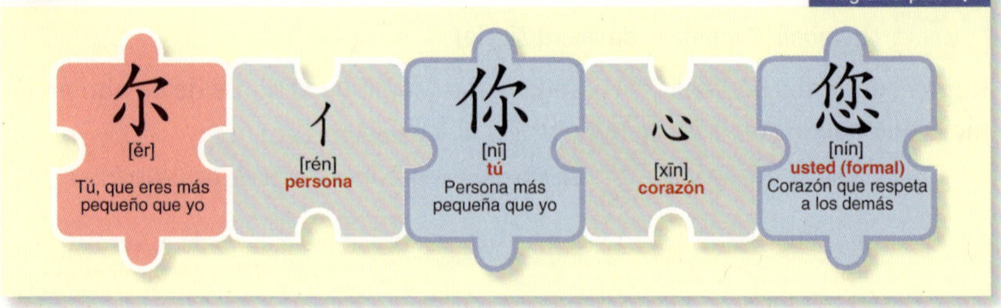

69 ノ ⺈ 尔 尔 尔

尔 ěr

tú

persona ⺈[68] [rén] + pequeño(a) 小[235] [xiǎo]

Toda persona quiere sentirse superior a los demás. Este deseo se ve en la expresión 'tú' como una persona(⺈) más pequeña(小) que yo. También se utiliza como pronombre demostrativo, 'ése, éste'.

69 **69a** ノ 亻 亻 亻 伱 你 你

你 nǐ

tú

persona 亻[70] [rén] + tú 尔 [ěr]

Cuando "尔" que significa 'tú' llega a utilizarse como pronombre demostrativo, se le agregó "亻" para enfatizar todavía más el significado 'tú'.

你们[nǐmen] ustedes (plural) - 145a
你会说英语吗? ¿Habla usted Inglés? - 69a 66c 72d 77a 226c 176a

69b ノ 亻 亻 亻 伱 你 你 您 您 您 您

您 nín

usted (formal)

usted 你 [nǐ] + corazón 心[28] [xīn]

Al llamar a otras personas, se agregó "心" para crear una expresión más respetuosa que tú(你). Da a entender que es posible utilizar expresiones respetuosas cuando se siente cordial hacia los demás (en su corazón(心)).

谢谢您，先生。Gracias a usted, señor. - 27c 27c 69b, 71d 208

亻

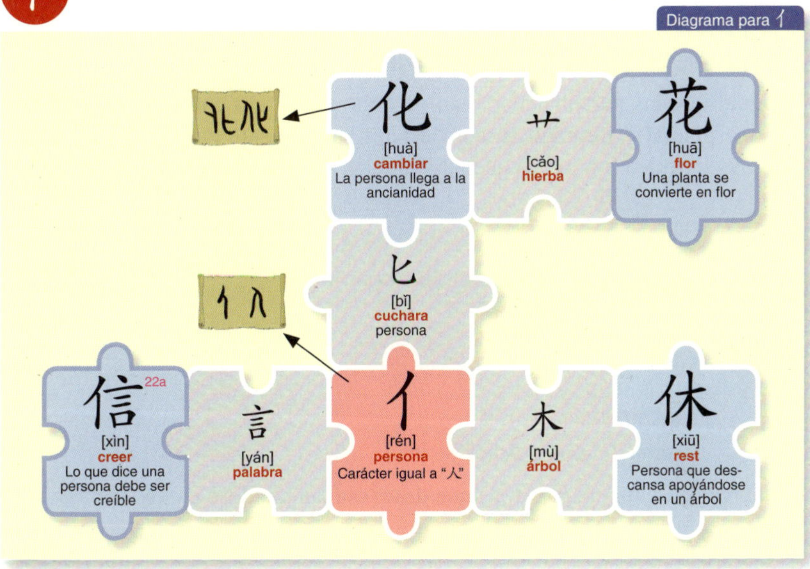

70 丿 亻 70

亻 rén **persona**

Tiene diferente forma pero tiene el mismo significado que el carácter "persona 人[63][rén]". No se utiliza individualmente y cuando se une a otro carácter se coloca siempre en el lado izquierdo de éste.

70a 丿 亻 亻 化

化 huà **cambiar**

persona 亻[rén] + persona/cuchara 𠤎→匕[88][bǐ]

Tiene la forma de una persona parada(亻) y otra boca abajo(匕) y significa que un bebé recién nacido(亻) al final se convierte en un anciano(匕) débil.

变化[biànhuà] cambiar - 34c	文化[wénhuà] cultura - 133
化学[huàxué] química - 95a	化石[huàshí] fósil - 197

70b 一 十 艹 艹 艹 花 花

花 huā

flor; pasar

hierba 艹[207][cǎo] + cambiar 化 [huà]

Al igual que las personas cambian de bebé a anciano con el paso del tiempo, una planta(艹) común se convierte(化) finalmente en una hermosa flor. Además significa 'pasar' ya que para que las plantas florezcan necesitan tiempo.

花园[huāyuán] jardín - 73c 鲜花[xiānhuā] flor fresca; flor - 185a
雪花[xuěhuā] copo de nieve - 205a

70c ノ 亻 仁 什 付 休

休 xiū

descansar

persona 亻 [rén] + árbol 木[210][mù]

Tiene forma de una persona(亻) que descansa apoyándose en un árbol(木).

休息[xiūxi] descansar - 26b

70

儿

Diagrama para 儿

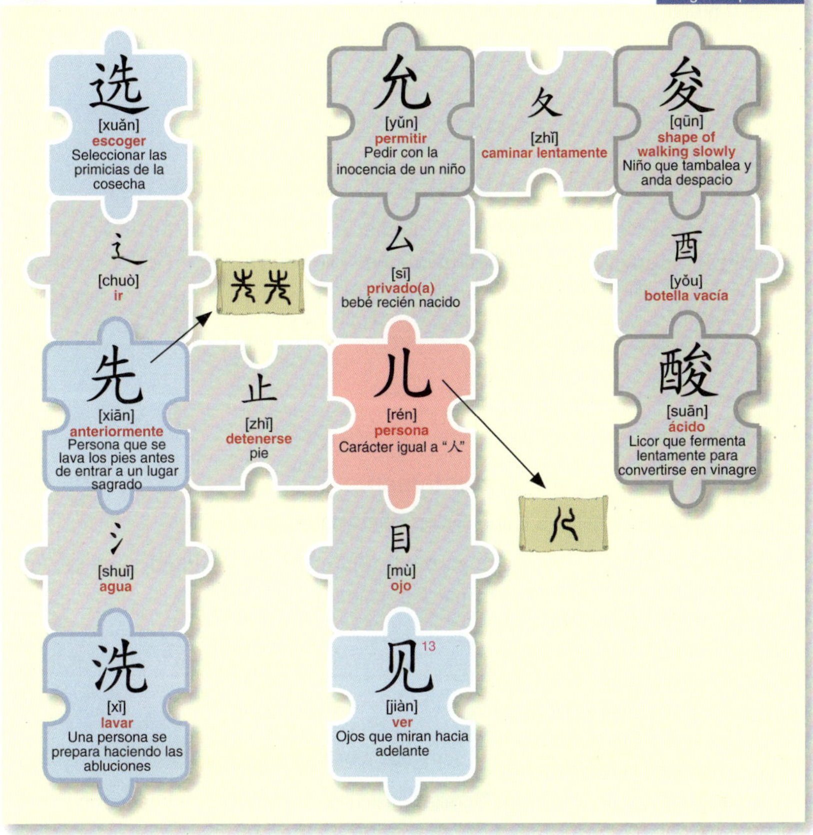

71 丿 儿

儿 rén/ér persona / niño(a), hijo

Según las inscripciones en los huesos oraculares, tiene la misma forma que "persona 人[63][rén]" y su significado básico es 'persona'.

El carácter original(兒) tiene la forma de una persona(儿) joven a la que todavía no se le ha osificado el cráneo(臼) y significa 'niño(a), hijo'.

儿子[érzi] hijo - 95	女儿[nǚér] hija - 96
一会儿[yīhuìr] un rato - 223 66c	画儿[huàr] dibujo - 167c

面条儿[miàntiáor] fideo - 10 56c
玩儿[wánr] jugar - 198a
小孩儿[xiǎoháir] niño(a); chico(a) - 235 4c
一点儿[yīdiǎnr] un poquito; un poco - 223 127d
一块儿[yīkuàir] en el mismo lugar; juntos(as) - 223 76b

71a

厶 厶 允 允

允 yǔn

permitir

bebé recién nacido/privado(a) 厶[93] [sī] + persona 儿 [rén]

Tiene forma de una persona(儿) pequeña(厶), es decir, de un niño. Su significado 'permitir' deriva del hecho de que si solicita algo con un corazón inocente como el de un niño, sin avaricia ni malos deseos, es imposible negárselo.

允许[yǔnxǔ] permitir; dar permiso a - 121c

71b

厶 厶 允 允 夋 夋 夋

夋 qūn

forma de caminar lentamente

niño(a)/permitir 允 [yǔn] + caminar lentamente 夊[56] [zhǐ]

71

Este carácter imita 'la forma de caminar lentamente', resaltando una vez más al niño(允) que tambalea y camina(夊) despacio.

71c

一 丆 万 丙 丙 两 酉 酉 酉 酉 酢 酸 酸 酸

酸 suān

ácido

botella vacía 酉[162] [yǒu] + forma de caminar lentamente 夋 [qūn]

Compara la forma en la que el licor(酉) fermenta lentamente hasta convertirse en vinagre agrio, al modo(夋) del paso lento de un niño.

* Si el licor(酉) fermenta(夋), se convierte en vinagre agrio.

这些苹果不熟，是酸的。Esas manzanas no están maduras; esas están ácidas.
- 133a 88h 122b 210g 223a 3e, 54b 71c 46b

71d

丿 𠂉 牛 生 生 先

先 xiān

anteriormente

pie/detenerse 止→止[53] [zhǐ] + persona 儿 [rén]

Tiene la forma de una persona(儿) que se lava los pies(止) antes de entrar al santuario.

* "止" tiene forma de planta del pie y su significado básico es 'pie'.

先生[xiānsheng] maestro(a) - 208　　首先[shǒuxiān] primero(a) - 7

71e　　丶 丶 氵 氵 氵 泸 泩 洗 洗

洗 xǐ

lavar

agua 氵[202] [shuǐ] + anteriormente 先 [xiān]

Representa la escena en la que una persona se lava con agua(氵) y se prepara mentalmente antes(先) de entrar al santuario.

洗手间[xǐshǒujiān] servicio; lavabo - 31 145c　　洗澡[xǐ/zǎo] darse un baño; lavar - 180b

71f　　丿 𠂉 ⺧ 生 步 先 先 冼 选

选 xuǎn

escoger

anteriormente 先 [xiān] + ir 辶[61] [chuò]

Representa la escena en la que una persona se dirige al altar(辶) con una selección de las mejores primicias(先) de la cosecha.

选择[xuǎnzé] eleccionar; escoger - 123d

71

兄

Diagrama para 兄

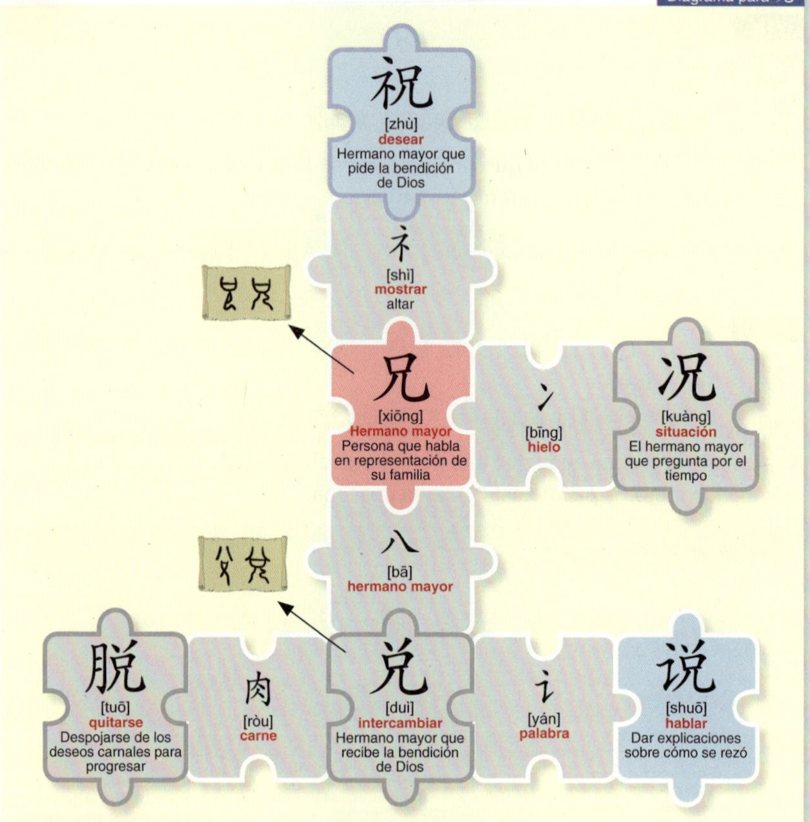

72

72 丶 ㄇ 口 尸 兄

兄 xiōng

hermano mayor

boca 口[16][kǒu] + persona 儿[71][rén]

Este carácter tiene forma de una persona(儿) donde se resalta la boca(口). Llegó a significar 'hermano mayor' ya que se refiere a una persona(儿) que oficia los ritos funerarios o habla(口) en representación de la familia.

弟兄[dìxiong] hermanos - 109a 兄弟[xiōngdì] hermanos - 109a

72a 丶 ㇇ 礻 礻 礻 祀 祀 祀 祝

祝 zhù

desear

altar/mostrar 礻=示[126][shì] + hermano mayor 兄 [xiōng]

Tiene forma del hermano mayor(兄) que, arrodillado al pie del altar(礻), pide fervientemente la bendición de Dios, en representación de su familia.

* "礻" tiene la forma del altar en donde se celebra el rito religioso.

祝你健康。Le deseo buena salud. - 72a 69a 37c 38b

72b 丶 冫 冫 冫 冫 冴 况

况 kuàng

situación

hielo 冫[206][bīng] + hermano mayor 兄 [xiōng]

Representa la escena en la que el hermano mayor(兄), después de haber rezado a Dios pidiendo la lluvia(冫→氵), pregunta si está lloviendo o no (situación).

* En el carácter original(況) se puede ver que "agua 氵[202][shuǐ]" ha sido cambiado a "冫".

情况[qíngkuàng] circunstancias; situación - 135d

72c 丶 丷 丷 丷 兑 兑 兑

兑 duì

intercambiar

ocho 丷→八[229][bā] + hermano mayor 兄 [xiōng]

Dios, conmovido por la oración del hermano mayor(兄), bendice (八) enviando lluvia durante la sequía, cambiando la situación.

* En este carácter, la letra similar a "八" tiene forma de 'bendición de Dios que baja del cielo'.

兑换[duìhuàn] intercambiar - 68d

72d 丶 讠 讠 讠 讠 讠 讠 说 说

说 shuō

hablar

palabra 讠=言[22][yán] + intercambiar 兑 [duì]

Representa la escena en la que el hermano mayor explica a la familia cómo a través de la oración(讠) Dios ayuda (o cambia 兑) en las situaciones difíciles.

说话[shuō/huà] hablar - 24b
说明[shuōmíng] explicar; ilustrar - 218h
听说[tīng/shuō] ser dicho; enterarse de - 16d
你在说什么? ¿Qué estás diciendo ahora? - 69a 32a 72d 231a 93a

72

72e 丿 刀 月 月 月' 月'' 肦 肸 胪 脫 脱

脱 tuō

quitarse

carne 月[221] → 肉[192] [ròu] + intercambiar 兑 [duì]

Significa que se despoja del dolor corporal(月) con la ayuda de Dios y cambia(兑) totalmente de situación.

* Nirvana[解脱], una de las principales enseñanzas del budismo, consta en despojarse(兑) de los deseos del cuerpo(月 = 肉) para conseguir la paz.
* "Luna 月 [yuè]", cuando se une a otro carácter usualmente llega a significar "肉".

脱离 [tuōlí] desvincularse; separarse - 194a
脱毛。cambiar el plumaje - 72e 188
脱帽。Quitarse el sombrero. - 72e 11f

72

元

Diagrama para 元

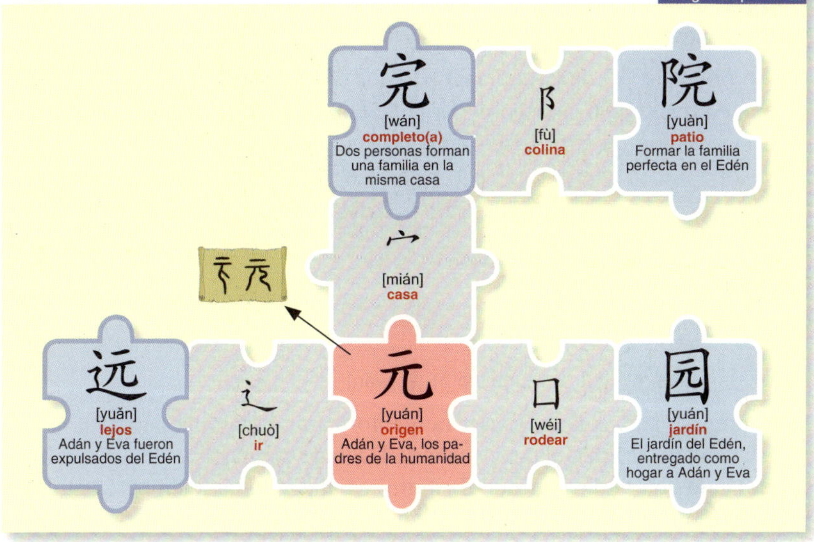

73 — 一 二 テ 元 — 73

元 yuán — origen

dos 二[226] [èr] + persona 儿[71] [rén]

La biblia da a conocer que la humanidad actual se desarrolló partiendo de 2 (二) personas(儿) 'Adán y Eva'. Por tanto, da a entender que estas 2(二) personas(儿) son antecesores y fundadores de la humanidad. A la vez, se utiliza como 'unidad monetaria de China'.

公元[gōngyuán] Después de Cristo (d.C.) - 93b   元旦[yuándàn] Día de Año Nuevo - 218a

73

73a

丶 𠂉 冖 宀 宀 宇 完

完 wán

completo(a)

casa 宀[141] [mián] + origen 元 [yuán]

Como orígenes(元) de la humanidad, Dios creó a Eva de la costilla de Adán y se la entregó como su esposa, para que entre ellos formen una familia(宀). Con la creación de Eva, fue completada la Creación. – Referencia Génesis 2:21~24

完成[wánchéng] completar - 114a 完全[wánquán] perfecto(a); complete(a); entero(a) - 63f

73b

阝 阝 阝 阝 阝 阝 陪 院

院 yuàn

patio

colina 阝[147] [fù] + completo(a) 完 [wán]

Dios preparó para Adán y Eva para que formaran la familia perfecta(完), un hogar llamado el Edén el cual estaba rodeado de colinas(阝). Con el significado de 'casa con jardín rodeado de muro' es utilizado también para entidades como hospital o tribunal, o también como nombre de instituciones públicas.

医院[yīyuàn] hospital - 111a 学院[xuéyuàn] instituto - 95a

73c

丨 冂 冂 冃 冃 园 园

园 yuán

jardín

rodear 口[20] [wéi] + origen 元 [yuán]

Este carácter da a entender que el Edén, designado como hogar(口) para los orígenes(元) de la humanidad, Adán y Eva, era una colina hermosa.

* Es interesante saber que la letra original(園) fundamenta lo registrado en la Biblia, mediante el cual indica que Dios 'hizo y proveyó ropa larga de pieles de animales (ropa larga 袁 [yuán])' para Adán y Eva en el Jardín del Edén, que era su hogar(口). - Referencia Génesis 3:21

公园[gōngyuán] parque; jardín público - 93b 花园[huāyuán] jardín - 70b

73d

一 二 亍 元 `元 沅 远

远 yuǎn

lejos

origen 元 [yuán] + ir 辶[61] [chuò]

Significa que los padres(元) de la humanidad, 'Adán y Eva', fueron expulsados(辶) del Jardín del Edén por 'comer del fruto prohibido'. Para ellos el Jardín del Edén era como un lugar muy lejano, al que no podrían regresar jamás por más que quisieran. – Referencia Génesis 3:24

大

Diagrama para 大

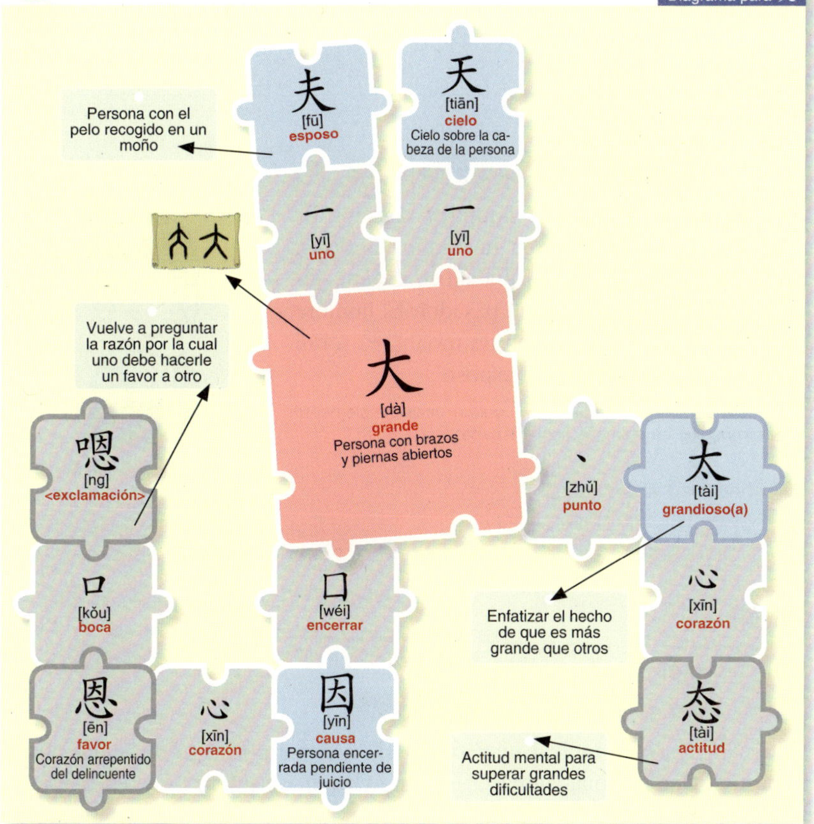

74

74 一 ナ 大

大 dà/dài — grande / medico(a)

Tiene la forma de una persona(人[63][rén]) parada con las dos piernas y los dos brazos bien abiertos(一). Este carácter, cuando se une a otro, también se utiliza como 'persona' debido a que básicamente tiene forma de una persona.

大家[dàjiā] gran maestro(a); autoridad - 174a 大概[dàgài] idea general; a grandes trazos - 80f
大声[dàshēng] sonido alto; estrépito - 104d 大学[dàxué] universidad; universidad - 95a
伟大[wěidà] gran; poderoso(a) - 190a

Su significado 'grande' no varía, pero puede significar 'médico' con el cambio de la pronunciación.

大夫[dàifu] medico(a) - 74a

74a　　　一 二 夫 夫

夫 fū

esposo

uno 一[223] [yī] + persona/grande 大[dà]

En la Antigua China los hombres casados llevaban el pelo recogido en un moño, es decir, recogían el cabello y lo enrollaban en la parte superior de la coronilla con un pasador. El hombre (大) con el pelo recogido en un moño(一) sobre la cabeza llegó a significar 'esposo'.

* En este carácter el símbolo "一" quiere decir simplemente pelo recogido en un moño sobre la cabeza.

丈夫[zhàngfu] esposo - 39d
夫人[fūren] dama; madame; Señora - 63
大夫[dàifu] médico - 74

74

74b　　　一 二 于 天

天 tiān

cielo

uno 一[223] [yī] + persona/grande 大 [dà]

Este carácter, para indicar que sólo el cielo está en un lugar más alto que la cabeza de una persona, agregó "一" sobre la persona(大).

* En esta letra el símbolo "一" quiere decir simplemente cielo.

今天[jīntiān] hoy - 66	明天[míngtiān] mañana - 218h
天气[tiānqì] tiempo meteorológico - 204	昨天[zuótiān] ayer - 234c

74c　　　一 ナ 大 太

太 tài

grandioso(a); también; muy

grande 大 [dà] + punto 丶[233] [zhǔ]

Agregando un punto(丶) en "大" hacen énfasis en que es más grande que otra cosa y así llegó a significar 'grandioso; también; muy'.

太阳[tàiyáng] el sol - 147b	太太[tàitai] Señora; madame

74d 一 ナ 大 太 太 态 态 态

态 tài

actitud

grandioso(a) 太 [tài] + corazón 心[28] [xīn]

Describe el comportamiento de una persona y su actitud mental(心) que, con su propia capacidad, puede superar grandes(太) dificultades.

* El carácter tradicional(態) tiene la forma de una persona con una actitud mental(心) que puede hacer cualquier cosa con su propia capacidad(能[89b]).

态度[tàidu] actitud; porte - 143b

74e 丨 冂 冃 冃 因 因

因 yīn

causa

encerrar 囗[20] [wéi] + persona/grande 大 [dà]

Una persona(大) nunca será encerrada(囗) en la cárcel sin una causa justa.

* "大" tiene forma de una persona, por lo que puede significar 'persona' también.

因为[yīnwèi] porque - 159c　　因此[yīncǐ] por tanto; de ahí; por esta razón - 88g

74f 丨 冂 冃 冃 冃 因 因 恩 恩 恩

恩 ēn

favor

causa 因 [yīn] + corazón 心[28] [xīn]

Describe al corazón(心) arrepentido de una persona encarcelada por haber cometido un crimen (causa因 del encarcelamiento). Y espera que lo liberen con misericordia.

恩人[ēnrén] benefactor(a) - 63

74g 丨 口 口 口 叩 呁 呁 呁 咽 咽 嗯 嗯 嗯

嗯 ng

<exclamación>

boca 口[16] [kǒu] + favor 恩 [ēn]

Llegó a ser utilizada como una exclamación que describe 'duda o inquisición' por su forma de boca(口) mediante la cual vuelve a preguntar la razón por la cual debe hacerle un favor(恩) a otro.

嗯? 你刚才说什么? ¿Eh? ¿Qué acabas de decir? - 74g 69a 165b 32 72d 231a 93a

头

Diagrama para 头

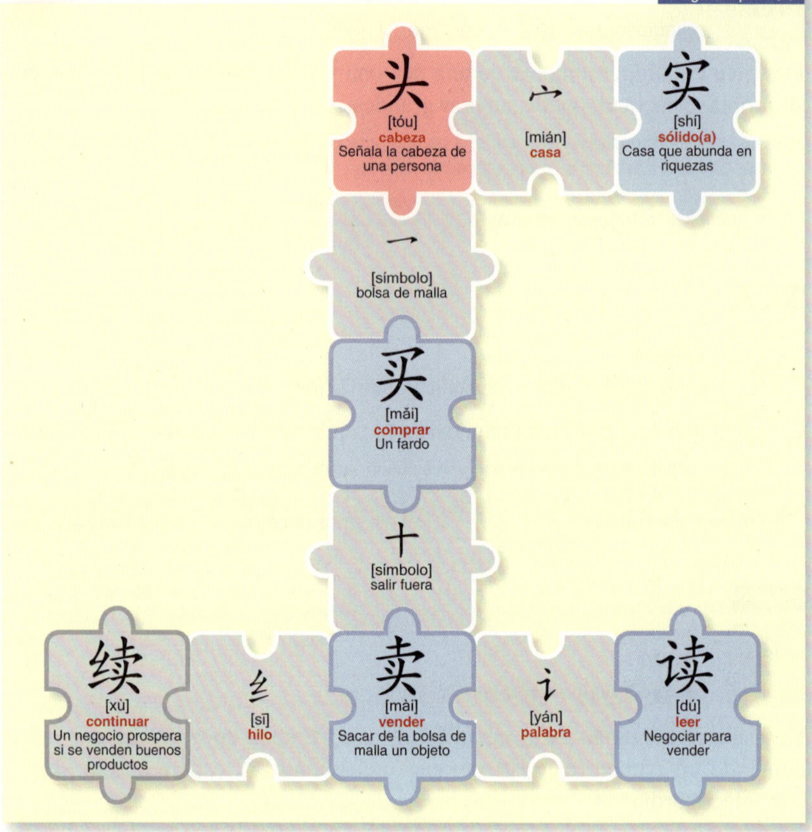

75

75 丶 ⺀ 丷 头 头

头
tóu

cabeza; pelo

punto 丶[233][zhǔ] + punto 丶[zhǔ] + persona/grande 大[74][dà]

A la cabeza de una persona(大) se le añaden dos puntos(丶) para enfatizar toda la cabeza incluida la cara y tiene el significado de 'cabeza, pelo'.

头发[tóufa] pelo - 34f
骨头[gǔtou] hueso - 29
钟头[zhōngtóu] hora - 232b

75a

丶 丷 宀 宀 宀 宁 实 实

实
shí

sólido(a); fruto; real

casa 宀[141][mián] + cabeza 头 [tóu]

Una casa(宀) se llena de riquezas hasta el techo(cabeza o cima de la casa)(头). De ahí llegó a significar fruto relleno. Así como un árbol da un solo tipo de fruto, el carácter dio lugar al significado de 'real'.

其实[qíshí] en realidad; de hecho - 44
确实[quèshí] cierto(a); verdadero(a) - 191a
实践[shíjiàn] practicar; cumplir - 52a
实现[shíxiàn] realizar; lograr - 13d
结实[jiēshi] sólido(a); robusto(a); realización - 104h

75b

乛 乛 乛 乛 买 买

买
mǎi

comprar

bolsa de malla 乛 [símbolo] + cabeza 头 [tóu]

Llevar en la cabeza(头) un fardo(乛) lleno de cosas compradas.

* El carácter tradicional(買) describe a una persona que compra algo con dinero(貝→贝[186]) y lo guarda en su fardo(罒[165]).

买卖[mǎimai] compra y venta - 75c

75

75c

一 十 土 卉 卉 壶 卖 卖

卖
mài

vender

salir fuera 十 [símbolo] + comprar 买 [mǎi]

Saca(十) del fardo lo que había comprado y revende a más precio que el de compra(买).

* El carácter tradicional(賣) describe la forma en que se saca(土→出[167a]) el objeto que había en un fardo(罒[165]) recibiendo dinero(貝→贝[186]) en su lugar.

买卖[mǎimai] compra y venta - 75b

75d

丶 讠 讠 讠 讠 讠 讠 诗 读 读

读
dú

leer

palabra 讠=言[22][yán] + vender 卖 [mài]

Lee el libro de cuentas y negocia(讠) para vender(卖).

读书[dúshū] leer; estudiar - 232d
读者[dúzhě] lector - 101

75e

续 xù

continuar

hilo 纟[132][sī] + vender 卖[mài]

Sólamente si se venden(卖) buenos productos a un buen precio, el negocio perdura(纟) en el comercio.

* Un hilo(纟) conecta o une.

继续[jìxù] continuar - 132d　　连续[liánxù] continuar - 124c
手续[shǒuxù] procedimiento; proceso - 31

76

夬

Diagrama para 夬

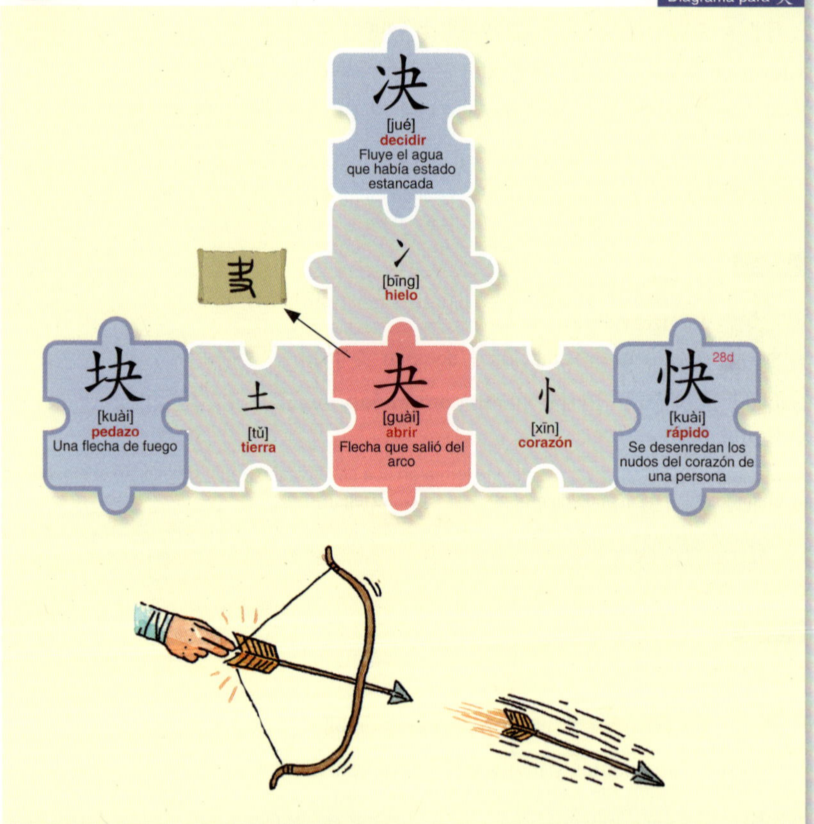

76 ㇇ ⼆ 丑 夬

夬 guài

abrir; soltar

mano ⺕[36][jì] + flecha 矢[111][shǐ]

Una mano(⺕) que ajusta la polea del arco a la cuerda. Lanzamos la flecha (矢), de ahí llegó a tener el significado de 'abrir, soltar'.

* Polea: La parte extrema del arco por la cual pasa la cuerda.

76a 丶 冫 冫 冫 冫 决

决 jué

decidir

hielo 冫[206][bīng] + abrir 夬 [guài]

Se soluciona un problema persistente como resultado de una buena decisión; es como si el agua(冫→氵[202]) empezara a fluir(=abrir paso) (夬).

* El carácter tradicional(決) nos muestra que "agua 氵 [shuǐ]" cambió a "冫".

解决[jiějué] solucionar - 175c 决定[juédìng] decidir - 54e

76b 一 十 土 圠 圢 坅 块

块 kuài

pedazo

tierra 土[152][tǔ] + abrir 夬 [guài]

Si se lanza(夬) una flecha de fuego, parece como si volara una bola de fuego. Si a este carácter se le añade el carácter tierra(土) pasa a significar 'pedazo'.

一块儿[yīkuàir] en el mismo lugar; juntos - 223 71

76

央

Chart for 央

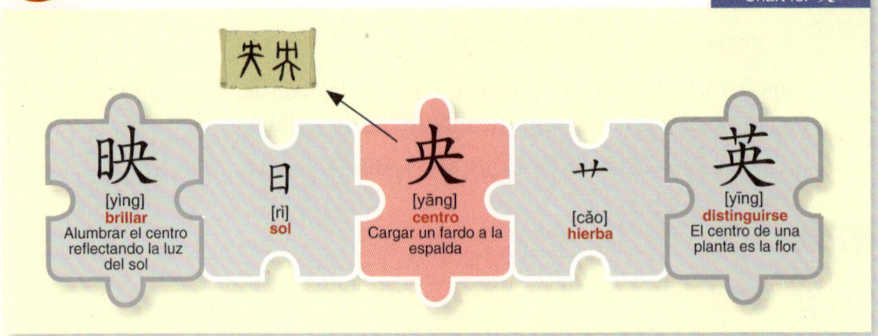

77 丶 冂 冋 央 央

央 yāng

centro

portaequipaje 冂 [símbolo] + persona/grande 大[74][dà]

Persona(大) que carga un fardo(冂) sobre la espalda.
De ahí llegó a significar 'centro'.

77 中央[zhōngyāng] centro; gobierno central - 232a

77a 一 十 艹 艹 芇 芇 英 英

英 yīng

distinguirse; inglés

hierba 艹[207][cǎo] + centro 央 [yāng]

La flor, por su belleza o por su función reproductiva, es el centro(央) de una planta(艹); de ahí llegó a tener el significado de 'flor, distinguirse'. Asimismo se utiliza para designar a Inglaterra, el 'imperio donde nunca se pone el sol'.

英语[yīngyǔ] inglés (lenguaje) - 226c

77b 丨 冂 日 日 日丶 日冂 日冋 映 映

映 yìng

brillar

sol 日[218][rì] + centro 央 [yāng]

Se reflecta la luz del sol(日) con un espejo para alumbrar el centro(央) de una cosa.

反映[fǎnyìng]reflejar; espejo - 148a

夭

Diagrama para 夭

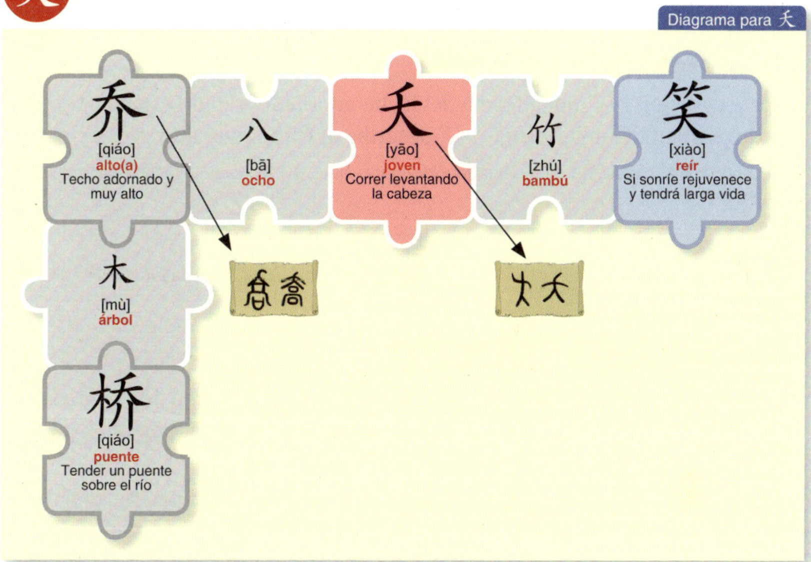

78

78　　　丿 二 チ 夭

夭 yāo

joven

línea 丿[234][piě] + persona/grande 大[74][dà]

De la forma de una persona(大) que corre levantando la cabeza(丿) llegó a tener el significado de ‘joven’.

* “丿” no tiene un significado fijo y se puede interpretar de diferentes formas.

78a　　　丿 𠂉 𠂉 ⺮ ⺮ ⺮ 笁 竺 笑 笑

笑 xiào

reír

bambú 竹[216][zhú] + joven 夭 [yāo]

Según el proverbio chino “¡Si te ríes una vez, rejuvenecerás una vez, y si te enojas una vez, envejecerás una vez!”. Da a entender el significado de este carácter, si una persona sonríe, rejuvenecerá(夭) y podrá vivir por muchos años(竹).

* El bambú(竹) permanece verde durante todo el año y es duradero, además tiene la misma pronunciación que “desear 祝[72a][zhù]” por lo que se utiliza como un árbol para pedir una vida longeva.

开玩笑 [kāiwánxiào] chiste; burlarse de - 43a 198a　　笑话 [xiàohua] chiste; broma - 24b

78b

ˊ 二 チ 夭 乔 乔

乔 qiáo

alto(a)

joven 夭 [yāo] + ocho 八[229] [bā]

En este carácter "夭" tiene forma del techo adornado, siendo éste la parte más alta del edificio. Con la forma "八" describe al techo muy alto.

* El carácter tradicional(喬) da a entender claramente que "夭" describe al techo adornado sobre un edificio alto(高[3]).

78c

一 十 才 木 木ˊ 杧 杧 柞 桥 桥

桥 qiáo

puente

árbol 木[210] [mù] + alto(a) 乔 [qiáo]

Representa la escena en la que tiende un puente adosando los troncos del árbol(木) a un nivel más alto(乔) que el agua para que las personas puedan cruzar el río.

立交桥[lìjiāoqiáo] viaducto; paso elevado - 79 1a

78

立

Diagrama para 立

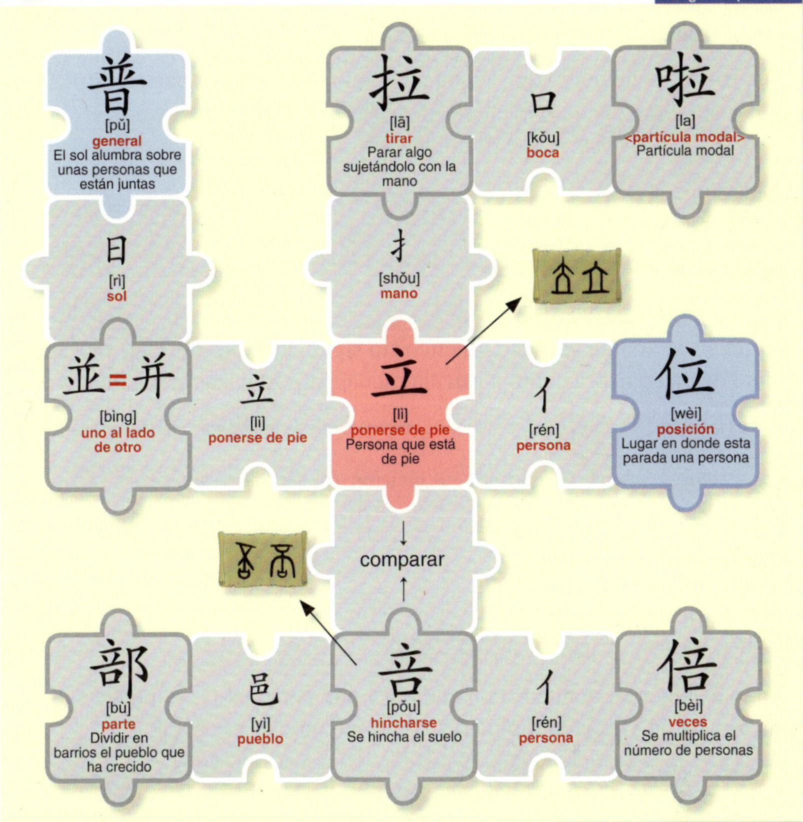

79

丶 亠 亡 立 立

79

立
lì

ponerse de pie

Tiene forma de una persona(大[74][dà]) parada que pisa fuertemente el suelo(一) con ambos pies.

立刻[lìkè] inmediatamente; en seguida - 4a
独立[dúlì] ponerse de pie; independencia - 173a
建立[jiànlì] construir; instalar algo; establecer - 37b

79

79a 一 扌 扌 扌 扌 扩 扩 拉

拉 lā

tirar

mano 扌=手[31][shǒu] + pararse 立 [lì]

Tiene forma de mano(扌) que sujeta un objeto hacia sí para pararlo(立).

半拉[bànlǎ] mitad - 175b

79b 丨 冂 口 口 吋 吋 吋 吋 吋 啦 啦

啦 la

<partícula modal>

boca 口[16][kǒu] + jalar 拉 [lā]

Se utiliza "拉" como símbolo fonético sin significado en especial, y se agrega al final de una palabra como partícula modal para suavizar la tonalidad(口).

* "啦" es la sinéresis de "了[168a][le]" y "啊[17f][a]", y es una partícula modal que puede significar ambos.

该来的都来啦。Vinieron todos los que tuvieron que haber venido. - 4b 212d 46b 101a 212d 79b

79c 丿 亻 亻 亻 亻 位 位

位 wèi

posición

persona 亻[70][rén] + pararse 立 [lì]

Viendo el lugar en dónde esta parada(立) una persona(亻), se puede saber su posición social y rango. También sirve como unidad para contar a las personas.

单位[dānwèi] unidad - 231c
地位[dìwèi] posición, de pie - 84a
座位[zuòwèi] asiento; lugar - 152c
三位客人。Tres personas invitadas. - 223e 79c 57b 63

79d 丶 亠 亠 亠 立 产 咅 咅

咅 pǒu

hincharse

Tiene forma del suelo hinchado y sobresaltado(口) por la planta que brota (立) del suelo.

* No está relacionado a "boca 口[16][kǒu]" o "pararse 立[79][lì]" en cuanto a su significado.

79e ノ イ 亻 亻 仁 伫 位 倍 倍 倍

倍 bèi

veces

persona 亻[70][rén] + incrementarse 咅 [pǒu]

El significado 'vez' derivó de la forma en la que se multiplica(咅) el número de personas(亻).

这条街道比那条短四倍。Esta calle es cuatro veces más corta que la otra. - 133a 56c 60c 7a 88a 147e 56c 111d 20c 79e

79f 丶 亠 亠 古 立 产 咅 咅 咅阝 部

部 bù

parte

incrementarse 咅 [pǒu] + pueblo 阝[147] → 邑[92d][yì]

Representa la escena en la que organiza un pueblo, dividiéndo por partes al pueblo hinchado(咅), es decir, al pueblo(邑) crecido para facilitar su administración.

＊ Cuando "colina 阝 [fù]" se ubica al lado derecho de este carácter, llega a significar "邑".

部分[bùfen] parte; sección - 119a
全部[quánbù] total; entero(a) - 63f
内部[nèibù] adentro; interior - 64
干部[gànbù] cuadro - 121
北部[běibù] norte - 88c

79g 丶 丷 ㇔ ⺍ 並 並 並 並 普 普 普 普

普 pǔ

general

uno al lado de otro 並=并[123][bìng] + sol 日[218][rì]

Representa la escena en la que el sol(日) alumbra sobre personas paradas una al lado(並) de la otra. Ya que el sol alumbra para todos, derivó su significado 'general'.

＊ "Uno al lado de otro 並[bìng]" es la forma reducida de dos personas(竝) paradas(立) una al lado de la otra.

普通话[pǔtōnghuà] Mandarín (lengua común del Idioma Chino) - 166b 24b

79

尢

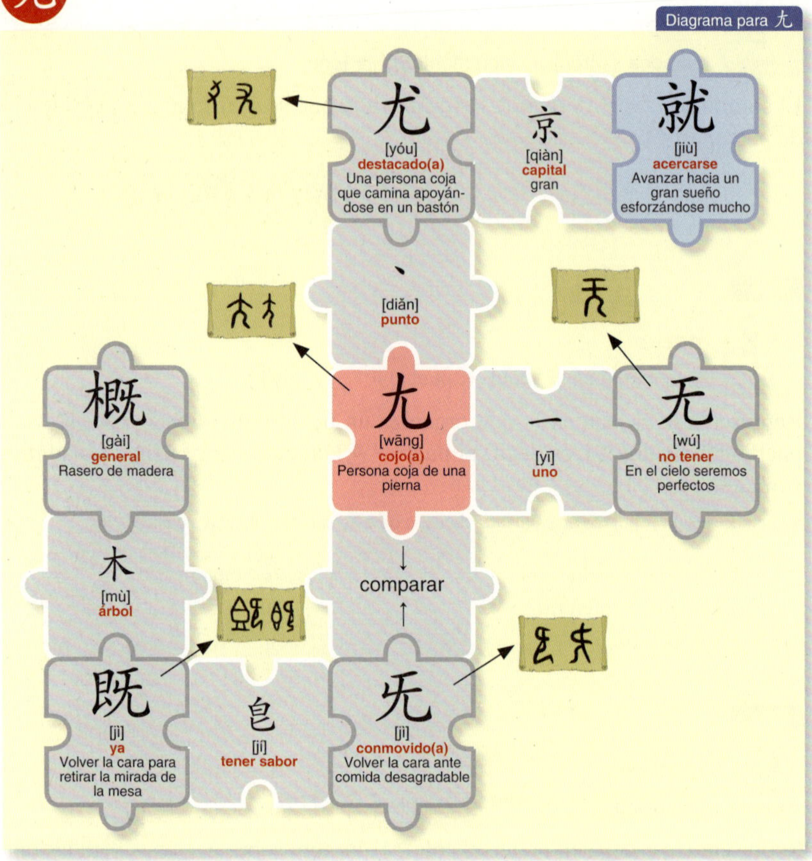

80

80 一 ナ 尢

尢
wāng

cojo(a)

El carácter “grande 大[74][dà]” describe a un adulto parado con los brazos abiertos pero con una pierna más corta para señalar(㇄) que cojea.

* “尢” no se utiliza como carácter separado en el carácter chino simplificado.

80a 一 ナ 尢 尤

尤 yóu

destacado(a)

cojo(a) 尢 [wāng] + punto 丶[233] [diǎn]

Tiene forma de una persona coja(尢) que, a diferencia de personas normales, llama la atención pues camina apoyándose en un bastón(丶).

尤其[yóuqí] especialmente; particularmente - 44

80b 丶 亠 亠 亠 亠 亨 亨 京 京 京 就 就

就 jiù

acercarse; en seguida

gran/capital 京[2] [jīng] + destacado(a) 尤 [yóu]

Tiene forma de un minusválido que se esfuerza de manera especial(尤) para acercarse a una gran(京) meta. A la vez significa que, para alcanzar una meta de ese tipo, se debe ejecutar el plan inmediatamente.

* El significado básico de "京" es 'grande' ya que tiene forma de un edificio alto.

一…就…[yī...jiù...] tan pronto como; directamente - 223
成就[chéngjiù] hazaña; logro - 114a
我很快就回来。Vuelvo enseguida. - 113b 14a 28d 80b 20d 212d

80c 一 二 于 无

无 wú

no tener

uno 一[223] [yī] + cojo(a) 尢 [wāng]

En el cielo(一) no habrá minusvalías como la cojera(尢).

* El carácter tradicional(無) significa 'no haber' ya que el chamán, en estado de trance, baila deslumbrantemente tanto que sus pies, imposibles de ver, parecen cuatro puntos(灬). Una forma(无) simplificada adaptada del carácter antiguo.

毫无[háowú] en absoluto - 188b

80d 一 二 于 旡

旡 jì

conmovido(a)

Tiene forma de una persona que vuelve la cara hacia atrás ante una comida desagradable o una persona que detesta, y su significado básico es 'conmoverse, hartarse'.

* La inscripción en los huesos oraculares tiene forma de una persona sentada quien voltea la cara desviando la mirada.

80

80e 　ㄱ ㅋ ㅋ 𠃛 艮 𣅅 㫑 㫑 既

既 jì

ya

tener sabor 艮 → 皀[jì] + voltear la cara hacia atrás/ahogarse 旡 [jì]

Tiene forma de una persona que regresa de una fiesta con el estómago ya lleno, que vuelve(旡) la cara y desvía la mirada de la mesa cuando su esposa le sirve la comida(皀) en su casa.

* Según las inscripciones en los huesos oraculares, "皀" del carácter tradicional(旣) tiene forma del tazón con arroz adentro.

既然[jìrán] ahora que - 158e

80f 　一 十 才 木 𣎴 𣎴 𣎴 柆 根 根 柆 概 概

概 gài

general; aproximado(a)

árbol 木[210][mù] + ya 既 [jì]

Se utilizó "既" como pronunciación para crear un carácter que signifique rasero de madera(木). Al medir el grano con el recipiente para venderlo, no utilizaban el rasero para nivelar y empujar el grano amontonado sobre el recipiente sino, por costumbre, debajan un poco al final, de ahí derivó su significado 'aproximadamente, generalmente'.

80

* Recuerda que en China, ya(既) era una costumbre conocida por todos los compradores y vendedores que el rasero de madera(木), a pesar de ser un instrumento que sirve para nivelar y empujar el grano, no debía empujar éste totalmente, sino empujarlo aproximadamente.

* Rasero – Es una regla de madera que sirve para nivelar y empujar el grano amontonado sobre el recipiente utilizado para medir el grano.

大概[dàgài] idea general; a grandes trazos - 74 　概念[gàiniàn] concepto; concepción - 66b

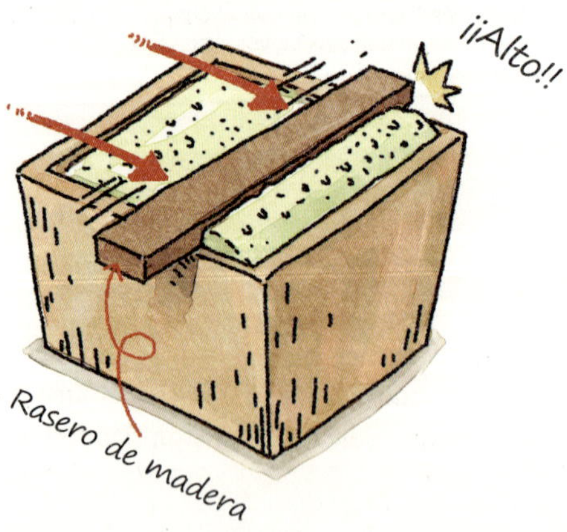

疒

Diagrama para 疒

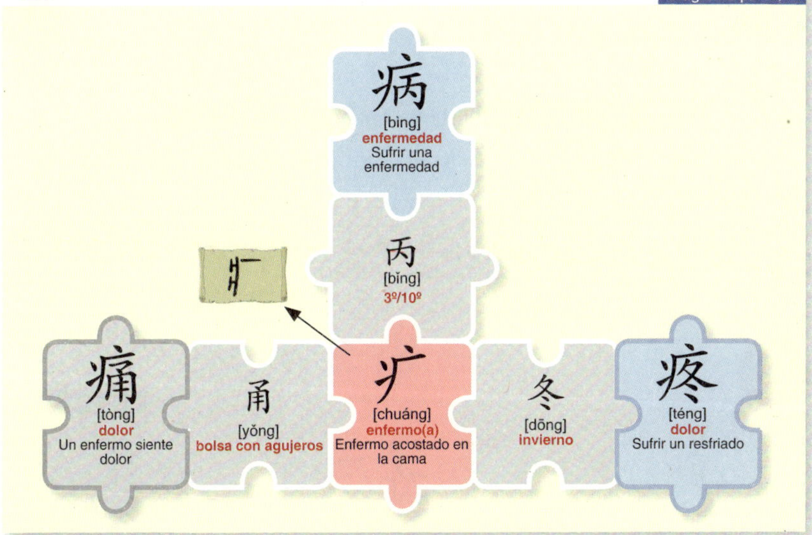

81 丶 亠 广 疒 疒 81

疒 chuáng

enfermo(a)

Tiene forma de un enfermo(cabeza 亠[1] [tóu]) acostado en la cama(trozo de madera 丬[214] [qiáng]), que padece una enfermedad.

81a 丶 亠 广 疒 疒 疒 疒 疒 病 病

病 bìng

enfermedad

enfermo(a) 疒 [chuáng] + 3º/10º 丙 [bǐng]

Ya que no se puede utilizar el carácter "疒" por sí solo, se añadió el carácter que significa el tercero de los diez tallos celestials "丙", que tiene la misma pronunciación que la enfermedad, para crear este carácter con el significado de 'enfermedad'.

生病 [shēng/bìng] enfermarse - 208 看病 [kàn/bìng] ver a un paciente; tratar - 11a

81b 丶 亠 广 疒 疒 疒 疒 疚 疼 疼

疼 téng

dolor

enfermo(a) 疒 [chuáng] + invierno 冬[206e] [dōng]

Una persona resfriada(疒) en invierno(冬) siente dolor.

他疼得大叫起来。Él rugió por el dolor. - 84b 81b 40b 74 16e 53d 212d

81c 丶 亠 广 广 疒 疒 疒 疒 疔 疔 痛 痛

痛 tòng

dolor

enfermo(a) 疒 [chuáng] + bolsa con agujeros 甬[166a] [yǒng]

Compara a un enfermo(疒) que siente dolor al viento que entra en una bolsa con agujeros(甬).

痛快[tòngkuài] muy feliz; encantado(a); alegre - 28d

痛苦[tòngkǔ] dolor - 19d

82

己

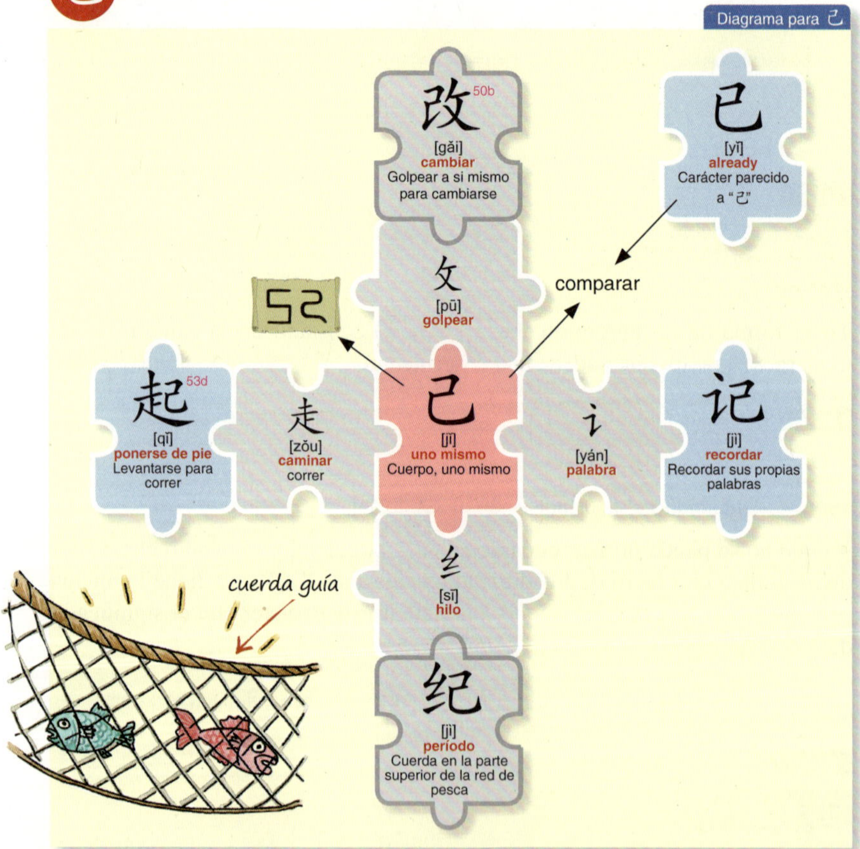

82 ㇆ ㇆ 己

己 jǐ uno mismo

No se puede saber a qué se refiere el carácter antiguo "己". Sólo recordemos que significa 'cuerpo, uno mismo'.

* El carácter "feto 巳[92][sì]" o el carácter "ya 已[82a][yǐ]" se parecen mucho pero son diferentes caracteres.

自己[zìjǐ] uno mismo - 26

82a ㇆ ㇆ 已

已 yǐ ya

Es parecido al carácter "uno mismo 己 [jǐ]" pero el trazo izquierda sube un poco más en el otro. Tampoco se sabe el origen de este carácter; solo recordemos el signifiado "ya(已经[132e][yǐjing])".

已经[yǐjīng] ya - 132e

82b 丶 讠 讠 记 记

记 jì recordar; escribir

palabra 讠=言[22][yán] + uno mismo 己 [jǐ]

Uno(己) tiene que recordar sus propias palabras(讠) y cumplirlas. Asimismo tiene que escribirlas para no olvidarlas.

记得[jìde] recordar - 40b　　忘记[wàngjì] olvidar - 5a

82c 纟 纟 纟 纪 纪 纪

纪 jì período

hilo 纟[132][sī] + cuerpo/uno mismo 己 [jǐ]

La cuerda(纟) en la parte superior de la red de pesca es la que mantiene a la red (cuerpo 己) en equilibrio. En una sociedad también se necesita un buen equilibrio para que todo funcione bien. Así como esta cuerda funciona como un marco para la red de pesca, llegó a tener el significado de período.

年纪[niánjì] edad - 121a　　纪律[jìlǜ] disciplina - 37a　　世纪[shìjì] siglo - 207f

82

83

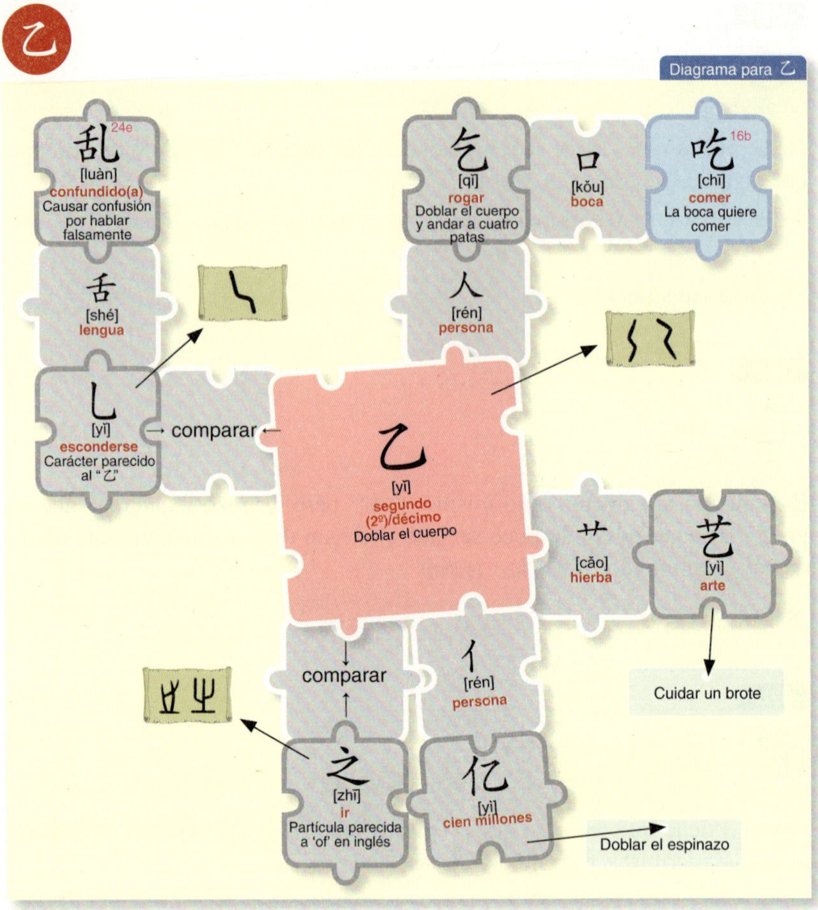

83 乙

乙 yǐ

segundo (2º) / décimo

Se dice que se trata de la forma en que una persona dobla su cuerpo. Significa el segundo de los diez tallos celestiales.

83a ノ ㇗ 乞

乞 qǐ

rogar

persona ⺈→人[63][yán] + doblar/ 2º/10º 乙 [yǐ]

Una persona(人) que dobla el cuerpo(乙) para pedir.

乞求[qǐqiú] rogar - 203b

83b 一 十 艹 艺

艺 yì

arte

hierba 艹[207][cǎo] + doblar/ 2º/10º 乙[yǐ]

Este carácter describe a una persona que cuida una planta(艹) trepadora(乙). Cuidar una planta como esa requiere un enorme esfuerzo y es un arte habilidoso.

文艺[wényì] literatura y arte -133　　艺术[yìshù] arte -210f

83c ノ 亻 亿

亿 yì

cien millones

persona 亻[70][rén] + doblar/ 2º/10º 乙 [yǐ]

Es difícil conocer a una persona perfectamente y más si se trata de una persona(亻) artera que dobla el espinazo(乙). De ahí llegó a tener el significado de 'cien millones', un número difícil de contar.

* El carácter tradicional(億) quiere decir que el pensamiento o la voluntad(意[21b]) de una persona(亻) es difícil de comprender.

亿万[yìwàn] cientos de millones(número infinito difícil de contar) - 194d

83d 丶 ㇇ 之

之 zhī

ir; de

Se parece en forma al carácter "乙 [yǐ]" pero este carácter se trata de una persona que levanta el pie(止[53]) de la tierra(一) para ir a otro sitio. Asimismo tiene una función parecida a la partícula estructural '的[46b]' entre un calificativo y un sustantivo, 'of' en ingles.

之间[zhījiān] entre; en medio de - 145c

83

83e ⺃

⺃ yǐ

esconderse

Nunca se utiliza por sí solo; tiene una forma parecida a la del carácter “2º/10º 乙[yǐ]” y tiene el significado de ‘esconderse’. Pero cuando se añade a otros caracteres, en la mayoría de los casos no tiene ningún significado fijo y puede interpretarse de diferentes formas, incluido el de ‘doblar’.

* Ya que se trata de un carácter radical “乙” lo tratamos en esta sección.

也

84

Diagrama para 也

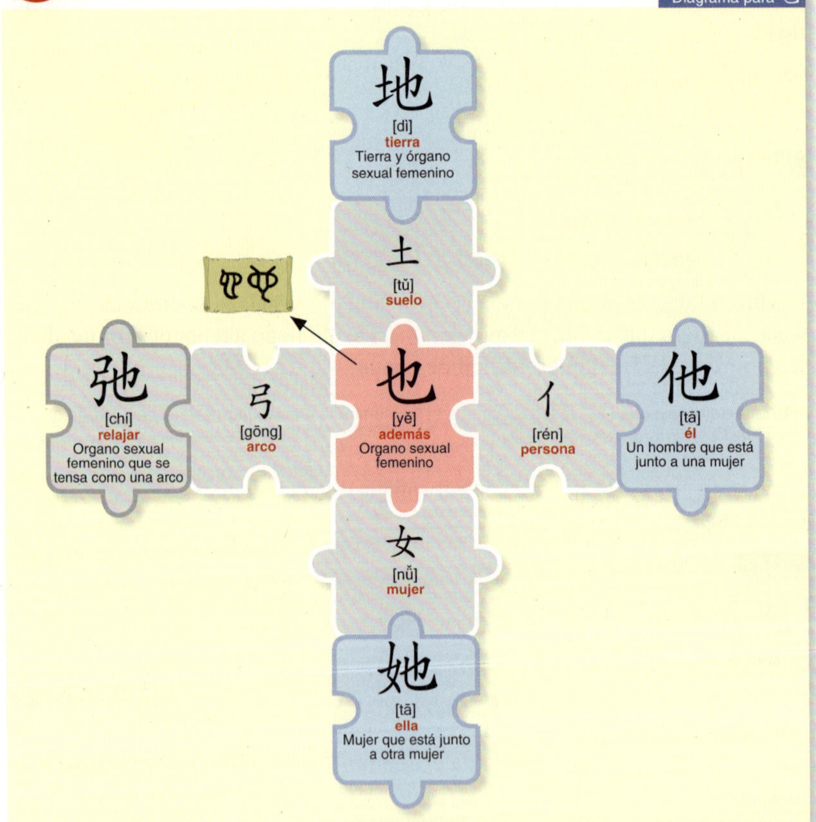

84

也 yě

además; también

Se estima que viene de la forma de vulva femenina. Cuando se utiliza de forma individual es utilizado como un adverbio de 'además, también'.

* "2°/10° 乙[83][yǐ]"es radical de "也", por ello es tratado aquí.

连…都(也)…[lián...dōu(yě)...] incluso… es /hace… - 124c 101a
也许[yěxǔ] quizás; tal vez - 121c

84a

地 dì/de

tierra / <partícula estructural>

suelo 土[152][tǔ] + vulva femenina/también 也 [yě]

El suelo es considerado como el elemento primordial de la cadena alimenticia, ya que produce los alimentos del nivel más bajo de la cadena. Debido a ello el carácter está compuesto por el componente primordial del suelo que es la tierra(土) y la vulva femenina(也) que representa la fertilidad.

地方[dìfang] área; lugar - 160	地铁[dìtiě] metro - 199d
地图[dìtú] mapa - 206f	地带[dìdài] zona; región; cinturón - 131b
地球[dìqiú] la tierra - 198b	地位[dìwèi] posición; de pie - 79c

La pronunciación cambia sin importar "地", y se utiliza como una partícula estructural debido a que la palabra de adelante es un modificador de la palabra de atrás.

我非常地难过。Estoy sufriendo mucho. - 113b 181 150c 84a 34h 40f

84

84b

丿 亻 仁 他 他

他 tā

él

persona 亻[70] [rén] + vulva femenina/también 也 [yě]

Obtuvo el significado de "él" derivando de la forma de persona que acompaña(亻) a la vulva femenina(也). También significa que cada hombre(亻) tiene un símbolo distinto que la mujer(也).

* En este carácter la vulva femenina(也) se puede considerar sencillamente como mujer.

其他[qítā] otro; algo más - 44   他们[tāmen] ellos - 145a

84c

ㄑ 女 女 如 如 她

她 tā

ella

mujer 女[96] [nǚ] + vulva femenina/también 也 [yě]

Tiene la forma de una mujer(也) junto a otra mujer(女). Para diferenciar de "él 他 [tā]", en lugar de persona(亻) ha agregado mujer(女) para darle el significado de 'ella'.

她们[tāmen] ellas - 145a

84d

ㄱ ㄱ 弓 弓 弛 弛

弛 chí

relajar

arco 弓[109] [gōng] + vulva femenina/también 也 [yě]

El significado de 'relajación' viene de la imagen de la vulva femenina(也) cuando se dilata al momento de dar a luz así como un arco(弓) que se tensa.

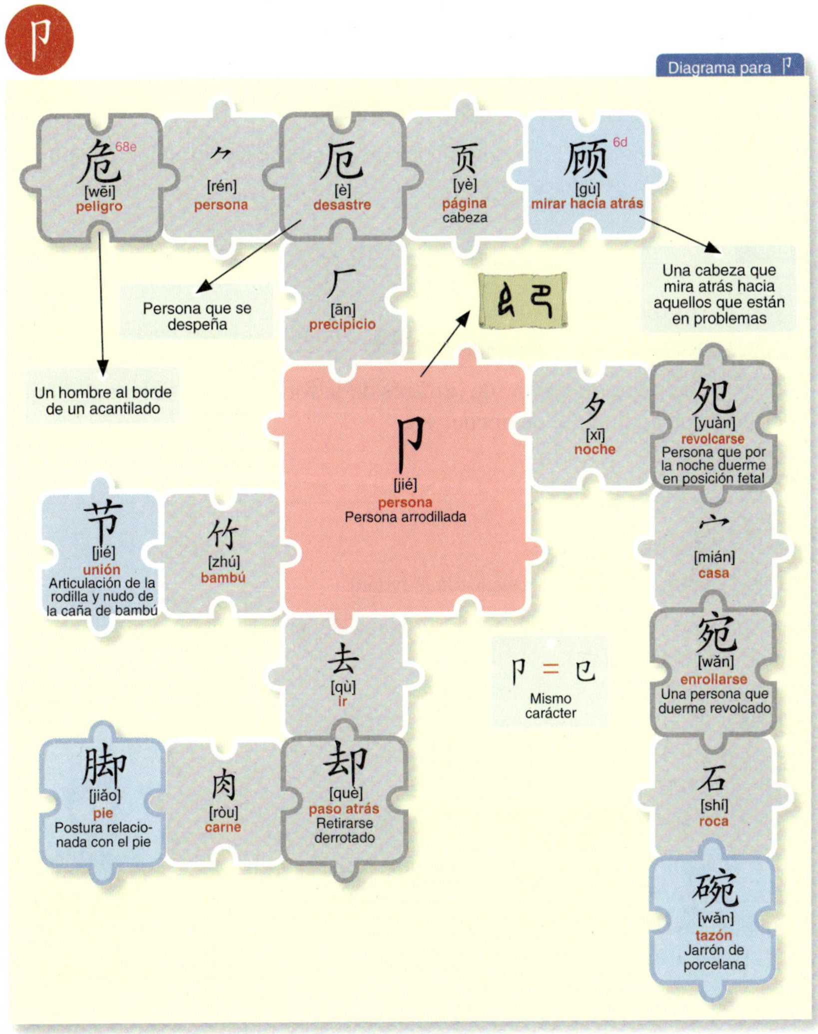

85

85 ㇆ 卩

卩 jié — persona

Tiene la forma de una persona postrada en el suelo o arrodillado.

85a 一 厂 厅 厄

厄 è

desastre

precipicio 厂[148][ān] + persona 㔾=卩 [jié]

Forma de una persona(㔾) tendida boca abajo que se ha despeñado de un principio(厂) y sufre un accidente.

85b 丿 ク 夕 夘 夗

夗 yuàn

revolcarse

noche 夕[222][xī] + persona 㔾=卩 [jié]

Está expresado como 'revolcado' através de la forma de una persona(㔾) que duerme en posición fetal de noche(夕).

85c 丶 丷 宀 宀 宂 宂 宛 宛

宛 wǎn

enrollarse

casa 宀[141][mián] + revolcado夗 [yuàn]

La expresión 'enrollarse' viene de la forma de la persona que duerme revolcado(夗) en la casa(宀).

85

85d 一 丆 不 石 石 石 石 石 矿 矿 矿 砣 碗

碗 wǎn

tazón

roca 石[197][shí] + serpenteante 宛 [wǎn]

Tiene el significado de elaborar una porcelana tan dura como una roca(石), moldeando(宛) la arcilla dándole forma de envase. También se utiliza como la 'unidad de medida de dicho envase'.

* China es el primer país en desarrollar la porcelana.

那男孩今天早上吃了三碗米饭。El niño comió tres tazones de arroz esta mañana.
- 147e 159a 4c 66 74b 218e 223f 16b 168a 223e 85d 138 148b

85e 一 十 土 去 去 却 却

却 què

paso atrás; pero

ir 去[94][qù] + arrodillarse/persona 卩 [jié]

Tiene el significado del enemigo derrotado en el duelo que se retira(去) arrodillado(卩) . Por su derrota viene el significado de 'pero'.

* El carácter "卩" tiene la forma de una persona sentada arrodillada.

冷却 [lěngquè] enfriarse - 86b

85f 丿 刀 月 月 月' 月+ 肚 肚 肤 肤 脚

脚 jiǎo pie

carne 月[221] → 肉[192] [ròu] + ir 去[94] [qù] + arrodillarse/persona 卩 [jié]

La postura de arrodillarse(卩) o ir(去) están relacionados con el pie por lo que se ha agregado la parte corporal "肉" para darle significado al 'pie'.

* Cuando el carácter "luna 月 [yuè]" es combinado con otra en la mayoría de los casos llega a tener el significado de "肉".

85g 一 十 艹 芍 节

节 jié unión; festival

bambú 艹[207] → 竹[216] [zhú] + arrodillarse/persona 卩 [jié]

Se ha comparado el nudo de la caña de bambú(竹) con la articulación de la rodilla de una persona arrodillada(卩) para darle significado al 'nudo'. También significa 'cada día' por la regularidad que siguen los nudos de la caña de bambú. 85

* En el carácter(節) la parte superior "节" no significa "hierba 艹 [cǎo]" sino que significa bambú (竹).

节目 [jiémù] programa (TV, radio) - 11
节日 [jiérì] festival; feriado - 218
季节 [jìjié] estación; tiempo - 139e
春节 [chūnjié] Festival de Primavera (Año Nuevo Chino) - 218i

卩

86

86 ノ 人 亼 今 令

令 lìng

comando

asamblea 亼[65] [jí] + persona 卩 [jié]

Es la forma de una persona(卩) arrodillada que recibe una orden de la oficina del gobierno en donde el poder está concentrado(亼).

86a ノ 人 亼 今 令 合 合 命

命 mìng

vida; orden

comando 令 [lìng] + boca 口[16] [kǒu]

Es la forma de dar una orden(令) verbal(口) a una persona arrodillada en la oficina del gobierno. Desobedecer al rey que tiene el poder absoluto significaba la muerte por lo que se le ha dado el significado de 'vida'.

命令[mìnglìng] orden; comando - 86a　　生命[shēngmìng] vida - 208

86b 丶 冫 冫 冫 冫 冷 冷

冷 lěng

frio

hielo 冫[206][bīng] + comando 令 [lìng]

Una orden(令) o instrucción por muy suave que sea, es tan fría como el hielo (冫).

寒冷[hánlěng] frío(a); frígido(a) - 206b　　冷却[lěngquè] enfriarse - 85e

外面太冷了。Afuera hace demasiado frío. - 222a 10 74c 86b 168a

86c 一 𠂉 ⺈ 币 币 币 雨 雨 雨 雳 雳 零 零

零 líng

cero; 0-

lluvia 雨[205][yǔ] + comando 令 [lìng]

Así como la lluvia(雨) viene del cielo, las ordenes(令) vienen de arriba hacia abajo. De la misma forma, si bajamos de los números superiores a los inferiores, llegaremos al 'cero'.

* En la antigüedad el número "0" era una cifra desconocida. Su descubrimiento fue de gran ayuda para los científicos y matemáticos a la hora de hacer cálculos. Por ello el 'cero', como la lluvia(雨) que viene del cielo, fue descubierto en India, el país de los dioses, y dado(令) a los matemáticos para ser utilizado.

零钱[língqián] suelto; cambio - 115a

86

87

卩

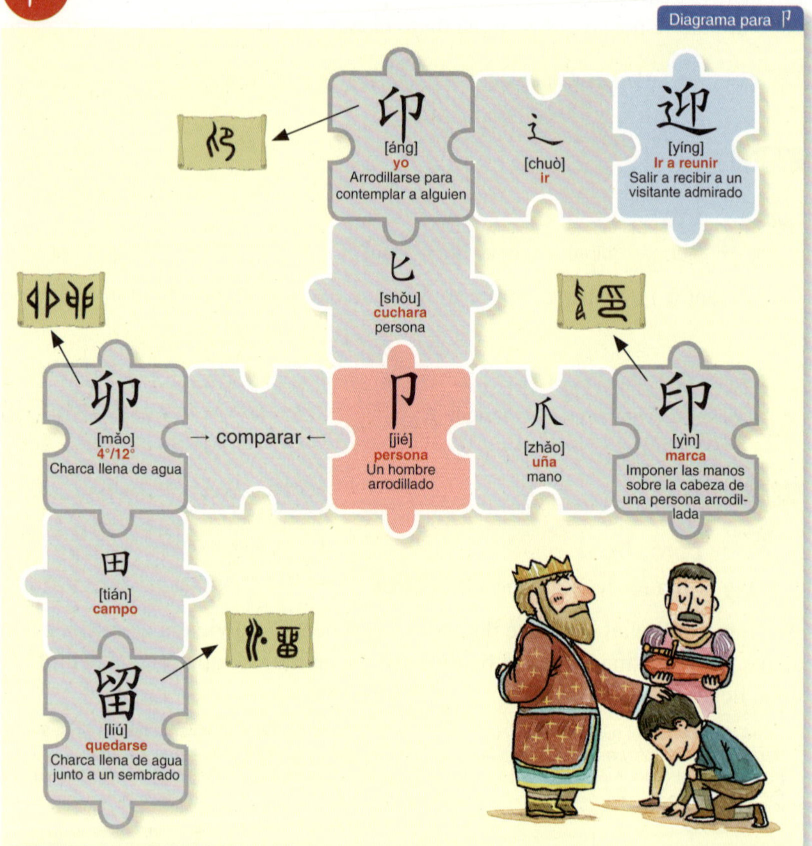

87

卬 áng

yo

persona/cuchara 亻→匕[88][bǐ] + arrodillado/persona 卩[85][jié]

Tiene la forma de una persona arrodillada(卩) contemplando a una persona parada(匕). Toda persona desea ser admirado por ello toma el significado de 'yo'

87a

迎 yíng

Ir a reunir

buscar/Yo 卬 [áng] + ir 辶[61][chuò]

Es la forma de salir(辶) a recibir alegremente a un visitante admirado(卬).

欢迎[huānyíng] bienvenido(a) - 23c　迎接[yíngjiē] reunir; bienvenido; saludar; recibir - 96i

87b　丿 ㇀ 𠂉 ⺦ 印

印 yìn

marca; impresión

mano/uña ⺤→爪[33][zhǎo] + arrodillado/persona 卩[85][jié]

Viene de la forma de precionar suavemente con la mano(爪) sobre la cabeza de una persona(卩) arrodillada cuando se da poder a esta persona, de ahí viene el significado ‘sello, impresión’.

复印[fùyìn] duplicar; copiar - 56d

87c　丿 ㇀ 𠂎 卯 卯

卯 mǎo

4°/12°

Tiene la forma de una charca llena de agua excavada junto a un campo o sembrado, carácter que representa al cuarto signo de zodiaco chino.

* Si miramos el carácter antiguo “persona 卩[85][jié]” podemos saber que no tiene ninguna relación con persona.

87d　丿 ㇀ 𠂎 𠂎 卯 卯 留 留 留 留

留 liú

quedarse; estudiar en el extranjero

forma de charco/4° 卯 [mǎo] + campo 田[154][tián]

Para poder regar el campo cultivado(田) la charca(卯) siempre debe tener agua. También tiene el sentido de ‘estudiar en el extranjero’.

* Si miramos el carácter antiguo podemos notar que el carácter charca (卯[mǎo]) ha cambiado.

留念[liúniàn] aceptar(mantener) - 66b
留学生[liúxuéshēng] estudiante estudiando en el extranjero - 95a 208

87

匕

88

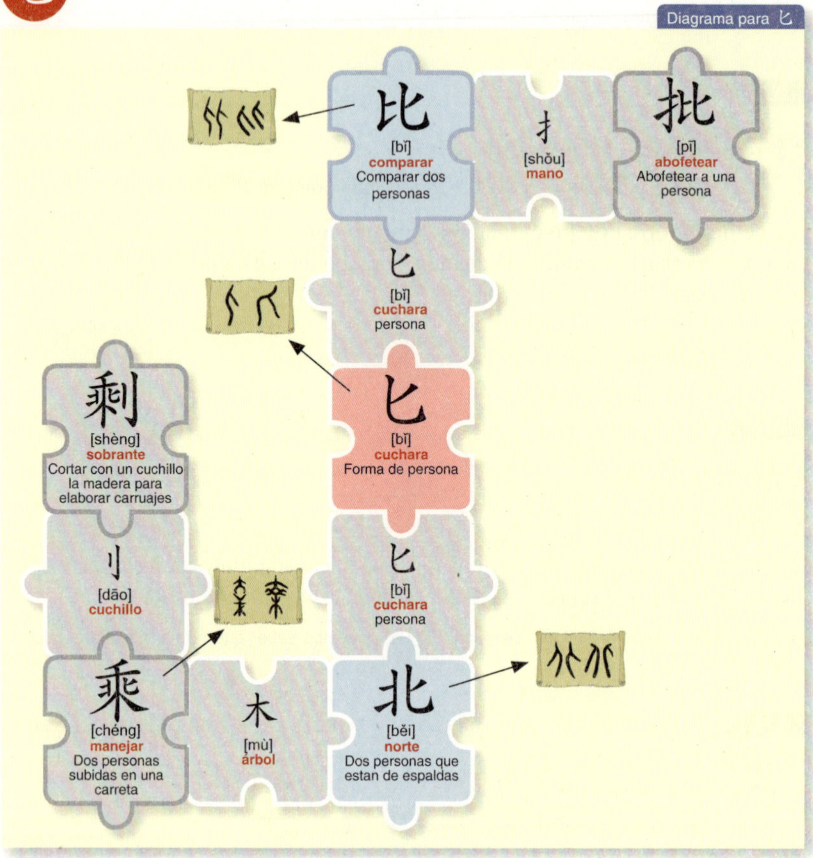

88 ⸝ 匕

匕
bǐ

cuchara

Es conocido como 'cuchara, daga' pero se utiliza más como 'persona'. Especialmente si vemos las inscripciones en los huesos oraculares "persona 人[63][rén]" está invertido de izquierda a derecha por lo que se entiende como una persona débil o un 'anciano' sin fuerza.

88a 一 ㇗ 𠂤 比

比 bǐ

comparar

persona/cuchara 匕 [bǐ] + persona/cuchara 匕 [bǐ]

Tiene el sentido de comparar el rostro, la estatura o el cuerpo de dos personas (匕) que están paradas juntas mirando hacia una misma dirección.

比较[bǐjiào] comparar - 1c
比赛[bǐsài] partido; concurso; juego - 206d

88b 一 十 扌 扌 扌 扌 批

批 pī

abofetear; criticar

mano 扌=手[31] [shǒu] + comparar 比 [bǐ]

Comparar(比) dos personas y abofetear con la palma(扌) a la persona que no llega al patrón o que no me agrada, de ahí viene 'criticar'.

批评[pīpíng] criticar; crítica - 122a

88c 丨 丬 丬 北 北

北 běi

norte

persona/cuchara 匕 [bǐ] + persona/cuchara 匕 [bǐ]

El carácter tiene el significado de 'de espalda' porque tiene la forma de dos personas(匕) que están de espaldas, pero como la persona mira y construye su casa en dirección sur, tiene el significado de 'lado norte'.

北京[Běijīng] Beijing; Pekín - 2
北方[běifāng] norte; región norte - 160

88d ノ 二 千 千 千 千 乖 乖 乘 乘

乘 chéng

manejar

árbol 禾[139] →木[210] [mù] + persona/cuchara 匕 [bǐ] + persona/cuchara 匕 [bǐ]

Forma de dos personas(匕) que se han montado en una carreta de madera(木). En la antigüedad, la mayoría de las cosas a la que se podían montar como las carretas o carruajes se hacían de madera(木).

* Si vemos el carácter antiguo el carácter actual "planta de arroz 禾 [hé]" es una forma modificada de árbol(木).

乘客[chéngkè] pasajero - 57b

88

88e ´ 二 千 千 千 千 乖 乖 乖 乘 乘 剩

剩 shèng

sobrante; permanecer

manejar 乘 [chéng] + cuchillo 刂=刀[119] [dāo]

Viene de la forma de cortar con un cuchillo(刂) dejando solo las tablas necesarias para elaborar una carreta o carruaje para montar(乘), de ahí viene el significado de ‘quedar, dejar’.

剩饭。Arroz sobrante después de comer. - 88e 148b

匕

88

Diagrama para 匕

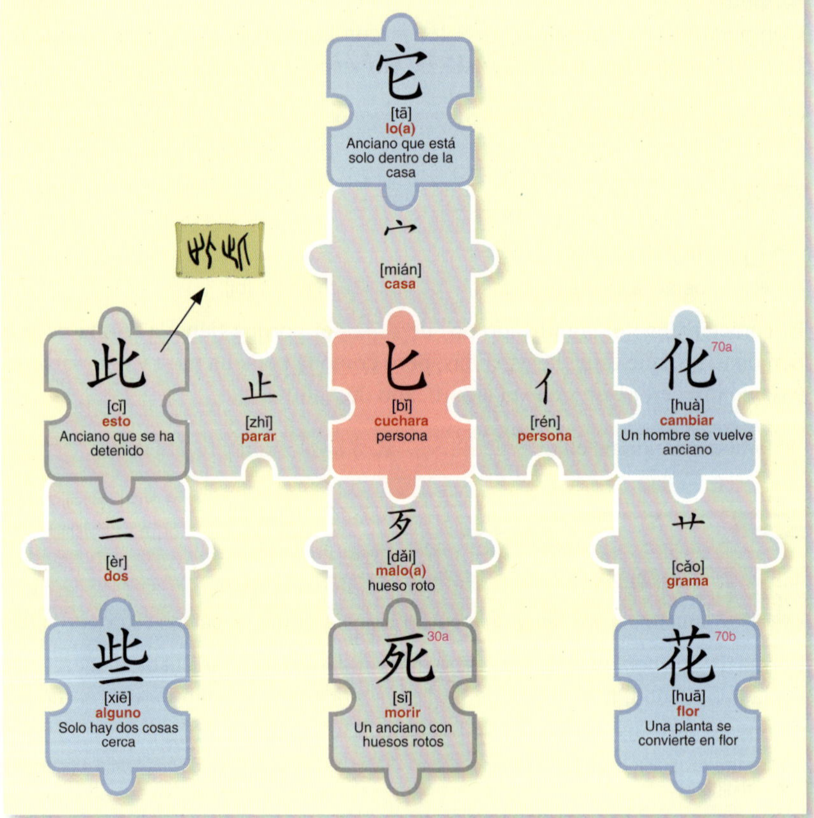

88f

丶 丷 宀 宁 它

它 tā

lo(a)

casa 宀[141][mián] + viejo-persona/cuchara 匕 [bǐ]

Cosificando a un anciano(匕) débil y sin fuerzas que está solo dentro de la casa(宀) viene 'eso', indicando todo lo adicional a la persona.

* El carácter "匕" de las inscripciones oculares en los huesos tiene la forma del carácter invertido de izquierda a derecha de "persona(人[63])", por lo que se entiende como 'anciano' débil.

它们[tāmen] ellos (cosa) - 145a

其它[qítā] otro; los otros - 44

88g

丨 卜 ⺊ 止 止丿 此

此 cǐ

esto

parar 止[53][zhǐ] + persona-vieja/cuchara 匕 [bǐ]

Un anciano(匕) débil y sin fuerza se detiene(止) y se mueve solo para coger lo que tiene al alcance de su mano, de ahí viene 'esto'.

因此[yīncǐ] por lo tanto; así que; por esta razón - 74e

88h

丨 卜 ⺊ 止 止丿 此 此 些

些 xiē

alguno; unos; un poco

ésto 此 [cǐ] + dos 二[226][èr]

Solamente hay dos(二) cosas al alcance de la mano del anciano, de ahí viene 'alguno, unos, un poco'.

那些[nàxiē] aquellos - 147e

有些[yǒuxiē] algunos - 39c

一些[yīxiē] algunos; unos; un poco - 223

这些[zhèxiē] estos - 133a

88

旨

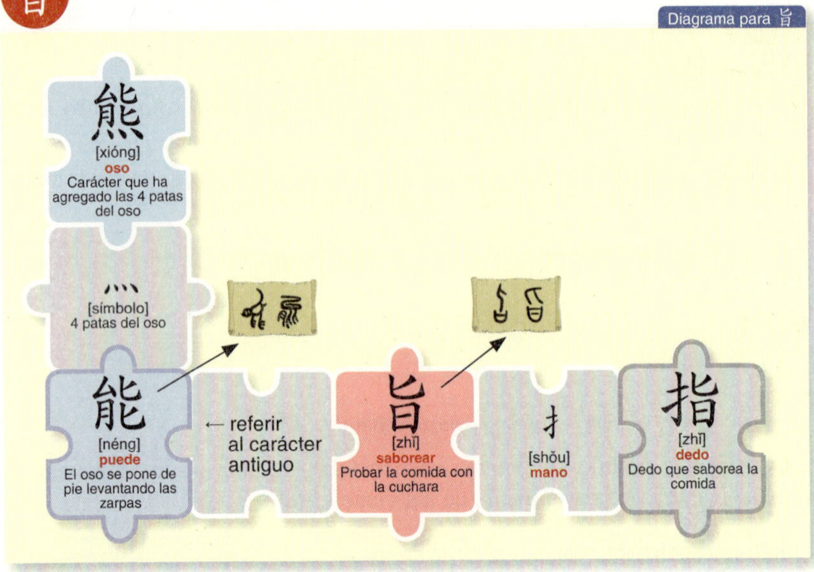

89 **89** 丿 匕 匕 旨 旨 旨

旨 zhǐ

saborear; propósito

cuchara 匕[88] [bǐ] + plato 日 [símbolo]

Es probar la comida que está en el plato(日) con una cuchara(匕). Después tuvo el significado de 'dedo' por probar la comida con el dedo, y como podemos indicar con el dedo lo que deseamos viene el significado de 'propósito'.

* En la inscripción en los huesos oculares "旨" podemos verlo como el jeroglífico de la cuchara(匕) y plato de comida(日).

89a 一 十 扌 扌 扌 扌 指 指 指

指 zhǐ

dedo; señalar

mano 扌=手[31] [shǒu] + propósito 旨 [zhǐ]

Como "旨" cambió de dedo a 'significado', se le agregó la mano(扌) para devolverle el significado inicial de 'dedo'. También se entiende como señalar algo con el dedo.

手指 [shǒuzhǐ] dedo - 31	指示 [zhǐshì] indicar; señalar - 126

89b ㇀ 厶 ⺈ 㐱 ⺼ 肙 肙 䏍 能 能

能 néng

puede

oso 肙 [símbolo] + pata de oso 匕 [símbolo]

Tiene la forma de un oso(肙) que se pone de pie y levanta las garras(匕+匕). Como la zarpa de un oso significa una fuerza extrema, también significa que una persona fuerte como un oso puede hacer lo que quiera.

* El carácter antiguo oso(肙) tiene la forma de levantar las garras(匕+匕) para agarrar la comida.

可能[kěnéng] posible; puede; puede que - 17　能够[nénggòu] poder; ser capaz de - 46d
能干[nénggàn] disponible; capaz; competente - 121
能力[nénglì] habilidad; capacidad; potencial - 159

89c ㇀ 厶 ⺈ 㐱 ⺼ 肙 肙 䏍 能 能 能 熊 熊 熊

熊 xióng

oso

puede 能 [néng] + 4 patas del oso 灬 [símbolo]

Como el carácter creado viendo al oso se utilizó como "puede 能 [néng]", se agregó las 4 patas(灬) del oso para darle el significado original.

熊猫[xióngmāo] panda; manturón - 154d

89

尸

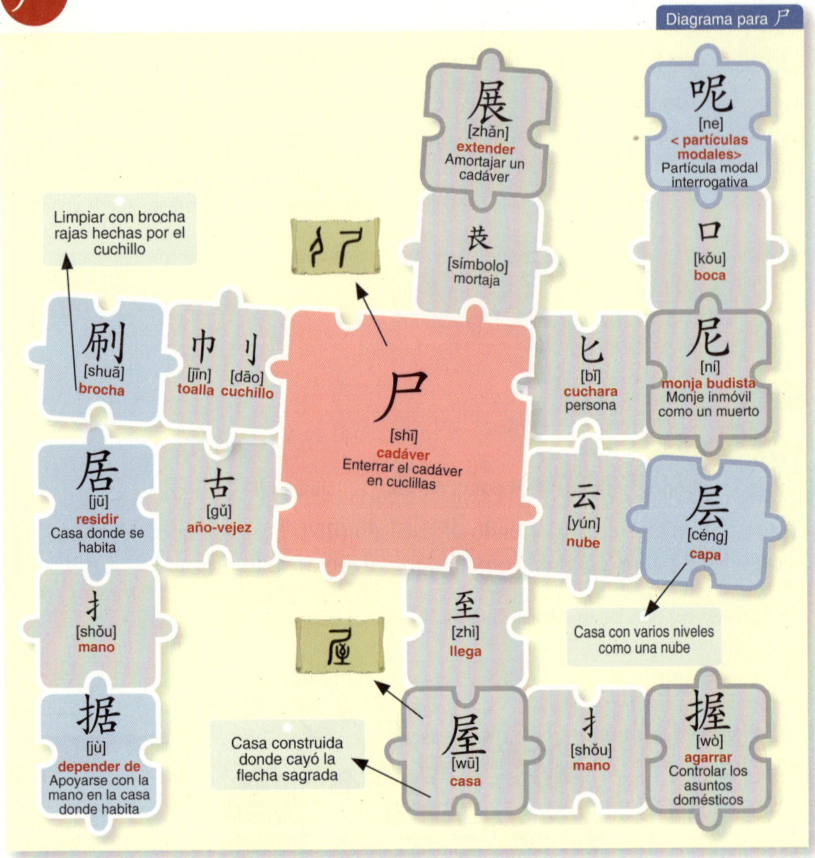

90

90

尸 shī

cadáver

Es la forma de una persona sentada en cuclillas que no toca el suelo con el trasero. El significado de 'cadáver' viene de enterrar a las personas muertas de esa forma. Los ancestros consideraban que la muerte no era el final, hicieron los catafalcos que utilizaban para trasladar los cadáveres de forma de una casa, y como tenían la costumbre de enterrar en la tumba las cosas que utilizaba en la casa, también tiene el significadao de 'casa'.

* Si vemos las reliquias del mausoleo del Rey Qin Shi Huang (秦始皇, 259-210 BC) podemos ver que los ancestros pensaban que la muerte no era el final, por ello trataron de hacer una casa para la vida del más allá.

尸体[shītī] cadáver; cuerpo muerto - 29b

90a ㇕ ㇕ 尸 尸 尸 尸 屈 屈 屈 展

展 zhǎn

extender

cadáver 尸 [shī] + mortaja(衣[130]) 㠭 [símbolo]

Es la forma de una mortaja(㠭) extendida para envolver el cadáver(尸).

发展[fāzhǎn] desarrollar; crecer - 34f　　展览[zhǎnlǎn] exhibición; espectáculo - 13e

90b ㇕ ㇕ 尸 尸 尼

尼 ní

monja budista

cadáver 尸 [shī] + persona/cuchara 匕[88][bǐ]

Significa monja y viene de una persona(匕) que practica la inmovilidad tanto que parece un cadáver(尸).

* Cuando el budismo fue trasmitido desde la India, de la lengua sanscritista 'Bhiksuni' que significa mujer practicando doctrina en China es "比丘尼[bǐqiūní]" por lo que se utiliza como monja.

90

90c 丨 ㇕ 口 口 口 吖 呎 呢

呢 ne

< partículas modales>

boca 口[16][kǒu] + monja 尼 [ní]

Toma el significado de 'murmurar' porque viene de la forma en que una monja(尼) memoriza las escrituras budistas recitándolas(口). En la actualidad se utiliza al final de las frases interrogativas para representar la partícula de la interrogante.

你为什么不去呢? Tú porqué no te vas? - 69a 159c 231a 93a 223a 94 90c

90d ㇕ ㇕ 尸 尸 层 层 层

层 céng

capa

casa/cadáver尸 [shī] + nube 云[227][yún]

Forma de una casa(尸) con varios niveles como una nube(云) que tiene varias capas según la altitud.

我的新家在第十六层。Mi nueva casa está en la planta16.
- 113b 46b 103b 174a 32a 109b 231 229a 90d

90

90e ㇕ ㇕ 尸 尸 层 层 层 屋 屋

屋
wū

casa

casa/cadáver 尸 [shī] + llega 至[112][zhì]

En la antigua China para construir una casa se lanzaba una flecha con un adorno sagrado y construían la casa(尸) en el punto donde caía(至) la flecha.

* De hecho el carácter "至" tiene la forma de una flecha(矢[111]) con el adorno sagrado clavado en el suelo(一).

屋子[wūzi] habitación - 95　　同屋[tóngwū] compañero de piso - 149b

90f 一 十 扌 扌 扌 扩 护 护 护 据 握 握

握
wò

agarrar

mano 扌=手[31][shǒu] + casa 屋 [wū]

Cualquier persona en su propia casa siente mayor confianza y seguridad, por lo tanto se ve más fuerte que cuando está afuera. Aquí se le ha agregado la mano(扌) que controla con mayor facilidad los asuntos domésticos(屋).

握手[wò/shǒu] estrechar las manos - 31　　掌握[zhǎngwò] agarrar; dominar - 31a

90g ㇕ ㇕ 尸 尸 尸 尸 居 居

居
jū

residir

casa/cadáver 尸 [shī] + año-vejez 古[19][gǔ]

Tiene el significado de casa(尸) ya que es el lugar donde una persona nace y habita la mayor(古) parte de su vida.

邻居[línjū] vecino - 147g

90h 一 十 扌 扌 扌 扩 护 护 护 据 据

据
jù

depender de

mano 扌=手[31][shǒu] + residir 居 [jū]

A cualquier persona tener una casa donde puede habitar(居) permanentemente le da seguridad. Tiene la forma de apoyarse con la mano(扌) sobre esa casa.

根据[gēnjù] basado en; de acuerdo con - 14b

90i

㇇ ㇇ 尸 尸 屌 屌 刷 刷

刷 shuā

brocha

cadáver 尸 [shī] + toalla 巾[131] [jīn] + cuchillo 刂=刀[119] [dāo]

Forma de limpiar con el paño(巾) el cadáver(尸) antes de enterrarlo. Y después se agregó el cuchillo(刂) llegando a significar 'limpiar con brocha' rajas, también la marca hecha con cuchillo en un escrito.

* Las antiguas imprentas consistían en un texto grabado en madera que untaba de tinta con una brocha(刷) y se imprimía sobre papel.

刷牙 [shuāyá] cepillarse su propio diente - 25　　印刷 [yìnshuā] imprimir - 87b

尺

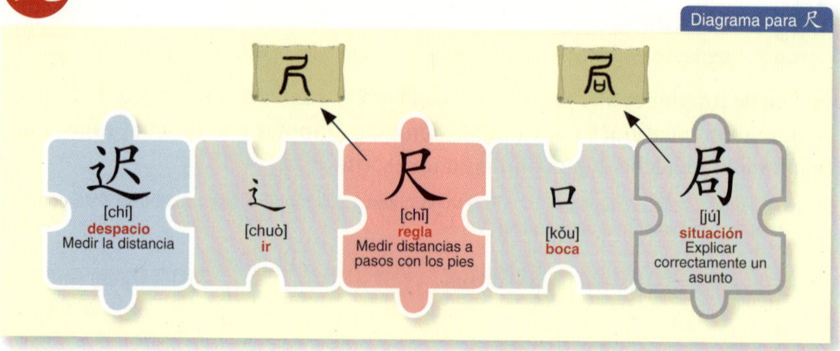

91 ㄱ コ 尸 尺

尺 chǐ — regla

Sobre la persona(尸[90]) se agregó un trazo(丿[234]) a la pierna para medir la distancia entre los 2 pies. Y esa distancia se utilizó como una unidad de medida
91 estándar por lo que se considera como 'regla, medida'. Un pie equivale a 30.5 centímetros, alrededor de 1/3 metro.

* "cadáver 尸 [shī]" es la forma de una persona sentada acuchillada por lo que su significado original es 'persona'.

91a ㄱ コ 尸 月 局 局 局

局 jú — situación; oficina

regla 尺 [chǐ] + boca 口[16][kǒu]

Es la forma de explicar(口) un asunto correctamente en una oficina del gobierno como si fuera analizado con una regla(尺). También se denomina a la oficina del gobierno que fue creada para estos casos.

91b ㄱ コ 尸 尺 ˋ尺 讠尺 迟

迟 chí — despacio

regla 尺 [chǐ] + ir 辶[61][chuò]

Forma de ir(辶) despacio con pasos constantes para medir(尺) una distancia.

* El carácter(遲) tradicional tiene la forma de un rinoceronte (犀[xī]) que va caminando(辶) lentamente.

迟到[chídào] retrasado; llegar tarde - 112b

巳

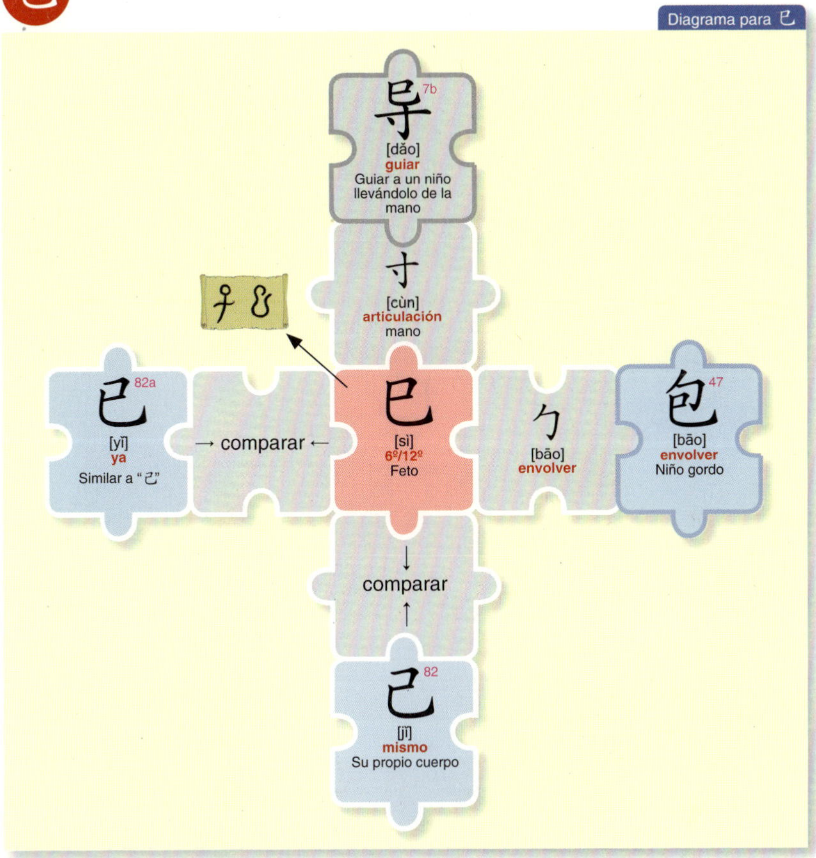

92

92

巳 sì **feto; 6º/12º**

Describe la forma de un feto o de un bebé recién nacido. Actualmente se utiliza con el significado del 'sexto signo del zodiaco'.

92

巴

Diagrama para 巴

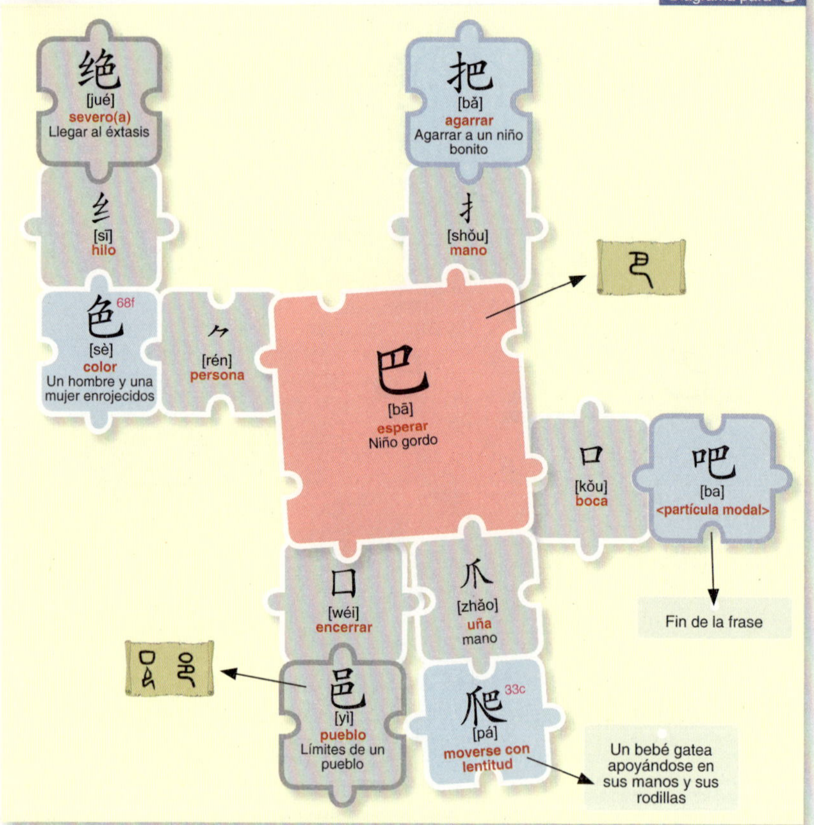

92a

巴 bā

esperar; aferrarse a

Si el carácter "巳[sì]" se refiere a un feto o a un bebé recién nacido, el carácter "巴" se refiere a un bebé con más peso que puede ser considerado como una 'persona'. Significa el deseo de que un hijo(巳) esté gordo(巴) y sano. También significa 'atenerse'.

嘴巴[zuǐba] mejilla; boca - 191b

92b 一 扌 扌 扌 扣 扣 把

把 bǎ

agarrar; <preposición>

mano 扌=手[31][shǒu] + niño/esperanza 巴 [bā]

Agarrar a un niño(巴) de la mano(扌). También se utiliza como unidad para medir artículos que se pueden agarrar con una mano. Cuando se usa como preposición, tiene la estructura de 把 + complemento + verbo, y sirve para dar énfasis a la acción del verbo.

把门开着! ¡Mantén la puerta abierta! (Se pone el complemento "门" antes del verbo "开着" para dar énfasis (把) a la acción del verbo). - 92b 145 43a 11b

92c 丨 口 口 口 口 吅 吧

吧 ba

<partícula modal>

boca 口[16][kǒu] + niño/esperanza 巴 [bā]

Se usaba para describir a un niño(巴) en una discusión(口), pero actualmente se emplea como una partícula modal al final de una frase para enfatizar una orden o una duda.

* Cuando el carácter "口" contenido en otro carácter no tiene el significado de 'hablar, comer', se usa como una partícula modal o una onomatopeya.

你想想吧。Piénsalo, ¿vale? - 69a 11d 11d 92c
他们是中国人吧? Son chinos, ¿no? - 84b 145a 54b 232a 20a 63 92c

92d 丨 口 口 号 另 呂 邑

邑 yì

pueblo

encerrar 囗[20][wéi] + persona/esperanza 巴 [bā]

Bordes(囗) que encierran un pueblo donde vive la gente(巴). Cuando se pone a la derecha de otro carácter, cambia su forma a "colina 阝[147][fu]".

* Cuando "阝[fu]" se coloca a la izquierda de otro carácter, tiene el significado de 'colina', mientras que, si se coloca a la derecha, significa 'pueblo(邑)'.

92e 𠃋 纟 纟 纟 纟 约 绍 绍 绝

绝 jué

severo(a); extremadamente

hilo 纟[132][sī] + persona ⺈[68][rén] + persona/esperanza 巴 [bā]

Cuando una persona(⺈) encima de otra(巴) durante una relación sexual(色) llega al éxtasis, puede ser comparada a la tensión que causa un trozo de hilo (纟) tirante. De ahí llegó a tener el significado de 'severo(a), extremadamente'.

* "Color 色[68f][sè]" describe a una persona(⺈) encima de otra(巴) en una relación sexual.

绝对[juéduì] absoluto(a) - 40c

92

ム

93

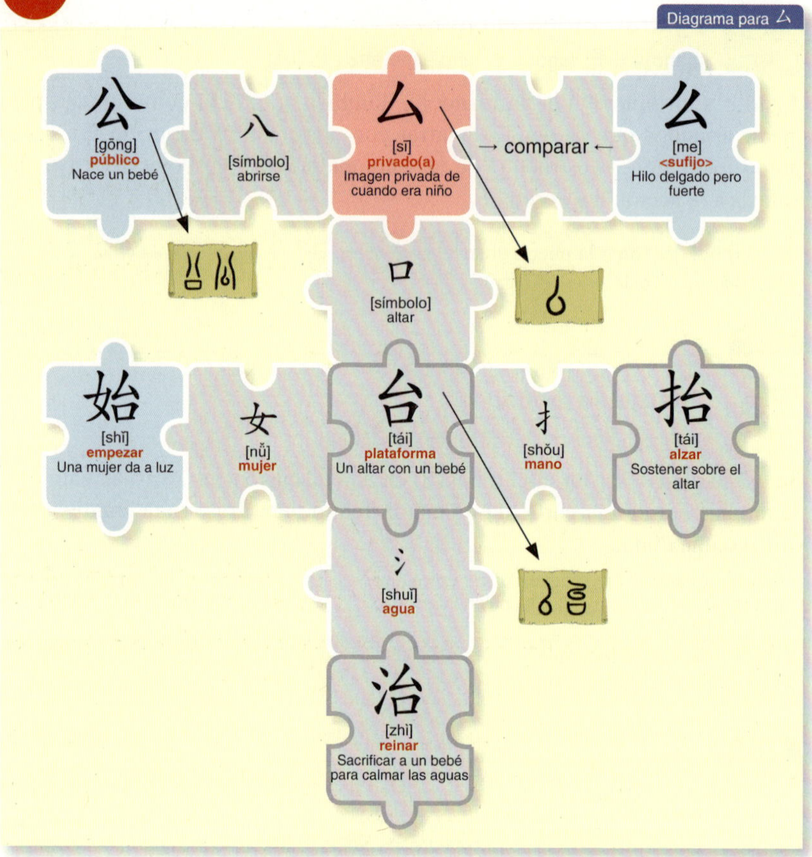

93 ㄥ ム

ム sī privado(a)

No estamos seguros de qué significa este carácter antiguo, pero si consideramos los significados de los caracteres que contienen el carácter "ム", en general, parece que significa 'un recién nacido'. Tal imagen es para que sea vista de forma privada.

93a 丿 ㄥ 么

么 me

<sufijo>

El hilo(幺→幺→糸[132]) hecho con fibras de lino parece fino y endeble, pero en realidad es fuerte y aún más fuerte cuando se moja, por lo que se utiliza para hacer cuerdas gruesas. Ya que es más fuerte de lo que parece, es utilizado como un sufijo que indica una duda o una pregunta.

* El carácter tradicional(麼) describe un hilo(幺→幺→糸) hecho con fibras de lino(麻[212a]).

什么 [shénme] qué - 231a
怎么样[zěnmeyàng] cómo - 234d 171a
多么 [duōme] cómo; qué - 222d
这么 [zhème] de esta manera; así - 133a
怎么 [zěnme] cómo - 234d
为什么 [wèishénme] por qué - 159c 231a
那么 [nàme] de esa manera; así - 147e

93b 丿 八 公 公

公 gōng

público

abrirse 八 [símbolo] + recién nacido/privado(a) 厶 [sī]

Se abre(八) el útero y nace el bebé(厶). El recién nacido ahora es un miembro del público y ya no está bajo la protección de su madre.

* La parte "ocho 八[229][bā]" del carácter "公" describe la forma en que se abre algo.

公共汽车[gōnggòngqìchē] autobús - 43c 204a 124
公司 [gōngsī] corporación; empresa - 18e
公园 [gōngyuán] después - 73c
公共[gōnggòng] público(a) - 43c
公斤[gōngjīn] kilogramo (kg) - 118
办公室[bàngōngshì] oficina - 159b 112a
公里[gōnglǐ] kilómetro (km) - 151
公元[gōngyuán] después de Cristo (d.C.) - 73

93c ㄥ 厶 台 台 台

台 tái

plataforma

recién nacido/privado(a) 厶 [sī] + altar 口 [símbolo]

Un recién nacido(厶) en el altar(口) para ser ofrecido como un sacrificio.

* Aunque no hay prueba de esto, algunos dicen que es la forma en la que un bebé(厶) balbucea (boca 口[16][kǒu]).

舞台 [wǔtái] escenario; estadio - 58a

93d　一 𠄌 扌 扌 扑 抬 抬 抬

抬 tái

alzar

mano 扌=手[31][shǒu] + plataforma 台 [tái]

Se alza a un bebé con ambas manos(扌) sobre el altar(台) para sacrificarlo a los dioses.

请抬起头来，看黑板。Por favor, levanta tu cabeza y mira a la pizarra.
- 135c 93d 53d 75 212d 11a 158d 148c

93e　丶 丶 氵 氵 氵 治 治 治

治 zhì

reinar

agua 氵[202][shuǐ] + plataforma 台 [tái]

Cuando había una sequía o una inundación, se ofrecía a un bebé en el altar (台) para calmar o dominar las aguas(氵). Los chinos creían que los dioses tenían poderes sobre los fenómenos naturales.

政治 [zhèngzhì] política - 50f

93

93f　𡿨 女 女 女 女 始 始 始

始 shǐ

empezar

mujer 女[96][nǚ] + recién nacido/plataforma 台 [tái]

Este carácter demuestra que 'la gallina fue antes que el huevo'. Una mujer (女) da a luz a un bebé(台), lo que indica el comienzo de una nueva vida.

* "台" es la forma de un bebé(厶) que balbucea(口[16][kǒu])'.

开始 [kāishǐ] empezar; comenzar - 43a

去

Diagrama para 去

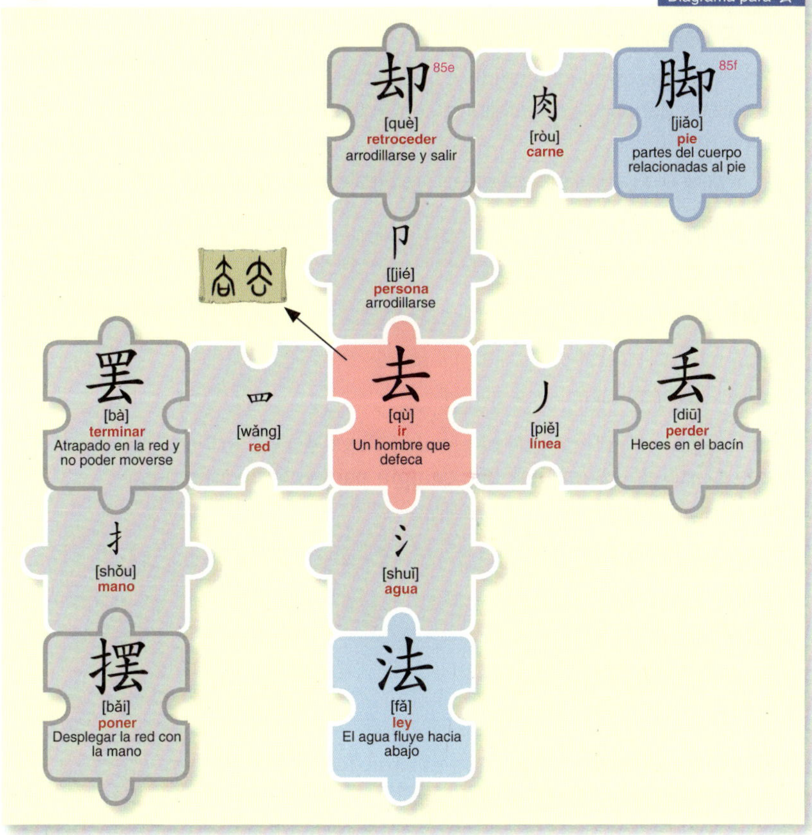

94

94 一 十 土 去 去

去 qù

ir

persona 土→大[74][dà] + bacín 厶→凵 [símbolo]

Un hombre(大) se sienta sobre un bacín(凵) para defecar(㚎). Como las heces salen del cuerpo, este carácter llegó a significar 'ir'.

* El carácter "厶[93][sī]" contenido en "去" no significa 'privado(a), recién nacido', al igual que en inglés el 'to' contenido en 'today' no tiene ninguna relación con la preposición 'to'. La misma forma no siempre se traduce con el mismo significado.

去年[qùnián] el año pasado - 121a
过去[guòqù] en el pasado; anteriormente - 40f
出去[chūqù] salir; escapar - 167a
回去[huíqù] regresar; volver - 20d
进去[jìnqù] ir adentro; entrar; entrar en - 228b
下去[xiàqù] bajar; descender - 223g

94

94a

丢丢丢丢丢丢 (stroke order)

丢 diū

perder; tirar

línea 丿[234][piě] + ir 去 [qù]

Si "去→厺" describe a un hombre que defeca, el carácter "丿" se refiere a las heces. Estas deben ser desechadas, con lo cual este carácter también significa 'perder, tirar'.

* "丿" no tiene un significado fijo y puede ser interpretado de varias formas.

上午我的自行车丢了。Perdí mi bicicleta esta mañana. - 223f 121b 113b 46b 26 60b 124 94a 168a

94b

法 fǎ

ley

agua 氵[202][shuǐ] + ir 去 [qù]

Es un fenómeno natural que el agua(氵) fluya(去) de arriba hacia abajo. Asimismo existen leyes que hay que cumplir para vivir en armonía.

* Para el agua(氵) ir (去) es lo mismo que fluir.

办法[bànfǎ] método; medios; manera - 159b
方法[fāngfǎ] método; medios; manera - 160
法律[fǎlǜ] ley; estatuto - 37a
法语[fǎyǔ] francés (idioma) - 226c
语法[yǔfǎ] gramática; sintaxis - 226c

94c

罢 bà

terminar

red 罒=网[165][wǎng] + ir 去 [qù]

Describe a una persona atrapada en una red(罒) y que no puede ir(去) a ningún sitio. De ahí llegó a tener el significado de 'parar, terminar'.

罢工[bà/gōng] huelga; desistir - 200

94d

摆 bǎi

poner; arreglar

mano 扌=手[31][shǒu] + atrapado en la red/terminar 罢 [bà]

Hay que 'poner, arreglar' una red con la mano(扌) para poder atrapar(罢) a un animal.

把书摆在桌子上。Pon el libro en la mesa. - 92b 232d 94d 32a 128b 95 223f

子

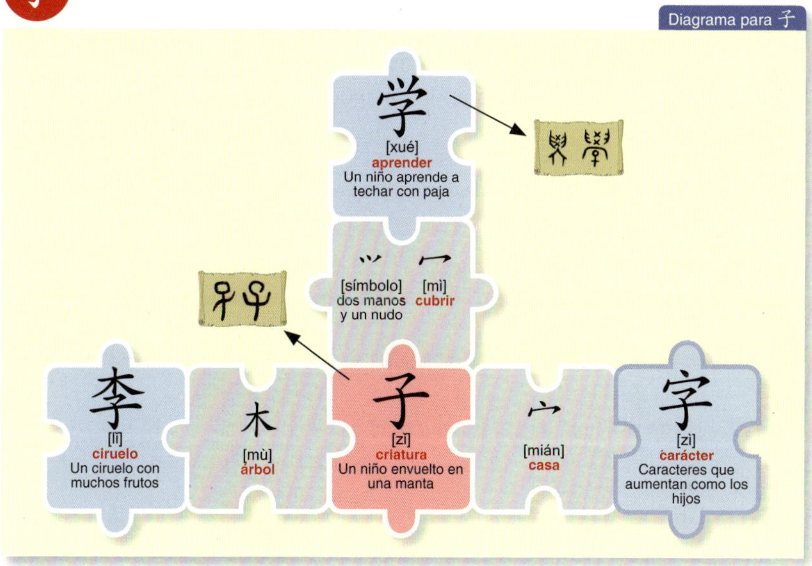

95 乛 了 子 95

子 zǐ/zi criatura / sufijo

Un niño envuelto en una manta significa 'hijo o hija', pero en la actualidad se usa más a menudo como 'hijo' que 'hija' porque el confucianismo ha causado una preferencia por el varón.

También se utiliza como sufijo sin ningún significado en especial.

杯子[bēizi] taza; vaso - 223b
儿子[érzi] hijo - 71
椅子[yǐzi] silla - 18c
桌子[zhuōzi] mesa; escritorio - 128b
孩子[háizi] niño - 4c
妻子[qīzi] esposa - 96l
鼻子[bízi] nariz - 26c
电子邮件[diànzǐyóujiàn] correo electrónico - 157a 147d 175a
句子[jùzi] oración - 46c
筷子[kuàizi] palillos - 216b
裤子[kùzi] pantalones - 124e
帽子[màozi] gorro; sombrero - 11f
盘子[pánzi] bandeja; plato - 125c
裙子[qúnzi] falda - 37f
本子[běnzi] libro; cuaderno - 210a
饺子[jiǎozi] wantán (relleno de carne y vegetales) - 1b
橘子[júzi] naranja; mandarina - 116b
日子[rìzi] día; fecha - 218
袜子[wàzi] calcetines; medias - 210c
屋子[wūzi] habitación - 90e
样子[yàngzi] apariencia; forma - 171a

95

丶 丷 ⺍ 𭕄 ⺍ 学 学 学

95a

学 xué

aprender

dos manos y un nudo ⺍ [símbolo] + cubrir 冖[169] [mì] + niño 子 [zǐ]

Un niño(子) mira y aprende cómo los mayores techan con paja(⺍) para cubrir(冖) el techo.

* La parte superior del carácter tradicional(學) es "学", con tres puntos(⺍): un par de manos(臼[13a]) y un nudo(㐅). El niño(子), mirando a los hombres, aprende a cubrir(冖) el techo con lotes(㐅) de paja usando sus manos(臼).

同学[tóngxué] estar en la misma escuela - 149b
学生[xuésheng] estudiante - 208
学习[xuéxí] estudiar; aprender - 182a
学校[xuéxiào] escuela - 1d
数学[shùxué] matemáticas - 138c
大学[dàxué] universidad; facultad - 74
化学[huàxué] química - 70a
开学[kāi/xué] abre la escuela; comienza el curso - 43a
科学[kēxué] ciencia - 164a
留学生[liúxuéshēng] studiante que estudia en el extranjero - 87d 208
上学[shàng/xué] ir a la escuela - 223f
文学[wénxué] literatura - 133
文学家[wénxuéjiā] literato - 133 174a
学院[xuéyuàn] academia - 73b
中学[zhōngxué] escuela secundaria - 232a

丶 丷 宀 宁 宇 字

95b

字 zì

carácter; palabra

casa 宀[141] [mián] + hijo 子 [zǐ]

Al igual que aumentan los hijos(子) en una casa(宀), se crean nuevos caracteres. Los caracteres chinos son, en su mayoría, pictogramas. Un carácter normalmente significa una cosa, con lo cual hay que crear nuevos caracteres para reflejar los cambios que se producen con el tiempo. En cambio, el alfabeto no cambia mucho.

名字[míngzi] nombre - 222c
字典[zìdiǎn] diccionario - 217a
汉字[hànzì] carácter chino - 34g
数字[shùzì] numeral - 138c

一 十 才 木 本 李 李

95c

李 lǐ

ciruelo

árbol 木[210] [mù] + hijo 子 [zǐ]

Este carácter ilustra la característica de un árbol(木), el ciruelo, que suele dar muchos frutos(子).

行李箱[xínglǐxiāng] maleta; maletero - 60b 216a

女

Diagrama para 女

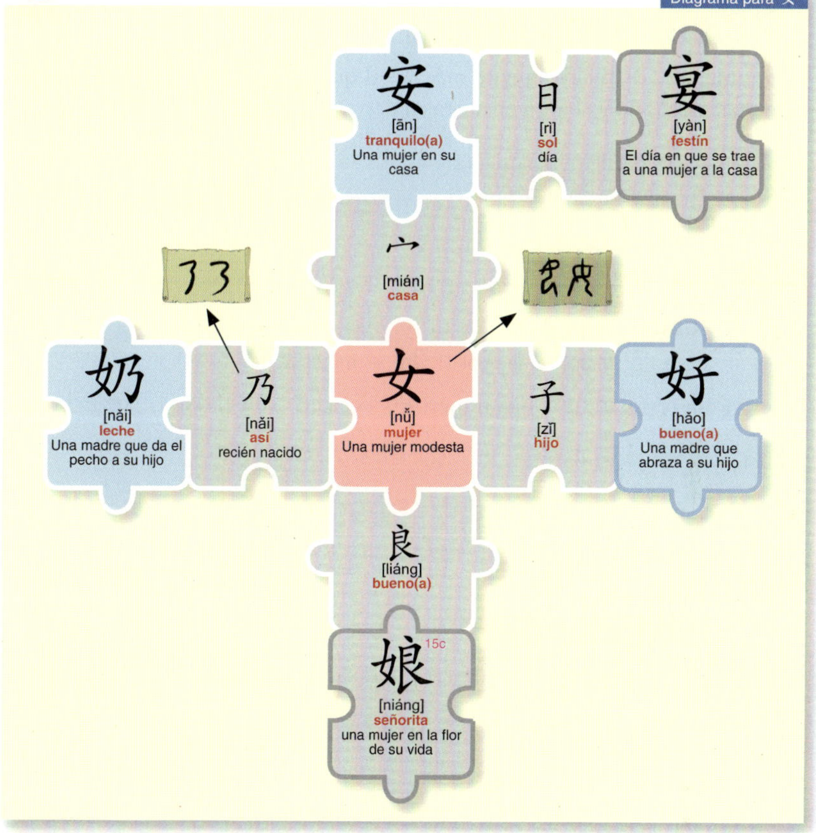

96

く 女 女

女 nǚ mujer

Una mujer que está sentada con las manos sobre las rodillas.

女儿[nǚér] hija - 71	女人[nǚrén] mujer - 63

96

丶 丷 宀 它 安 安

96a

安 ān

tranquilo(a)

casa 宀[141] [mián] + mujer 女 [nǚ]

Una mujer(女) es relativamente más débil que un hombre, con lo cual se siente más tranquila y segura en su casa(宀).

安静[ānjìng] silencioso(a); tranquilo(a) - 36c
安排[ānpái] arreglar - 181a
安全[ānquán] seguro(a); asegurado(a) - 63f

丶 丷 宀 宀 宀 宀 宀 宴 宴 宴

96b

宴 yàn

festín

casa 宀[141] [mián] + día/sol 日[218] [rì] + mujer 女 [nǚ]

Celebrar un festín al traer una mujer(女) a casa(宀) en el día(日) de la boda.

宴会[yànhuì] banquete; festín - 66c

く 女 女 女 好 好

96c

好 hǎo

bueno(a)

mujer 女 [nǚ] + hijo 子[95] [zǐ]

Siempre es bueno para una madre(女) abrazar a su hijo(子).

好吃[hǎochī] sabroso(a); delicioso(a) - 16b
爱好[ài/hào] tener afecto por; interés; afición - 34e
好处[hǎochu] ventaja; beneficio - 56b
好看[hǎokàn] guapo(a) - 11a
好像[hǎoxiàng] parecer; parecerse a - 174c
问好[wèn/hǎo] mandar sus saludos a - 145b
友好[yǒuhǎo] amigo cercano - 34d
只好[zhǐhǎo] tener que; estar obligado a - 179

く 女 女 奶 奶

96d

奶 nǎi

leche

mujer 女 [nǚ] + recién nacido/así 乃 [nǎi]

Una madre(女) abraza a su recién nacido(乃) y le da el pecho.

* El carácter antiguo de "así 乃 [nǎi]" es la forma de un feto.

牛奶[niúnǎi] leche (de vaca) - 175
奶奶[nǎinai] abuela

女

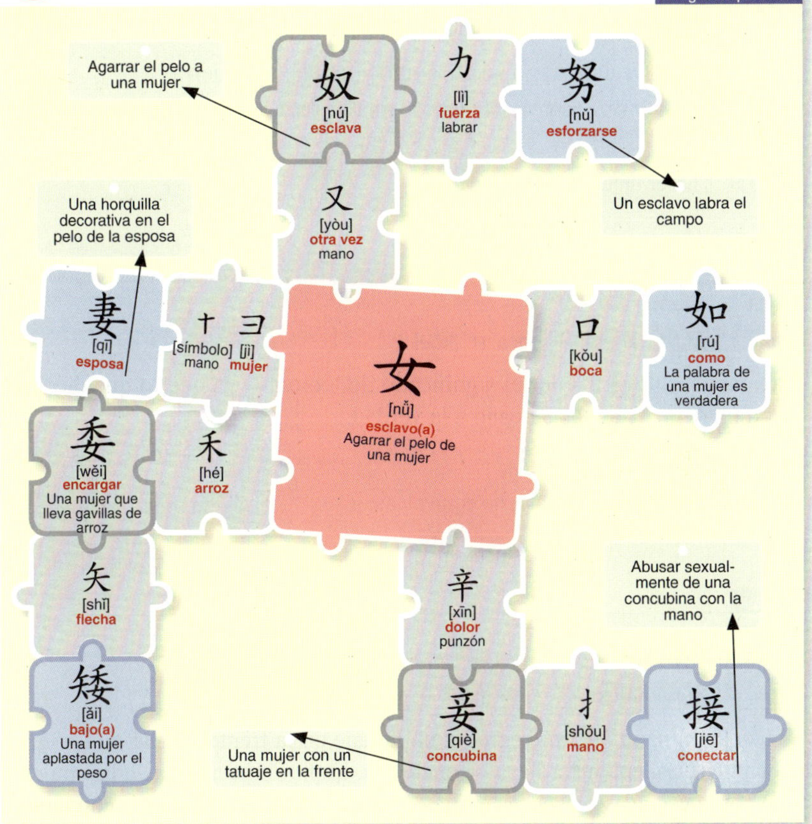

96

96e

く 女 女 奴 奴

奴 nú

esclavo(a)

mujer 女 [nǚ] + mano/otra vez 又[34] [yòu]

Se le agarra(又) el pelo a una esclava(女) y esta es maltratada.

奴隶[núlì] esclavo(a) - 38

96f ㄑ ㄠ 女 如 奴 努 努

努 nǔ

esforzarse

esclavo 奴 [nú] + labrar/fuerza 力[159] [lì]

Un esclavo(奴) trabaja duro en el campo y labra(力) la tierra.

* La palabra china "努力[nǔlì]" significa trabajar tan duro como un esclavo(奴) que pone mucha fuerza(力) en su trabajo.

努力[nǔ/lì] hacer un esfuerzo; esforzarse - 159

96g ㄑ ㄠ 女 如 如 如

如 rú

como

mujer 女 [nǚ] + boca 口[16] [kǒu]

Este carácter llegó a tener el significado de 'como ~' ya que lo que dice(口) una mujer(女) está más cercano a la verdad.

如果[rúguǒ] si; por si; en caso de - 210g
不如[bùrú] no tan bueno como; no equivalente a - 223a
例如[lìrú] por ejemplo - 30c
如何[rúhé] cómo - 17c

96

96h 丶 亠 亣 立 立 妾 妾 妾

妾 qiè

concubina

punzón/dolor 立[79] →辛[103] [xīn] + mujer 女 [nǚ]

Se usa un punzón (辛) para grabar un tatuaje en la frente de una mujer(女) y la convierte así en una esclava o concubina. En la China antigua, a las mujeres (女) como esclavas o esposas e hijas de los criminales se les ponía un tatuaje en la frente con un punzón(辛) y eran tomadas como esclavas o concubinas.

* La parte superior del carácter antiguo "妾" no tiene ninguna relación con "ponerse de pie 立 [lì]".

96i 一 丁 扌 扌 扩 扩 护 拉 接 接 接

接 jiē

conectar; recibir

mano 扌=手[31] [nǚ] + concubina 妾 [qiè]

Molestar a una concubina(妾) con la mano(扌) da a entender que tendrá un heredero que le sucederá, o que recibirá el servicio de la concubina.

接着[jiēzhe] coger; continuar - 11b
接近[jiējìn] estar cerca; cerca; acercarse - 118a
迎接[yíngjiē] recibir a; dar la bienvenida; saludar; recibir - 87a
直接[zhíjiē] directo(a); inmediato(a) - 12

96j 一 二 千 禾 禾 委 委 委

委 wěi

encargar

arroz 禾[139] [hé] + mujer 女 [nǚ]

Una mujer(女) que lleva gavillas de arroz(禾) sobre la cabeza se encarga de llevar a cabo su deber durante la cosecha.

委员 [wěiyuán] miembro del comité - 186h

96k 丿 𠂉 𠂉 午 矢 矢 矢 矢 矢 矮 矮 矮 矮

矮 ǎi

bajo(a)

flecha 矢[111] [shǐ] + encargar 委 [wēi]

Una mujer que se encarga(委) de llevar gavillas de arroz queda aplastada por el peso y es tan baja como la 'longitud de una flecha(矢)'.

在我们的花园里有一棵矮苹果树。Hay un manzano enano en nuestro jardín.
- 32a 113b 145a 46b 70b 73c 151 39c 223 210h 96k 122b 210g 40d

96l 一 ヨ ヨ ヨ 声 妻 妻 妻

妻 qī

esposa

horquilla 十 [símbolo] + mano ヨ[36] [jì] + mujer 女[96] [nǚ]

Una mujer(女) casada se pone(ヨ) una horquilla(十) en el pelo para mantener el moño.

* En la China antigua, solo las mujeres casadas se ponían una horquilla en el pelo para hacerse un moño.

妻子 [qīzi] esposa - 95

96

母

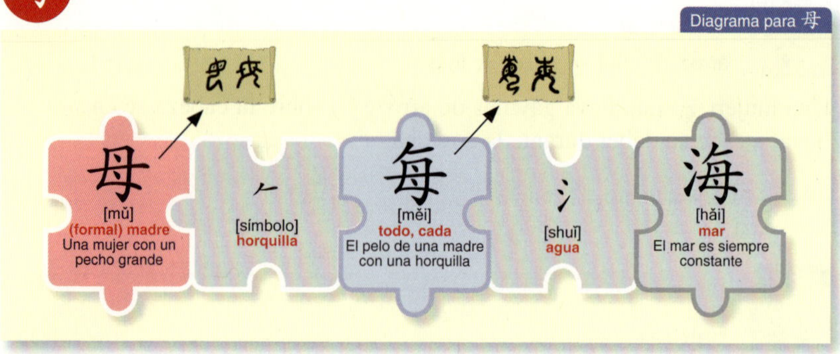

97 ㇗ 𠃊 𠃋 母 母

母 mǔ

(formal) madre

Inclinando el carácter "mujer 女[96][nǚ]" hacia un lado y añadiendo dos puntos (丶, 丶) para acentuar la acción de amamantamiento, se creó este carácter con el significado de 'madre'.

97

母亲[mǔqīn] madre - 103a

97a ノ 𠂉 𠂉 每 每 每 每

每 měi

todo, cada

horquilla 𠂉 [símbolo] + madre 母 [mǔ]

Una madre(母) normalmente se hace un moño con una horquilla(𠂉) en el pelo. Se recoge todo el pelo, no solo una parte; de ahí que este carácter llegó a significar 'todo, cada'.

* "𠂉" no se refiere a una persona, sino a una horquilla tradicional de Asia para hacer un moño. En la antigua China, solamente las mujeres casadas se ponían una horquilla para hacerse un moño en el pelo.

每周末 todos los fines de semana - 97a 154a 210b

97b 丶 丶 氵 氵 氵 氵 海 海 海 海

海 hǎi

mar

agua 氵[202][shuǐ] + todo 每 [měi]

El mar nunca se derrama ni se seca y siempre(每) mantiene el mismo nivel de agua(氵).

父

Diagrama para 父

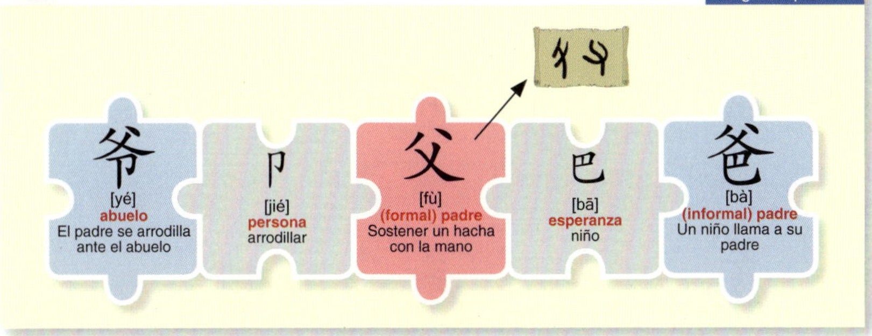

98 丿 八 ㄅ 父

父 fù — (formal) padre

Un padre que sostiene un hacha o un martillo con la mano(又[34]) para cazar y sustentar a su familia.

父亲[fùqīn] padre - 103a

98

98a 丿 八 ㄅ 父 父 父 爸 爸

爸 bà — (informal) padre

padre 父 [fù] + niño/esperanza 巴[92a][bā]

Un niño(巴) llamando a su padre(父) diría 'papá'.

* "巴" es un bebé con más peso, es decir, un niño.

爸爸[bàba] papá; papi; padre

98b 丿 八 ㄅ 父 父 爷

爷 yé — abuelo

padre 父 [fù] + arrodillar/persona 卩[85][jié]

El padre(父) se arrodilla(卩) ante el abuelo.

* "卩" describe a una persona que se arrodilla.

爷爷[yéye] abuelo

氏

Diagrama para 氏

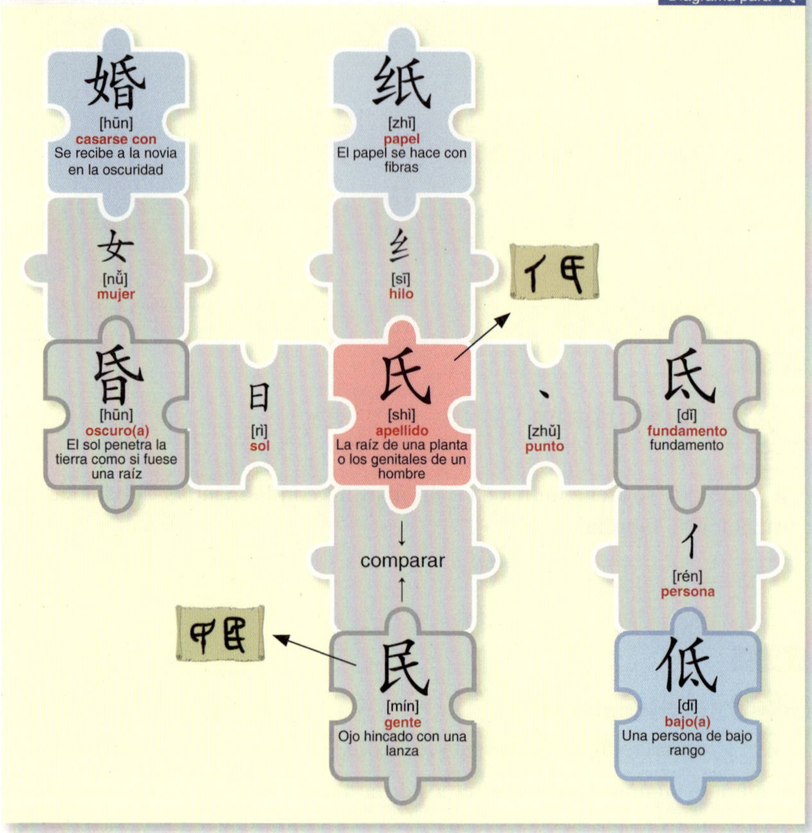

99

99

氏 shì

apellido

No está claro, pero el texto antiguo sugiere que el significado 'apellido' vino del hecho de que este carácter se parece a una raíz o a los genitales de un hombre.

99a

纸 zhǐ

papel

hilo 纟[132] [sī] + raíz/apellido 氏 [shì]

La raíz(氏) de una planta, el hilo(纟), es el material(氏) principal con el que se hace el papel. El papel se hace con fibras y estas son sustancias que se componen de hilos(纟).

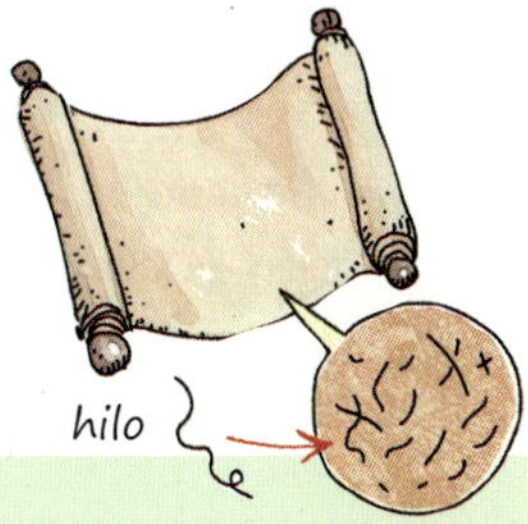

* Cai Lun (蔡伦, 50 D.C.~121 D.C.) fue el primer chino que hizo papel utilizando fibras de lino.

报纸[bàozhǐ] periódico - 34a

99b 丿 亻 亻 仜 仾 低 低

低 dī

bajo(a)

persona 亻[70][rén] + fundamento 氐 [dǐ]

El carácter 'base(氐)' implica 'abajo, suelo' y un hombre(氐) (亻) con un rango social bajo es una persona 'baja'.

* Cuando el carácter "氏[shì]" se usa como 'apellido' y no como un órgano reproductivo, al añadirle un punto(丶[233]) significa "fundamento 氐 [dǐ]".

降低[jiàngdī] reducir; bajar - 58b

99c ㇆ ㇆ 尸 尸 民

民 mín

gente

A los prisioneros de guerra se les hincaba en un ojo(目[11]) con una lanza (矛[116]) para marcarlos como esclavos. Más adelante el significado fue cambiando a 'gente'.

* El carácter antiguo muestra una lanza(矛) que hinca un ojo(目). Lo tratamos aquí ya que el carácter radical del "民" es "apellido 氏 [shì]", pero no tiene ninguna relación con el significado.

民族[mínzú] raza; nación - 161a	人民[rénmín] el pueblo - 63
农民[nóngmín] agricultor; campesino - 130c	渔民[yúmín] pescador - 185b

99d 一 厂 F 氏 氏 昏 昏 昏

昏 hūn

oscuro(a)

raíz/apellido 氏 [shì] + sol 日[218][rì]

Describe la imagen del rayo del sol(日) que penetra en la tierra al igual que una raíz(氏) de un árbol penetra el suelo; tiene el significado de 'oscuro(a)'.

99

99e

婚 hūn

casarse con

mujer 女[96] [nǚ] + oscuro(a) 昏 [hūn]

Cuando cae el sol y oscurece(昏) se recibe a la novia(女). Ilustra la costumbre tradicional china del casamiento.

结婚[jié/hūn] casarse con; casarse - 104b

100

耂

Diagrama para 耂

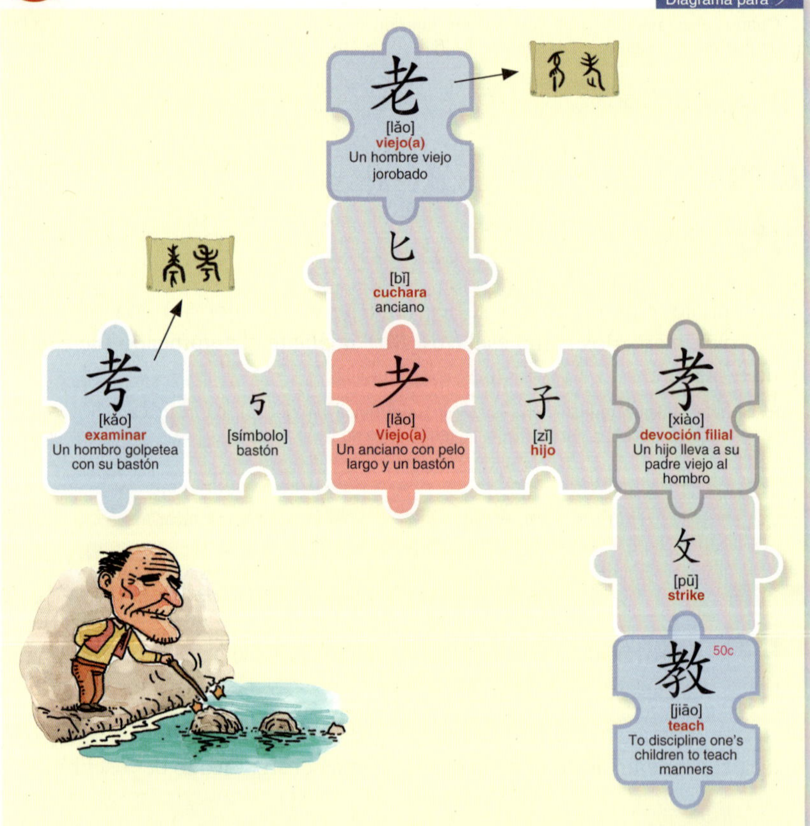

100 一 十 土 耂

耂 lǎo

viejo(a)

Un hombre viejo encorvado y con pelo largo(ノ) se apoya en un bastón para ponerse de pie sobre la tierra(土[152]).

* Este carácter es originalmente una abreviatura del carácter "老[100a][lǎo]". La palabra "antiguo" ilustra a un hombre viejo(耂) con pelo largo que se apoya sobre un bastón(匕).

100a 一 十 土 耂 老 老

老 lǎo

viejo(a)

viejo(a) 耂 [lǎo] + anciano/cuchara 匕[88][bǐ]

Ya que el carácter "耂" no se utiliza por sí solo, se añade el carácter "viejo(a) 匕" para dar énfasis al significado.

* "匕" es un reflejo en el espejo de una persona (人[63]) y es utilizado para describir a un 'anciano'.

老师[lǎoshī] maestro(a) (honorífico) - 131e
老百姓[lǎobǎixìng] gente común; gente ordinaria - 134a 208c
老人[lǎorén] anciano(a); personas de edad - 63

100

100b 一 十 土 耂 耂 孝 孝

孝 xiào

devoción filial

viejo(a) 耂 [lǎo] + hijo 子[95][zǐ]

Un hijo(子) devoto lleva a su padre viejo(耂) al hombro.

100c 一 十 土 耂 耂 考

考 kǎo

examinar

viejo(a) 耂 [lǎo] + bastón 丂 [símbolo]

Un viejo(耂) precavido golpetea con su bastón(丂) para examinar si es seguro el camino.

* El texto antiguo muestra que la parte inferior es un bastón torcido.

考试[kǎoshì] examen; prueba - 110b　　考察[kǎochá] examinar; investigar - 126b

者

Diagrama para 者

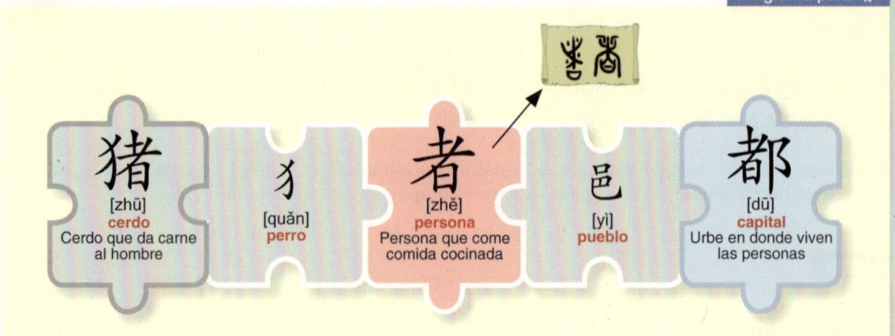

101 一 十 土 耂 耂 者 者 者

者 zhě

persona; -ista, -or (persona)

Este carácter no tiene ninguna relación con "viejo(a) 耂[100] [lǎo]", y según las inscripciones en bronce representa la escena en la que prepara la comida en la caldera. Significa que, de todos los animales, únicamente las personas comen
101 la comida cocinada. Actualmente se utiliza, sobre todo, después del adjetivo o verbo como atributivo de dicha palabra o para describir a una persona o un objeto en acción.

或者 [huòzhě] quizás; tal vez - 113d
读者 [dúzhě] lector - 75d
记者 [jìzhě] reportero; periodista - 82b

101a 一 十 土 耂 耂 者 者 者 者阝 都

都 dū/dōu

capital / todo(a)

persona 者 [zhě] + pueblo 阝[147] → 邑[92d] [yì]

Tiene forma del pueblo(邑) en donde viven muchas personas(者) que comen comida cocinada. Se le agregó "者" para señalar una gran ciudad mucho más grande que el pueblo(邑) y significa 'capital'.

* Si "colina 阝 [fù]" se ubica al lado derecho de este carácter, significa "邑".

首都 [shǒudū] capital; metropolitano(a) - 7

Significa que en las ciudades(邑) todas las personas(者) se agrupan y viven juntas.

连…都(也)[lián…dōu(yě…)] aún… es/es… - 124c 84
他是个这么好的学生，所以我们都喜欢他。Tan buen estudiante es él que todos lo queremos. - 84b 54b 63b 133a 93a 96c 46b 95a 208 144a 63j 113b 145a 101a 140a 23c 84b

101b 丿 犭 犭 犭 犴 犲 狫 猪 猪 猪 猪

猪 zhū

cerdo

perro 犭[173] [quǎn] + persona 者 [zhě]

Llegó a significar 'cerdo' para dar a entender que es un animal(犭) que proporciona carne al hombre(者) que come comida cocinada. Se puede ver que el cerdo ha proporcionado proteína al hombre desde antaño.

* "犭" es un elemento semántico que se utiliza en los caracteres que signifiquen animales pequeños como perro.

猪肉 cerdo - 101b 192

101

长

102 ノ 一 长 长

长 cháng/zhǎng — largo(a) / mayor

Al igual que "viejo(a) 老[100a][lǎo]", este carácter tiene forma de un anciano que anda con bastón con el pelo largo suelto al viento. Del mismo carácter, "老" se desarrolló para significar viejo mientras que "长" llegó a significar 'largo'
102 por la característica del cabello largo.

"长" se utiliza como largo por la característica del cabello largo, pero también puede continuar significando 'persona mayor'.

校长[xiàozhǎng] maestro(a); director - 1d 增长[zēngzhǎng] aumentar; subir; crecer - 152e

102a ㇇ ㇇ 弓 弓' 弓' 弡 张

张 zhāng — extenderse

inclinarse 弓[109][gōng] + largo(a) 长 [zhǎng]

Describe una mano larga(长) extendida que tensa al máximo el arco(弓) y la cuerda antes de lanzar la flecha. También sirve para 'contar unidades como papel, cuero, mesa, cama, etc.', o sea, objetos que tienen superficie plana por significar extenderse.

102b 丶 丶 氵 氵 氵 氵 氵' 氵 涨 涨

涨 zhǎng — aumentar

agua 氵[202][shuǐ] + extenderse 张 [zhāng]

Representa la escena en la que la altura del agua(氵) aumenta al máximo, como si extendiera(张) al máximo los brazos para lanzar la flecha del arco.

辛

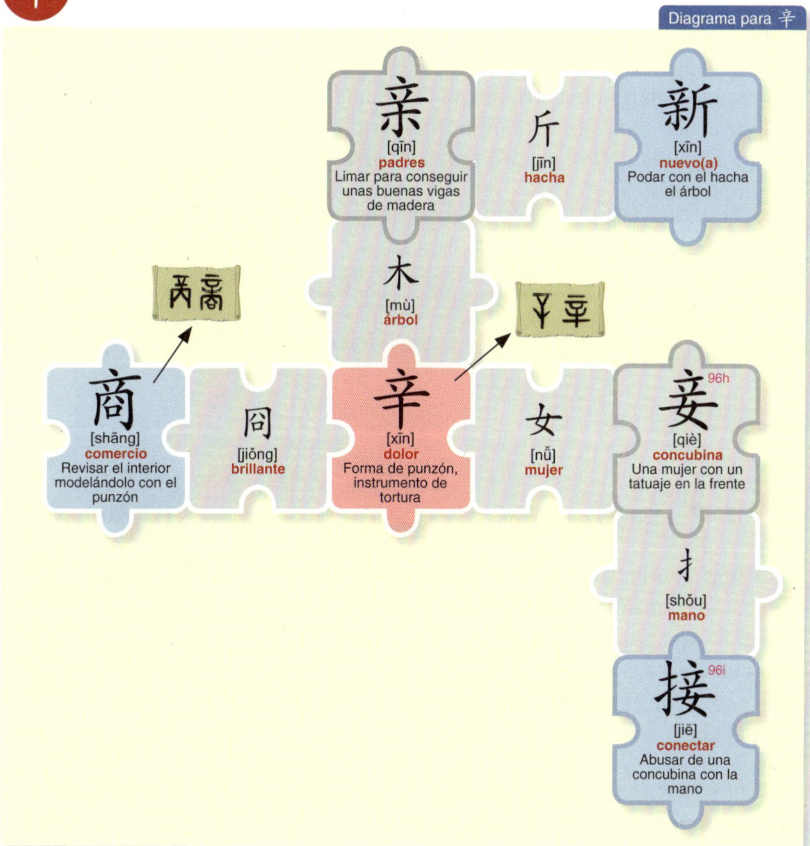

103

103

丶 亠 亠 立 立 辛 辛

辛 xīn	**dolor; cáustico(a)**

Este carácter tiene la forma de 'instrumento afilado como un punzón o un instrumento de tortura' que se utilizaba para tatuaje o para torturar, y se refiere al dolor que siente el torturado. También significa 'picante' por el sabor doloroso.

* En verdad, no es la lengua quien siente el sabor picante sino las celulas receptoras del dolor.

辛苦[xīnkǔ] difícil; arduo(a) - 19d

103

103a

丶 亠 亣 立 立 辛 辛 亲 亲

亲 qīn

padres

punzón/dolor 立→辛 [xīn] + árbol 木[210] [mù]

Significa que al hijo mal criado, hay que corregirlo aunque sea con el punzón (辛) para que siga por el camino correcto, como una viga de madera(木). Resalta el papel de los padres, quienes, de cerca, deben guiar sus hijos hacia el camino correcto.

* El carácter tradicional(親) da a entender que los padres deben observar atentamente(見[13]) a sus hijos, y si éste se desvía, lo deben guiar hacia el camino correcto, pinchándolo aunque sea con el punzón(立→辛), para que crezca derecho como una viga de madera(木).

父亲[fùqīn] padre - 98
母亲[mǔqīn] madre - 97
亲切[qīnqiè] amable; cordial; íntimo(a) - 119b

103b

丶 亠 亣 立 立 辛 辛 亲 亲 新 新 新

新 xīn

nuevo(a)

punzón/dolor 立→辛 [xīn] + árbol 木[210] [mù] + hacha 斤[118] [jīn]

Si el hijo continúa con las malas costumbres y formas a pesar de que lo pincharon con el punzón(辛) y lo guiaron hacia el camino correcto para que crezca como una viga de madera(木), se debe podar con el hacha(斤) la parte mala, sin dudar, para que se convierta en una nueva persona.

新闻[xīnwén] noticias - 10f
新鲜[xīnxiān] fresco(a); nuevo(a) - 185a
新年[xīnnián] Año Nuevo - 121a

103c

丶 亠 亣 亣 产 产 产 产 商 商 商

商 shāng

comercio

punzón/dolor 立→辛 [xīn] + brillante 冋[116a] [jiǒng]

Este carácter es una metáfora de "vendedores", describe cómo éstos 'pinchan con el punzón(立→辛)' para revisar, iluminando(冋), incluso la parte más recóndita, con el objeto de obtener buenos resultados.

* De acuerdo a las inscripciones en los huesos oraculares, este carácter está formado por "辛" en forma de punzón e "interior 内[64] [nèi]", y significa pinchar con el punzón(辛) para mirar hasta adentro(内).

商店[shāngdiàn] almacén; tienda - 127b
商业[shāngyè] comercio - 223c

士

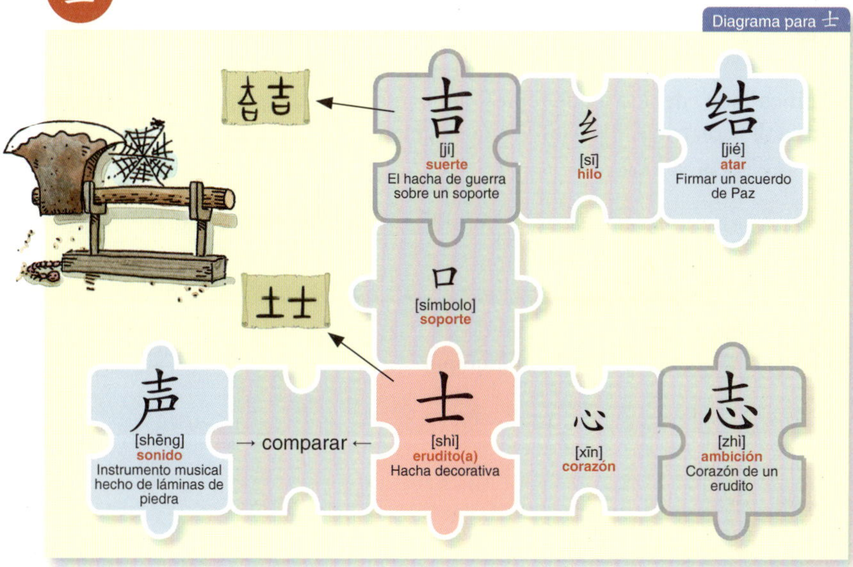

104

104 一 十 士

士 shì — erudito(a)

Tiene forma del hacha(士) de lictor que representa autoridad. Significa 'erudito' ya que indica a una persona que puede tener autoridad, es decir, que tiene suficiente conocimiento como para ocupar un puesto público.

人士[rénshì] personaje público; figura pública - 63

104a 一 十 士 吉 吉 吉

吉 jí — suerte

hacha/erudito(a) 士 [shì] + soporte 口 [símbolo]

Da a entender que el hacha(士), símbolo de autoridad y arma de guerra, está sin uso sobre un soporte(口). El hecho de que el hacha esté en desuso y que la empuñadora esté pudriéndose equivale a época de paz, sin guerra o batalla por un largo tiempo, por lo que llegó a significar 'suerte'.

104b

丿 纟 纟 纟一 纟十 纟士 纟丰 结 结

结 jié/jiē

atar/dar(fruto)

hilo 纟[132][sī] + paz/suerte 吉 [jí]

Significa 'atar' debido a que representa la escena en la que hilan(纟) acuerdos de paz(吉) con tribus o países vecinos para evitar la guerra.

＊ "纟" tiene función de enlace o de unión.

结婚[jié/hūn] casarse; casarse con - 99e
结束[jiéshù] finalizar; fin - 211a
结果[jiéguǒ] dar fruto; resultado - 210g
团结[tuánjié] unir; mitin - 32c
总结[zǒngjié] resumen - 16f

Significa que la firma(纟)del Acuerdo de Paz(吉) ha 'dado buen fruto' ya que no ha habido guerra por un largo tiempo.

结实[jiēshi] sólido; robusto(a); realización - 75a

104c

一 十 士 士 志 志 志

志 zhì

ambición

erudito(a) 士 [shì] + corazón 心[28][xīn]

104

Significa que el corazón(心) de un erudito(士), que busca el conocimiento sin interés personal, es la 'gran voluntad' que todos deben de seguir y respetar.

同志[tóngzhì] camarada - 149b
意志[yìzhì] voluntad - 21b

104d

一 十 士 㐅 韦 吉 声

声 shēng

sonido

marco para colgar 士 [símbolo] + tabla de piedra 尸 [símbolo]

Es el instrumento de persecución que produce sonido al tocar una lámina de piedra(尸), colgada de un marco(士). También sirve para 'contar la cantidad de sonido'.

＊ El carácter tradicional(聲) tiene la forma de una persona que escucha con la oreja(耳[10a]) el sonido del instrumento(磬[qìng]) colgado en una lámina de piedra(石[197]) al tocarlo con el palo(殳[117]), pero en el carácter actual sólamente se puede ver la lámina de piedra(尸) colgada al marco(士).

声音[shēngyīn] voz; sonido - 21
大声[dàshēng] ruidoso(a); estrépido(a) - 74
声调[shēngdiào] tono - 154
我喊了他两声。Lo llamé dos veces. - 113b 114e 168a 84b 64b 104d

壬

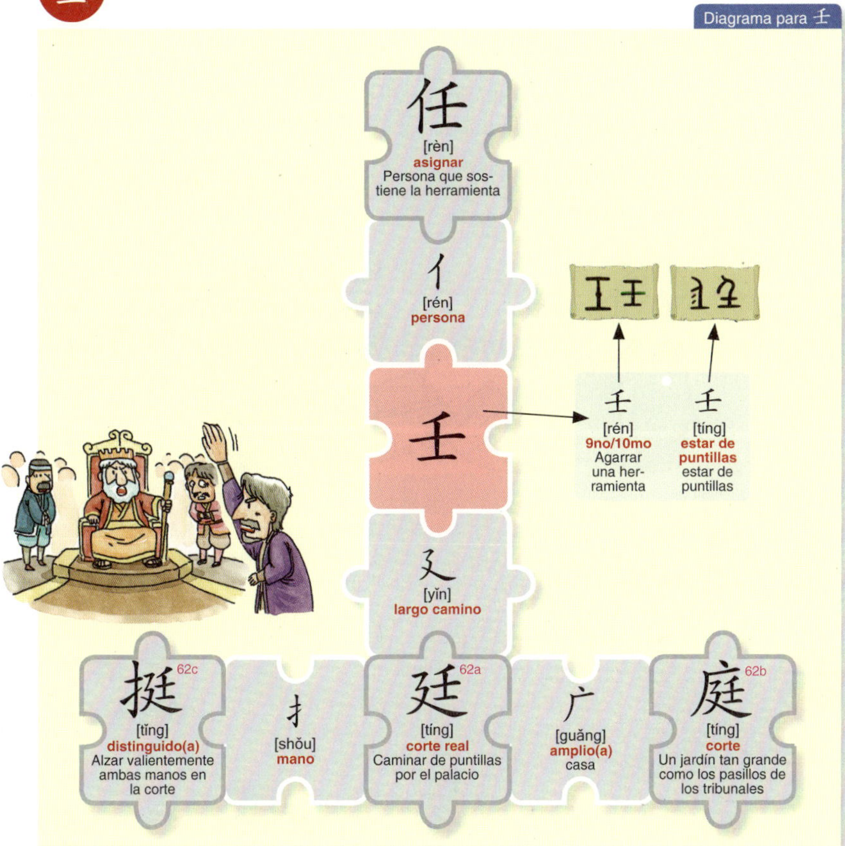

105

105

丿 二 千 壬

壬
rén/tíng

9no/10mo / estar de puntillas

Según algunos, representa agarrar por la mitad la herramienta(trabajo 工[200][gōng]), o tiene la forma de una bobina, y significa el noveno de los diez troncos celestiales.

Actualmente tiene la misma forma que “壬[rén]”, pero “壬[tíng]” tiene forma de una persona que está de puntillas(止[53]), con el talón levantado.

* “壬[rén]” de “nombrar 任[105a][rèn]” o “壬[tíng]” de “corte real 廷[62a][tíng]” tienen la misma forma pero es un carácter totalmente diferente.

105a ノ 亻 亻 仁 仟 任

任 rèn

asignar

persona 亻[70] [rén] + sostener la herramienta/ 9no 壬 [rén]

Tiene forma de una persona(亻) que coge(壬) la herramienta por el medio, y observando dicha herramienta se puede saber qué trabajo se le ha asignado.

任何 [rènhé] cualquier; lo que sea - 17c   责任 [zérèn] responsabilidad - 186b

106

臣

Diagrama para 臤

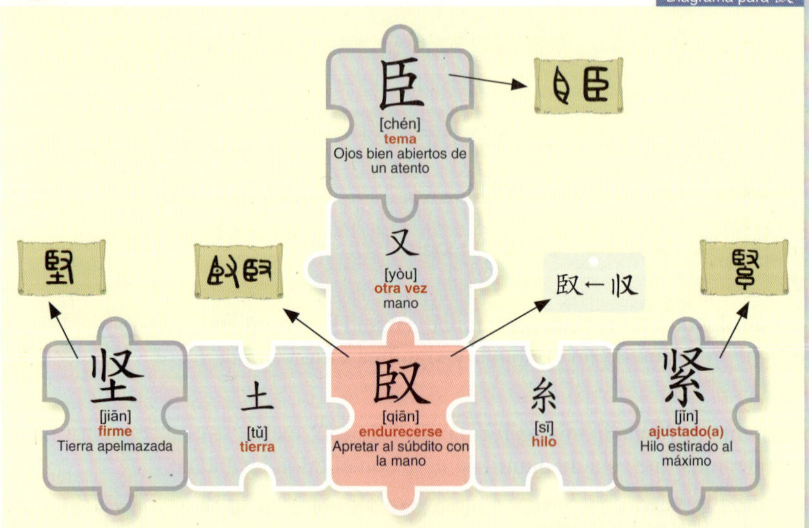

106 一 丅 𫝀 𦣝 𦣞 臣

臣 chén

tema

Describe a los 'ojos bien abiertos' de un súbdito atentos, mirándolos de perfil. En el sistema monárquico, el rey era la máxima autoridad y los súbditos no podían mirarlo directamente, de ahí su vista de perfil, y los súbditos estaban siempre atentos, de ahí sus 'ojos bien abiertos'.

大臣 [dàchén] ministro - 74

106a 一 丅 𫝀 𦣝 𦣞 臣 臤 臤

臤 qiān

endurecerse

tema 臣 [chén] + mano/otra vez 又[34] [yòu]

Representa la escena en la que apreta con la mano(又) el cuello del súbdito (臣) de ojos bien abiertos y tenso. Tiene forma de cuerpo del súbdito que se endurece por el temor.

* En el carácter chino simplificado la forma del súbdito(臣) ha sido cambiada por el chuchillo (刂=刀[119]).

106

106b 丨 刂 刂フ 収 収 坚 紧 紧 紧 紧

紧 jǐn

ajustado(a)

endurecerse 臤 [qiān] + hilo 糸 = 纟[132] [sī]

Al apretar con la mano(又[34]) el cuello del súbdito(刂→臣) atento se endurece (臤) el cuerpo. Así el hilo(糸) endurecido(臤) significa que está estirado al máximo.

* En el carácter tradicional(緊) la forma del súbdito(臣) ha sido cambiada por el cuchillo(刂=刀[119]).

紧张 [jǐnzhāng] nervioso(a), tenso(a) - 102a　　要紧 [yàojǐn] importante; esencial - 170b

106c 丨 刂 刂フ 収 坚 坚 坚

坚 jiān

firme

endurecerse 臤 [qiān] + tierra 土[152] [tǔ]

La tierra(土) se endurece(臤) firmemente después de la lluvia.

* En el carácter tradicional(堅) la forma del súbdito(臣) ha sido cambiada por el cuchillo(刂=刀[119]).

坚持 [jiānchí] persistir en; apegarse - 42a　　坚定 [jiāndìng] firme; resuelto(a) - 54e

臣

Diagrama para 监

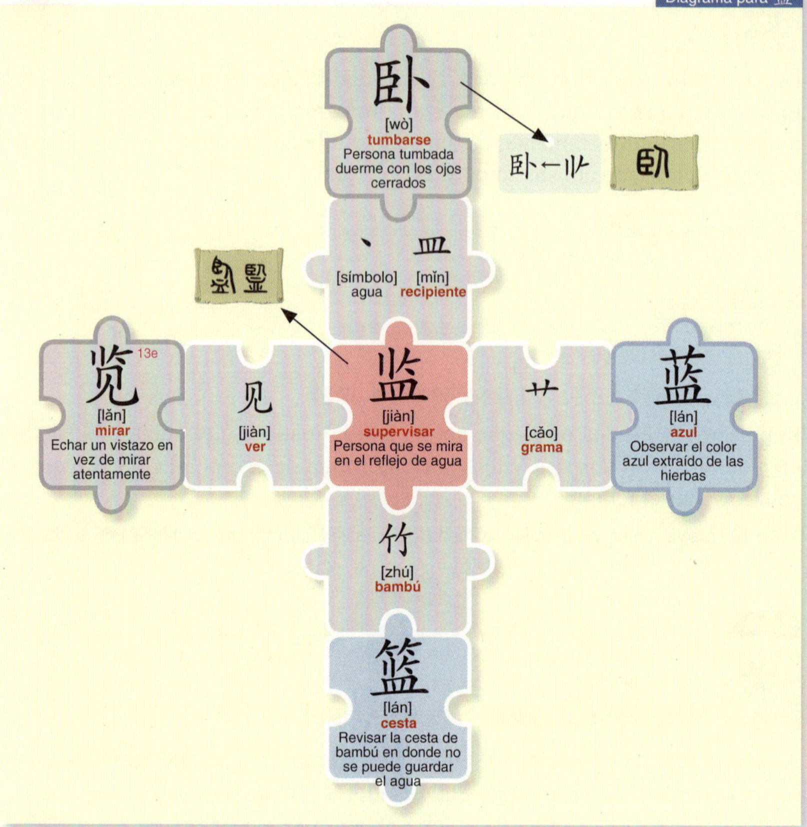

107

107

一 丅 丂 丂 丂 臣 臣 卧

卧 wò

tumbarse

tema 臣[106][chén] + persona 卜[127]→人[63][rén]

Se agregó forma de ojo "臣" para describir a una persona tumbada durmiendo(人).

* En el carácter tradicional(臥) se puede ver que la forma de persona (人) ha sido cambiada a "adivinación 卜 [bǔ]".

卧室[wòshì] dormitorio - 112a

107a

丨 丨丨 丨丿 丨𠂉 丨𠂉 丨⺊ 丨⺊ 丨⺊ 监 监

监 jiàn

supervisar + recipiente 皿[125b][mǐn]

tema 刂[119]→臣[106][chén] + persona 𠂉→人[63][rén] + agua 丶 [símbolo]

El significado 'supervisar' derivó de una persona(人) que mira detalladamente su rostro reflejado(臣) en el recipiente(皿) de agua(丶), en época en la que no existían espejos.

* "臣" con forma de ojos bien abiertos se encarga de mirar.
* En el carácter tradicional(監) la forma del súbdito(臣) ha sido cambiada por el chuchillo(刂=刀[119]).

监视[jiānshì] mantenerse en alerta; vigilancia - 13c

107b

一 十 艹 艹 艹 艹 艹 艹 艹 蓝 蓝 蓝 蓝

蓝 lán

azul

grama 艹[207][cǎo] + supervisar 监 [jiàn]

Se utilizó "艹" como elemento semántico y "监" como símbolo fonético para describir el color azul extraído de las plantas.

* Es más fácil de recordar si se piensa en los ojos bien abiertos "刂→臣[106]" de "监" como los ojos azules de un occidental. En efecto, 'Li Bai(李白, 701 AD~762)', un poeta famoso de la Dinastía Tang era hijo de un chino adinerado de la capital y de una mujer occidental, y se dice que tenía ojos azules.

107

蓝色 azul - 107b 68f

107c

丿 𠂉 𥫗 ⺮ ⺮ ⺮ ⺮ ⺮ ⺮ ⺮ ⺮ ⺮ 篮 篮 篮 篮

篮 lán

bambú

bambú 竹[216][zhú] + supervisar 监 [jiàn]

Se utilizó "竹" como elemento semántico y "监" como símbolo fonético para describir la cesta hecha de bambú(竹).

* Es más fácil de recordar si piensas el recipiente(皿[125b]) "监" como cesta hecha de bambú(竹), en la que no es posible guardar el agua.

打篮球[dǎlánqiú] jugar al baloncesto - 31c 198b

篮球[lánqiú] baloncesto - 198b

王

Diagrama para 王

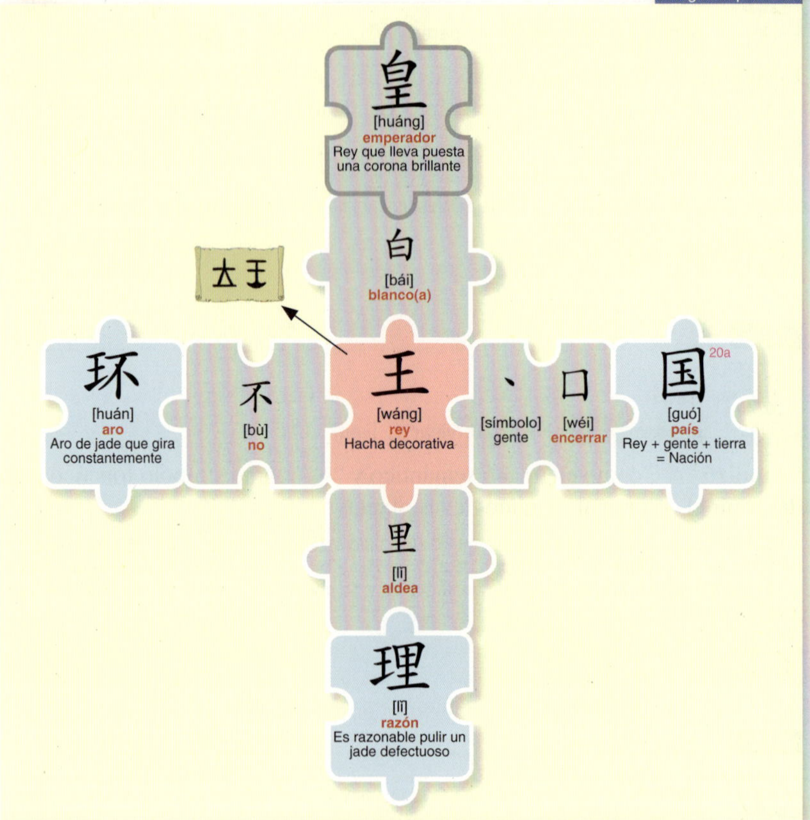

108

108 一 二 干 王

王 wáng **rey**

Si un hacha pequeño que representa autoridad llegó a significar "erudito(a) 士[104][shì]", este carácter que tiene forma de un hacha grande llegó a significar 'rey', la máxima autoridad.

* Tomen en cuenta que el radical de "王" es "jade 玉[198][yù]" y cuando "玉" se une a otro carácter, muchas veces cambia a "王".

国王[guówáng] rey - 20a

108a

丿 亻 白 白 白 皁 皁 皇 皇

皇 huáng

emperador

blanco(a) 白[134] [bái] + rey 王 [wáng]

El significado 'emperador' derivó del rey(王) que lleva puesto una corona brillante(白).

皇后 [huánghòu] emperatriz - 18d

108b

一 二 千 王 王 玑 玑 珂 珂 理 理

理 lǐ

razón

jade 王→玉[198] [yù] + aldea 里[151] [lǐ]

Significa que es razonable pulir un jade(玉) con defecto convirtiéndolo en una joya valiosa, en vez de tirarlo, y utiliza "里" para pronunciación.

* Es más fácil de recordar si se piensa en que es razonable pulir bien el defecto, sin importar la cantidad de jade(玉) que se produzca en la aldea(里).

经理[jīnglǐ] gerente; director - 132e
道理[dàolǐ] principio; razón - 7a
物理[wùlǐ] leyes innatas de las cosas; física - 49b
处理[chǔlǐ] manejar - 56b
理发[lǐ/fà] corte de pelo; peluquería - 34f
总理[zǒnglǐ] primero; primer ministro - 16f

108

108c

一 二 千 王 玎 玎 环 环

环 huán

aro; circundar

jade 王→玉[198] [yù] + no 不[223a] [bù]

Tiene forma del aro redondo hecho de jade(玉) pulido que gira infinitamente (不). El significado 'circundar' derivó de su forma redonda.

环境[huánjìng] medio ambiente; circunstancias - 21d

La vida

La vida

La guerra

¿Qué evento habrá dejado mayor impacto en la vida de las personas en la antigua sociedad? Definitivamente la guerra que era asunto de vida o muerte. Por tanto, se han creado muchos caracteres básicos relacionados a la guerra.

1. Cuando se piensa en la guerra lo primero que se le ocurre son las armas. Aquí se puede ver qué funciones han tenido 'arco, lanza, hacha, cuchillo, escudo' como caracteres básicos.
2. Durante la guerra es difícil abastecerse de materias primas. Por tanto, revisaremos cómo se han ido desarrollando los caracteres básicos que signifiquen carreta y barco, los medios de transporte.
3. En la antiguedad, se debían ofrecer ceremonias a Dios antes de salir a la guerra. Aquí se podrá ver interesantes caracteres básicos, desde el ofrecimiento de ritual en el altar hasta las adivinaciones.

Artículos de primera necesidad

Sin importar el país en donde se vive, todas las personas necesitan tres elementos básicos para poder vivir, 'ropa, alimento, casa'.

1. Para confeccionar ropa se necesita tela, y para fabricar tela se necesita hilo, y estos procesos aparecen en los caracteres básicos. Revisaremos también aquellos caracteres relacionados a los colores ya que las ropas estaban teñidas.

2. En cuanto al alimento, se puede ver que muchos caracteres están hechos de caracteres básicos, como lo es "食" con forma de tazón de arroz tapado, el arroz que es el alimento principal de los chinos, el arroz sin descascarillar, o el frijol utilizado frecuentemente en la comida china.
3. En cuanto a la forma de vivienda de las personas, se puede pensar en los caracteres creados según la forma de la casa o de la puerta, y al igual que aquellos caracteres relacionados con colina ya que en la antiguedad se excavaban cuevas en las laderas haciéndolas habitables.

La agricultura

La agricultura es la profesión que produce alimentos más básicos para la supervivencia y tiene un origen antiquísimo en el proceso de desarrollo de la humanidad.

1. Aquí trataremos a caracteres relacionados con el campo de labranza, la base de la agricultura, como tierra y campo, además aquellos relacionados con el fuego debido a que en la antiguedad quemaban los bosques o las praderas como terrenos de cultivo.
2. Para cultivar la tierra necesitaban aperos de labranza como el arado. Aquí se puede ver que el arado fue utilizado como elemento básico del carácter con diferentes símbolos y con diferentes significados.
3. Para almacenar la cosecha, se necesitaban envases. Aquí trataremos a los distintos caracteres básicos relacionados con 'botellas de vino, medidas, cestas, redes y tapas'.

弓

Diagrama para 弓

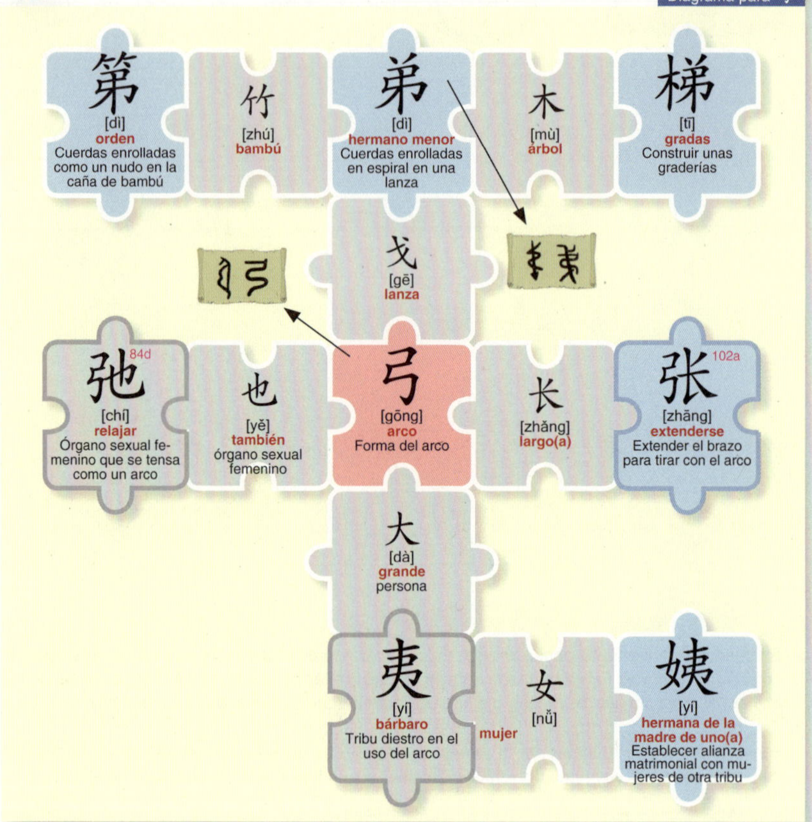

109

109 ㇇ ㇕ 弓

弓 gōng

arco

En la antiguedad, el arma más eficiente era el arco. Este carácter describe de manera simplificada la forma del arco tensado.

109a 丶 丷 䒑 弚 弟 弟

弟 dì

hermano menor

lanza 丫→戈 [gē] + enrollarse en espiral/arco 弓 [gōng]

Significaba 'orden' por la forma en la que las cuerdas están enrolladas gradualmente en espiral(弓) en una lanza(戈), pero se utiliza como 'hermano menor' por señalar al menor en orden de nacimiento.

* En las inscripciones en bronce se puede ver que este carácter "弟"describe cuerdas enrolladas en espiral(弓) en una lanza(戈), no un arco.

弟弟[dìdi] hermano menor　　弟兄[dìxiong] hermanos - 72
兄弟[xiōngdì] hermanos - 72

109b

第 dì

orden

bambú 竹[216][zhú] + hermano menor 弟 [dì]

Al utilizarse "弟" como 'hermano menor' por la forma de las cuerdas enrolladas gradualmente en espiral, se le agregó bambú(竹) que tiene nudos en la caña a determinada distancia para recuperar el significado 'orden'. También se utiliza como 'prefijo para señalar números ordinales' si va antes de un nombre numeral.

第一[dìyī] primero - 223　　第一天 el primer día - 109b 223 74b

109

109c

梯 tī

gradas

árbol 木[210][mù] + orden/hermano menor 弟 [dì]

Tiene forma de gradas de madera(木) construídas una tras otra(弟) que permiten subir a un lugar alto.

电梯[diàntī] elevador; ascensor - 157a

109d

夷 yí

bárbaro

arco 弓 [gōng] + persona/grande 大[74][dà]

Este carácter se refiere a una tribu extranjera que vivía al Este de China y significa persona(大) diestra en el uso del arco(弓). Es interesante saber que el pueblo Goguryeo, un país establecido en el lado este de China una década a.C. es conocido como raza diestra en el tiro con arco(弓) desde el caballo(大).

* El nombre de Ju Mong, el fundador de Goguryeo, literalmente significa 'Persona(大) diestra en el tiro con arco(弓)'.

109e

姨
yí

hermana de la madre de uno(a)

mujer 女[96][nǚ] + bárbaro(a) 夷 [yí]

El significado 'tía materna' derivó de la forma en la que establecen alianzas matrimoniales con mujeres(女) extranjeras(夷) de países vecinos para garantizar la paz.

阿姨[āyí] tía - 17e

弋

Diagrama para 弋

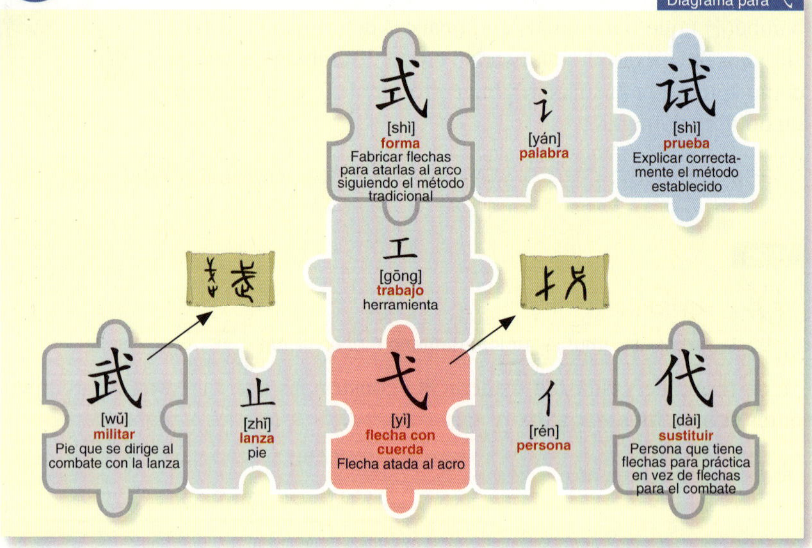

110

110

一 七 弋

弋
yì

flecha con cuerda

Tiene la forma de 'flecha sujetada con cuerda' que se utiliza para practicar, es decir, la flecha atada con una cuerda larga que se utilizaba para recoger la flecha.

110a 一 二 亍 亍 式 式

式 shì **forma**

flecha con cuerda 弋 [yì] + herramienta/trabajo 工[200][gōng]

Representa la escena en la que se fabrica la flecha con cuerda atada(弋) al arco utilizando herramientas(工). Significa que tanto las flechas para el combate como las flechas para practicar deben ser hechas de acuerdo al método tradicional.

方式[fāngshì] forma; moda; patrón - 160

110b 丶 讠 讠 讠 讠 讠 试 试

试 shì **prueba**

palabra 讠=言[22][yán] + forma 式 [shì]

Representa la escena en la que escucha y evalúa si explica(讠) correctamente durante la prueba el método(式) tradicional.

考试[kǎoshì] examen; prueba - 100c　　试验[shìyàn] experimento; prueba - 67c

110c 丿 亻 亻 代 代 110

代 dài **sustituir; período histórico**

persona 亻[70][rén] + flecha con cuerda 弋 [yì]

Tiene forma de una persona(亻) que practica el tiro con arco utilizando flechas para practicar(弋) en vez de flechas para el combate. También significa 'período histórico' en el sentido de que la próxima era sustituye a la era anterior.

代表[dàibiǎo] representativo(a); delegar - 130b　　现代[xiàndài] tiempos modernos - 13d
古代[gǔdài] antigüedad - 19

110d 一 二 亍 亍 武 武

武 wǔ **militar**

lanza 戈[113][gē] + pie/detenerse 止[53][zhǐ]

Tiene forma de pie(止) que se dirige al combate con la lanza(戈), y describe la valentía del ejército que se dirige al combate con las armas en la mano.

* Si observa atentamente este carácter podrá ver que describe la lanza(戈) con un trazo hacia arriba y el pie(止), y no "flecha con cuerda 弋 [yì]".

武器[wǔqì] arma; armamentos - 172a

矢

Diagrama para 矢

111

111

矢 shǐ

flecha

Imita la forma exacta de la flecha, incluyendo la punta, el asta y la muesca.

111a

医 yī

medico(a)

herida 匚 [símbolo] + flecha 矢 [shǐ]

El significado 'médico' derivó de la forma en la que cura la herida(匚) causada por la flecha(矢) derramando licor sobre ella.

* El carácter tradicional(醫) represente la escena en la que se derrama licor(酉[162]) que contiene alcohol en la herida(匚) causada por la flecha(矢) para desinfectar, y sujeta con tablilla(殳[117]) para inmovilizar la parte lastimada.

医生[yīshēng] medico(a) - 208　　医院[yīyuàn] hospital - 73b

111b

候 hòu

condición; espera; tiempo

persona 亻[70][rén] + persona en el acantilado ⺈ [símbolo] + flecha 矢 [shǐ]

Tiene forma del guardia(亻) armado con flechas(矢) quien, escondido en lo alto del alcantilado(⺈), observa atentamente la situación del enemigo. También significa 'esperar' por tratar de percibir el movimiento del enemigo. Además significa 'tiempo' en el sentido de que espera el momento oportuno.

* "⺈" es la forma simplificada de una persona (⺈[68]) en el acantilado (厂[148]).

时候[shíhou] tiempo; momento - 42d
有时候[yǒushíhou] entre tiempos; ocasionalmente - 39c 42d
气候[qìhòu] clima; tiempo - 204

111c

111

知 zhī

saber

flecha 矢 [shǐ] + boca 口[16][kǒu]

Significa 'saber' por la boca(口) que habla correctamente sobre un hecho, como si atinara al blanco con la flecha(矢).

知道[zhīdào] saber; realizar - 7a　　通知[tōngzhī] aconsejar; informar - 166b
知识[zhīshí] conocimiento - 179b

111d

短 duǎn

corto(a)

flecha 矢 [shǐ] + tazón usado en el rito religioso/golpear 豆[140][dòu]

Significa 'corto' ya que la altura del tazón usado en el rito religioso(豆) y que tiene forma de copa de vino no alcanza ni la altura de la flecha(矢).

* "豆" es la forma del tazón usado en el rito religioso y tiene forma de copa de vino.

短期[duǎnqī] corto plazo (período) - 44b

至

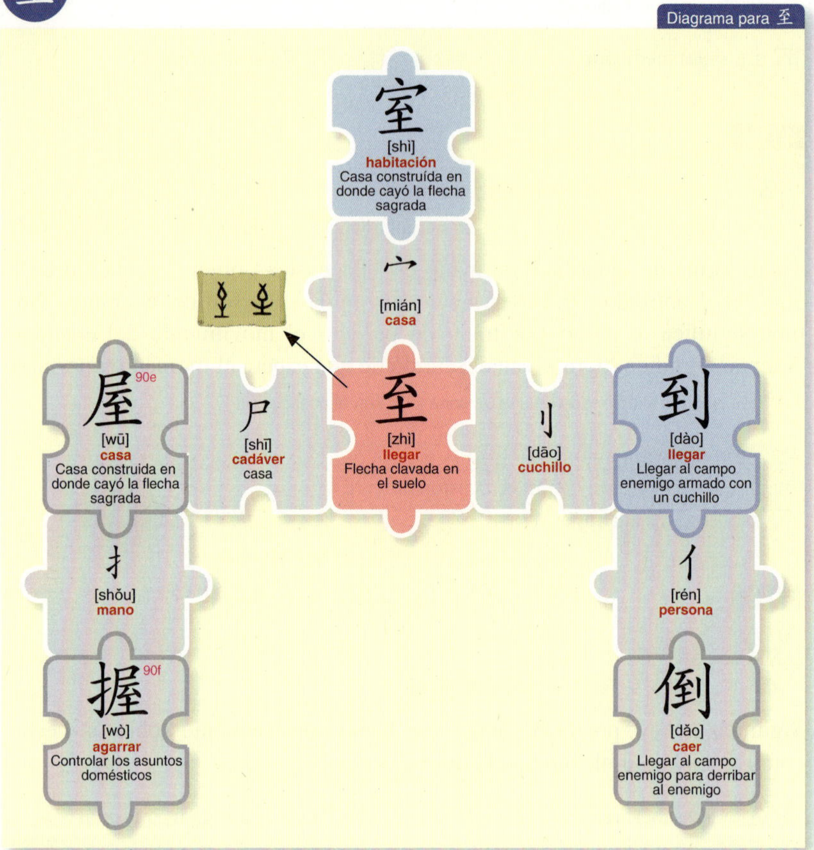

112

112

至
zhì

llegar

Tiene forma de flecha(矢[111]) clavada en el suelo(土[152]) y significa que la flecha ha alcanzado su objetivo.

* Este carácter refleja la costumbre de lanzar una flecha(矢) con adornos, considerada sagrada en la antigüedad, para construir un edificio o un altar en el lugar(一) en que cayó la flecha.

至今[zhìjīn] hasta ahora - 66

112a 丶 丶 宀 宀 宀 宀 宏 室 室

室 shì

habitación

casa 宀[141][mián] + llegar 至 [zhì]

El significado 'habitación' viene de la costumbre de lanzar una flecha considerada sagrada, y construir una casa(宀) en el lugar al que llegó(至) dicha flecha.

* Se puede ver que los chinos querían construir casas en buenas ubicaciones donde podían recibir bendiciones.

教室 [jiàoshì] aula - 50c
办公室 [bàngōngshì] oficina - 159b 93b
卧室 [wòshì] dormitorio - 107

112b 一 工 厶 至 至 至 到 到

到 dào

llegar; hacia (un lugar)

llegar 至 [zhì] + cuchillo 刂=刀[119][dāo]

Una flecha(至) clavada en el suelo y un cuchillo(刂) significan situación de guerra. Llegó a significar 'llegar, ir ~'en el sentido de que finalmente ha llegado(至) al campo enemigo armado con un cuchillo(刀).

迟到 [chídào] retrasado; llegar tarde - 91b
遇到 [yùdào] encontrar; chocar; toparse con - 194c
从…到… [cóng...dào...] desde… hacia - 63g
得到 [dédào] conseguir; obtener; ganar - 40b
感到 [gǎndào] sentir; entrar en; sentido - 114d

112

112c 丿 亻 亻 亻 亻 亻 亻 倒 倒 倒

倒 dǎo

caer

persona 亻[70][rén] + llegar 到 [dào]

Representa la escena en la que los soldados que llegaron(到) al campo enemigo derriban a los enemigos(亻) .

打倒 [dǎdǎo] derribar; caer en - 31c
倒了这棵树。Se ha caído este árbol. - 112c 168a 133a 210h 40d

113

戈

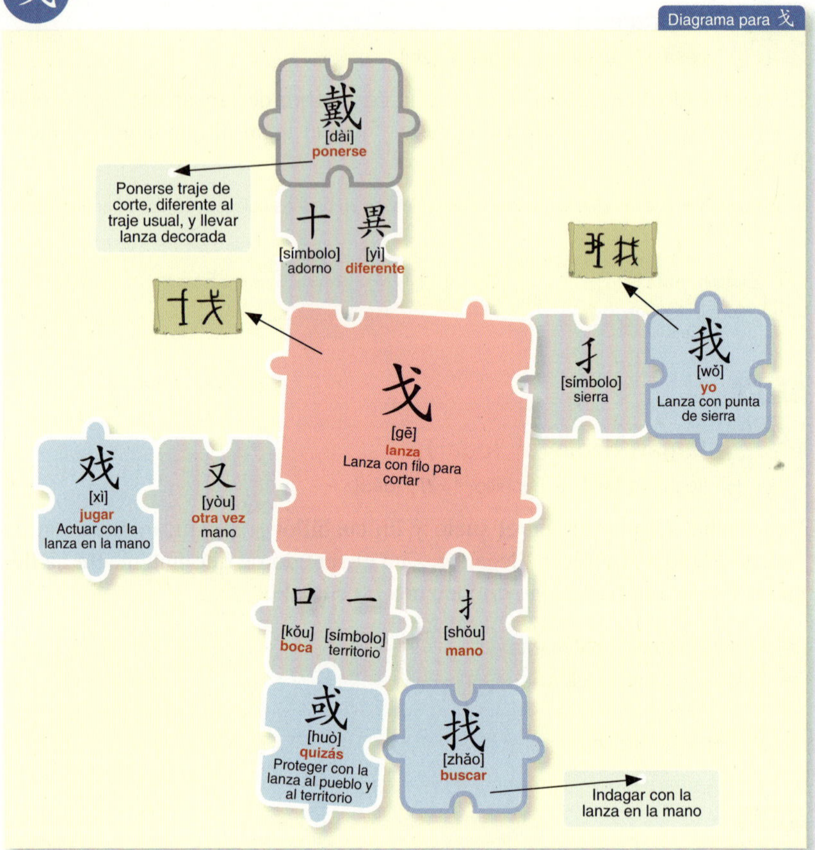

113

戈 gē

lanza

Este carácter imita la lanza que puede mutilar y cortar por tener un filo en forma de machete.

113a

戴 dài

ponerse

adorno 十 [símbolo] + lanza 戈 [gē] + diferente 異→异(simplificado) [yì]

La aparición de la lanza(戈) adornada(十) significa un gran evento, como la coronación del rey. Representa la escena en la que se visten con sombrero y traje distinto(異) al usual por ser un día especial.

* "異" tiene forma del chamán que baila quien, a diferencia de otros días, lleva puesta una máscara de espíritu.

你把它戴去好了。Te puedes ir con eso puesto. - 69a 92b 88f 113a 94 96c 168a

113b ノ 二 于 手 我 我 我

我 wǒ — yo; nosotros(as)

sierra 扌 [símbolo] + lanza 戈 [gē]

Significaba 'sierra' por la forma de la lanza(戈) con punta de sierra(扌), una de las muchas armas existentes; pero llegó a utilizarse como 'yo, nosotros(as)' por tener la misma pronunciación.

* Es más fácil de recordar si piensas en la sierra como una herramienta que sirve para crear un objeto para uno mismo o para sus compañeros durante la guerra.

我们[wǒmen] nosotros(as) - 145a

自我[zìwǒ] uno mismo; mismo; ego - 26

113c 一 十 扌 扌 找 找 找

找 zhǎo — buscar; devolver el cambio

mano 扌=手[31][shǒu] + lanza 戈 [gē]

Representa la escena en la que los soldados, con la lanza(戈) en la mano(扌), buscan al enemigo hasta en el último rincón. Además significa 'devolver el cambio', ya que mediante la búsqueda devuelven lo recibido de más.

他找不着孩子了。Él no pudo encontrar al niño. - 84b 113c 223a 11b 4c 95 168a

找他五块。Devolverle a él cinco yuan. - 113c 84b 226a 76b

113d 一 𠃌 ㄷ 百 亘 或 或 或

或 huò — quizás

lanza 戈 [gē] + boca 口[16][kǒu] + territorio 一 [símbolo]

Este carácter se refería a la 'nación' originalmente porque significaba proteger al pueblo(口) y al territorio(一) con la lanza(戈). Pero llegó a significar 'quizás' debido a que, una vez en el extranjero, ya sea por motivos de caza o por guerra, estaban preocupados por si había pasado algo malo en el país donde vivía su familia.

* La boca (口) es un órgano que sirve para comer y hablar, pero a veces sirve para referirse a una persona viva.

或者[huòzhě] quizás; tal vez - 101

113e

フ ヌ ヌ- 对 戏 戏

戏
xì

jugar

mano/otra vez 又[34][yòu] + lanza 戈 [gē]

Significa 'jugar' y tiene la forma en la que se escenifica sobre el escenario una escena de pelea con una lanza(戈) falsa en la mano(又).

* Para distinguir este carácter de "buscar 找[113c][zhǎo]", piensa en una obra de teatro en la que se acuchilla repetidamente(又) con la lanza(戈) falsa sin matar a la otra persona.

游戏[yóuxì] juego; jugar - 161b

114

戊

Diagrama para 戊

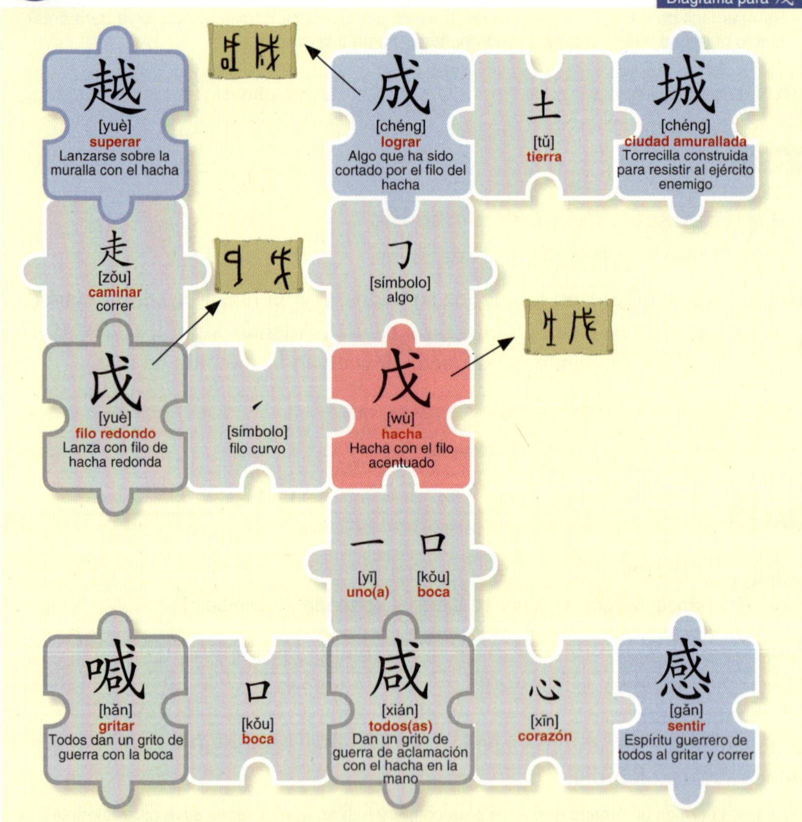

114 一 厂 大 戊 戊

戊 wù

hacha

lanza 戈 [gē] + línea 丿[234][piě]

Este carácter esta formado por la lanza(戈) que sirve generalmente para clavar, y por el terrible filo(丿) que corta hacia abajo o acuchilla. Su significado básico es 'hacha'. Expresa el quinto de los diez tallos celestiales.

* El carácter "丿" no tiene significado alguno y puede interpretarse de diversas formas.

114a 一 厂 万 成 成 成

成 chéng

lograr; llegar a ser

hacha 戊 [wù] + algo 𠃌 [symbol]

Su forma hace ver que algo(𠃌) ha sido cortado por el filo(丿) del hacha(戊). El significado 'lograr, llegar a ser~' derivó del hecho de cortar el cuello(𠃌) del enemigo con el hacha(戊) para lograr su objetivo.

成绩[chéngjì] resultado; registro; logro - 186c
完成[wánchéng] completo(a) - 73a
变成[biànchéng] transformarse en; convertirse en - 34c
成就[chéngjiù] logro; éxito - 80b
成熟[chéngshú] maduro(a); adulto(a) - 3e

114

114b 一 十 土 圹 圹 坊 城 城 城

城 chéng

ciudad amurallada; ciudad

tierra 土[152][tǔ] + éxito 成 [chéng]

Tiene forma de ciudad amurallada con el ladrillo de tierra(土) alrededor de la ciudad para resistir al ejército enemigo que viene atacando con el hacha para lograr su objetivo(成).

城市[chéngshì] ciudad; pueblo - 131a

114c 一 厂 厂 斤 后 后 咸 咸 咸

咸 xián

todos(as)

hacha 戊 [wù] + uno(a) 一[223][yī] + boca 口[16][kǒu]

Tiene forma de los soldados con el hacha(戊) en la mano. Todos ellos dan un grito de guerra con una (一) sola voz(口) mientras corren hacia el campo enemigo.

114d

感 gǎn

sentir

todos(as) 咸 [xián] + corazón 心[28] [xīn]

Representa el espíritu(心) guerrero de los soldados con el hacha en la mano, cuando todos(咸) dan un grito de guerra y corren al mismo tiempo. El significado 'sentir' derivó de la situación extrema en la que se alternan la confianza y el temor al correr hacia el campo enemigo.

感冒[gǎnmào] coger un resfriado; gripe - 11e　感到[gǎndào] sentir; entrar; sentido - 112b
感谢[gǎnxiè] agradecer - 27c

114e

喊 hǎn

gritar

boca 口[16] [kǒu] + todos(as) 咸 [xián]

El carácter "boca 口" se combinó con el carácter "todos 咸" para representar el grito de la guerra; de ahí llegó a tener el significado de "gritar".

班长在前面喊口令。El presidente de clase grita una orden en frente.
- 119f 102 32a 221a 10 114e 16 86

114f

戉 yuè

hacha

lanza 戈[113] [gē] + filo redondo ㇀ [símbolo]

Si "戊[wù]" está formado por la lanza (戈) y el filo(丿) ordinario, "戉 [yuè]" está formado por la lanza y el hacha de filo curvo para hacer ver que la lanza ha sido reformada para proporcionar más agresividad.

* El carácter antiguo da a entender claramente que en la parte izquierda de la lanza está el filo de hacha redonda.

114g

越 yuè

superar; exceder

correr/caminar 走[53c] [zǒu] + hacha 戉 [yuè]

Tiene forma de soldado que se lanza(走) al campo enemigo, saltando sobre la muralla con el hacha(戉) reformada agresivamente.

戋

Diagrama para 戋

115

戋 jiān

pequeño(a)

Tiene como significado básico ‘herir’ por la forma en la que dos lanzas “lanza 戈[113][gē]” están solapadas de manera invertida, siendo la lanza una herramienta para matar o herir a una persona. También significa ‘pequeño’ en el sentido de que las lanzas de grosor delgado son de pequeño volumen aunque estén amontonadas.

115

115a

钱 qián

moneda; dinero

metal 钅=金[199][jīn] + pequeño(a) 戋 [jiān]

Este carácter, con el significado de ‘moneda, dinero’, fue creado queriendo indicar moneda delgada(戋) hecho de metal(钅).

* Durante la Dinastía Qin(秦, 221~206 a.C), Imperio en el cual unificaron a China por primera vez en su historia y edificaron la Gran Muralla China, el emperador Shih Huangti fabricó la moneda delgada(戋) de metal(金) con un agujero en medio, y esta se convirtió en la forma básica de la moneda china.

115b

浅 qiǎn

poco profundo

agua 氵[202][shuǐ] + pequeño(a) 戋 [jiān]

Las palabras poca(戋) agua(氵) se refieren a que el agua tiene poca profundidad.

这条小河水很浅。El agua de este pequeño río es de muy poca profundidad.
- 133a 56c 235 17d 201 14a 115b

矛

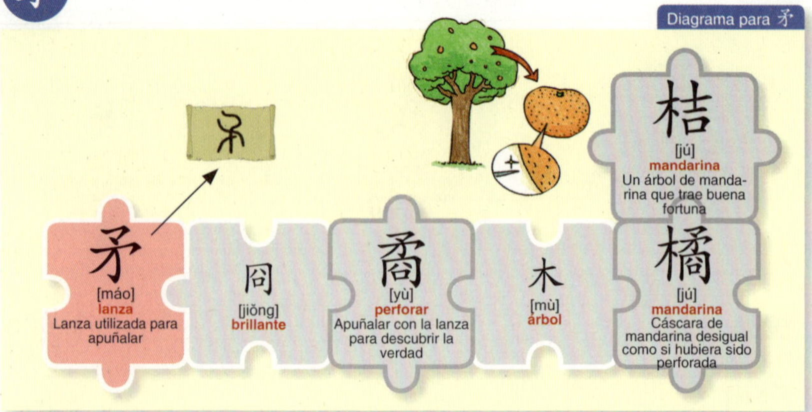

116

116 ㇇ ㇇ 乛 予 矛

矛 máo
lanza

Este carácter describe a la lanza que tiene la empuñadura larga y la punta afilada como 'taladro puntiagudo', y que se emplea para apuñalar.

116a ㇇ ㇇ 乛 予 矛 矛 矛 矞 矞 矞 矞 矞

矞 yù
perforar

punzón/lanza 矛 [máo] + brillante 冏[103c] [jiǒng]

El significado 'perforar' derivó de la forma de torturar repetidamente con un taladro(矛) afilado para descubrir(冏) la verdad escondida.

* El carácter "冏" fue creado por la forma de ventana luminosa que deja pasar la luz solar.

116b 一 十 才 木 木 朩 朩 朩 朩 朩 橘 橘 橘 橘 橘 橘

橘 jú
mandarina

árbol 木[210] [mù] + perforar 矞 [yù]

La cáscara de la mandarina es desigual como si hubiera sido dañada por el taladro(矞). Este carácter describe al árbol(木) que da mandarinas.

* La mandarina era una fruta valiosa utilizada por el rey como ofrenda en los ritos religiosos por 'su sabor del cielo'. Llegó a considerarse como símbolo de auspicio debido a que su pronunciación es similar a "suerte 吉[104a] [jí]". A veces se escribe simplemente como "桔[jú]", ya que significa árbol (木) de la buena suerte(吉).

橘子[júzi] naranja; mandarina - 95

殳

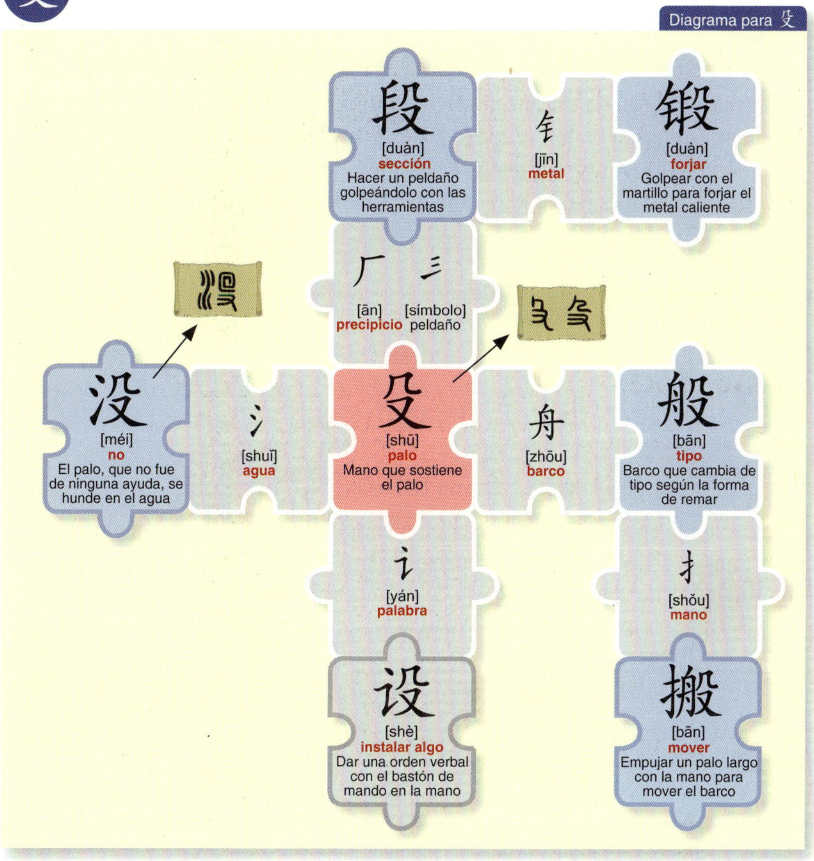

117

117

殳
shū

palo

Significa ‘palo, golpear’ y tiene forma de la mano que sostiene(又[34]) una empuñadura larga sin filo, y no una lanza para apuñalar.

117

117a ㇀ 厂 厂 F 乒 ? 段 段 段

段 duàn

sección

precipicio 厂[148][ān] + peldaño 三 [símbolo] + golpear/palo 殳 [shū]

Representa la escena en la que divide el precipicio(厂) en declive en determinadas secciones y las golpea(殳) con herramientas para hacer peldaños (三). Sirve para contar unidades de tiempo o de una determinada sección de un espacio. También sirve para contar unidades de piezas delgadas y largas.

手段[shǒuduàn] medios; medida; método - 31
一段公路 una sección de carretera - 223 117a 93b 57a
一段时间 un período de tiempo - 223 117a 42d 145c

117b ノ ト 上 ヒ 乍 钅 钅 钅 钅 钅 钅 钅 锻 锻

锻 duàn

forjar

metal 钅=金[199][jīn] + sección 段 [duàn]

Representa la escena de una herrería en la que se golpea(殳) de manera repetida el metal(钅) caliente con el martillo para eliminar las impurezas. Llegó a significar 'forjar' agregándole "段" como pronunciación.

* El palo (殳) incluido en "段" enfatiza la forma en la que se golpea el metal.

锻炼[duànliàn] templar; forjar; entrenar - 211d

117c ノ 丿 ⺆ 月 舟 舟 舟 舟 般 般

般 bān

tipo

barco 舟[125][zhōu] + palo 殳 [shū]

Significa que existen diferentes tipos de barcos(舟) dependiendo del tipo de vela o de la forma de remar(殳).

* Al principio los remos de los barcos no eran planos sino que eran palos(殳) largos con los que tocaban el fondo del río y empujaban hacia adelante.

一般[yìbān] ser igual a; tipo; general - 223

117d 一 十 扌 扌 扌 扌 扌 扌 扌 扌 扌 搬 搬

搬 bān

mover

mano 扌=手[31][shǒu] + tipo 般 [bān]

Representa la escena en la que se transportan objetos al barco, empujándolos hacia él con un palo en la mano(扌). El tipo(般) de barco era aquel que usaba un palo largo para tocar el fondo del río y así impulsar la embarcación hacia adelante.

你把它搬过来吧。Tú, muévalo hacia acá. - 69a 92b 88f 117d 40f 212d 92c

117e 丶 讠 讠 讠 讠 设

设 shè

instalar algo

palabra 讠=言[22] [yán] + palo 殳 [shū]

Representa la escena en la que el encargado de obra, para construir un edificio, da una orden de trabajo verbal(讠) con el bastón de mando(殳) en la mano.

建设[jiànshè] edificar; construir - 37b
设备[shèbèi] equipamiento; instalación - 56a
设计[shè/jì] plan; diseño - 22b

117f 丶 丶 氵 氵 氵 没 没

没 méi

no; no tener

agua 氵[202] [shuǐ] + palo 殳 [shū]

El significado 'no, no tener…' derivó de la forma en la que el palo(殳) que se tiró para ayudar a una persona hundida en el agua(氵) no fue de ninguna ayuda y se hunde y desaparece en el agua. 117

* El carácter antiguo describe a una persona que mueve sus manos(又[34]) pidiendo ayuda pero que, al final, se hunde(回[20d]) en el agua(氵).

没关系[méiguānxi] no importa - 45 132b
没意思[méiyìsi] aburrido(a); poco interesante - 21b 28a
没有[méiyǒu] no tener - 39c

斤

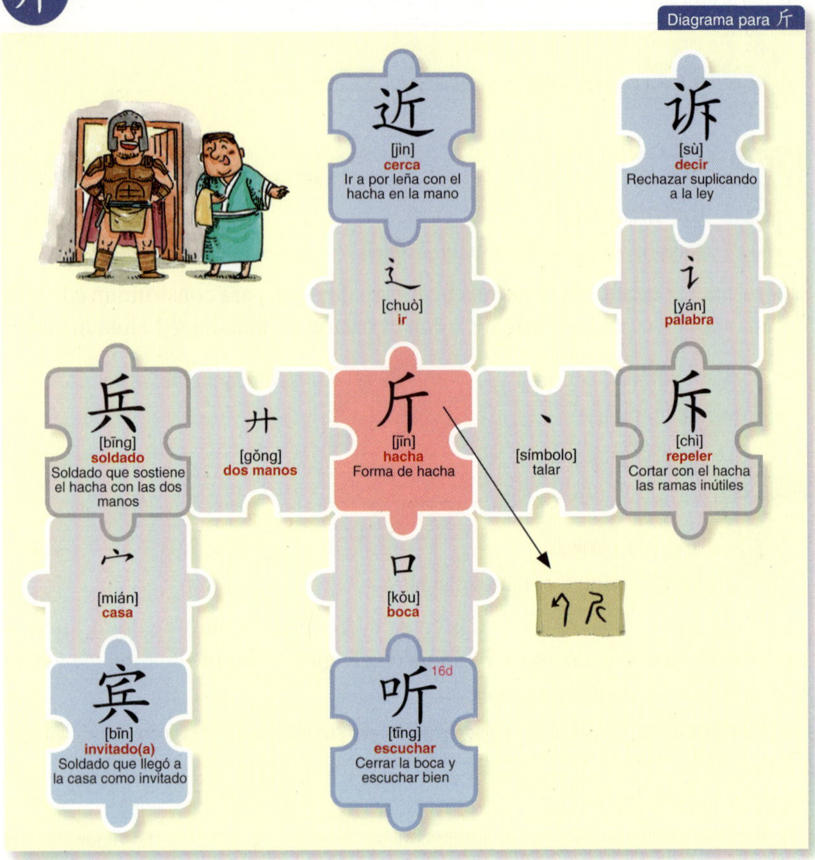

118

118 ˊ 厂 斤 斤

斤 jīn **hacha**

Este carácter imita la forma del hacha, utilizado como herramienta para talar un árbol o como arma para pelear contra el enemigo en la guerra. También se utiliza como 'unidad para medir peso' por tener la misma pronunciación.

* En China, un "斤" equivale a 500 gramos.

公斤 [gōngjīn] kilogramo (kg) - 93b
羊肉一斤多少钱? ¿Cuánto cuestan 500 gramos de carne de carnero?
- 171 192 223 118 222d 235a 115a

118a 丿 厂 斤 斤 斤 沂 近

近 jìn

cerca

hacha 斤 [jīn] + ir 辶[61] [chuò]

Iban(辶) a por leña a lugares relativamente cercanos con el hacha(斤) en la mano.

附近[fùjìn] vecindad; cerca - 41c   最近[zuìjìn] recientemente; útimamente - 10c

118b 丿 厂 斤 斤 斥

斥 chì

repeler

hacha 斤 [jīn] + talar 丶 [símbolo]

Representa la escena en la que se cortan(丶) con el hacha(斤) las ramas inútiles para que el árbol se convierta en buena madera. Significa que lo incorrecto debe ser rechazado.

118c 丶 讠 讠 讠 诉 诉 诉

诉 sù

decir; quejarse

palabra 讠=言[22] [yán] + repeler 斥 [chì]

El significado 'informar' derivó de la forma en la que se rechaza(斥) lo incorrecto que hay a su alrededor, suplicando(讠) a la ley.

告诉[gàosu] decir; comunicar (hacer saber) - 175d

118d 丿 厂 斤 斤 丘 乒 兵

兵 bīng

soldado

hacha 斤 [jīn] + dos manos 廾[43] [gǒng]

Tiene forma de soldado valiente que sostiene el hacha(斤) con las dos manos (廾).

118e 丶 丷 宀 宀 宀 宀 宀 宇 宾 宾

宾 bīn

invitado(a)

casa 宀[141] [mián] + soldado 兵 [bīng]

Representa la escena en la que se invita al soldado(兵), de camino a la guerra, a la casa(宀) y se le atiende como un invitado especial.

* El carácter tradicional (賓) da a entender que en China existía la costumbre de recibir al invitado que llega (歨→止[53]) a su casa (宀) como un tesoro (貝[186]) valioso.

宾馆[bīnguǎn] hotel - 193c

刀

119

119 ㇆ 刀

刀 dāo **cuchillo**

Imita la forma de un cuchillo con empuñadura.

刀子[dāozi] cuchillo - 95

119a ノ 八 分 分

分 fēn **dividir; minuto**

dividir/ocho 八[229] [bā] + cuchillo 刀 [dāo]

Representa la escena en la que se divide(八) con el cuchillo(刀) por la mitad. Se utiliza como 'minuto', 'unidad para dividir notas' y 'unidad para dividir monedas' en el sentido de división. (1分 = 1/100元[73] = 1/10角[191])

* "八" es simétrico en ambos lados y significa 'dividir'.

分钟[fēnzhōng] minuto - 232b
部分[bùfen] parte; sección - 79f
十分[shífēn] completamente; muy; extremadamente - 231
得80分 ha marcado 80 puntos - 40b 119a

119b

一 𠃊 切 切

切 qiē/qiè

cortar / corresponder

siete 七[223d][qī] + cuchillo 刀 [dāo]

Tiene forma(七) de cortar con el cuchillo(刀) la carne del animal que se ha matado.

* Piensa que "七" tiene forma de carne cortada por todas las partes.

También derivó a 'corresponder', ya que la carne de un animal cortada(七) con el cuchillo(刀) es "idéntica" al resto de la carne.

一切[yīqiè] todos(as); todo(a) - 223
亲切[qīnqiè] amable; cordial; íntimo(a) - 103a

119

119c

丶 ナ 衤 衤 衤 初 初

初 chū

primero(a)

ropas 衤=衣[130][yī] + cuchillo 刀 [dāo]

Al fabricar ropa(衤) lo primero que se hace es cortar la tela con el cuchillo(刀) y hacer un corte.

* Es muy interesante el hecho de que, según la Biblia, lo primero que hizo Dios cuando Adán y Eva pecaron comiendo del fruto del bien y del mal, fue hacer(刀) ropa(衣) para vestirlos. - Referencia Génesis 3:21

最初[zuìchū] primero(a); principal; inicial - 10c
初步[chūbù] primer paso; inicial - 53a
初级[chūjí] elemental; primario(a); preparatorio(a) - 36g

119d

丶 ㇕ 口 号 另

另 lìng

otro(a)

boca 口[16][kǒu] + poder 力[159][lì] → cuchillo 刀 [dāo]

Este carácter representa la escena en la que separa con el cuchillo(刀) el hueso y la carne comestible(口). Se refiere a todos los demás huesos excepto la carne.

* El carácter "另" se utilizaba con el mismo significado en la antigüedad.

另外[lìngwài] otro(a) - 222a

119e

丶 ㇕ 口 号 另 另丨 别

别 bié

otro(a); separar; no

otro(a) 另 [lìng] + cuchillo 刂=刀 [dāo]

"另", que separa con el cuchillo(刀) la carne comestible(口) del hueso, llegó a significar 'otro', y le agregó un cuchillo(刂) que separa la carne del hueso para significar 'diferente, separar'. Además, el significado negativo de 'otro' se desarrolló hacia 'no…'.

119 * Cuando "别 significa 'otro', no viene acompañado de cuantificador. Pero cuando "另" se usa como 'diferente', viene acompañado de cuantificador.

别人[biérén] otras personas; otros(as) - 63
别的[biéde] otro(a); demás - 46b
别情。Sentimientos de separación. - 119e 135d
特别[tèbié] especial; especialmente - 42b
别忘了。No olvide. - 119e 5a 168a

刀

Diagrama para 刂

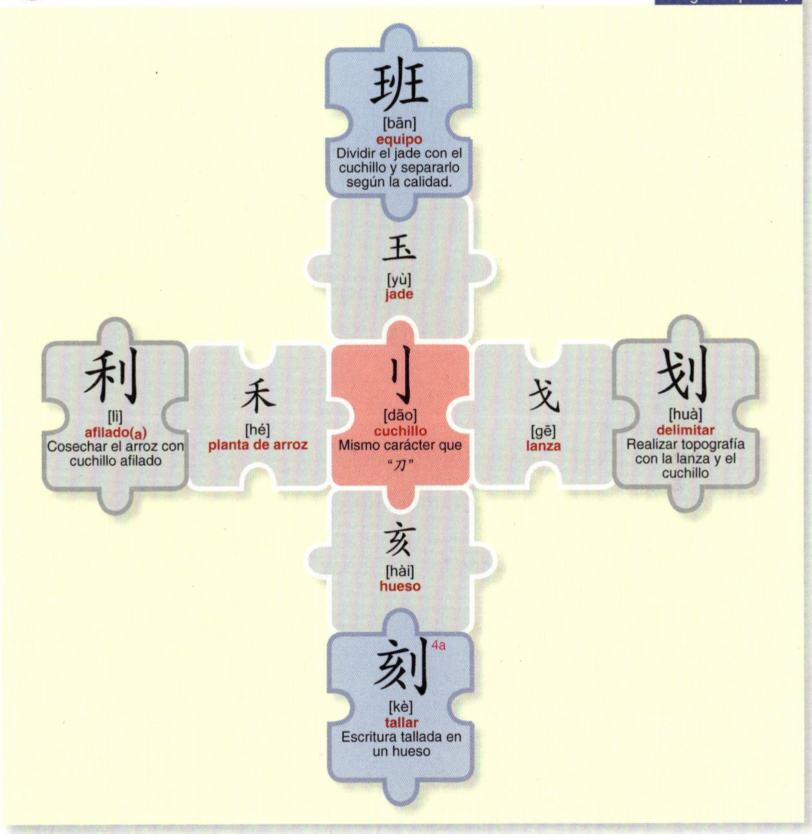

119

119 丨 刂

刂
dāo

cuchillo

Es el mismo carácter que "cuchillo 刀 [dāo]" pero no se usa por separado, sino únicamente cuando se une a otro carácter.

119f

班 bān

equipo; clase

jade 玉[198] [yù] + cuchillo 刂=刀 [dāo]

Representa la escena en la que se divide el jade(玉) con el cuchillo(刂) y se observa su interior para luego clasificarlo según la calidad; de ahí se derivó el significado de 'clase, grupo' que divide y forma la organización según el objetivo de trabajo o estudio.

上班[shàng/bān] ir a trabajar; ir a la oficina - 223f
班长[bānzhǎng] monitor de clase - 102
坐班[zuò/bān] trabajar en su oficina durante el horario de trabajo - 152b

119g

划 huà

delimitar

lanza 戈[113] [gē] + cuchillo 刂=刀 [dāo]

Los oficiales usaron la lanza(戈) afilada o el cuchillo(刂) para realizar topografía en el suelo o en una plancha de madera, trazando líneas o cavando
119 ranuras; de ahí derivó el significado 'delimitar'.

计划[jìhuà] plan; proyecto - 22b

119h

利 lì

afilado(a); ventaja

planta de arroz 禾[139] [hé] + cuchillo 刂=刀 [dāo]

Significa que el filo del cuchillo debe estar afilado para poder cosechar el arroz(禾) con el cuchillo(刂). También significa que la cosecha es beneficiosa para todos.

利用[lìyòng] usar; utilizar; hacer uso de - 166
胜利[shènglì] ganar; victoria; triunfo - 208a
流利[liúlì] con fluidez; fluido(a) - 202a
有利[yǒulì] ventajoso(a); beneficioso(a); favorable - 39c

召

Diagrama para 召

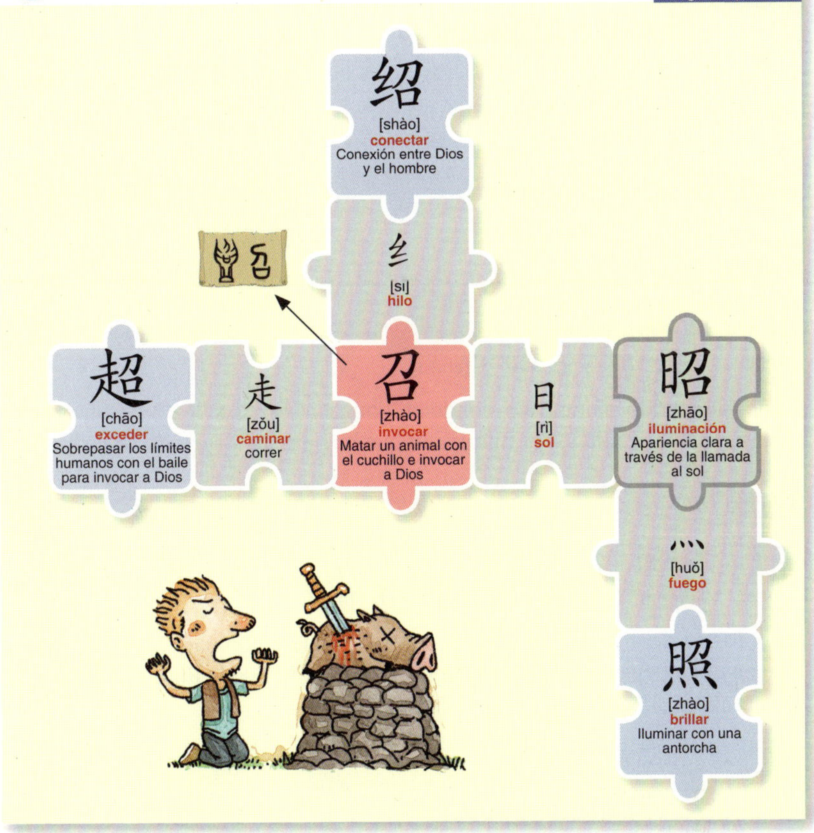

120

120

ㄱ 刀 𠚣 召 召

召 zhào

invocar

cuchillo 刀[119][dāo] + boca 口[16][kǒu]

Es la forma de matar un animal con el cuchillo(刀), colocarlo sobre el altar e invocar a Dios con la boca(口).

* En la inscripción en los huesos oculares tenía la forma de invocar a Dios entregando la ofrenda con ambas manos, pero en la actualidad solo ha quedado el cuchillo(刀) que mata el animal y la boca(口) que invoca a Dios.

召集[zhàojí] reunir; convocar - 178a

120

120a 𠃋 𠃊 纟 纫 绍 绍 绍 绍

绍 shào

conectar

hilo 纟[132][sī] + invocar 召 [zhào]

A través de la invocación(召) a Dios, se ha agregado el hilo(纟) para la conexión entre Dios y lo humano.

* Se ha agregado el significado del hilo(纟) que amarra y conecta.

介绍[jièshào] introducir; presentar - 63c

120b 丨 冂 冃 日 日フ 日刀 日卩 昭 昭

昭 zhāo

iluminación

sol 日[218][rì] + invocar 召 [zhào]

Tiene un sentido metafórico donde se convoca(召) al sol(日) en una noche oscura, ya que si sale el sol ilumina lo que hay alrededor y todo se ve bien.

120c 丨 冂 冃 日 日フ 日刀 日卩 昭 昭 照 照 照 照

照 zhào

brillar

iluminar 昭 [zhāo] + fuego 灬 = 火[158][huǒ]

Es la forma de alumbrar los alrededores con una antorcha(灬) para iluminar (昭) en una noche oscura. También significa que se puede iluminar(昭) con el alumbrado(灬) para tomar fotos o filmar un video.

护照[hùzhào] pasaporte - 144f
照片[zhàopiàn] fotografía; imagen - 215
照相[zhào/xiàng] tomar una foto - 11c
照顾[zhàogù] considerar a; cuidar - 6d
照相机[zhàoxiàngjī] cámara - 11c 213

120d 一 十 土 丰 丰 走 走 起 起 起 超 超

超 chāo

exceder; super

correr/caminar 走[53c][zǒu] + invocar 召 [zhào]

Viene de la forma en la que el chamán baila sobrepasando los límites humanos para invocar(召) a Dios. A su vez va y regresa(走) del límite espiritual y corporal. De ahí se derivó el significado de "exceder, super".

超市[chāoshì] supermercado - 131a

干

Diagrama para 干

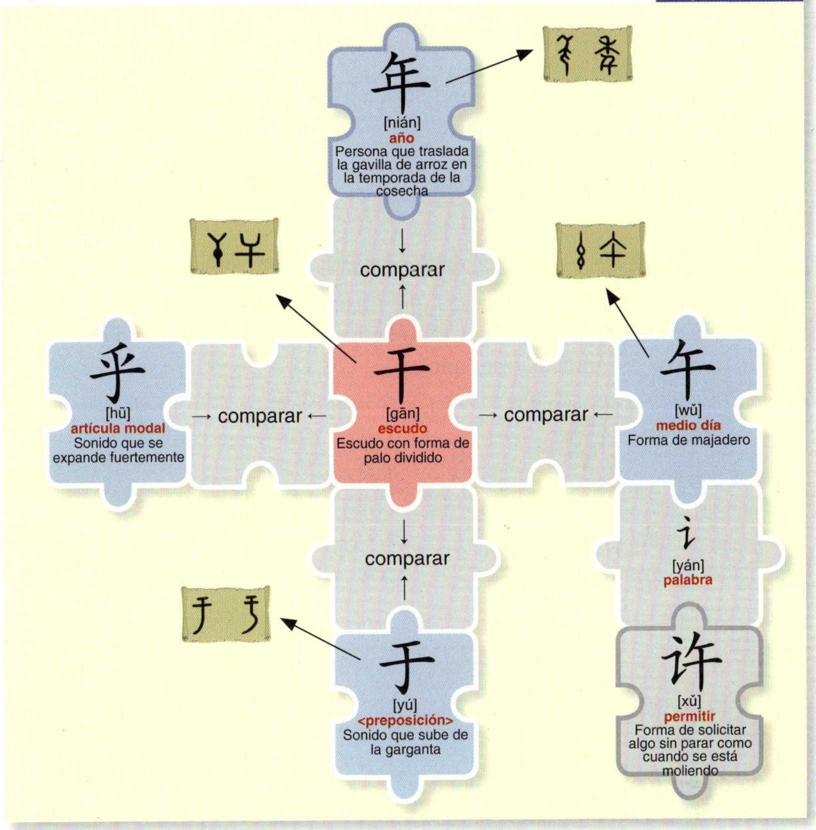

121

121 一 二 干

干 gān/gàn **escudo; seco; limpiar / parte principal; hacer; trabajar**

Carácter que está dividido en dos sentidos ya que representa el escudo que se utiliza para defender y atacar. Sin embargo, casi no se utiliza como escudo; en la actualidad se utiliza como 'secar', ya que tiene la misma pronunciación. También significa 'limpiar', puesto que viene de secar después de lavar.

干净[gānjìng] limpiar; nítido y ordenado - 36b 干杯[gān/bēi] hacer un brindis; salud - 223b

Forma del tallo de una planta que está dividido como un escudo que se divide en dos direcciones. Así como el tallo es la parte principal de la planta, significa que es el centro para hacer algo. De ahí se derivó el significado de 'hacer algo-, trabajar'.

干部[gànbù] marco - 79f　　能干[nénggàn] disponible; capacidad; competente - 89b

121a 丿 𠂉 𠂉 𠂉 𡗗 年

年 nián

año

persona 𠂉→人[63][rén] + planta de arroz 禾→禾[139][hé]

Tiene la forma de una persona(人) que traslada el arroz(禾), por lo que nos recuerda la época de la cosecha. Como la época de la cosecha solo es una vez al año, obtuvo el significado de 'año'.

* Las inscripciones en los huesos oculares nos demuestran que es un carácter conformado de arroz (禾) y persona(人).

121

去年[qùnián] año pasado - 94　　年级[niánjí] grado; año - 36g
年轻[niánqīng] joven - 124b　　今年[jīnnián] este año - 66
明年[míngnián] próximo año - 218h　　年纪[niánjì] edad - 82c
青年[qīngnián] juvenil; joven - 135　　新年[xīnnián] Año Nuevo - 103b

121b 丿 𠂉 𠂉 午

午 wǔ

medio día

Forma de un majadero (instrumento que se utiliza para moler) colocado de forma vertical. La punta del majadero apunta al centro del cielo, y de ahí viene el significado de 'medio día', ya que el sol se encuentra en el centro del cielo a esa hora.

* Si vemos los dibujos antiguos podemos saber que es la forma del techo del molinero y el majadero, de tal forma que se ve como el molinero majando el arroz.

上午[shàngwǔ] antes mediodía (a.m.) - 223f　　下午[xiàwǔ] pasado mediodía (p. m.) - 223g
中午[zhōngwǔ] mediodía; al mediodía - 232a
午饭[wǔfàn] comida mediodía; almuerzo - 148b

121c 丶 讠 讠 讠 讠 许

许 xǔ

permitir; tal vez

palabra 讠=言[22][yán] + majadero/mediodía 午 [wǔ]

Como dice el refrán 'No hay árbol que no caiga si se le pega diez veces', así el majadero(午) sube y baja continuamente; esto ha dado lugar al significado de pedir permiso con palabras(讠) de forma insistente. Además, si se solicita (讠) continuamente(午) quizá se le autorice. De ahí viene el adverbio 'tal vez'.

许多[xǔduō] mucho; montón - 222d
允许[yǔnxǔ] permitir; dejar - 71a
也许[yěxǔ] tal vez; quizás - 84

121d 一 二 于

于 yú **<preposición>**

No tiene un significado especial pero tiene forma de boca abierta para completar el carácter según el sonido, o también se puede ver como la forma de un sonido que sube de la garganta. En la actualidad se utiliza como 'preposición de lugar, tiempo, dirección'.

* Su forma es parecida al "escudo 干 [gān]" pero no tiene ninguna relación.

关于[guānyú] preocupar; acerca de - 45
终于[zhōngyú] al final; finalmente - 206g

121e

乎 hū **partícula modal**

Se ve como la forma de cuando se llama a alguien: el sonido sube de la garganta y se expande fuertemente. Se utiliza al final de la oración para representar 'la partícula interrogativa y admirativa'.

几乎[jīhū] casi; cercano - 213

平

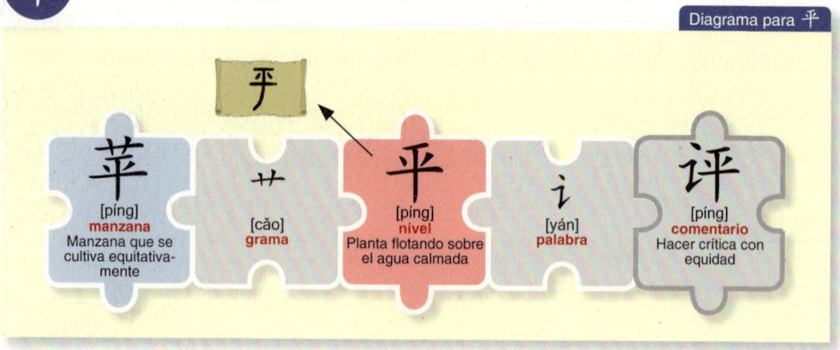

122 一 丆 冂 丌 平

平 píng

nivel

Forma de planta que cubre la parte superior nivelada del lago.

* Un científico japonés(白川 静, 1910~2006) ha afirmado que es la forma de los fragmentos(丶丿) que salen volando cuando se manipula la madera con una hacha(干) para aplanar el árbol.

122

水平[shuǐpíng] horizontal; nivel - 201	和平[hépíng] paz - 139a

122a 丶 讠 讠 讠 讠 讠 评

评 píng

comentario

palabra 讠=言[22][yán] + nivel 平 [píng]

Hacer crítica con palabras(讠) sobre una cosa o persona con equidad(平), sin ser imparcial.

批评[pīpíng] criticar; crítica - 88b

122b 一 十 艹 艹 艹 艹 苎 苹

苹 píng

manzana

grama 艹[207][cǎo] + nivel 平 [píng]

La manzana se puede ver en la mayor parte de China, Oeste de Europa y al Este de Corea, y es un vegetal(艹) que se cultiva de forma equitativa(平). Por motivo de ser cultivada en un área tan extensa se creó el carácter que significa 'manzana'. Este carácter no se utiliza de forma individual, sino que se emplea solo para componer la palabra "manzana 苹果".

* Realmente, la manzana es una de las frutas(艹) que se cultiva de forma más extensa, o sea, equitativamente(平) a nivel mundial.

苹果[píngguǒ] manzana - 210g

干

Diagrama para 干

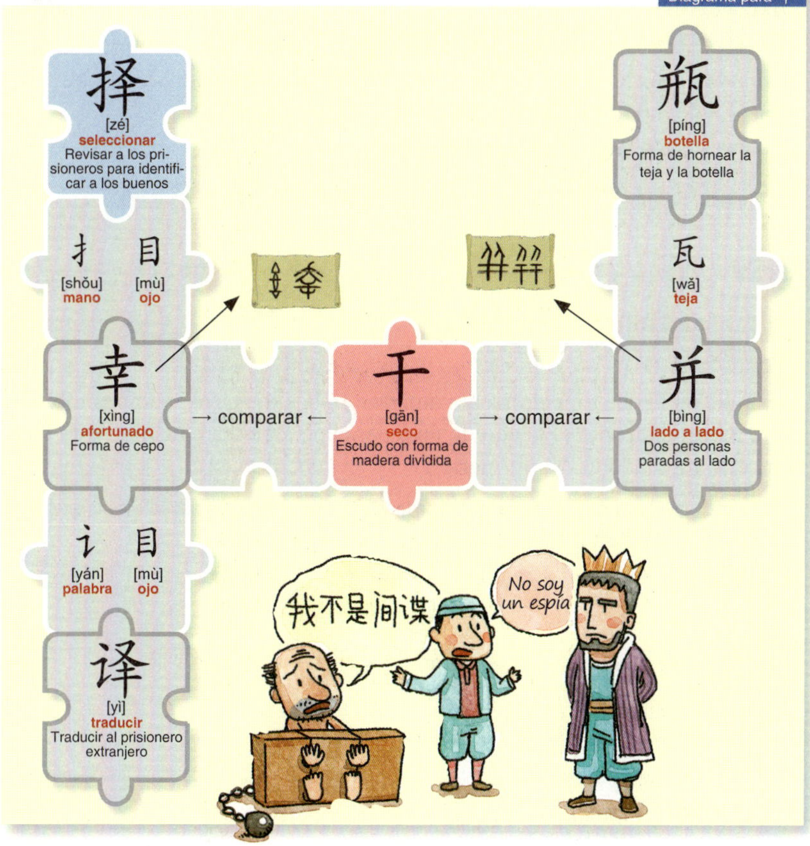

123

123

、 丷 丷 兰 并 并

并 bìng

lado a lado

Forma de dos personas(人[63]人) que están al lado amarradas(二) fuertemente para que no se separen.

* Este carácter es tratado aquí por ser un radical de “secar 干[121][gān]”, pero no hay ninguna relación entre ambos.

并且[bìngqiě] y; también - 224

123a 丶 丷 丷 兰 关 并 并 瓶 瓶 瓶

瓶 píng

botella

lado a lado 并 [bìng] + teja 瓦[146a] [wǎ]

Forma de echar la teja(瓦) y la botella al horno, una al lado de la otra, para hornear, tal y como se hace con la porcelana.

* China es el primer país de Asia del Este que ha desarrollado la porcelana.

瓶子[píngzi] botella - 95 | 热水瓶[rèshuǐpíng] termo; vasija - 158f 201

123b 一 十 土 土 去 去 幸 幸

幸 xìng

afortunado

Forma de un cepo de madera para amarrar ambas muñecas y ambos tobillos. En la actualidad, solo el hecho de no tener cepo significa que algo está bien; tiene el significado de 'tener suerte'.

* Se puede considerar que viene de la era antigua, en la que los gobernadores amenazaban al pueblo para controlar su país.

123

幸福[xìngfú] felicidad; bendición - 126i | 不幸[bùxìng] desafortunado; mala suerte - 223a

123c 丶 讠 讠 议 译 译 译

译 yì

traducir

palabra 讠=言[22] [yán] + vistazo ⺷→睪 [yì]

"vistazo 睪 [yì]" es la forma de ver al prisionero amarrado con el cepo. Por ello, tiene el significado de revisar(睪) al prisionero y traducir sus palabras(讠).

* El carácter "睪" es la combinación de ojo(罒→目[11]) y del cepo(幸) que se utiliza para amarrar al prisionero, y tiene la forma de 'revisar al prisionero con el ojo'.

翻译[fānyì] traducir - 182b

123d 一 扌 扌 扌 択 択 择 择

择 zé

seleccionar

mano 扌=手[31] [shǒu] + revisar ⺷→睪 [yì]

Es la forma de revisar(⺷) y clasificar con la mano(扌) a los prisioneros extranjeros fuertes para mandarlos a los campos de trabajo.

选择[xuǎnzé] seleccionar; escoger - 71f

车

Diagrama para 车

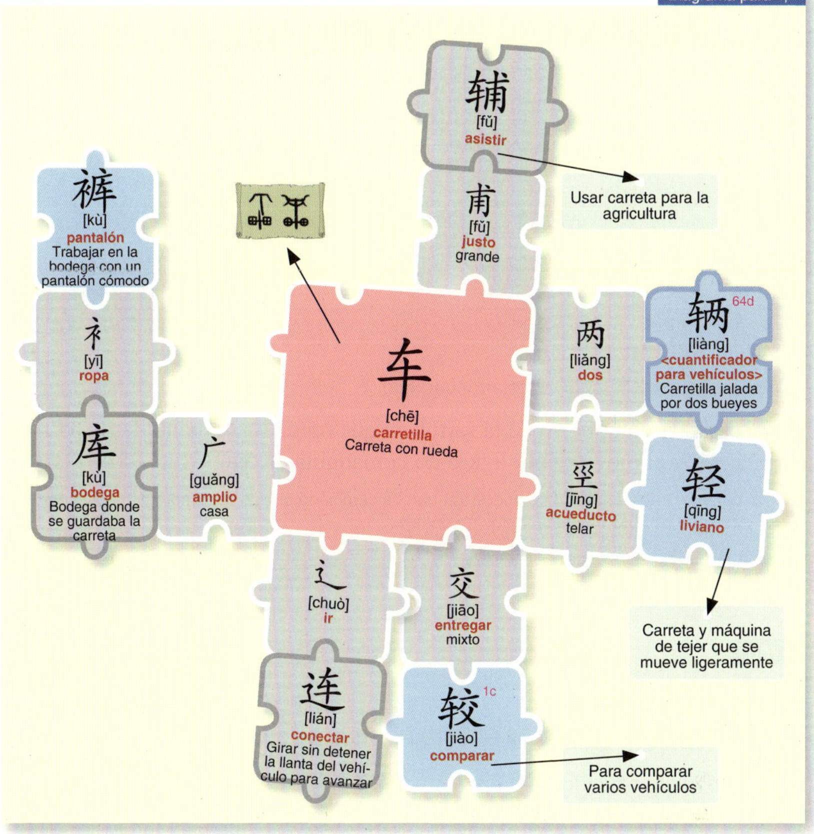

124

124 一 𠂉 𠂉 车

车 chē — carretilla; vehículo

Carácter que viene de la forma de la carreta con ruedas acarreada por una vaca, caballo o persona. Con el paso del tiempo ha cambiado el significado a vehículo con llanta.

出租车[chūzūchē] taxi; taxímetro - 167a 139d 火车站[huǒchēzhàn] estación de tren - 158 127c
公共汽车[gōnggòngqìchē] bus - 93b 43c 204a 自行车[zìxíngchē] bicicleta - 26 60b
车站[chēzhàn] terminal; estación - 127c

124

124a
一 𠂉 𠃊 车 车 轩 轲 轲 辅 辅 辅

辅 fǔ

asistir

carreta 车 [chē] + grande/justo 甫[166c] [fǔ]

Es la forma de usar una carreta(车) con ruedas como instrumento de apoyo en un sembrado grande y amplio(甫).

* El carácter "甫" es la forma de cosecha(屮[207]) cultivada densamente en un sembrado(田[154]) amplio.

辅导[fǔdǎo] guiar en el estudio o entrenamiento; tutor - 7b

124b
一 𠂉 𠃊 车 轩 轻 轻 轻 轻

轻 qīng

liviano

carreta 车 [chē] + telar/acueducto 𢀖 → 巠[132e] [jīng]

Es un carácter compuesto de la forma en que rueda ligeramente la rueda de la carreta(车) y el movimiento ligero de la máquina de tejer(巠).

* En el carácter tradicional(輕) se puede ver que ha cambiado el lado derecho "巠", y este carácter "巠" proviene de la forma de la 'máquina de tejer'.

年轻[niánqīng] joven - 121a

124c
一 𠂉 𠃊 车 车 连 连

连 lián

conectar

carreta 车 [chē] + ir 辶[61] [chuò]

Se derivó el significado de 'conectar' puesto que el trabajo sigue sin parar así como la llanta del vehículo(车) gira sin parar para avanzar(辶).

连…都(也)…[lián...dōu(yě)...] aunque sea…/hacer… - 101a 84 连续[liánxù] continuar - 75e
雨连着下了五天。Ha llovido durante cinco días continuos. - 205 124c 11b 223g 168a 226a 74b

124d
丶 亠 广 广 庄 库 库

库 kù

bodega

casa/amplio 广[143] [guǎng] + carreta 车 [chē]

La casa(广) en donde se guardaba la carreta (车) significa bodega.

124e ` ㇇ 礻 礻 礻 衤 衤 衤 衤 衤 裤 裤

裤 kù

pantalón

ropa 衤=衣[130] [yī] + bodega 库 [kù]

En la edad antigua, y en la mayoría de las razas, ya fuesen hombre o mujer, se vestían con faldas o túnicas largas. Por la influencia de las guerras del siglo XV (15) aparecieron los pantalones, que son mucho más cómodos para las actividades laborales. Pensemos en la forma de trabajar en una bodega(库) con un pantalón, que es una ropa(衤) muy cómoda para trabajar.

裤子 [kùzi] pantalón - 95

舟

Diagrama para 舟

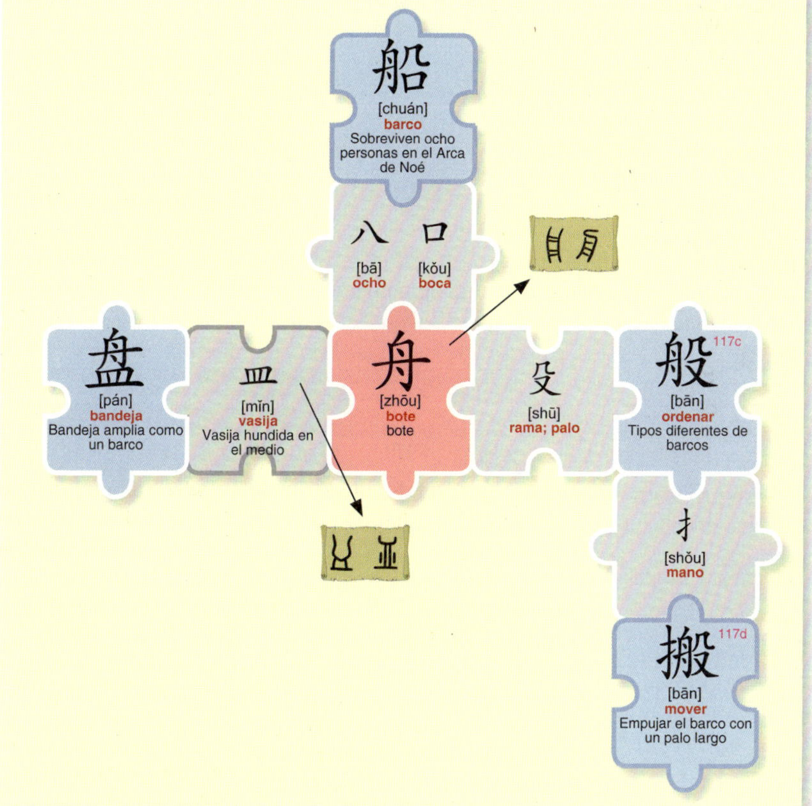

125

125

舟 zhōu — bote

Tiene forma de una piragua a la que rasparon un hueco, o forma de una canoa.

125a

船 chuán — barco

bote 舟 [zhōu] + ocho 八[229] [bā] + boca 口[16] [kǒu]

La Biblia da a conocer que ocho(八) personas(口) sobrevivieron al diluvio por estar dentro del arca(舟) en la época de Noé. Consideran que el origen de esta letra está basado en lo registrado en la Biblia, y se refiere a todo tipo de 'barco', desde botes pequeños hasta barcos grandes. - Referencia Génesis 7:13.

* La boca(口) es un órgano que sirve para comer y hablar, y es utilizada a veces para nombrar o señalar a una persona viva.

乘船去大连。embarcar (en un barco) hacia Dalian. - 88d 125a 94 74 124c

125

125b

皿 mǐn — vasija

Carácter que proviene de la forma de una vasija hundida en el medio.

125c

盘 pán — bandeja; plato

barco 舟 [zhōu] + vasija 皿 [mǐn]

Carácter que significa una vasija(皿) donde se puede colocar una gran variedad de comida tan grande como la bandeja. Se asemeja a un barco(舟) amplio.

盘子[pánzi] bandeja; plato - 95

示

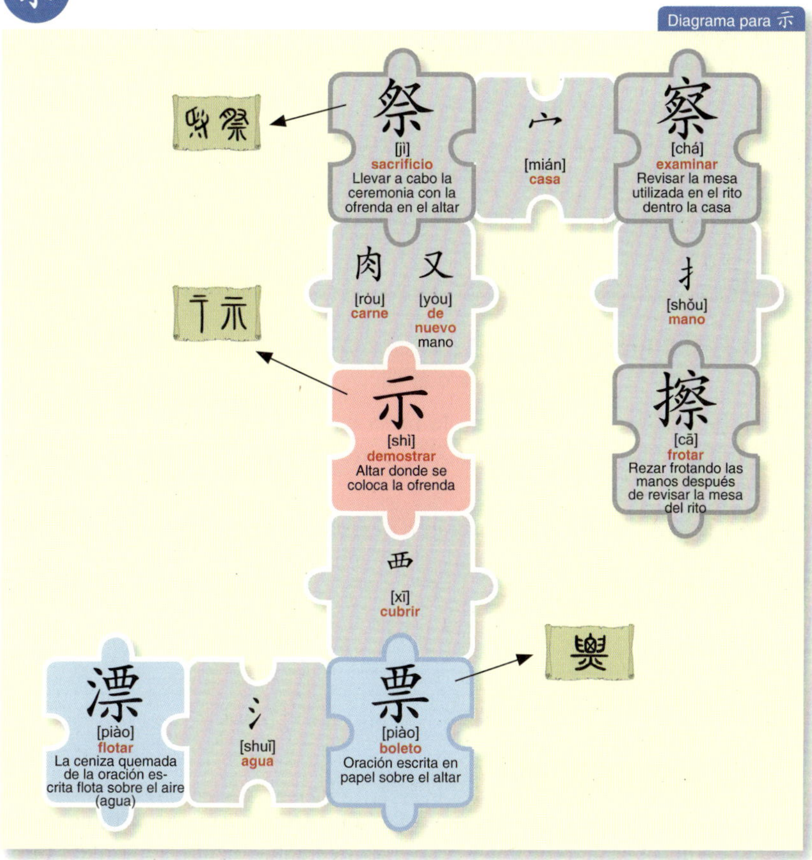

126

126 一 二 亍 亓 示

示 shì **demostrar**

Forma de altar para colocar la ofrenda que se da a Dios. Dios muestra la revelación como respuesta al recibimiento de la ofrenda. Cuando se combina con otro carácter su forma se simplifica "礻".

表示 [biǎoshì] demostrar; expresar; indicar - 130b　　指示 [zhǐshì] indicar; apuntar - 89a

126a

祭
jì

sacrificio

carne 月[221] → 肉[192] [ròu] + mano/de nuevo 又[34] [yòu] + altar/demostrar 示 [shì]

Forma de llevar a cabo la ceremonia a Dios, colocando la carne(肉) en el altar (示) con la mano(又).

* Cuando el carácter "luna 月 [yuè]" se combina con otro carácter, usualmente tiende a significar carne "肉".
* Podemos ver que el carácter "又" ha reducido los trazos para mejorar su estética.

126b
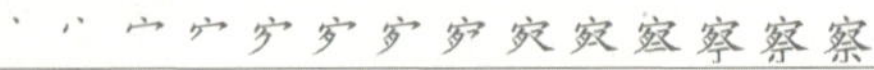

察
chá

examinar

casa 宀[141] [mián] + sacrificio 祭 [jì]

Forma de revisar detalladamente la mesa para ver si está de forma correcta todo lo que se utilizará en el rito(祭) dentro de la casa(宀) a los Dioses Ancestros.

* Realmente, en el Oriente, cuando se prepara la mesa del rito a los ancestros, hay métodos específicos de colocación según el color o el tipo de comida.

考察[kǎochá] inspeccionar; investigar - 100c

126

126c
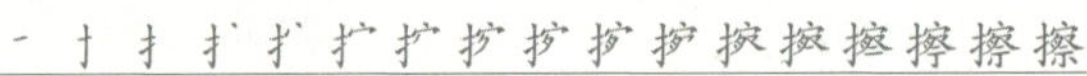

擦
cā

frotar

mano 扌=手[31] [shǒu] + examinar 察 [chá]

Forma de rezar frotando ambas manos(扌) a los Dioses Ancestros, pidiendo su bendición después de preparar y revisar(察) detalladamente la mesa del rito.

126d

票
piào

boleto; billete

cubrir 覀[170a] [xī] + altar/demostrar 示 [shì]

Es la forma de quemar la oración escrita sobre el altar(示) para cubrir(覀) el pecado, o sea, para pedir perdón. Del carácter empleado para papel de la oración escrita ha derivado el 'boleto, billete'.

* Podemos darnos cuenta de que la nota se ha derivado del carácter antiguo de fuego(火[158] [huǒ]), combinado con la forma de quemar la ofrenda(cabeza/reconstruido 囟[132h] [xìn]), colocándolo sobre ambas manos(臼[43d] [jiù]); así su ceniza volaba ligeramente.

邮票[yóupiào] (sello) estampa - 147d

126e 丶 冫 氵 汀 汀 沔 沔 沔 洒 洒 漂 漂 漂 漂

漂
piào

flotar

agua 氵[202] [shuǐ] + oración escrita/boleto 票 [piào]

Se ha comparado la ceniza que volaba en el aire después de quemar la oración escrita(票) con el hecho de flotar sobre el agua(氵).

漂亮 [piàoliang] bonito; hermoso - 3b

示

Diagrama para 礻

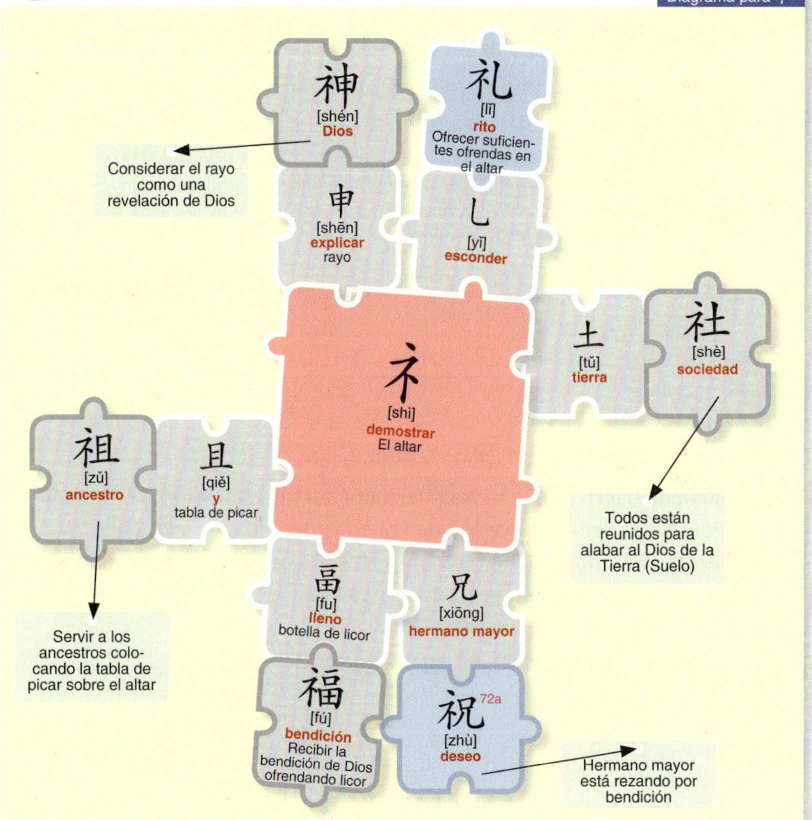

126

126f　丶 ㇇ 礻 礻 礻 祁 祁 神 神

神 shén

Dios; sobrenatural; espíritu

demostrar 礻=示 [shì] + rayo/explicar 申[157] [shēn]

Se derivó el significado de 'Dios, inexplicable' por el temor al rayo (申) al considerarlo como una revelación(礻) de Dios. También surgió el significado de 'mente', ya que el mundo del espíritu también es inexplicable.

* "申" es un carácter con forma de un rayo que se expande por todos los lados.

精神[jīngshén] espíritu; mente - 135b　　神经[shénjīng] nervio - 132e

126g　丶 ㇇ 礻 礻 礼

礼 lǐ

rito; regalo

altar/demostrar 礻=示 [shì] + esconder 乚[83e] [yǐ]

Es la forma de llevar a cabo el rito a Dios colocando las mejores ofrendas, siempre que sean suficientes, (乚) sobre el altar(礻).

* El carácter tradicional (禮) deja ver claramente que tiene la forma del altar(示) con la cantidad suficiente (豊[fēng]→丰[209] [carácter chino simplificado]ofrenda sobre ella.

* "乚" es un carácter que no participa en el significado, y que puede tener varios sentidos, por lo que en este caso solo participa en su pronunciación.

126

礼物[lǐwù] regalo; presente - 49b　　礼堂[lǐtáng] sala de asamblea; auditorio - 150d

126h　丶 ㇇ 礻 礻 礻 社 社

社 shè

sociedad

altar/demostrar 礻=示 [shì] + tierra 土[152] [tǔ]

En una sociedad agrícola, la tierra o terreno(土) tiene el poder de dejar crecer la vegetación y los granos, por lo que era considerado como un Dios. Por ello tiene la forma de todo el pueblo reunido frente al altar(礻) para alabar al Dios de la Tierra(土). También se utiliza como 'sociedad', que es un grupo de personas reunidas para un mismo propósito.

社会[shèhuì] sociedad - 66c

126i　丶 ㇇ 礻 礻 礻 礻 礻 祁 祁 福 福 福 福

福 fú

bendición

altar/demostrar 礻=示 [shì] + botella de licor /lleno 畐[163] [fu]

En una sociedad agrícola donde alababan al Dios de la Tierra, el licor(畐) era una ofrenda primordial que tenía que estar en el altar(礻) . Se dice que era debido a la forma de la espuma cuando el licor era fermentando, puesto que este hecho lo relacionaban con la fertilidad de la tierra para generar muchos productos. Por ello, tiene la forma de recibir la bendición de Dios(礻) ofrendando el licor(畐).

* El carácter "畐" tiene la forma de una botella de licor(酉[162]) llena.

幸福[xìngfú] felicidad; bendición - 123b   享福[xiǎng/fú] disfrutar de una vida feliz - 3c

126j   ` ラ ネ 礻 礻丨 礻冂 礻冃 礻目 祖

祖 zǔ

ancestro

altar/demostrar 礻=示 [shì] + tabla de picar/y 且[224][qiě]

Tiene la forma en la que se lleva a cabo el rito a los ancestros colocando la tabla de picar(且), que contiene varias capas de carne como ofrenda sobre el altar (礻).

* "且" tiene la forma de varias capas de carne sobre la tabla de picar que se coloca encima de la mesa utilizada en el rito.

祖国[zǔguó] madre patria; tierra natal - 20a

卜

127

Diagrama para 占

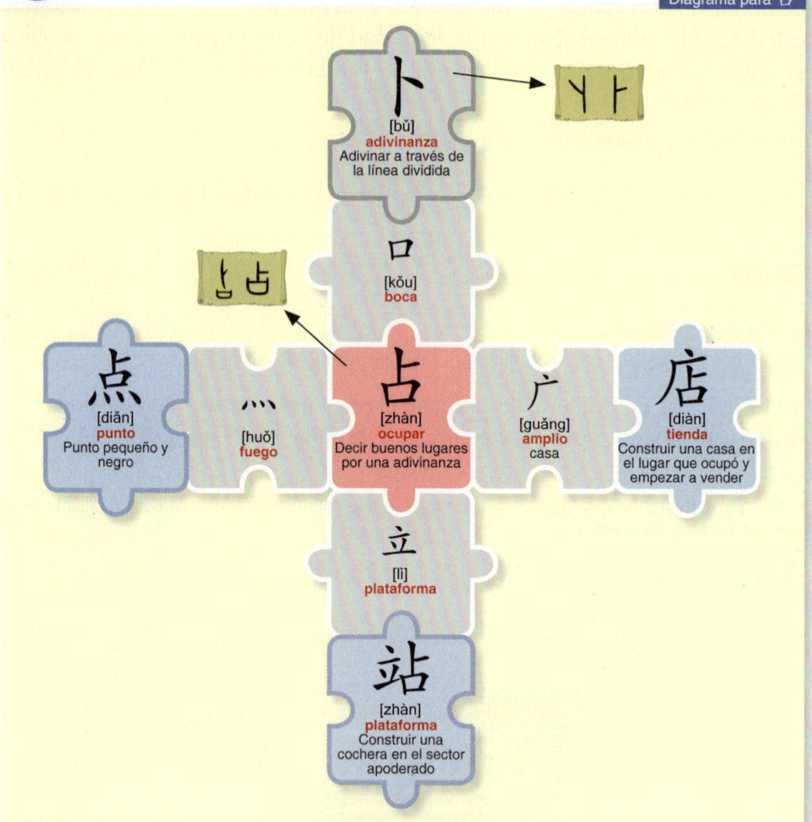

127 丨 卜

卜 bǔ **adivinanza**

Si se le saca un agujero al hueso de una vaca o al caparazón de una tortuga y lo metemos al horno, a causa del calor, el hueso o el caparazón se divide. Este carácter proviene de la costumbre de realizar adivinanzas con las líneas divididas del hueso o del caparazón.

127a 丨 ⺊ ⺊ 占 占

占 zhàn **ocupar**

adivinanza 卜 [bǔ] + boca 口[16] [kǒu]

Este carácter tiene la forma de ir a ocupar de primero un buen lugar, ya que le han informado(口) de un buen sitio a través de una adivinanza(卜).

占位子。ocupar el lugar. - 127a 79c 95
占世界第一位。ocupar el primer lugar en el mundo. - 127a 207f 63d 109b 223 79c

127b 丶 亠 广 广 庐 庐 店 店

店 diàn tienda

casa/amplio 广[143] [guǎng] + ocupar 占 [zhàn]

Este carácter significa ocupar(占) primero el buen lugar que salió en la adivinanza, construir una casa(广) y empezar a vender; de ahí obtuvo el significado de 'tienda'.

* "广" es la forma de una 'casa' con una de sus paredes abierta, o sea, pensemos en una tienda que tiene una pared abierta para exhibir sus productos.

商店 [shāngdiàn] comercio; tienda - 103c
饭店 [fàndiàn] hotel; restaurante - 148b
书店 [shūdiàn] librería - 232d

127c 丶 亠 亠 立 立 立 站 站 站 站

站 zhàn plataforma; estación

plataforma 立[79] [lì] + ocupar 占 [zhàn]

Tiene la forma de construir(立) una cochera. El gobierno construía cocheras en los sectores apoderados(占) para facilitar el viaje y el traslado de documentos de sus servidores, y para ello necesitaban que los caballos descansasen, ya que eran el medio de transporte. También podemos entender que estas cocheras fueron el comienzo de lo que en la actualidad son las 'estaciones'. 127

火车站 [huǒchēzhàn] estación de tren - 158 124
车站 [chēzhàn] terminal; estación - 124

127d 丨 卜 卜 占 占 占 点 点 点

点 diǎn punto; pequeño

ocupar 占 [zhàn] + fuego 灬 = 火[158] [huǒ]

Es un carácter que sirve para representar el punto negro. Combina el "fuego 灬 [huǒ]" que quema todo y lo deja negro y "ocupar 占 [zhàn]" para la pronunciación. Además, el significado de 'poco' proviene de la forma del punto pequeño y del significado de 'refacción', ya que se come menos que en una comida normal.

* Del carácter tradicional(點) se puede ver que el "negro 黑[158d] [hēi]" fuego(灬) representa el color negro. También ha afectado en su significado la forma del hueso quemado para adivinar(占).

点心 [diǎnxin] refacción; merienda - 28
点钟 [diǎnzhōng] en punto - 232b

128

卜

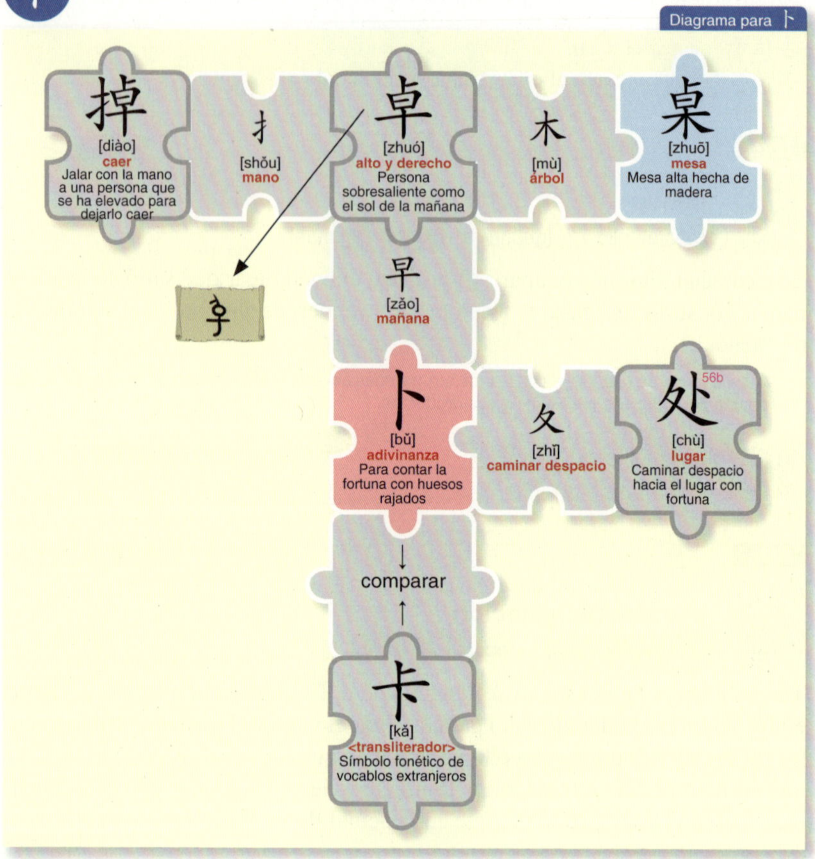

128

丨 ⺊ ⺊ 占 占 卣 卣 卓

卓 zhuó

alto y derecho

persona 卜[127] →人[63][rén] + mañana 早[218e][zǎo]

De la forma de una persona(人) capaz, que se ha elevado como el sol(早) de la mañana, se derivó el significado de 'alto y derecho'.

* Si vemos el carácter antiguo podemos notar que la parte de arriba no es "adivinanza 卜 [bǔ]", sino que es la combinación de persona(人) y el sol que sale por la mañana(早).

128a 一 扌 扌 扌' 扌' 扌' 扌' 扌' 护 掉 掉

掉 diào

caer

mano 扌=手[31] [shǒu] + alto y derecho 卓 [zhuó]

Tiene la forma de jalar con la mano(扌) por envidia, a una persona cuyo cargo ha sido elevado(卓) para después dejarlo caer.

128b 丨 卜 卜 占 卢 卢 卓 卓 桌 桌

桌 zhuō

mesa

alto y derecho 卓 [zhuó] + árbol 木[210] [mù]

Forma de una mesa alta(卓) hecha de madera de árbol(木).

桌子[zhuōzi] mesa; escritorio - 95

128c 丨 卜 上 卡 卡

卡 kǎ

<transliterador>

arriba 上[223f] [shàng] + abajo 下[223g] [xià]

Carácter combinado entre "上" y "下". No tiene nada que ver con "adivinanza 卜[127] [bǔ]", simplemente se utiliza como un símbolo fonético de vocablos extranjeros. 128

卡车[kǎchē] camión - 124

兆

Diagrama para 兆

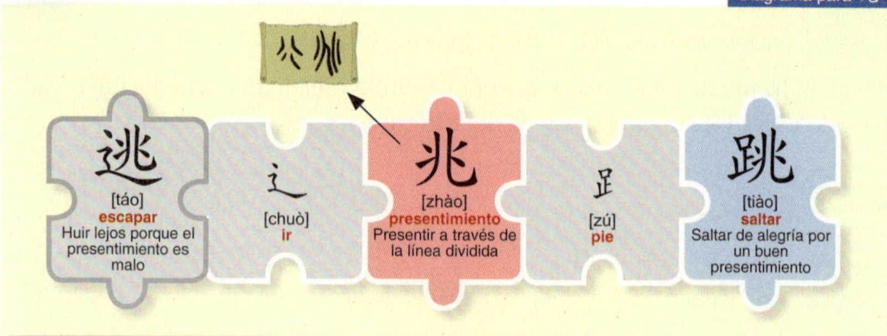

129

兆 zhào

presentimiento

129 Si se le saca un agujero al hueso de una vaca o al caparazón de una tortuga y se mete al horno, el hueso o el caparazón se dividen a causa del calor. Al igual que “adivinanza 卜[127][bǔ]” se derivó de ver las líneas que se dividen, ‘presentir’ se deriva de lo que va a ocurrir a través de las líneas divididas.

129a

跳 tiào

saltar

pie 𧾷=足[52] [zú] + presentimiento 兆 [zhào]

Forma de saltar y estar alegre pegando brincos con los pies(足), cuando el adivino anuncia que el presentimiento(兆) es bueno.

跳舞[tiào/wǔ] bailar - 58a

129b

逃 táo

escapar

presentimiento 兆 [zhào] + ir 辶[61][chuò]

Forma de huir(辶) lejos para alejarse del peligro, cuando el adivino dice que el presentimiento(兆) es malo.

逃跑[táopǎo] huir; escapar - 47c

衣

Diagrama para 衣

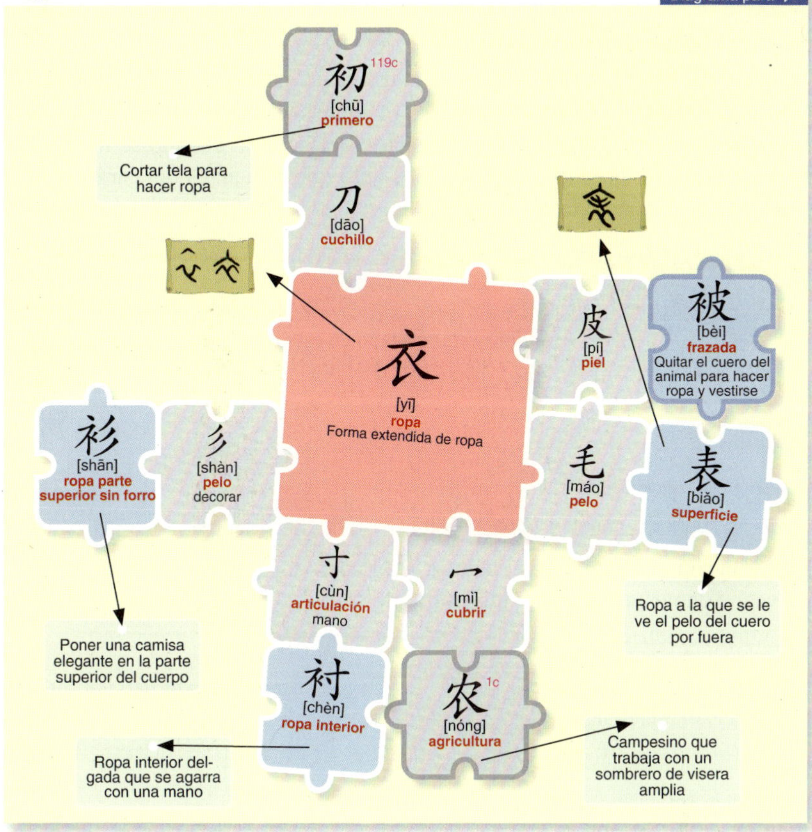

130

130

丶 亠 ナ 衣 衣 衣

衣
yī

ropa

Forma de ropa extendida (para cubrir la parte superior del cuerpo). Cuando se combina con otro carácter, su forma se simplifica a "衤".

衣服[yīfu] ropa - 34b	毛衣[máoyī] suéter - 188
雨衣[yǔyī] capa; impermeable - 205	

130a

被 bèi

frazada; sufrir; <indicador pasivo> 'por'

ropa 衤=衣 [yī] + piel 皮[189] [pí]

Se derivó el significado de 'frazada', la forma de quitar el cuero(皮) al animal para hacer ropa(衤) y vestirse, ya que se ve como si el cuerpo estuviera cubierto de cuero. Como el animal sufrió por parte del hombre cuando se le quitó la piel, se utiliza la preposición 'por'. El sujeto que está antes del carácter "被" representa al objeto que recibe la acción.

* El carácter "皮" tiene la forma de quitar el cuero del animal con la mano(又[34]).

被子[bèizi] edredón - 95
那本书已经被借出了。Ese libro está prestado en este momento.
- 147e 210a 232d 82a 132e 130a 220a 167a 168a

130b

表 biǎo

superficie

pelo 毛[188] [máo] + ropa 衣 [yī]

130 Hacer la ropa(衣) dejando el pelo(毛) del cuero en la parte exterior para que se vea. Además, obtiene el significado de 'reloj' porque se usa en la muñeca para que se vea.

手表[shǒubiǎo] reloj de pulsera - 31
表演[biǎoyǎn] representar - 136b
表扬[biǎoyáng] elogiar; alabar - 219a
表示[biǎoshì] demostrar; expresar; indicar - 126
表现[biǎoxiàn] demostrar; expresar - 13d
代表[dàibiǎo] representante; delegar - 110c

130c

农 nóng

agricultura; campesino

cubrir 冖[169] [mì] + ropa 𧘇→衣 [yī]

Derivó su significado de 'agricultura, campesino' desde la forma del campesino que se tapaba(冖) usando un sombrero con visera amplia y ropa(衣) con manga larga para cubrirse de la luz solar, ya que trabaja al aire libre.

* El carácter tradicional(農) tiene la forma de recoger(曲→秝[139]) la cosecha con concha(辰[187]), que se utilizaba en lugar de una hoz.

农村[nóngcūn] área campestre; área rural - 40a
农民[nóngmín] campesino; agricultor - 99c
农业[nóngyè] agricultura - 223c
农田[nóngtián] tierra de labranza; campo de cultivo - 154

130d 丶 ㇇ 礻 礻 礻 礻一 衬 衬

衬 chèn

ropa interior; forro

ropa 衤=衣 [yī] + mano/articulación 寸[40] [cùn]

Para crear el carácter de ropa interior, al carácter con significado de "ropa 衤 [yī]" se le agregó la "articulación 寸 [cùn]" como pronunciación.

* Para recordarlo fácilmente, considera la ropa interior como una ropa(衤) delgada que se puede agarrar con una sola mano(寸) y que se agrega dentro de la ropa.

衬衫[chènshān] camisa; blusa - 130e

130e 丶 ㇇ 礻 礻 礻 衤′ 衤彡 衫

衫 shān

ropa parte superior sin forro

ropa 衤=衣 [yī] + decorar/pelo 彡[8] [shàn]

Carácter que representa la ropa de la parte superior sin forro, donde se ha agregado "pelo 彡 [shàn]" como pronunciación. Más adelante se utiliza como ropa en general.

* Tiene la forma de vestir de una camisa(衤) elegante(彡) sobre la prenda que se utiliza en la parte superior del cuerpo.

衬衫[chènshān] camisa; blusa - 130d

130

巾

131

Diagrama para 巾

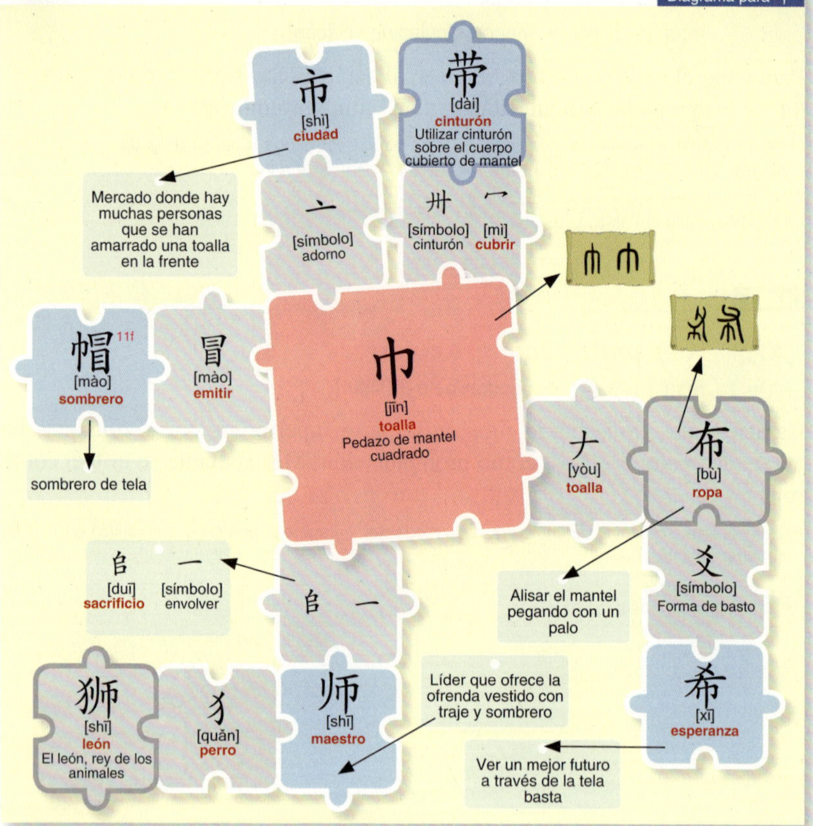

131 丨 冂 巾

巾
jīn

toalla

El significado de 'toalla' se derivó de la forma de pedazo de mantel cuadrado con la que se limpia la mano.

毛巾 [máojīn] toalla - 188

131a 丶 亠 亣 市 市

市
shì

ciudad

adorno 亠 [símbolo] + toalla 巾 [jīn]

Forma de mercado que tiene un asta con un adorno(亠) horizontal de mantel(巾) con el listado de artículos en venta, así como los rótulos de las tiendas actuales. De ahí viene el significado de 'ciudad', donde viven muchas personas en lugares en los que está establecido el mercado.

超市 [chāoshì] supermercado - 120d
城市 [chéngshì] ciudad; centro - 114b
市场 [shìchǎng] mercado; feria - 152a

131b

一 十 卄 卄 卅 卅 卅 带 带

带 dài

cinturón; cargar

cinturón 卅 [símbolo] + cubrir 冖[169] [mì] + toalla 巾 [jīn]

Tiene el significado de 'cinturón' por la forma de llevar puesto un cinturón (卅) y cubrir(冖) su cuerpo con el mantel(巾). El significado de 'llevar' se derivó de cargar la espada o la cantimplora en el cinturón.

磁带 [cídài] cinta magnética - 197b
地带 [dìdài] zona; región; cinturón - 84a

131

131c

一 ナ 才 右 布

布 bù

ropa; mantel

mano ナ[39] [yòu] + toalla 巾 [jīn]

Forma de pegar el mantel(巾) con la mano(ナ) levantando el palo sobre un bloque de piedra para alisar la tela. El significado de 'extender' se derivó de la forma de extender la tela después de alisarla.

* Se puede ver que el carácter "ナ" tiene la forma de llevar un palo en la mano. Realmente, en China se tiene la costumbre de alisar la tela pegando con un palo.

131d ノ ㄨ 㐅 产 产 肴 希

希 xī

esperanza

Forma de basto 𠂆 → 爻 [símbolo] + toalla 巾 [jīn]

Tela(巾) elaborada con un hilo rústico y que tiene la forma(爻) de un basto. Como se puede ver por el espacio que hay entre cada hilo, se derivó el significado de 'esperanza', ya que se puede ver un futuro mejor a través de la tela.

希望[xīwàng] esperanza; deseo - 5c

131e 丨 ㄐ 丿 丿 丿 师

师 shī

maestro

sacrificio 刂→𠂤[193] [duī] + envolver algo 帀 [zā]

Forma de líder que supervisa el rito cargando un pedazo de carne, que es la ofrenda(𠂤), y lleva puesto(帀) un traje adecuado al ritual.

* El carácter tradicional(師) deja ver que el pedazo de carne que es la ofrenda(𠂤) ha cambiado a una forma similar al cuchillo(刂[119]).

131

* El carácter "帀[zā]" tiene la forma de la tela(巾) envuelta por el cuerpo.

老师[lǎoshī] maestro (honorífico) - 100a　师傅[shīfu] maestro; maestro de obra - 166e
教师[jiàoshī] maestro - 50c

131f ノ 犭 犭 犭 犭 犭 狮 狮 狮

狮 shī

león

perro 犭[173] [quǎn] + maestro 师 [shī]

El líder(师) de los animales(犭) es el león, conocido como 'el rey de los animales'.

* El carácter "犭" es un elemento semántico acerca de animales con el tamaño de un perro.

狮子[shīzi] león - 95

纟

Diagrama para 纟

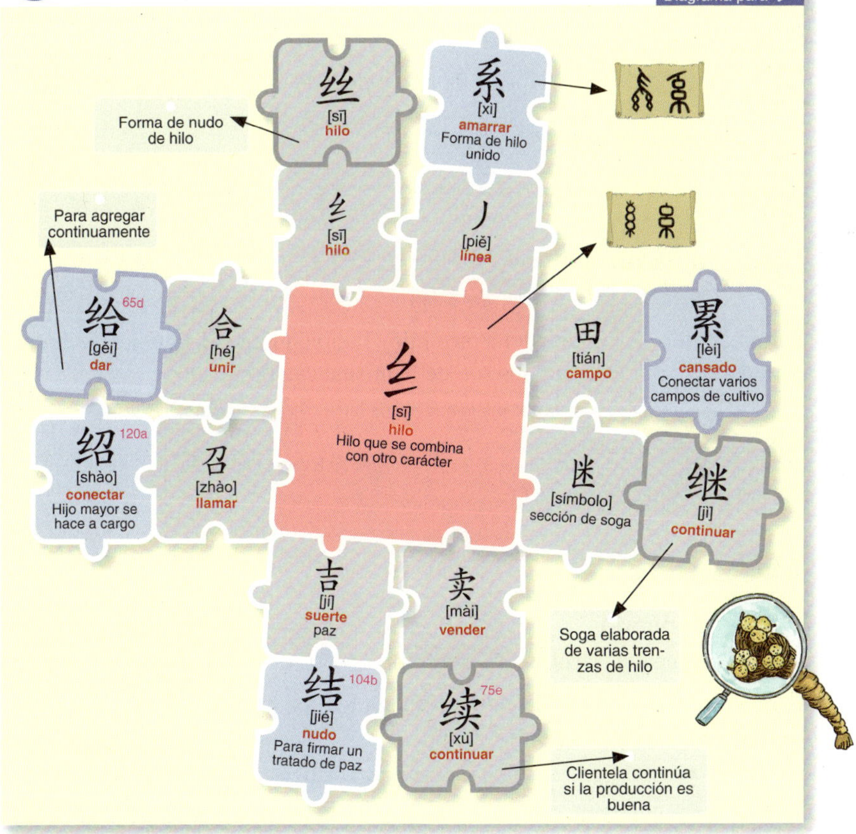

132

132

纟 sī hilo

Este carácter no se utiliza solo pero, cuando se combina con otro carácter, se utiliza en vez de "hilo 丝[132a][sī]". El carácter "纟" cuando se combina con otro carácter significa 'amarrar, unir, conectar', debido a las características del hilo.

* Este carácter, cuando se combina con otro y queda en medio, a causa de su belleza estética se utiliza el carácter tradicional(糸).

132

132a 丿 纟 纟 纟 丝

丝 sī

hilo

Forma de nudo de hilo, o forma de hilo enredado en forma de espiral.

丝毫 [sīháo] (no) para nada - 188b

132b 一 丆 玄 玄 孚 系 系

系 xì

amarrar; partir

línea 丿[234] [piě] + hilo 糸=纟 [sī]

Forma de hilo(糸) unido(丿) a otro hilo. También tiene el significado de 'departamento'; por estar unidos son de la misma categoría.

* "丿" es un carácter sin significado por lo que puede tener distintas interpretaciones.

没关系 [méiguānxi] no importa - 117f 45
关系 [guānxi] relación - 45
联系 [liánxì] contacto; conectar - 10e

132c 丨 冂 冂 田 田 罒 罒 罗 罗 累 累

累 lèi

cansado

campo 田[154] [tián] + hilo 糸=纟 [sī]

Forma de varios campos de cultivo(田) unidos con hilo(糸). Significa que está cansado por administrar varios campos.

* El carácter tradicional(纍) tiene la forma de tres campos(田) unidos(糸).

我累得再也走不动了。Yo estaba demasiado cansado para seguir caminando .
- 113b 132c 40b 149a 84 53c 223a 159d 168a

132d 纟 纟 纟 纟 纟 纟 纟 纟 纟 继

继 jì

continuar

hilo 纟 [sī] + sección de soga 㡭 [símbolo]

"㡭" es la descripción de una sección de una soga gruesa hecha de varias trenzas de hilo(纟). Tiene la forma de una soga(㡭) fuertemente unida por varias trenzas de hilo(纟).

* El carácter tradicional(繼) tiene la forma de una soga gruesa unida por varios hilos(糸) independientes.

继续 [jìxù] continuar - 75e

纟

Diagrama para 纟

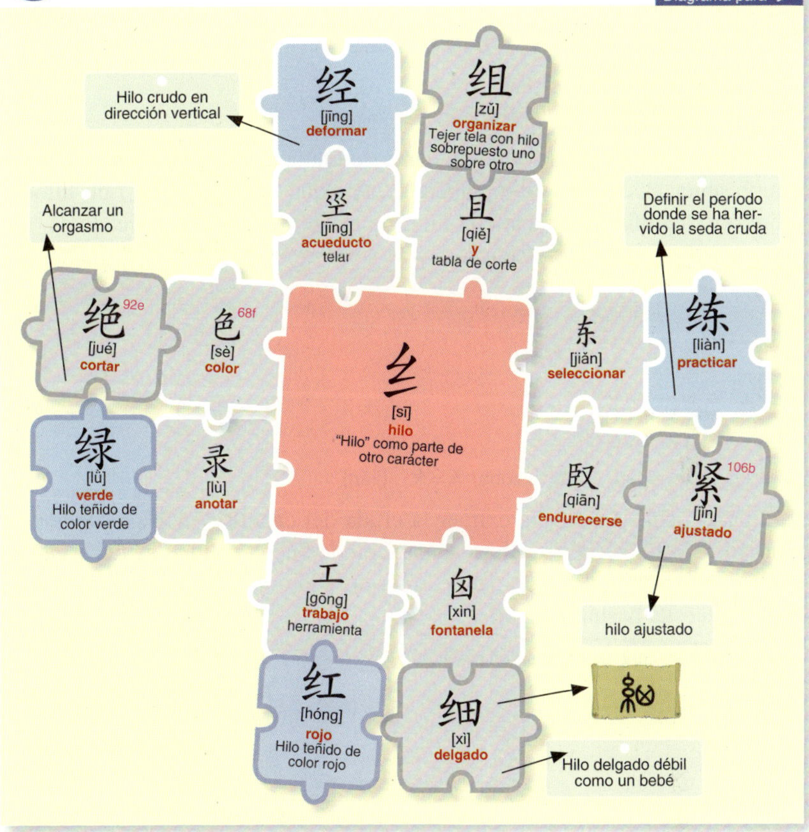

132e

经 jīng — deformar; pasar a través de

hilo 纟 [sī] + telar/acueducto 巠 → 坙[124b] [jīng]

De la forma de los hilos(纟) en dirección horizontal colocados en la máquina de tejer(坙) para tejer la tela se derivó el significado de 'hilo crudo'. Sobre este hilo atraviesan los otros hilos en dirección vertical en forma de intersección, de la cual derivó el significado de 'pasar a través de'.

* Del carácter tradicional(經) el lado derecho se ha modificado de "巠" y este "巠" carácter fue creado de la forma de la 'máquina de tejer'.

已经[yǐjīng] ya - 82a	经常[jīngcháng] diario; constantemente - 150c
经过[jīngguò] pasar; atravesar - 40f	经理[jīnglǐ] gerente; director - 108b

经济[jīngjì] economía; económico - 133c   经验[jīngyàn] experiencia - 67c

132f   ㇀ 幺 纟 纠 纠 织 组 组

组 zǔ

organizar

hilo 纟 [sī] + tabla de corte/y 且[224][qiě]

El carácter "且" tiene la forma de carne acumulada sobre una tabla de corte y representa 'acumular sobreponiendo'. Así que sobreponer(且) un hilo(纟) sobre otro significa tejer tela con hilo; de ahí se derivó el significado de 'organizar'.

组织[zǔzhī] organización; organizar - 179a

132g   ㇀ 幺 纟 纟 纤 练 练 练

练 liàn

practicar

hilo 纟 [sī] + seleccionar 东=柬[221c][jiǎn]

132 Para hacer seda se necesita extraer la cruda del capullo y debe pasar por un proceso de refinación. Para hacer una seda de buena calidad se debe identificar(东) el tiempo adecuado para extraer la seda cruda(纟) hervida, pero para ello se necesita bastante práctica.

* Realmente este carácter tiene el significado de 'Hervir la seda cruda para hacerla blanca y suave'.

练习[liànxí] práctica; ejercicio - 182a   熟练[shúliàn] hábil; experto; capaz - 3e

132h   ㇀ 幺 纟 纟 纫 纫 细 细

细 xì

delgado; delicado

hilo 纟 [sī] + fontanela 田[154] → 囟[28a][xìn]

Así como un bebé recién nacido que todavía no tiene cerrada la fontanela (囟), de la forma del hilo(纟) débil y delgado se derivó el significado de 'débil, minucioso'.

* El carácter antiguo "campo 田 [tián]" es una variación de "囟". Fontanela es la coronilla del bebé que todavía no está endurecida y se mueve al respirar.

细心[xìxīn] cuidadoso; atento - 28

132i 　　丿 纟 纟 纟 红 红

红 hóng

rojo; popular

hilo 纟 [sī] + herramienta/trabajo 工[200] [gōng]

Carácter que indica la vida de los ancestros que expresaban los colores tiñendo la tela o el hilo(纟). Se creó el carácter que representaba el 'rojo' utilizando el carácter "工" como símbolo fonético. Debido a la fe en que el color rojo trae riqueza y suerte derivó el significado de 'popular'.

* El carácter "工" , que tiene forma de herramienta, también significa herramienta utilizada en los ritos religiosos. Por la sangre de los animales que queda en la herramienta se ha derivado el 'rojo'.

红茶[hóngchá] té negro - 207b　　红旗[hóngqí] bandera roja; pancarta roja - 44c

132j 　　丿 纟 纟 纟 纣 纣 绀 绿 绿 绿 绿

绿 lǜ

verde

hilo 纟 [sī] + anotar 录[203a] [lù]

Carácter que indica la vida de los ancestros que expresaban los colores tiñendo la tela o el hilo(纟). Se creó el carácter que representaba el 'verde' utilizando el carácter "录" como símbolo fonético. 132

* "录" tiene la forma de hacer un agujero al árbol con una herramienta como un punzón. El color 'verde' se derivó de la forma del árbol con agujeros.

文

Diagrama para 文

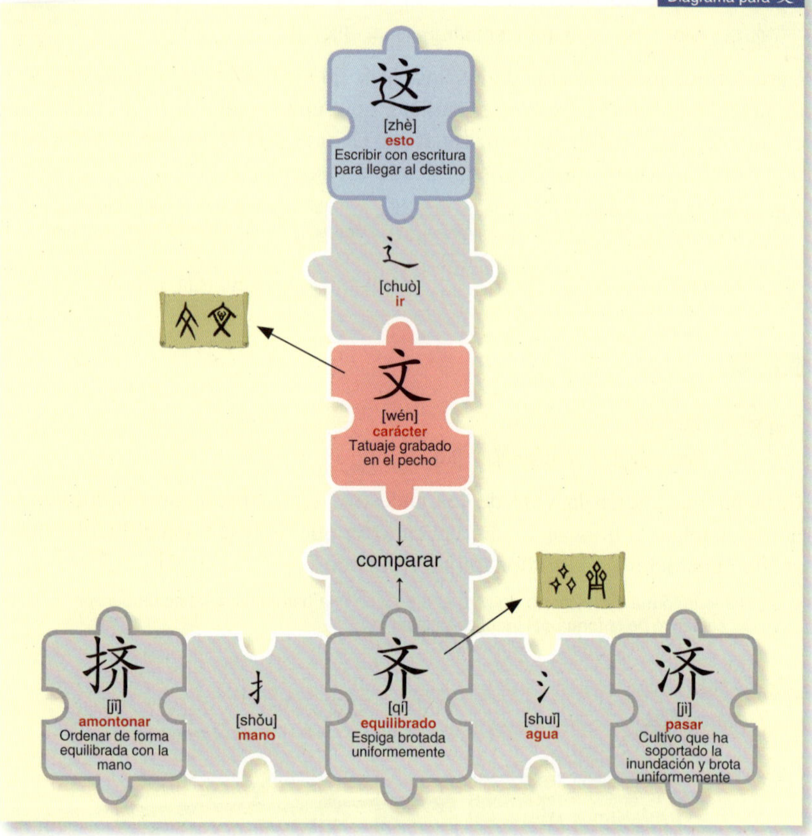

133

133 丶 亠 ナ 文

文 wén **carácter**

Forma de persona con un tatuaje debajo de la cabeza(亠[1][tóu]), en el pecho (乂). El carácter chino comenzó siendo un dibujo como el tatuaje, de ahí se derivó el significado de 'carácter'.

文化[wénhuà] cultura - 70a	课文[kèwén] texto - 210i
文学[wénxué] literatura - 95a	文学家[wénxuéjiā] literato - 95a 174a
文艺[wényì] literatura y arte - 83b	文章[wénzhāng] artículo; ensayo - 21a
中文[zhōngwén] lenguaje chino - 232a	

133a　丶 亠 ナ 文 文 这 这

这 zhè

esto

carácter 文 [wén] + ir 辶[61] [chuò]

Forma de explicar con escritura(文) cómo poder llegar(辶) al destino. Se pueden explicar lugares lejanos sin ir a ellos y parecer como si estuviera viendo un lugar cercano; de ahí se derivó 'esto'.

* El carácter tradicional(這) tiene forma de explicar algo verbalmente(言[22]) para encontrar(辶) un destino cercano.

这个[zhège] este - 63b　　这里[zhèlǐ] aquí - 151

133b　丶 亠 ナ 文 齐 齐

齐 qí

plano

Forma de espiga brotada uniformemente.

* Este carácter no tiene ninguna relación con "carácter 文 [wén]" y es un radical.

133c　丶 丶 氵 氵 氵 汸 汶 济 济

济 jì

pasar; beneficio

agua 氵[202] [shuǐ] + igualdad 齐 [qí]

Forma de cultivo que brota uniformente(齐) soportando inundaciones(氵) o sequías. De ahí derivó el significado de 'pasar' por haber soportado dificultades. También tiene el significado de 'beneficio' porque soportar las dificultades es obtener un resultado positivo.

经济[jīngjì] economía; económico - 132e

133d　一 十 扌 扌 扌 扩 抆 挤 挤

挤 jǐ

amontonar; apretar

mano 扌=手[31] [shǒu] + igualdad 齐 [qí]

Forma de ordenar algo de forma equilibrada(齐) con la mano(扌) . Si se ordena bien, aunque sea en un lugar pequeño, se pueden colocar más cosas; de ahí derivó el significado de 'lleno'. También tiene el significado de 'apretar' por el hecho de presionar equitativamente(齐) con la mano(扌) .

小猪挤在一起取暖。El joven cerdo se ha amontonado con otro por calor.
- 235 101b 133d 32a 223 53d 10b 33b

把水挤掉。exprimir para sacar el agua - 92b 201 133d 128a

133

白

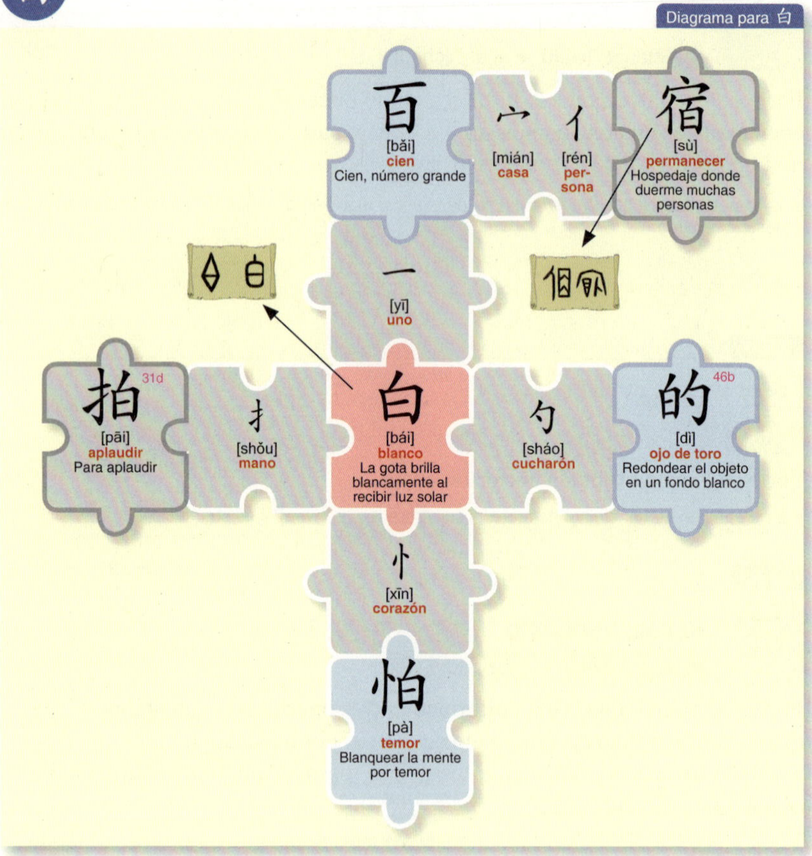

134

134 ノ ⺅ 白 白 白

白
bái

blanco

Forma de gota que brilla(丶) blancamente como un esfera de vidrio al recibir luz solar(日[218]). En la Dinastía Shang, donde se desarrollaron las insripciones en los huesos oraculares, veneraban el color blanco, por lo que tiene el significado de máximo.

明白[míngbai] claro(a); obvio(a) - 218h
白菜[báicài] repollo chino - 33e
白天[báitiān] diurno - 74b

134a

一 丆 丅 百 百 百

百 bǎi

cien; 100

uno 一[223][yī] + máximo/blanco 白 [bái]

Se agrega al número básico uno(一) el significado de máximo(白) para expresar un número grande 'cien'.

老百姓[lǎobǎixìng] gente común; gente ordinaria - 100a 208c

134b

丶 丷 宀 宀 宀 宀 宀 宿 宿 宿 宿

宿 sù

permanecer

casa 宀[141][mián] + persona 亻[70][rén] + cien 百 [bǎi]

Forma de dormir una noche en un hospedaje, que es una casa(宀) con instalaciones donde pueden dormir muchas(百) personas(亻) .

* "百" tiene forma de cobertor que se coloca en el piso, así que el carácter antiguo tiene la forma de una persona(亻) que duerme sobre el cobertor(百) dentro de la casa(宀).

宿舍[sùshè] dormitorio; casa - 168c

134c

丶 丷 忄 忄 忄 怕 怕 怕

134

怕 pà

temor

corazón 忄=心[28][xīn] + blanco 白 [bái]

Expresa el temor extremo(忄) hasta que se blanquea(白) la mente.

* "心" expresa sentimiento o carácter, en este caso expresa el temor.

害怕[hài/pà] tener miedo; asustarse - 209d　可怕[kěpà] miedo; terrible; horrible - 17

青

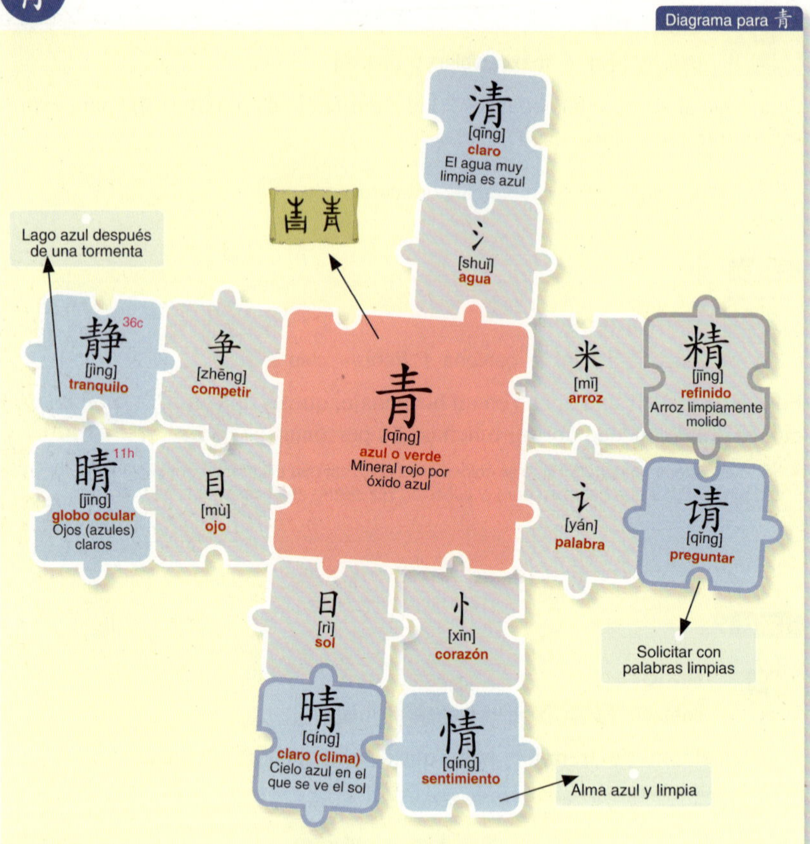

135

135 一 = 𠄟 𡗗 丰 青 青 青

青
qīng

azul o verde

Forma de mineral rojo(月→丹) como el cobre, al que le sale(生[208]) un óxido de color azul.

* Si se ve el carácter antiguo, es una combinación entre “nacer 生 [shēng]” y “rojo 丹 [dān]”.

* “丹” es la forma de cavar minerales(丶) de color rojo como el cobre. Se saca de un pozo(井[228]) moldeado para que no se derrumbe.

青年[qīngnián] joven; gente joven - 121a　　年青[niánqīng] joven - 121a

135a 丶 冫 氵 氵 氵 汼 汼 清 清 清 清

清 qīng

claro

agua 氵[202] [shuǐ] + azul 青 [qīng]

Si la luz solar llega al agua limpia, la luz ultravioleta y la luz roja se absorven y la luz azul se difunde en una molécula de hidrógeno. La luz difundida en el agua(氵) limpia tiende a tener un color azul(青).

清楚[qīngchu] claro; entender - 55a

135b 丶 丷 丷 半 米 米 米 籿 粐 粠 精 精 精 精

精 jīng

refinido

arroz 米[138] [mǐ] + azul 青 [qīng]

Así como el agua azul representa la limpieza y la claridad, el arroz(米) azul (青) significa refinar el arroz limpiamente para ser comestible. Se derivó el significado de 'refinar' del hecho de eliminar la cáscara limpiamente.

精彩[jīngcǎi] brillante; espléndido; maravilloso - 8b 精神[jīngshén] espíritu; mente - 126f

135c 丶 讠 讠 讠 讠 讠 讠 请 请 请 135

请 qǐng

preguntar

palabra 讠=言[22] [yán] + azul 青 [qīng]

Así como el agua azul representa la limpieza y la claridad, la palabra(讠) azul (青) significa una palabra limpia. Cuando se pide algo a otra persona, se debe hacer con palabras correctas y elegantes.

请假[qǐng/jià] pedir que se vaya - 34k 请问[qǐngwèn] preguntar (formal) - 145b
请柬[qǐngjiǎn] carta de invitación - 211c 请求[qǐngqiú] preguntar; solicitar - 203b

135d 丶 丷 忄 忄 忄 忄 忄 情 情 情 情

情 qíng

sentimiento

corazón 忄=心[28] [xīn] + azul 青 [qīng]

Así como el agua azul representa la limpieza y la claridad, el alma(忄) azul(青) significa un alma limpia y pura. La sensación de sentir algo con el alma pura sobre un asunto es 'sentimiento'.

事情[shìqing] caso; asunto; situación - 36d 热情[rèqíng] pasión; ardor; fervor - 158f
情况[qíngkuàng] circunstancia; situación - 72b
爱情[àiqíng] amor (entre hombre y mujer); cariño - 34e

135e

丨 ⺆ 日 日 日一 日二 日+ 日丰 日丰 日青 晴 晴

晴
qíng

claro (clima)

sol 日[218][rì] + azul 青 [qīng]

El cielo azul(青) despejado de las nubes donde se ve el sol(日), significa el cielo claro después de la lluvia.

今天看上去是个晴天。Hoy se ve como un buen día. - 66 74b 11a 223f 94 54b 63b 135e 74b

135

黄

Diagrama para 黄

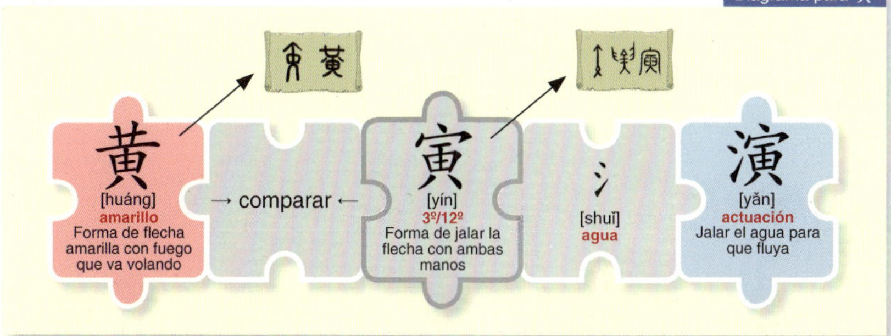

136

黄 huáng

amarillo

Los eruditos afirman que estos tres caracteres "矢[111][shǐ]", "寅[136a][yín]", "黄" vienen del jeroglífico de la 'flecha'. Con la tipografía actual no se sabe pero se cree que vienen de la imagen amarilla de la fecha que va volando con fuego y que por ello "黄" significa 'amarillo'.

136

黄色 amarillo - 136 68f

136a

寅 yín

3º/12º

Primero tuvo la forma de la flecha, pero fue cambiando su forma hacia la forma de jalar la flecha con ambas manos, de ahí derivó el significado de 'jalar'. Actualmente se utiliza como el 'tercer signo del zodíaco chino'.

136b

演 yǎn

actuación

agua 氵[202][shuǐ] + jalar / 3th/12th 寅 [yín]

Es una expresión metafórica de jalar(寅) el agua(氵) que significa que el agua fluye. 'Actuación' es expresarse naturalmente como el agua que fluye.

表演[biǎoyǎn] rendimiento - 130b　　演出[yǎnchū] actuación - 167a

食

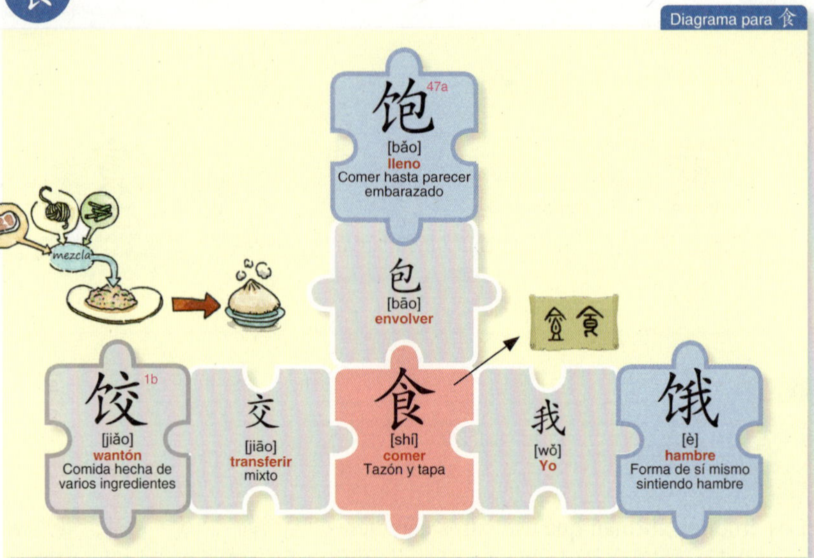

137 **137** 丿 人 𠆢 今 今 今 食 食 食

食 shí

comer; comida

Tiene el significado de 'comer, comida' combinando el tazón(㫐) que contiene arroz con la tapa(亼[65]) que se utiliza para mantener caliente la comida. Si se combina con otro carácter, su forma se simplifica "饣"

* Con la escritura antigua se ve que el carácter "㫐" que tiene forma de tazón de arroz, que pertenece al carácter "食", no tiene ninguna relación con el carácter "forma de mirar hacia atrás 艮[14] [gěn]".

137a 丿 ⺈ 饣 饣 饣 饣 饿 饿 饿 饿

饿 è

hambre; pasar hambre

comer 饣= 食 [shí] + Yo 我[113b] [wǒ]

Hambre es un sentimiento que siente uno mismo, por lo que siempre se debe preguntar para saber si otra persona tiene hambre. Se derivó el significado de 'tener hambre, pasar hambre' por el apetito que siente uno mismo(我) al momento de la comida(饣).

他觉得非常饿。Él se sintió muy hambriento. - 84b 13a 40b 181 150c 137a

米

Diagrama para 米

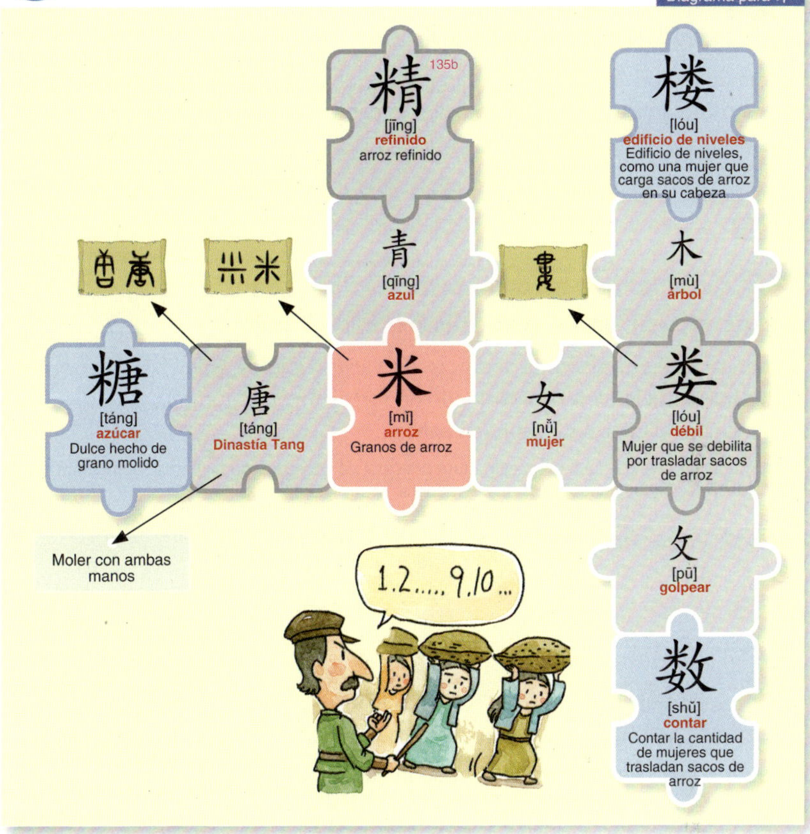

138

138 丶 丷 丷 半 米 米

米 mǐ

arroz;medida

Carácter que tiene la forma de los granos de arroz refinados. También se utiliza como la unidad de medida de la distancia 'metro' por tener una pronunciación similar.

米饭[mǐfàn] (cocinado) arroz - 148b 玉米[yùmǐ] maíz - 198

这座山有3500米高。La montaña es de 3500 metros de altura. - 133a 152c 195 39c 138 3

138a 丶 丷 䒑 半 米 米 类 娄 娄

娄 lóu

débil

arroz 米 [mǐ] + mujer 女[96][nǚ]

Forma de mujer(女) que se debilita por el trabajo pesado continuo de trasladar los sacos de arroz(米) cargándolos en la cabeza.

* El carácter tradicional(婁) tiene la forma de una mujer que carga varios niveles de cosas sobre la cabeza.

138b 一 十 才 木 木 木 栏 栏 栏 柈 楼 楼 楼

楼 lóu

edificio de niveles; piso

árbol 木[210][mù] + arroz 米 [mǐ] + mujer 女[96][nǚ]

Se derivó el significado de 'edificio de varios niveles, nivel' de la forma de edificios de madera(木) conformado de varios niveles, como la mujer(女) que carga sacos de arroz(米) sobre su cabeza.

* "La Ciudad Prohibida", que es la estructura principal de construcción de China, demuestra que el material principal de construcción fue la madera.

办公楼 oficina edificio - 159b 93b 138b	教学楼 enseñar edificio - 50c 95a 138b

138

138c 丶 丷 䒑 半 米 米 类 娄 娄 数 数 数 数

数 shǔ/shù

contar / número

arroz 米 [mǐ] + mujer 女[96][nǚ] + pegar 攵[50][pū]

Forma de administrador que tiene un bastón(攵) en la mano, quien cuenta 'uno, dos' los sacos de arroz(米) que llevan las mujeres(女) sobre su cabeza.

* "攵" es la forma de cargar en la mano(又[34]) un bastón(丨).

你去数一下有几辆车。Ve tú a contar cuántos vehículos hay.
- 69a 94 138c 223 223g 39c 213 64d 124

De la forma de contar 'uno, dos' viene el significado de 'cantidad'.

数学[shùxué] matemática - 95a	数字[shùzì] numérico - 95b

138d 丶 亠 广 户 户 庐 庐 庚 唐 唐

唐 táng

Dinastía Tang (618-907)

Carácter creado de la forma de moler grano levantando el mortero(庚[gēng]) con la mano(彐[36]) en el molino(口), pero en un futuro fue utilizado como 'Dinastía Tang'.

* El carácter antiguo demuestra claramente que tiene la forma de moler con ambas manos. Por lo tanto, se sabe que la parte de abajo "boca 口[16][kǒu]" es el molino.

138e

糖 táng

azúcar; dulce

arroz 米 [mǐ] + moler/Dynastía Tang 唐 [táng]

De la forma de hacer galletas deliciosas y dulces con el polvo del grano(米) molido(唐), se derivó el significado de 'azúcar, dulce'.

单糖 azúcar simple; monosacárido - 231c 138e
白糖 azúcar blanco - 134 138e
冰糖 caramelos; dulces - 206a 138e

禾

139

Diagrama para 禾

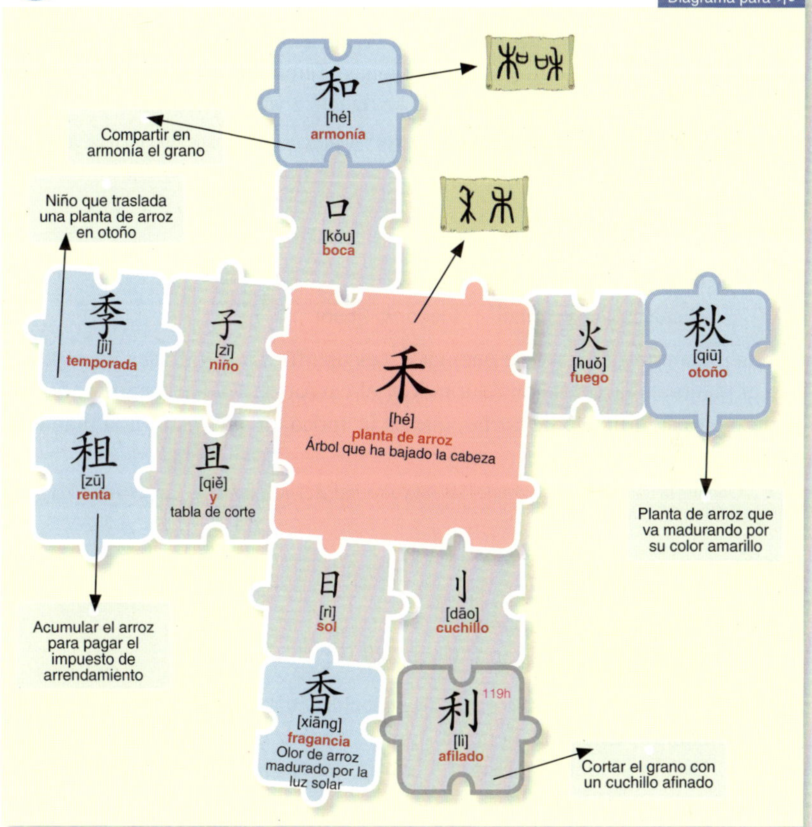

139

139

丿 二 千 禾 禾

禾 hé

planta de arroz

'Planta de arroz' se derivó del carácter que tiene forma de la planta de arroz, un árbol(木[210]) que, cuanto más maduro está, baja la cabeza(丿).

* En el Oriente hay un refrán que dice: "La planta de arroz agacha la cabeza cuanto más maduro esté!" Significa que la persona que tiene más cosas en la cabeza es más humilde. Por ello, la 'planta de arroz' se relaciona con el hecho de agachar la cabeza.

139a

丿 二 千 禾 禾 禾 和 和

和 hé

armonía; y; con

planta de arroz 禾 [hé] + boca 口[16] [kǒu]

Derivó su significado de 'armonía' de la forma de compartir el grano(禾) para comer(口) en armonía entre varias personas. También tiene el significado de 'con…, junto a…' por la armonía que se da entre varias personas.

* El carácter antiguo tiene la forma de soplar(口) la flauta(龠→禾) y hace que la música esté en armonía.

139b

丿 二 千 禾 禾 禾 禾' 秒 秋

秋 qiū

otoño

planta de arroz 禾 [hé] + fuego 火[158] [huǒ]

Que la planta de arroz(禾) se quema(火) es una forma metafórica de expresar que la planta de arroz está madurando y el campo se vuelve amarillo. De ahí se derivó el significado de otoño, que es la época en que madura la planta de arroz.

* En el Oriente, la noche de otoño donde la planta de arroz(禾) madura, se le llama metafóricamente 'la noche dorada ardiente(火)'.

139c

丿 二 千 禾 禾 禾 香 香 香

香 xiāng

fragancia; sabroso

planta de arroz 禾 [hé] + sol 日[218] [rì]

En el otoño, que es la temporada de cosecha, cuando cae la luz del sol(日) sobre el campo, este está lleno de una fragancia de la planta de arroz(禾) maduro. De ahí se derivó el significado de 'delicioso' como el olor sabroso del grano que va madurando.

香蕉[xiāngjiāo] plátano - 207c
这饭真香! Este arroz es realmente apetitoso. - 133a 148b 12c 139c

139d

丿 二 千 千 禾 利 和 和 和 租

租 zū

renta

planta de arroz 禾 [hé] + tabla de corte/y 且[224] [qiě]

Forma de acumular en niveles los fardos de arroz(禾) que se van a pagar como impuesto de arrendamiento, así como el hecho de acumular la carne encima de la tabla de corte(且) para ofrecerla como ofrenda a Dios.

* "且" tiene la forma de carne acumulada en niveles sobre la tabla de corte en la mesa del rito.

出租车 [chūzūchē] taxi - 167a 124　　出租汽车 [chūzūqìchē] taxi - 167a 204a 124

139e

丿 二 千 千 禾 秃 季 季

季 jì

temporada

planta de arroz 禾 [hé] + niño 子[95] [zǐ]

Forma de niño(子) que recoge la espiga de arroz(禾) y traslada los fardos en la abundante y última temporada del año.

季节 [jìjié] temporada; tiempo - 85g

140

豆

Diagrama para 豆

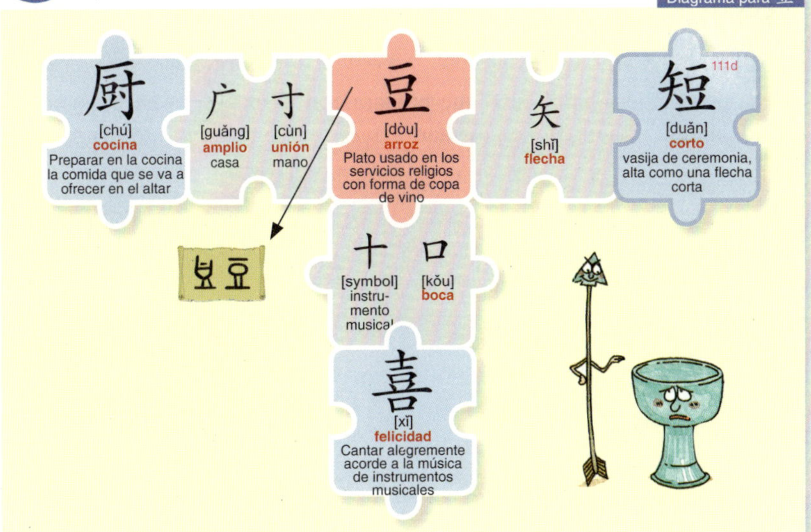

140

豆
dòu

frijol

Carácter que tiene forma de 'platos usados en los servicios religios'. Son tan altos como las copas de vino o como el 'altar'. También tiene el significado de 'frijol' por la forma y altura de estos platos, que es similar a la forma del frijol que tiene el tallo corto.

豆腐[dòufu] tofu - 41b

140a

喜
xǐ

felicidad

nombre del instrumento 壴[51b][zhǔ] + boca 口[16][kǒu]

Derivó el significado de 'felicidad' de la forma de cantar con la boca(口) junto a la música de los instrumentos musicales(壴), donde "壴" es el instrumento que se utiliza en el servicio religioso y tiene forma de instrumento musical (十) sobre el altar(豆).

140 喜欢[xǐhuan] gustar; disfrutar - 23c

140b

厨
chú

cocina; cocinar

casa/amplio 厂→广[143][guǎng] + altar/frijol 豆 [dòu] + mano/unión 寸[40][cùn]

Forma de cocinero habilidoso que prepara con la mano(寸) en la cocina la comida que se va a ofrecer en el altar(豆).

厨房[chúfáng] cocina - 144b

宀

Diagrama para 宀

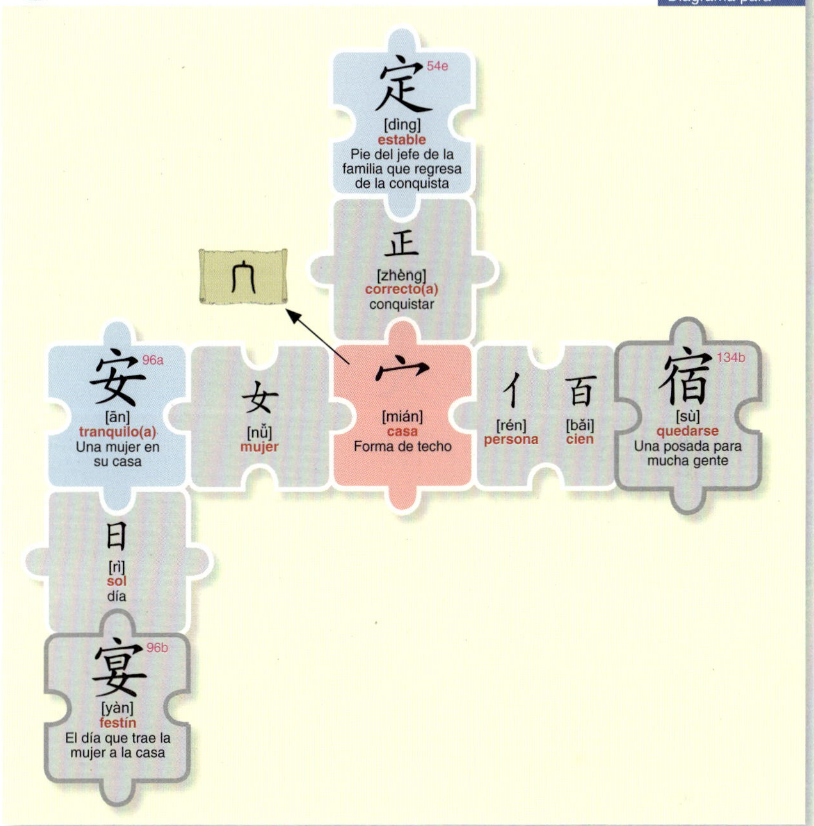

141

宀 mián

casa

Una casa, representada por su techo. Cuando se añade a otro carácter, significa 'casa' donde vive la gente.

穴

142

142 丶 丶 宀 宂 穴

穴 xué

cueva

casa 宀 [mián] + ocho 八 [229] [bā]

En la antigüedad, muchos vivían en cuevas, que para ellos eran sus casas(宀). Este carácter representa la entrada(八) a la cueva.

* "八" es la forma de una entrada abierta.

142a 丶 丶 宀 宀 穴 穴 穵 穷 穷 窗 窗 窗

窗 chuāng

ventana

cueva 穴 [xué] + chimenea 囱 [cōng]

Las cuevas(穴) no tienen ventanas, así que se hicieron chimeneas(囱) en su lugar.

* "囱" es un agujero rectangular(口[símbolo]) por donde escapan el fuego(火[158]) y las cenizas. Piensa en una chimenea(口) que tiene un agujero por detrás(quedarse atrás 夂[56][zhǐ]) para sacar humo.

窗户 [chuānghu] ventana - 144

142b 丶 丶 宀 宀 穴 空 空 空

空 kōng

vacío(a); aire

cueva 穴 [xué] + herramienta/trabajo 工[200][gōng]

Una cueva(穴) vacía excavada con herramientas(工). Un espacio vacío se llena solo con el aire.

空调 [kōngtiáo] aire acondicionado - 154b
空气 [kōngqì] aire; atmósfera - 204
空间 [kōngjiān] espacio; habitación; vacío - 145c

142

142c 丶 丶 宀 宀 穴 空 字 突 突

突 tū

repentinamente

cueva 穴 [xué] + perro 犬[172][quǎn]

De una cueva(穴) salta un perro(犬) repentinamente y sorprende a una persona que pasaba por ahí.

突然 [tūrán] repentino(a) - 158e
突出 [tū/chū] sobresalir; proyectarse - 167a

Diagrama para 广

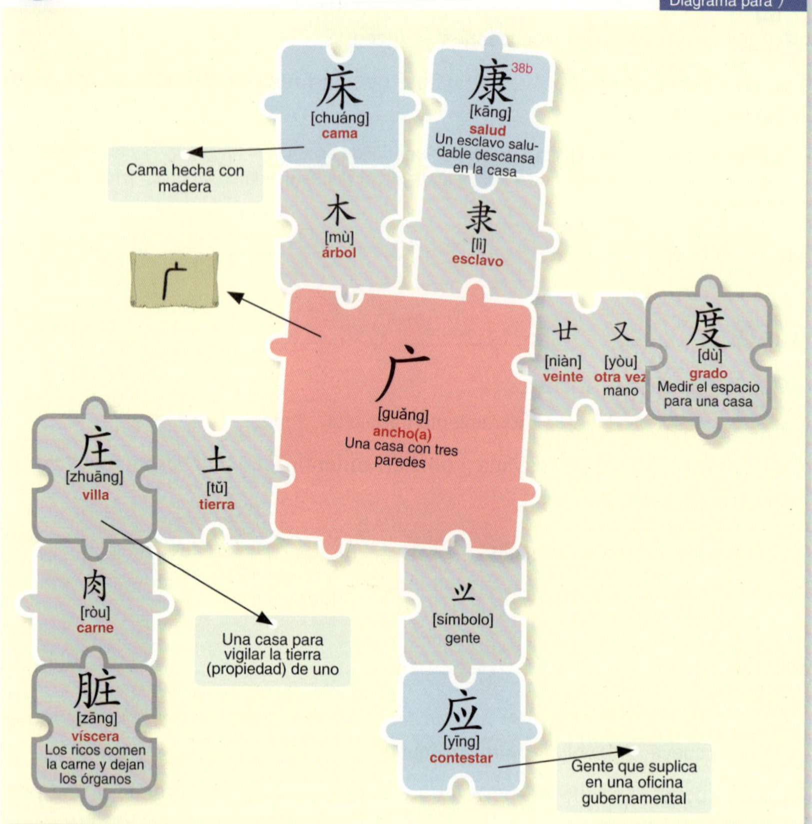

143

143 丶 亠 广

广 guǎng — ancho(a)

Las oficinas en los palacios o edificios antiguos tenían una de las cuatro paredes derribada y allí es donde se sentarían el rey o los funcionarios. Este carácter describe una casa con tres paredes, que sería ancha.

广播[guǎngbō] transmitir - 183b   广场[guǎngchǎng] plaza - 152a

143a 丶 亠 广 庐 庄 床 床

床 chuáng

cama

casa/ancho(a) 广 [guǎng] + árbol 木[210] [mù]

Los chinos dormían en cama mientras que los coreanos y los japoneses dormían en el suelo. Una estructura de madera(木) en una casa(广) sería la 'cama'.

起床[qǐ/chuáng] levantarse - 53d 机床[jīchuáng] torno; fresadora - 213a

143b 丶 亠 广 广 庐 庐 庐 庐 度

度 dù

grado

casa/ancho(a) 广 [guǎng] + veinte 廿[50d] [niàn] + mano/otra vez 又[34] [yòu]

Se usa la mano(又) para medir los lados(廿) de una casa amplia(广) con el fin de decidir cuánto espacio hay.

* "廿" es la forma en que se superponen dos caracteres del "diez 十[231] [shí]".

态度[tàidu] modales; comportamiento - 74d 高度[gāodù] altitud; grado alto - 3

143c 丶 亠 广 广 庁 应 应 143

应 yīng

contestar; deber

casa/ancho(a) 广 [guǎng] + gente 业 [símbolo]

En una oficina con tres paredes(广) la gente(业) suplica sus casos. Cuando el pueblo pide, el funcionario debe ayudar; por ello, este carácter llegó a significar 'contestar, deber'.

* El carácter tradicional (應) muestra que un funcionario en su oficina(广) debe tratar con todo su corazón(心[28]) a la gente(亻[70]), tan cuidadosamente como si se tratara de unos pajaritos(隹[178]). Los tres caracteres (亻, 隹, 心) han sido abreviados como tres puntos (丶).

应该[yīnggāi] deber; debería; tener que - 4b 答应[dāying] contestar; responder - 65b
应当[yīngdāng] deber; naturalmente - 150e 响应[xiǎngyìng] responder; contestar - 150a

143d 丶 亠 广 庀 庄 庄

庄 zhuāng

villa; pueblo

casa/ancho(a) 广 [guǎng] + tierra 土[152] [tǔ]

Una villa es una casa extra(广) que los ricos construyen para vigilar sus tierras(土). Este carácter también llegó a significar 'pueblo', ya que los granjeros contratados vivían alrededor de la villa.

村庄[cūnzhuāng] pueblo; aldea - 40a

143e 丿 刀 月 月 月` 月亠 肞 肞 肸 脏

脏 zàng/zāng

víscera / sucio(a)

carne 月[221] → 肉[192] [ròu] + villa 庄 [zhuāng]

Los ricos dueños de la villa(庄) comen la carne(肉) y dejan los órganos internos para los aldeanos. De ahí llegó a significar 'sucio(a)'.

* Cuando el carácter "luna 月 [yuè]" se añade a otro, normalmente significa "carne 肉".

心脏[xīnzàng] corazón - 28

衣服脏。La ropa está sucia. - 130 34b 143e

143

户

Diagrama para 户

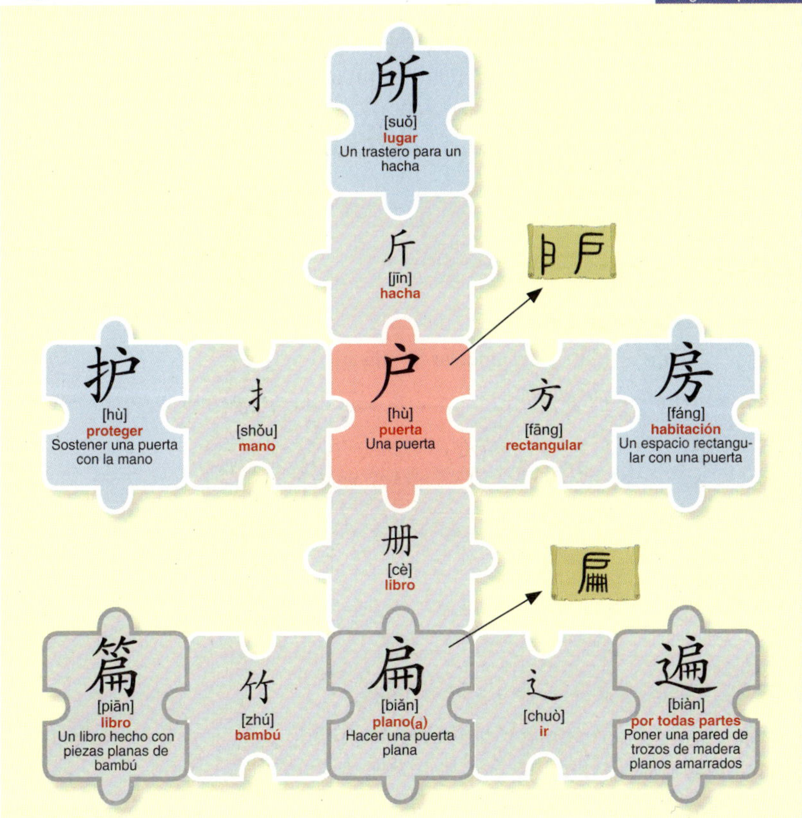

144

144 丶 ㇇ ㇋ 户

户 hù — **puerta**

Las pequeñas casas tienen una puerta sencilla, más pequeña que las grandes puertas dobles(门).

窗户 [chuānghu] ventana - 142a

144

144a ´ 丆 户 戶 戶´ 所 所 所

所 suǒ

lugar

puerta 户 [hù] + hacha 斤[118] [jīn]

Un trastero es un lugar con una puerta sencilla(戶) para guardar aperos tales como un hacha(斤).

所以[suǒyǐ] así que; por lo tanto - 63j
所有[suǒyǒu] tener; poseer - 39c
研究所[yánjiūsuǒ] instituto de investigación - 197d 230a

144b ` ㇇ ㇇ 户 户 户 房 房

房 fáng

habitación; casa

puerta 户 [hù] + rectangular 方[160] [fāng]

Un área rectangular(方) con una puerta sencilla(戶) es una habitación o una casa.

房间[fángjiān] habitación - 145c
厨房[chúfáng] cocina - 140b
房子[fángzi] casa; edificio - 95

144c ` ㇇ ㇇ 户 户 肩 肩 扁 扁

扁 biǎn

plano(a)

puerta 户 [hù] + libro 冊→册[217] [cè]

Una puerta(户) normalmente se hace amarrando ramas para hacer una losa plana, igual que un libro hecho con trozos de bambú(冊) planos.

* Libros de bambú: antes de que fuera inventado el papel, en China se utilizaban piezas de bambú amarradas.

144d ` ㇇ ㇇ 户 户 肩 肩 扁 扁 `扁 谝 遍

遍 biàn

por todas partes

plano(a) 扁 [biǎn] + ir 辶[61] [chuò]

Los chinos no solo amarraban las ramas planas(扁) para hacer puertas, sino que hicieron lo mismo con el fin de construir vallas que rodeasen alrededor (辶) de sus casas. También se utiliza este carácter para contar el 'número de acciones' realizadas.

这本书我看过五遍。Leí cinco veces este libro. - 133a 210a 232d 113b 11a 40f 226a 144d

144e 丿 𠂉 𥫗 ⺮ 竺 竺 笁 笆 笆 笁 筍 篇 篇 篇 篇

篇 piān

libro; pieza

bambú 竹[216] [zhú] + plano(a) 扁 [biǎn]

Antes de que se inventara el papel, las losas planas(扁) de bambú(竹) fueron amarradas para hacer libros. También se utiliza este carácter como 'unidad para medir el número de oraciones'.

一篇文章 una pieza de escritura - 223 144e 133 21a

144f 一 十 扌 扌 扩 护 护

护 hù

proteger

mano 扌=手[31] [shǒu] + puerta 户 [hù]

Este carácter representa la imagen de una persona pobre que protege su casa con una puerta(户) con sus manos(扌).

护照 [hùzhào] pasaporte - 120c

144

门

145

Diagrama para 门

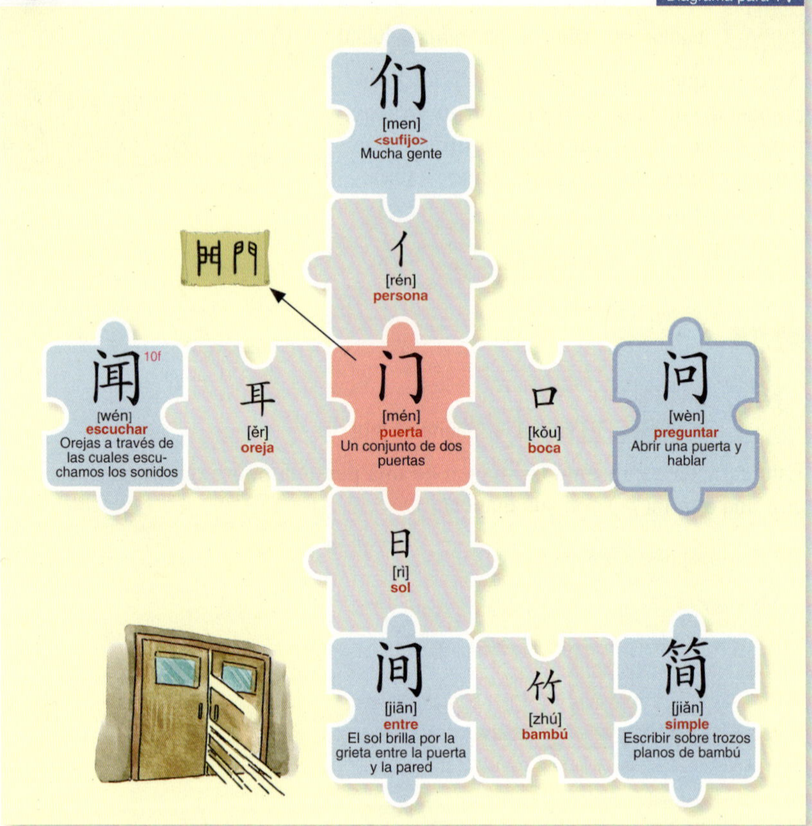

145 丶 丨 门

门 mén **puerta**

Los palacios y las casas grandes tienen un conjunto de dos puertas, no como una casa pequeña con una puerta sencilla “户[144][hù]”.

门口 [ménkǒu] entrada; portal - 16 部门 [bùmén] departamento; rama; sección - 79f

145a 丿 亻 亻 们 们

们 men

<sufijo>

persona 亻[70] [rén] + puerta 门 [mén]

Un conjunto de dos puertas "门" y una persona(亻) sirven como un 'sufijo que indica a la gente' en plural. Siempre se pone después de un pronombre o de un sustantivo que indica a una persona.

我们[wǒmen] nosotros - 113b
你们[nǐmen] vosotros - 69a
人们[rénmen] gente - 63
他们[tāmen] ellos - 84b
她们[tāmen] ellas(femenino) - 84c
它们[tāmen] ellos (objeto) - 88f

145b 丶 门 门 问 问 问

问 wèn

preguntar

puerta 门 [mén] + boca 口[16] [kǒu]

Una persona abre la puerta(门) y pregunta(口) si es la casa que buscaba.

问题[wèntí] pregunta; problema - 54d
请问[qǐngwèn] preguntar (formal) - 135c

145c 丶 门 门 门 问 间 间 145

间 jiān

entre; habitación

puerta 门 [mén] + sol 日[218] [rì]

El sol(日) brilla a través del espacio entre(门) la puerta y la pared. Llegó a significar también 'habitación', ya que se trata de un espacio entre dos paredes, así como una unidad para contar 'el número de habitaciones'.

房间[fángjiān] habitación - 144b
时间[shíjiān] tiempo; hora - 42d
洗手间[xǐshǒujiān] aseo; lavabo - 71e 31
中间[zhōngjiān] centro; entre - 232a
一间教室。Un aula. - 223 145c 50c 112a

145d 丿 𠂉 𠂉 𠂉 𠂉 𠂉 竹 竺 竺 笥 简 简 简

简 jiǎn

simple

bambú 竹[216] [zhú] + entre 间 [jiān]

Antes de que se inventara el papel, las oraciones eran simples ya que los chinos escribían en un espacio pequeño(间) de bambú(竹).

简单[jiǎndān] simple - 231c

瓦

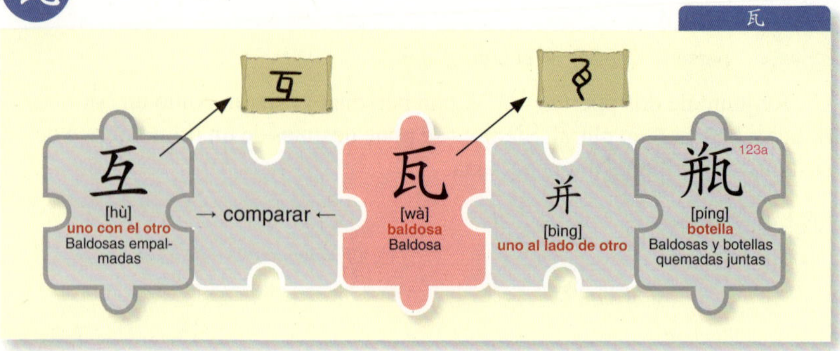

146

互 hù — uno con el otro

Las baldosas del techo se hacen de una forma determinada para que se empalmen. Este carácter describe cómo se empalma una baldosa con la otra.

146 互相 [hùxiāng] mutuo(a); uno con el otro - 11c
相互 [xiānghù] mutuo(a); uno con el otro - 11c

146a

瓦 wà — baldosa

Cuando el carácter que describe la forma de dos baldosas en empalme "互 [hù]" llegó a significar 'uno con el otro', a este carácter se le añadió un punto (丶) para enfatizar el significado original de 'baldosa'.

瓦解 [wǎjiě] desintegrarse; desmoronarse - 175c

阝

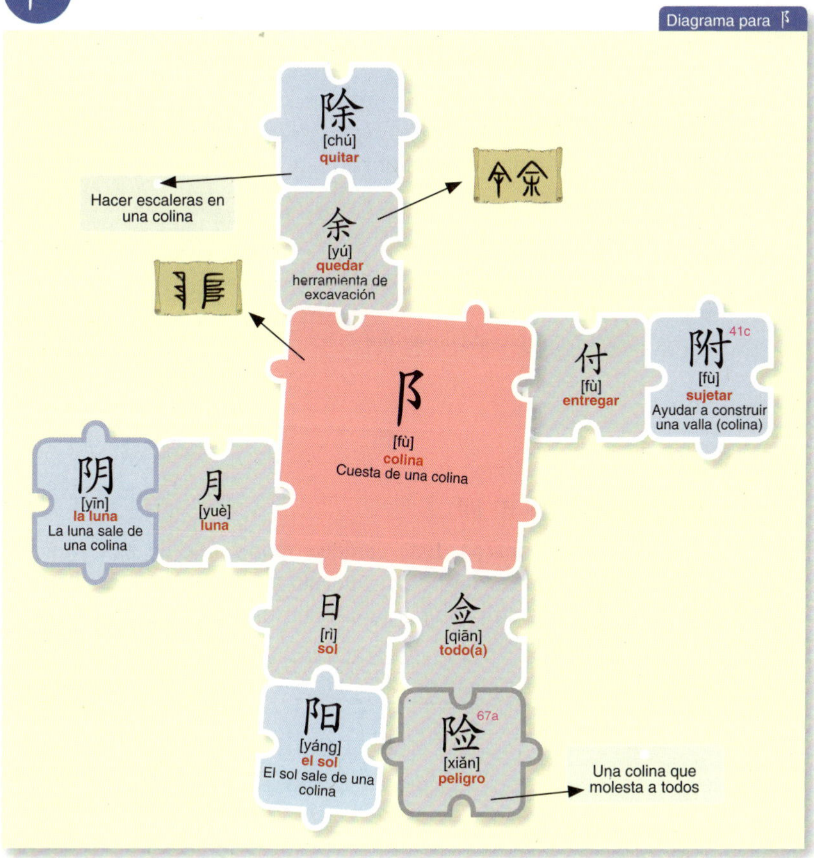

147

147

阝 fù

colina

Este carácter describe la cuesta de una colina. Cuando se añade a la izquierda de otro carácter significa 'colina', pero a la derecha significa "pueblo 邑[92d][yì]".

147a 阝 阝 阝 阝 阝 阝 阝 阝 除

除 chú

quitar

colina 阝 [fù] + herramienta de excavación/quedar 余 [yú]

Se hace una escalera en una colina(阝) utilizando herramientas de excavación(余). Llegó a significar 'eliminar' dificultades a la hora de subir una colina empinada.

* El carácter "余" es la forma de una herramienta con punta afilada que se utiliza en la excavación.

除了 [chúle] excepto - 168a
除了…以外 [chúle...yǐwài] excepto; de no ser por - 168a 63j 222a

147b 阝 阝 阝 阝 阝 阳

阳 yáng

el sol

colina 阝 [fù] + sol 日[218] [rì]

El sol(日) sale de una colina(阝). Este carácter representa, en particular, el sol que simboliza el "Yang", una fuerza opuesta a la del "Yin", las dos energías más importantes en la filosofía oriental. Por lo tanto, significa 'claro(a), luminoso(a), verano, hombre, etc.'.

147

太阳 [tàiyáng] el sol - 74c

147c 阝 阝 阝 阴 阴 阴

阴 yīn

la luna; nublado

colina 阝 [fù] + luna 月[221] [yuè]

Este carácter describe la luna(月) que sale de una colina(阝) y simboliza el "Yin". Significa 'nublado, oscuro(a), invierno, mujer, etc.'.

昨天是阴天。Ayer estuvo nublado. - 234c 74b 54b 147c 74b

阝

Diagrama para 阝

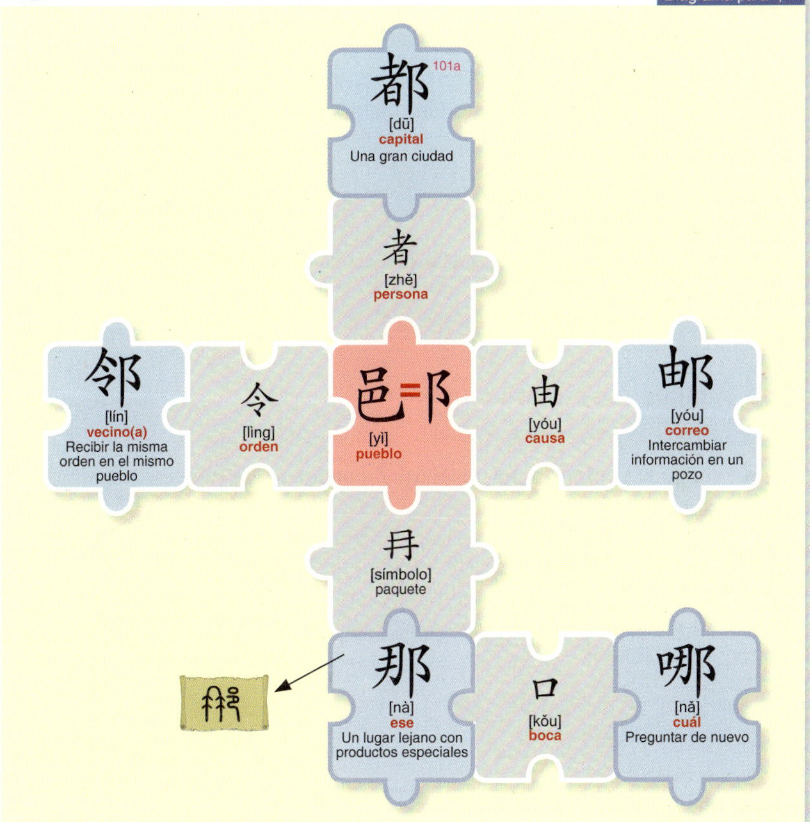

147

147d 丨 ㄇ 日 由 由 由阝 邮

邮 yóu

correo

pozo/causa 由[156][yóu] + pueblo 阝→ 邑[92d][yì]

Las mujeres del pueblo(邑) intercambiaban información en el pozo(由) del pueblo. De ahí este carácter llegó a tener el significado de 'correo'.

* "由" se interpreta como 'pozo' ya que es la forma de un tanque de agua.

电子邮件[diànzǐyóujiàn] E-mail - 157a 95 175a
邮局[yóujú] correos - 91a
邮票[yóupiào] (sello) estampilla - 126d

147e 丁 ヲ ヨ 冃 冄 冉7 那

那 nà

ese, esa

paquete 冄 → 冄 [símbolo] + pueblo 阝→ 邑[92d] [yì]

La parte izquierda de este carácter(冄) representa un paquete de productos empaquetados para su transporte. Un pueblo lejano(邑) con productos especiales(冄) se refiere a 'ese' lugar.

那个[nàge] aquel, aquella - 63b
那么[nàme] de esa manera; así - 93a
那样[nàyàng] de ese tipo; así - 171a
那里[nàli] allí; ese lugar - 151
那些[nàxiē] aquellos - 88h

147f 丨 冂 口 叮 叮 呷 哪 哪7 哪

哪 nǎ/na

cuál; qué / <partícula modal>

boca 口[16] [kǒu] + ese 那 [nà]

Una pregunta(口) empieza por 'cuál, qué' cuando no se sabe esa cosa(那) a la que el otro se refiere.

147

También se utiliza como una partícula modal al final de una oración para describir sorpresa en lugar del carácter.

* Cuando la sílaba anterior a este carácter termina con una 'n', se utiliza "啊[17f] [a]" en lugar de "哪 [na]" por la pronunciación.

哪里[nǎlǐ] dónde - 151
哪个[nǎge] cuál - 63b
你小心哪！¡Ten cuidado"! - 69a 235 28 147f

147g ノ 人 亼 今 令 令7 邻

邻 lín

vecino(a)

orden 令[86] [lìng] + pueblo 阝→ 邑[92d] [yì]

Los vecinos que viven en el mismo pueblo(邑) reciben la misma orden(令) de un solo líder.

邻居[línjū] vecino(a) - 90g

厂

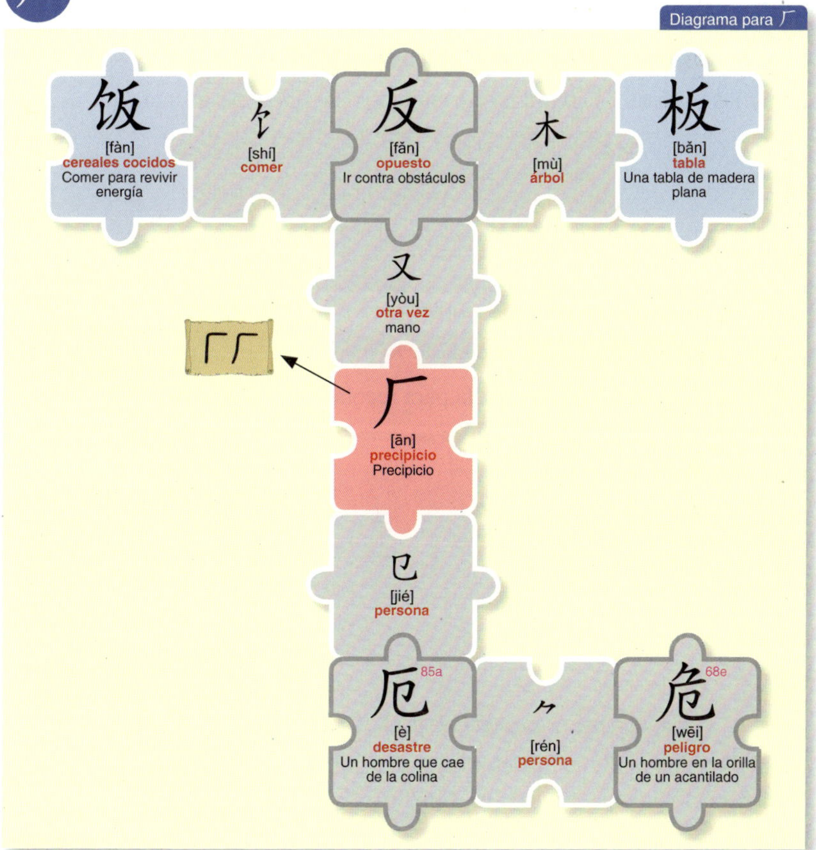

148

148

厂 ān/chǎng — precipicio / fábrica

Representa la forma de un precipicio con piedras.

Una fábrica es un lugar donde los materiales o productos se amontonan de la misma forma que un precipicio(厂).

* Cuando se usa como parte de otro carácter, normalmente significa 'precipicio' mientras que, si se utiliza por sí solo, tiene el significado de 'fábrica'.

工厂 [gōngchǎng] fábrica - 200

148

148a　一 厂 万 反

反 fǎn

opuesto

precipicio 厂 [ān] + mano/otra vez 又[34] [yòu]

Poner las manos(又) contra un precipicio(厂) u oponerse a su efecto.

反对[fǎnduì] oponerse - 40c
反映[fǎnyìng] reflejar; espejo - 77b
违反[wéifǎn] violar - 190c

148b　丿 𠂊 饣 饣 饤 饭 饭

饭 fàn

cereales cocidos; comida

comer 饣 = 食[137] [shí] + opuesto 反 [fǎn]

Uno come(饣) tres comidas al día para recobrar(反) la energía.

* En Asia este carácter se refiere al arroz cocido.

饭馆[fànguǎn] restaurante - 193c
米饭[mǐfàn] arroz (cocido) - 138
饭店[fàndiàn] hotel; restaurante - 127b
晚饭[wǎnfàn] cena, comida - 68b
午饭[wǔfàn] almuerzo - 121b
早饭[zǎofàn] desayuno - 218e

148c　一 十 才 木 木 朽 析 板

板 bǎn

tabla

árbol 木[210] [mù] + opuesto 反 [fǎn]

Si se toma una pieza de madera(木) y se la aplana a los dos lados, entonces se tendrá una tabla que se puede usar incluso cuando se dé la vuelta(反).

黑板[hēibǎn] pizarra; pizarrón - 158d

冂

149

Diagrama para 冂

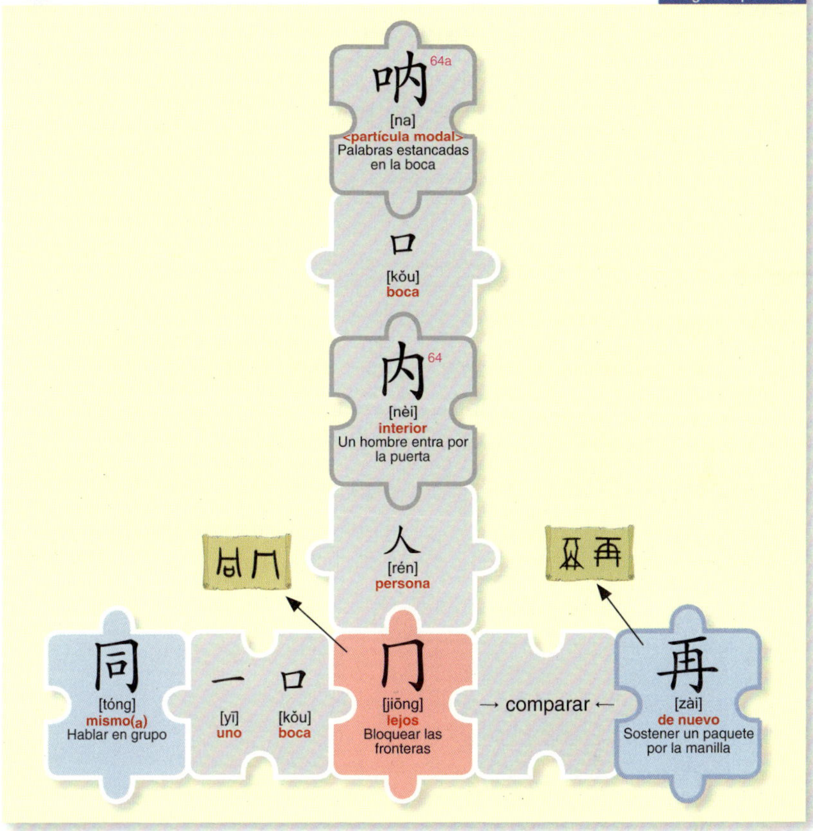

149 丨 冂

冂 jiōng — lejos

Cuando se cierra una frontera, se convierte en un límite muy lejos e imposible de cruzar.

* Cuando se utiliza como parte de otro carácter, normalmente es por su forma, no por su significado.

* Es diferente del carácter “puerta 门[145][mén]”.

149

149a 一 丆 冂 币 再 再

再 zài

de nuevo

manilla 丅 [símbolo] + paquete 冉 [símbolo]

Este carácter llegó a significar 'de nuevo', ya que es la forma de un paquete(冉) con una manilla (丅).

再见[zàijiàn] adiós; nos vemos - 13

149b 丨 冂 冂 同 同 同

同 tóng

mismo(a)

límite/lejos 冂 [jiōng] + uno 一[223] [yī] + boca 口[16] [fǎn]

Hablar en una(一) voz(口) significa que están en el mismo grupo(冂).

* Este carácter representa un grupo que está dentro de los límites "冂" de un lugar.

同学[tóng/xué] compañero de clase - 95a
同意[tóngyì] estar de acuerdo - 21b
不同[bùtóng] no igual; diferente - 223a
同志[tóngzhì] compañero - 104c
同事[tóng/shì] colega; trabajar juntos - 36d
相同[xiāngtóng] idéntico(a); mismo(a) - 11c
同时[tóngshí] al mismo tiempo - 42d

向

Diagrama para 尚

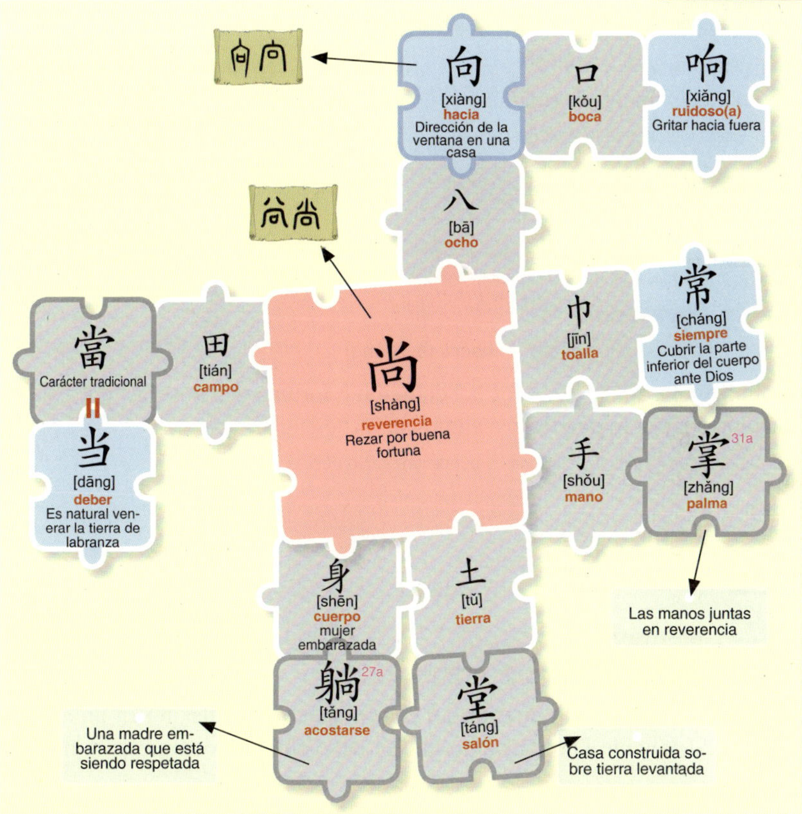

150

150

丿 丨 ⺆ 向 向 向

向 xiàng

hacia; mirar

casa 宀[141] [mián] + ventana 口 [símbolo]

Significa mirar hacia las ventanas(口) en una casa(宀).

* El carácter "boca 口[16][kǒu]" en este carácter simboliza una 'ventana' en la casa.

方向 [fāngxiàng] dirección - 160

150

150a 丨 ㄇ 口 口' 口' 吅 吅 响 响

响 xiǎng

ruidoso(a); alto

boca 口[16] [kǒu] + hacia 向 [xiàng]

Una persona que grita(口) en voz alta hacia la ventana(向) cuando nota la presencia de alguien fuera.

* "口" juega el papel del grito en este caso.

影响 [yǐngxiǎng] influir; afectar - 2d　　响应 [xiǎngyìng] responder; contestar - 143c

150b 丨 丬 丬 尚 尚 尚 尚 尚

尚 shàng

reverencia

ocho 丷→八[229] [bā] + hacia 向 [xiàng]

Simboliza el acto de rezar por la bendición o fortuna de Dios(向), que está en el cielo(八), por lo que llegó a significar 'reverencia'.

* El carácter "八" simboliza 'fortunas o bendiciones que descienden del cielo'.

高尚 [gāoshàng] noble; refinado(a) - 3

150c 丨 丬 丬 丬 尚 尚 尚 尚 常 常 常

常 cháng

siempre

reverencia 尚 [shàng] + toalla 巾[131] [jīn]

Significa cubrir la parte inferior del cuerpo con una toalla(巾) en un acto de reverencia(尚) ante Dios. Es algo que se debe cumplir siempre para mostrar respeto.

* No se deben mostrar los órganos reproductivos en público cuando uno se acerca a Dios ya que son el símbolo de la creación.

非常 [fēicháng] extraordinario(a); inusual - 181
经常 [jīngcháng] diario(a); constantemente - 132e
常常 [chángcháng] frecuentemente; a menudo - 13

150d 丨 丬 丬 丬 尚 尚 尚 尚 堂 堂 堂

堂 táng

salón

reverencia 尚 [shàng] + tierra 土[152] [tǔ]

En la antigüedad solía construirse una casa en la cima de tierra(土) levantada (尚) para prevenir los daños causados por la lluvia o una inundación.

* "尚" también tiene el significado de 'levantar'.

食堂[shítáng] comedor; cantina; cafetería - 137
礼堂[lǐtáng] salón de actos; auditorio - 126g

150e　　丨 丨 丷 彐 当 当

当
dāng

deber; trabajar como; actuar

reverencia ⺌→尚 [shàng] + campo ヨ→田[154] [tián]

Los campos de labranza(田) que producen granos deben ser venerados(尚). Tiene el significado de 'trabajar para, actuar'. A veces se utiliza como una preposición que significa y enfatiza la importancia del tiempo y lugar de un evento.

* El carácter tradicional(當) es una combinación de "田" y "尚".

当然[dāngrán] natural; naturalmente - 158e
应当[yīngdāng] deber - 143c
当公共汽车司机 trabajar como conductor de autobús - 150e 93b 43c 204a 124 18e 213a
当时 en ese momento - 150e 42d
当场 en el lugar - 150e 152a

150

里

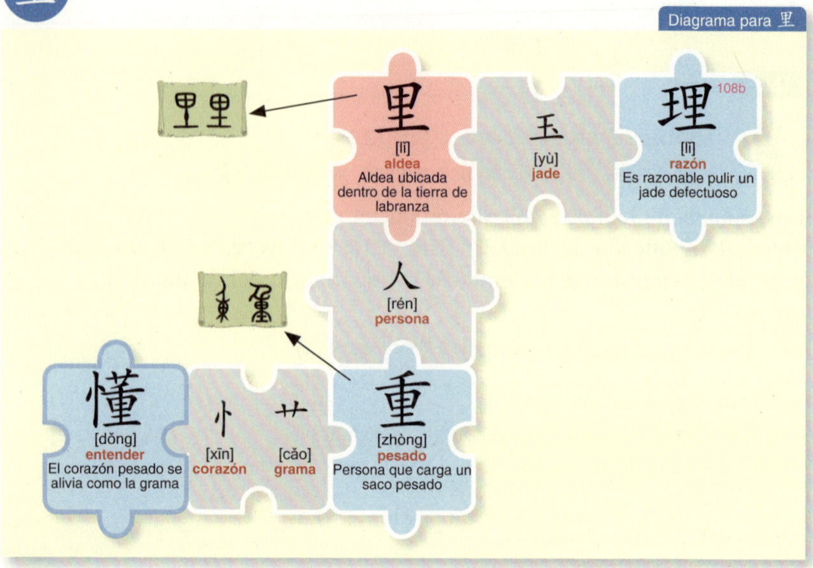

151 **151** 丨 ㄇ 冂 日 甲 甲 里

里 lǐ aldea; unidad de longitud; en; adentro

Tiene forma de aldea ubicada en un terreno(土[152]) cercano a la tierra de labranza(田[154]). Tambien se utiliza como 'unidad para medir distancia' por describir la distancia entre la tierra de labranza y la aldea.

公里[gōnglǐ] kilómetro (km) - 93b

Además significa 'en, adentro' en el sentido de que la aldea está ubicada dentro de la tierra(土) de labranza(田).

* El carácter tradicional(裏) que significa 'en' se utilizó como símbolo fonético de "里" para describir la parte interior de la ropa(衣).

里边[lǐbian] adentro - 61a	哪里[nǎlǐ] dónde - 147f
那里[nàli] ahí; ese lugar - 147e	这里[zhèlǐ] aquí - 133a

151a

一 二 千 𠀐 𠀐 旨 亘 重 重

重 zhòng

pesado

persona 千→人[63][rén] + saco/este 里→東→东[211][dōng]

Tiene forma de una persona(人) que carga un saco(东) pesado.

* "东" tiene forma de saco con ambos lados amarrados, y las inscripciones en los huesos oraculares da a entender que "重" está formado por el saco(东) y la persona(人).

重要[zhòngyào] importante; significante - 170b
重大[zhòngdà] grandioso(a); pesado(a) - 74
重视[zhòngshì] conceder importancia a - 13c

151b

丶 丷 忄 忄 忄 忄 忄 忄 忄 忄 忄 忄 忄 忄 懂

懂 dǒng

entender

corazón 忄=心[28][xīn] + grama 艹[207][cǎo] + pesado(a) 重 [zhòng]

El corazón(忄) pesado(重), es decir, el sentido de opresión se vuelve más ligero como la grama(艹) cuando alguien entiende su posición.

* "supervisar 董 [dǒng]" que llegó a ser símbolo fonético tiene forma de administración sistemática de carga pesada(重) ajustándola para que se vuelva tan ligera como la grama(艹).

懂得[dǒngde] entender - 40b

151

土

Diagrama para 土

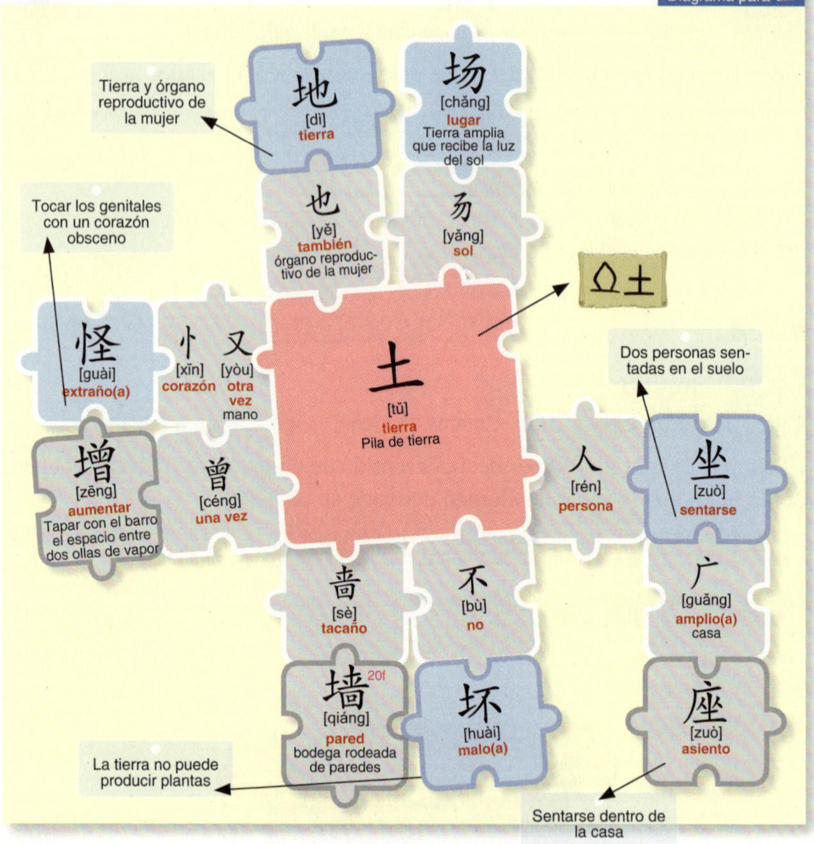

152

152 一 十 土

土 tǔ **tierra**

Imita la forma de pila de tierra acumulada o la del órgano genital hecho de tierra.

152a 一 十 土 圴 圴 场

场 chǎng **lugar**

tierra 土 [tǔ] + sol 昜 = 昜[219] [yáng]

Significa 'lugar' por la forma en la que cae el rayo de sol(昜) sobre un terreno

(土) amplio adecuado para que se reúnan las personas o para organizar eventos. Además se usa como 'unidad para contar el número de actividades como literatura, entretenimiento, deporte, etc.' debido a que las diferentes actividades fueron realizadas en lugares amplios.

机场[jīchǎng] aeropuerto - 213a
操场[cāochǎng] parque infantil - 180a
广场[guǎngchǎng] plaza - 143
市场[shìchǎng] mercado; lugar de mercado - 131a
一场球赛[yī chǎng qiú sài] un juego de pelota - 223 152a 198b 206d

152b

丿 人 㐅 从 从 坐 坐

坐 zuò

sentarse

persona 人[63] [rén] + tierra 土 [tǔ]

Tiene forma de dos personas(人) que conversan, sentadas frente a frente en el suelo(土).

坐班[zuò/bān] trabajar en su oficina durante horario de trabajo - 119f

152c

丶 亠 广 广 广 広 庅 庅 座 座

座 zuò

asiento

casa/amplio(a) 广[143] [guǎng] + sentarse 坐 [zuò]

Tiene forma de una persona sentada(坐) cómodamente dentro de la casa(广). También se utiliza como 'unidad para contar objetos relativamente grandes y firmes' en el sentido de encontrarse cómodo y firme.

* "amplio(a) 广" tiene forma de una casa con una pared abierta.

讲座[jiǎngzuò] un curso de conferencias - 228a
座位[zuòwèi] asiento; lugar - 79c
一座桥[yī zuò qiáo] un puente - 223 152c 78c

152d

一 十 土 圹 圹 坏 坏

坏 huài

malo(a)

tierra 土 [tǔ] + no 不[223a] [bù]

La tierra es el elemento más básico del ecosistema por producir plantas y así completar la parte más baja de la cadena alimenticia. El significado 'malo(a)' derivó en el sentido de que dicha tierra (土) no(不) puede producir más.

坏处[huàichu] daño; desventaja - 56b
破坏[pòhuài] destruir; arruinar - 189a

152

152e 一 十 土 圵 圵 圵 圵 圵 圵 圵 圵 坩 增 增 增

增 zēng

aumentar

tierra 土 [tǔ] + olla apilada/una vez 曾[229b] [céng]

Representa la escena en la que se tapa con el barro(土) el espacio existente entre dos ollas de vapor para prevenir la salida de vapor, ya que de esta forma aumenta el rendimiento térmico de la 'olla que calienta el agua' y la 'olla que hace pasar el vapor' apiladas(曾) una sobre otra.

* "曾" tiene forma de vapor que sale(丷) hacia arriba desde el espacio existente entre dos ollas de vapor apiladas, de la 'olla(曰) inferior que calienta el agua' y de la 'olla(罒) superior con agujeros en el fondo por donde sube el vapor'.

增加[zēngjiā] aumentar; subir - 159g
增长[zēngzhǎng] aumentar; subir; crecer - 102

152

152f 丶 丷 忄 忄 忄 怪 怪 怪

怪 guài

extraño(a)

corazón 忄=心[28] [xīn] + mano/otra vez 又[34] [yòu] + órgano genital masculino/tierra 土[tǔ]

El significado 'extraño(a)' derivó de la forma en la que toca con la mano(又) los genitales(土) con un corazón(忄) obsceno.

奇怪[qíguài] extraño(a); raro(a) - 18

圭

Diagrama para 圭

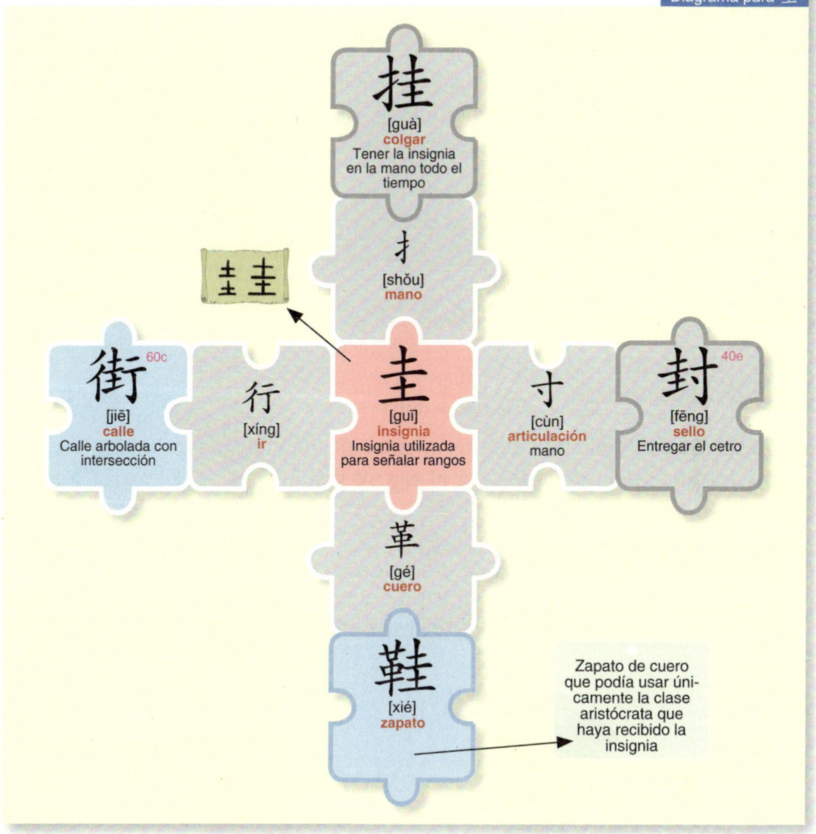

153

153

一 十 土 圭 圭 圭

圭
guī

insignia

Es la forma de una insignia cuadrada hecha de 'jade, marfil o madera' con la parte superior puntiaguda. Esta insignia correspondía al certificado de nombramiento que el rey otorgaba al súbdito al nombrarlo a un puesto importante, o a la señal que describía el rango que los súbditos debían llevar siempre en la mano cuando tenían audiencia con el rey o participaban en las ceremonias nacionales.

* A pesar de que no tiene relación con "tierra 土[152][tǔ]", se está tratando aquí por su similar tipografía y por el radical "土".

153a 一 十 扌 扌 扌 扌 挂 挂 挂

挂 guà

colgar

mano 扌=手[31] [shǒu] + insignia 圭 [guī]

Significa que las insignias(圭) que los súbditos llevan en la mano(扌) cuando participan en las ceremonias nacionales parecieran estar colgadas en la mano(扌).

挂号 [guà/hào] registrar - 16c

153b 一 十 廾 廾 廿 芇 苩 苩 革 革 革 鞋 鞋 鞋 鞋

鞋 xié

zapato

cuero 革[189b] [gé] + insignia 圭 [guī]

Representa la escena en la que los aristócratas que hayan recibido la insignia (圭) y hayan sido nombrados por el rey, se ponen zapatos de cuero(革) para ostentar su posición.

* En la antigua China, únicamente los aristócratas podían usar zapatos de cuero, y el pueblo podía usarlo únicamente el día de su boda, siendo los zapatos un medio para ostentar su posición.

153

高跟鞋。zapatos con tacones altos; tacones altos - 3 14c 153b

田

Diagrama para 田

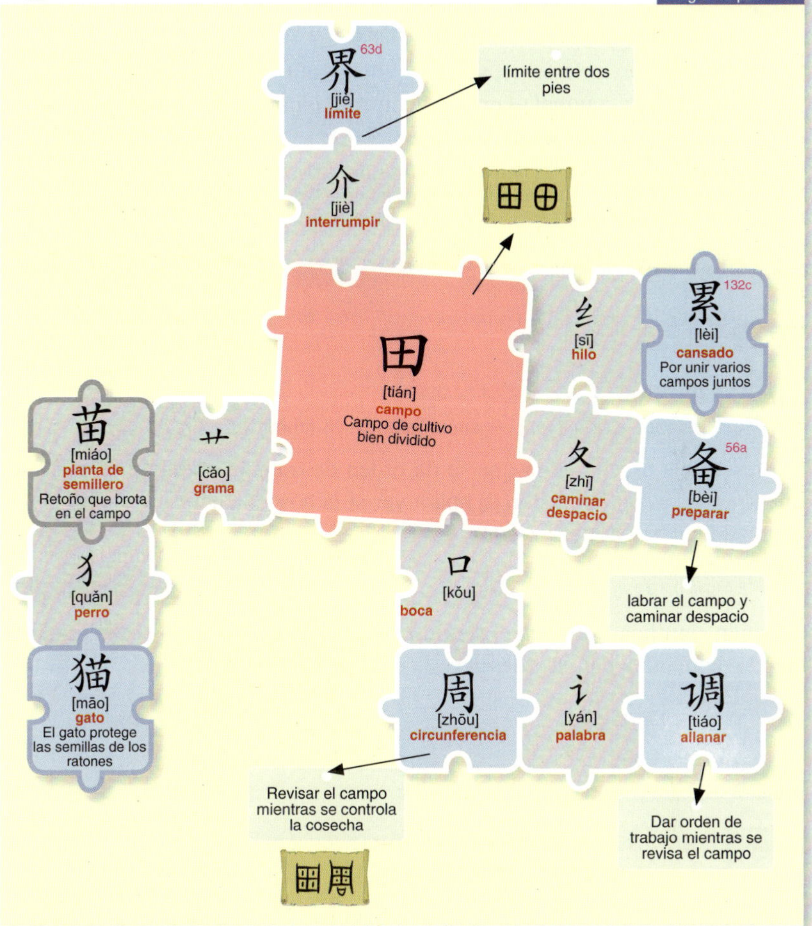

154

154

丨 冂 曰 田 田

田
tián

campo

Este carácter imita la forma del campo de cultivo bien dividido mediante drenajes y montículos para una fácil administración.

农田 [nóngtián] campo de cultivo; tierra de cultivo - 130c

154a 丿 冂 月 円 用 周 周 周

周 zhōu

circunferencia; semana; ciclo

campo 用→田 [tián] + boca 口[16] [kǒu]

El significado 'circunferencia, semana, vuelta (número)' derivó de la forma en la que se revisa el campo(田) periódicamente para controlar bien la cosecha, que será alimento que entrará por la boca(口).

* Según las inscripciones en los huesos oraculares, tiene forma de campo(田) cuadrado con un punto(丶) dentro de cada cuadro, y da a entender que la cosecha(丶) está creciendo de manera pareja por haber controlado periódicamente el campo(田).

周末[zhōumò] fin de semana - 210b　　周围[zhōuwéi] alrededores - 190b

154b 丶 讠 讠 讠 讠 讠 调 调 调 调

调 tiáo/diào

allanar / investigar; tono

palabra 讠=言[22] [yán] + circunferencia 周 [zhōu]

Representa la escena en la que se da orden de trabajo mediante palabras(讠) mientras se revisa alrededor(周) para ver si la cosecha del campo está creciendo de manera pareja.

154

空调[kōngtiáo] aire acondicionado - 142b

También significa 'tono' en el sentido de que investiga si la cosecha está creciendo de manera pareja y describe la uniformidad de la voz.

声调[shēngdiào] tono - 104d　　调查[diàochá] investigar - 224c

154c 一 十 艹 艹 芮 苗 苗 苗

苗 miáo

planta de semillero; retoño

grama 艹[207] [cǎo] + campo 田 [tián]

El significado "planta de semillero, retoño" derivó de la forma de los retoños (艹) que brotan en el campo(田) al llegar la primavera.

154d 丿 犭 犭 犭 犭 犭 犭 猎 猫 猫 猫

猫 māo

gato

perro 犭[173] [quǎn] + semilla 苗 [miáo]

Representa la escena en la que el gato(犭), en el depósito de granos, protege de los ratones las semillas(苗) que serán utilizadas en la primavera.

* "犭" se utiliza como elemento semántico en los caracteres que signifiquen animal de tamaño pequeño como el perro.
* Aquí "苗[miáo]", que se usa para la pronunciación, describe al maullido del gato.

熊猫[xióngmāo] panda; manturón - 89c

甶

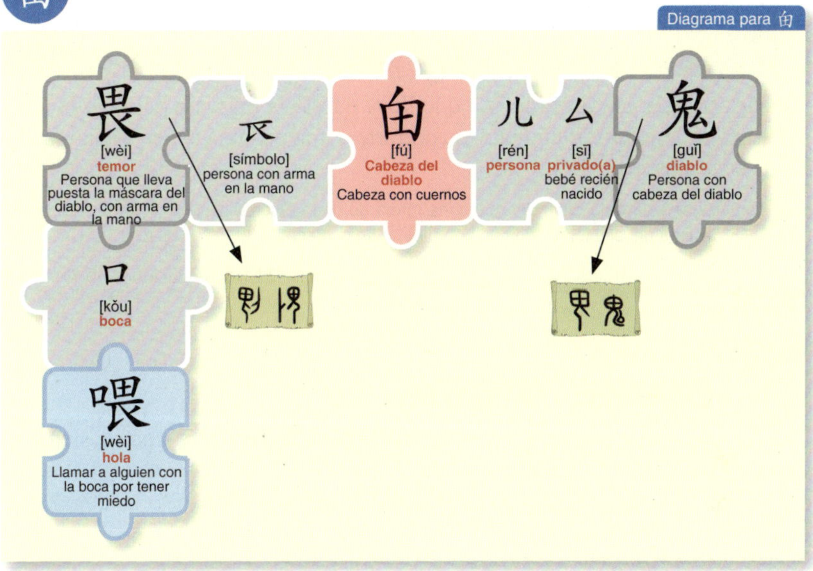

155 ′ 亻 白 白 甶 甶 155

甶 fú — Cabeza del diablo

Llegó a significar 'cabeza del diablo' por la forma misteriosa de los cuernos (丶) en la cabeza(田).

* A pesar de que no tiene relación con "campo 田[154][tián]", se esta tratando aquí por tener similar tipografía y por el radical "田".

155a ′ 亻 白 白 甶 鬼 鬼 鬼 鬼

鬼 guǐ — diablo

cabeza del diablo 甶 [fú] + persona 儿[71][rén] + bebé recién nacido/privado(a) 厶[93][sī]

El significado 'diablo' derivó de una persona(儿) con cabeza de diablo(甶) y del bebé recién nacido(厶) ofrecido al diablo.

* Según las inscripciones en los huesos oraculares se puede ver que tiene forma de una persona (儿) que lleva puesta una máscara(甶) de diablo.

搞鬼[gǎo/guǐ] hacer trampas - 3a

155b 丨 冂 冃 冊 田 罒 畏 畏 畏

畏
wèi

temor

cabeza del diablo 田→甶 [fú] + persona con arma en la mano 𠄌 [símbolo]

Tiene forma de una persona(𠄌) que lleva puesta la máscara del diablo(甶) y un arma en la mano. Imagínate encontrarte a una persona así en plena noche, será escalofriante y temeroso.

* El carácter antiguo da a entender que tiene forma de una persona(儿[71]) temerosa que lleva puesta la máscara del diablo(甶) con un arma(刀[119]) en la mano.

155c 丨 口 口 口丨 口冂 口冃 口冊 口田 口罒 喂 喂 喂

喂
wèi

hola; eh

boca 口[16][kǒu] + temor 畏 [wèi]

Representa la escena en la que, mientras camina en plena noche, siente la presencia de alguien y llama con la boca(口) por sentir miedo(畏). De ahí llegó a utilizarse como 'hola, quién es' al llamar a alguien o al llamar por teléfono.

155

喂, 你去哪儿? ¿Eh, a dónde vas? - 155c 69a 94 147f 71
喂, 请问你是谁呀? ¿Hola, de parte de quién? - 155c 135c 145b 69a 54b 178b 25b

由

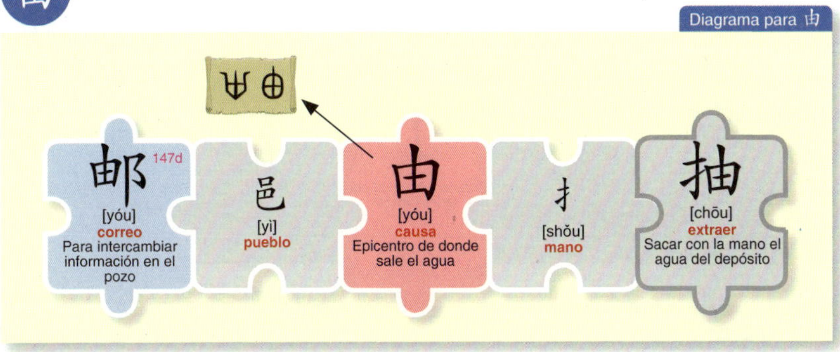

156 丨 冂 曰 由 由

由 yóu **causa**

El significado ‘causa’ derivó del depósito de agua profundo de donde sale el agua, en el sentido de que es el epicentro de la fuente de agua.

* A pesar de que no tiene relación con “campo 田[154][tián]”, se está tratando aquí por tener similar tipografía y por el radical “田”.

自由[zìyóu] libertad - 26

156

156a 一 十 扌 扌 扣 扣 抽 抽

抽 chōu **extraer**

mano 扌=手[31][shǒu] + depósito de agua/causa 由 [yóu]

Representa la escena en la que saca el agua del pozo subterráneo(由) utilizando el acetre con la mano(扌) .

抽象[chōuxiàng] abstracto(a) - 174b

申

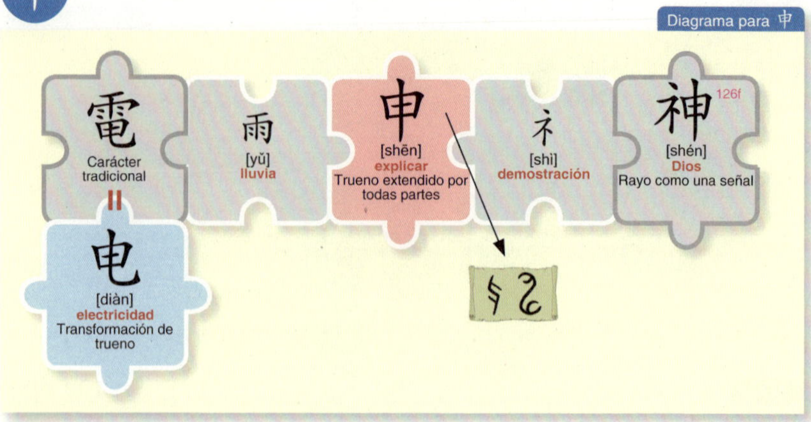

157 丨 冂 日 日 申

申 shēn

explicar

157 Imita la forma del trueno que se extiende por todas partes. Llegó a significar 'explicar' en el sentido de que da a conocer su opinión o voluntad como un trueno que se extiende.

* A pesar de que no tiene relación con "campo 田[154][tián]", se esta tratando aquí por tener similar tipografía y por el radical "田".

157a 丨 冂 日 日 电

电 diàn

electricidad

Al utilizar "申[shēn]" , que tiene forma de trueno extendido por todas partes, como 'explicar', se le cambió un poco la forma para recuperar su significado original de 'trueno'. También significa 'electricidad', ya que el trueno es una descarga eléctrica en la atmósfera.

* El carácter tradicional(電) significa que los truenos(电) aparecen sobre todo cuando llueve(雨[205]).

打电话[dǎdiànhuà] hacer una llamada (teléfonica) - 31c 24b 电脑[diànnǎo] ordenador - 192c
电视[diànshì] televisión; TV - 13c
电影[diànyǐng] filme; película - 2d
电梯[diàntī] elevador; ascensor - 109c
电子邮件[diànzǐyóujiàn] E-mail - 95 147d 175a
电车[diànchē] tranvía; carrito (carro) - 124
电灯[diàndēng] luz eléctrica (lámpara) - 158a
电话[diànhuà] teléfono - 24b

火

Diagrama para 火

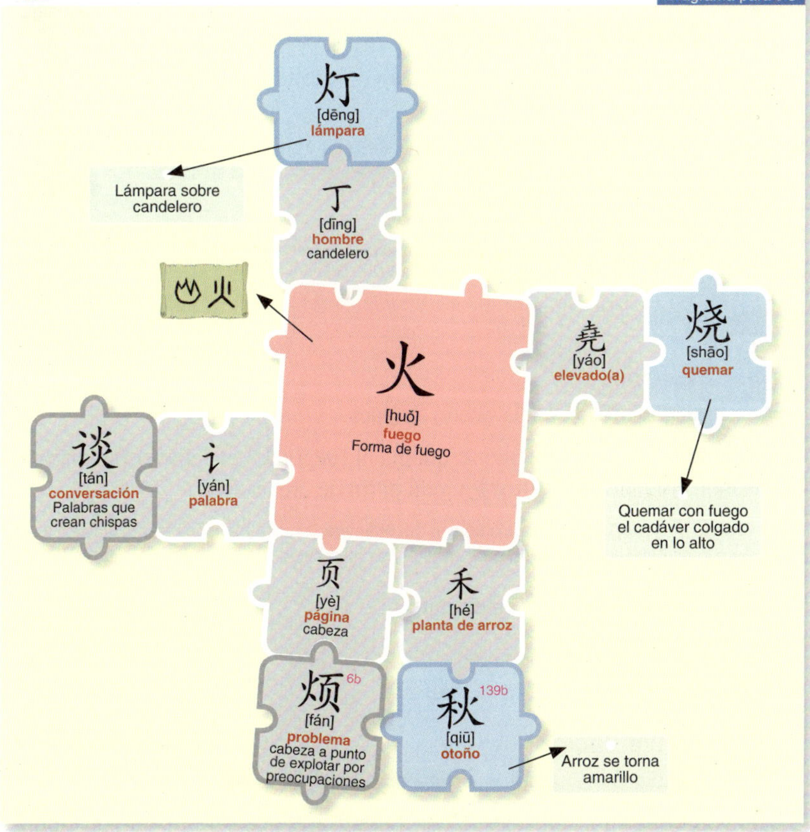

158

158 丶 丷 ⺌ 火

火 huǒ

fuego

Es un carácter que ordena sencillamente la forma del fuego de leña o de la llama, y se refiere al 'fuego'.

* Se está tratando "火" en esta sección debido a que en la antigüedad quemaban las montañas y los campos para crear tierra de labranza.

火车站[huǒchēzhàn] estación de tren - 124 127c　　火车[huǒchē] tren - 124

158a

灯 dēng

lámpara

fuego 火 [huǒ] + candelero/hombre 丁[225][dīng]

El significado lámpara derivó del fuego(火) de la lámpara sobre el candelero(丁).

* Como el carácter tradicional(燈) tiene forma de lámpara(火) en lo alto (登[59a]), puedes pensar en "hombre 丁 [dīng]" como candelero sobre el cual se coloca una lámpara de aceite con la boca amplia.

电灯[diàndēng] luz eléctrica (lámpara) - 157a

158b

烧 shāo

quemar

fuego 火 [huǒ] + elevado(a) 尧 [yáo]

Representa la escena en la que se quema al fuego(火) el cadáver del enemigo que estaba colgado en lo alto(尧), con el fin de crear terror.

* "elevado(a) 尧 [Yáo]" representa el cadáver del enemigo, a quien mató con la lanza(戈[113]) y se le colgó en lo alto(elevado 兀[170][wù]) para enseñárselo al público.

158

发烧[fā/shāo] tener fiebre; tener temperatura - 34f

158c

谈 tán

conversación

palabra 讠=言[22][yán] + chispa/abrasador 炎 [yán]

Palabras(讠) que tiran chispas(炎) se refiere a conversar sin ningún tipo de conciliación.

* "炎" está formado por dos fuegos(火) enlazados para describir chispas que estallan en llamas.

会谈[huìtán] conversaciones - 66c　　谈话[tán/huà] conversación; habla - 24b

火

Diagrama para 灬

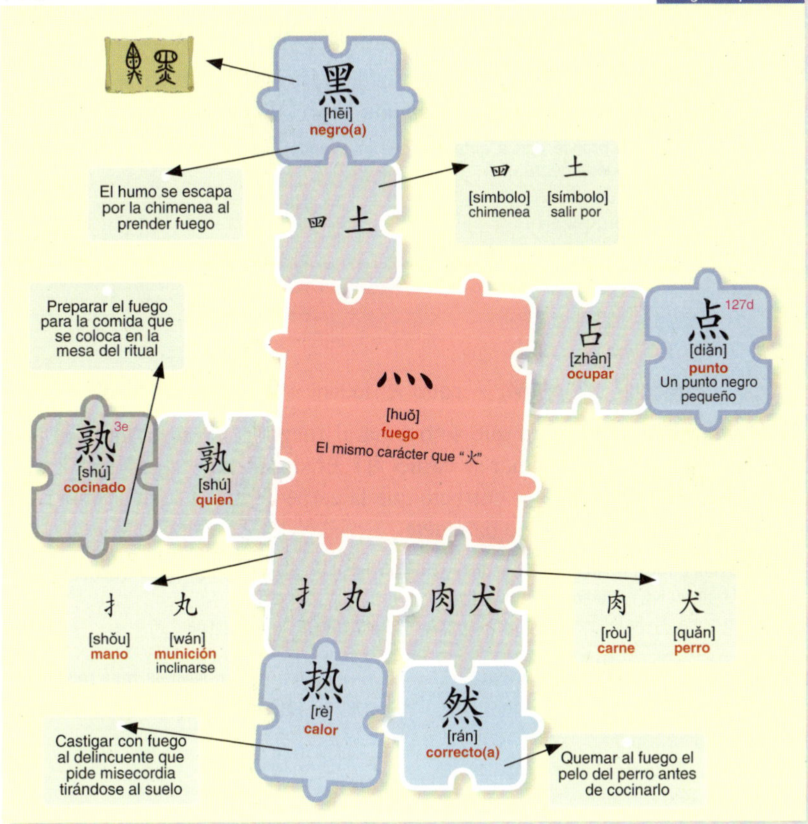

158

158

灬
huǒ

fuego

Es la transformación de "火[huǒ]", un carácter que ordena sencillamente la forma del fuego de leña o de la llama, y no se utiliza individualmente sino únicamente cuando se une a otro carácter.

158d

丨 冂 冂 冂 冂 甲 甲 里 里 里 黑 黑

黑 hēi

negro(a)

chimenea 罒 [símbolo] + salir por 土 [símbolo] + fuego 灬 = 火 [huǒ]

Representa la escena en la que el humo sale(土) por la chimenea(罒) al prender fuego(灬) al agujero, humeando y dejando negro alrededor.

* Las inscripciones en bronce dan a entender que, al prender fuego (灬) en la parte inferior, la chimenea humea y queda negra.

黑板[hēibǎn] pizarrón; pizarra - 148c

158e

丿 ク 夕 夕 夕 外 犾 犾 犾 然 然 然

然 rán

correcto(a); así que

carne 月[221] → 肉[192] [ròu] + perro 犬[172] [quǎn] + fuego 灬 = 火 [huǒ]

Representa la escena en la que se quema al fuego(灬) y se elimina el pelo del perro(犬) antes de cocinar su carne(肉). El significado 'correcto, así que' derivó del sentido de que es correcto que la carne de perro suba a la mesa en una ceremonia religiosa y de banquete.

158

* Durante las Dinastías Shang y Zhou de la antigua China, la carne de perro era una comida que no podía faltar en los banquetes normales.
* Cuando "luna 月 [yuè]" se une a otro carácter usualmente llega a significar "肉".

当然[dāngrán] natural; naturalmente - 150e
虽然[suīrán] sin embargo; aunque - 184a
忽然[hūrán] de repente - 49a
然后[ránhòu] luego; después; más tarde - 18d
突然[tūrán] repentino(a) - 142c

158f

一 十 扌 扌 执 执 执 执 热 热

热 rè

calor

mano 扌 = 手[31] [shǒu] + inclinarse/munición 丸[230c] [wán] + fuego 灬 = 火 [huǒ]

Representa la escena en la que se castiga con fuego(灬) caliente al reo que suplica por la misericordia con las dos manos(扌) y tirándose(丸) al suelo.

* "丸" es la espalda encorvada de una persona que se tira al suelo agachándose.

热情[rèqíng] pasión; ardor; fervor - 135d
热爱[rè'ài] amar fervientemente - 34e
热水瓶[rèshuǐpíng] termo; vasija - 201 123a

力

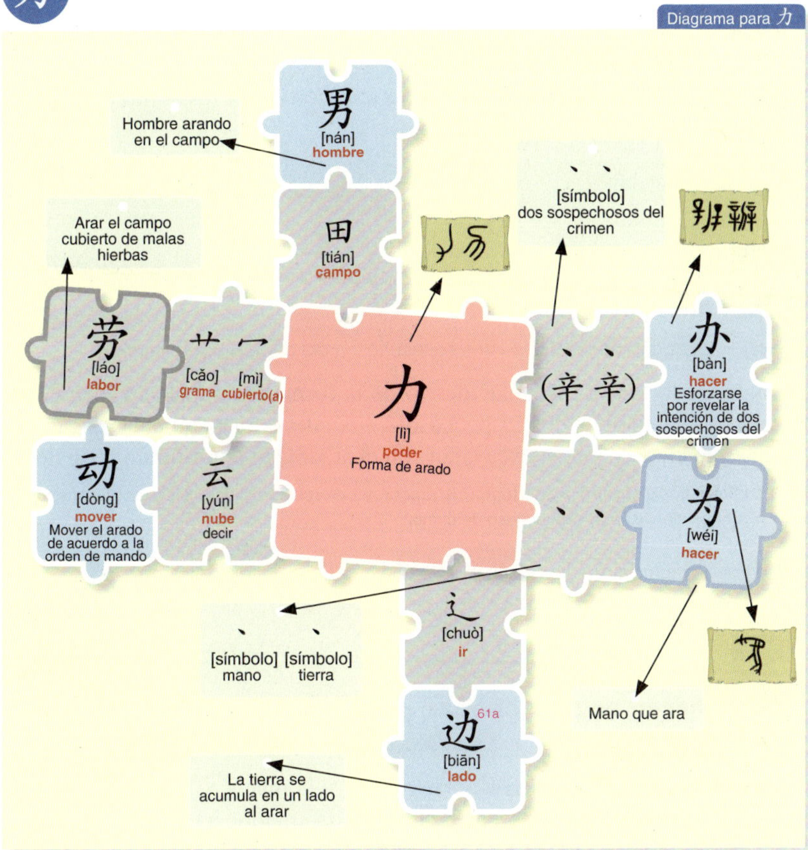

159 ㇇ 力

力
lì

fuerza

Este carácter se creó tomando como base la forma de la maquinaria agrícola del arado. Representa la escena en la que ara el campo de cultivo con todas sus fuerzas.

努力 [nǔ/lì] esforzarse; luchar por - 96f
风力 [fēnglì] energía eólica - 213c
能力 [nénglì] habilidad; capacidad; potencial - 89b

159a 丨 冂 日 田 田 男 男

男 nán

hombre

campo 田[154] [tián] + arado/poder 力 [lì]

Representa la escena de una sociedad agrícola, en la que los hombres aran(力) y labran el campo(田).

男人[nánrén] hombre - 63

159b 𠃌 力 办 办

办 bàn

hacer; manejar

arado/poder 力 [lì] + dos sospechosos del crimen 丶丶 [símbolo]

El significado 'hacer, manejar' derivó de la forma en la que se esfuerza por revelar la intención de dos sospechosos(丶丶) del crimen, quienes alegan que están en lo cierto como si excavaran con el arado(力) lo profundo de la tierra.

* El carácter tradicional(辦) tiene forma de arado(力) en medio de dos útiles punitivos(dolor 辛[103] [xīn]) que significaban sospechoso de crimen.

办法[bànfǎ] método; medios; forma - 94b　　办公室[bàngōngshì] oficina - 93b 112a

159

159c 丶 ソ 为 为

为 wéi/wèi

hacer; actuar/soportar; para

mano 丶 [símbolo] + arado/poder 力 [lì] + tierra 丶 [símbolo]

Con el punto expresó la tierra(丶) excavada y la mano(丶) que coge el puño superior, para describir la escena en la que está arando(力).

* El carácter antiguo representa la escena en la que entrena al elefante(象) con la mano(爫) para realizar trabajos duros.

认为[rènwéi] pensar; considerar - 63a　　以为[yǐwéi] pensar; creer; considerar - 63j

Mediante la mano(丶) que coge el puño describe que el arado(力) cumple un papel importante a la hora de excavar la tierra(丶) pero que, al fin y a cabo, su papel es el de ayudar al hombre.

为什么[wèishénme] porque - 231a 93a　　因为[yīnwèi] ya que - 74e
为了[wèile] para - 168a

159d 一 二 云 云 动 动

动 dòng

mover

decir/nube 云[227] [yún] + arado/poder 力 [lì]

Tiene forma de ganado que labra la tierra con el arado(力), moviéndose de acuerdo a la orden de mando(云) del hombre.

* El carácter tradicional(動) representa la escena en la que mueve el arado (力) y labra la tierra para sembrar semillas guardadas en sacos pesados(重[151a]) .

运动[yùndòng] movilidad; movimiento - 227a
动物[dòngwù] animal - 49b
活动[huódòng] actividad - 24c
劳动[láodòng] labor - 159e
推动[tuīdòng] seguir adelante - 31f

159e 一 十 廾 廾 艹 劳 劳

劳 láo

labor

grama 艹[207] [cǎo] + cubierto(a) 冖[169] [mì] + arado/fuerza 力 [lì]

El significado 'labor' derivó de la forma en la que ara(力) la tierra con ahínco para limpiar el campo cubierto(冖) de malas hierbas(艹).

* El carácter tradicional(勞) se creó del sirviente que ara(力) la tierra durante toda la noche con el fuego(火[158]) encendido.

劳动[láodòng] labor - 159d
劳驾[láojià] discúlpame - 159h

159

力

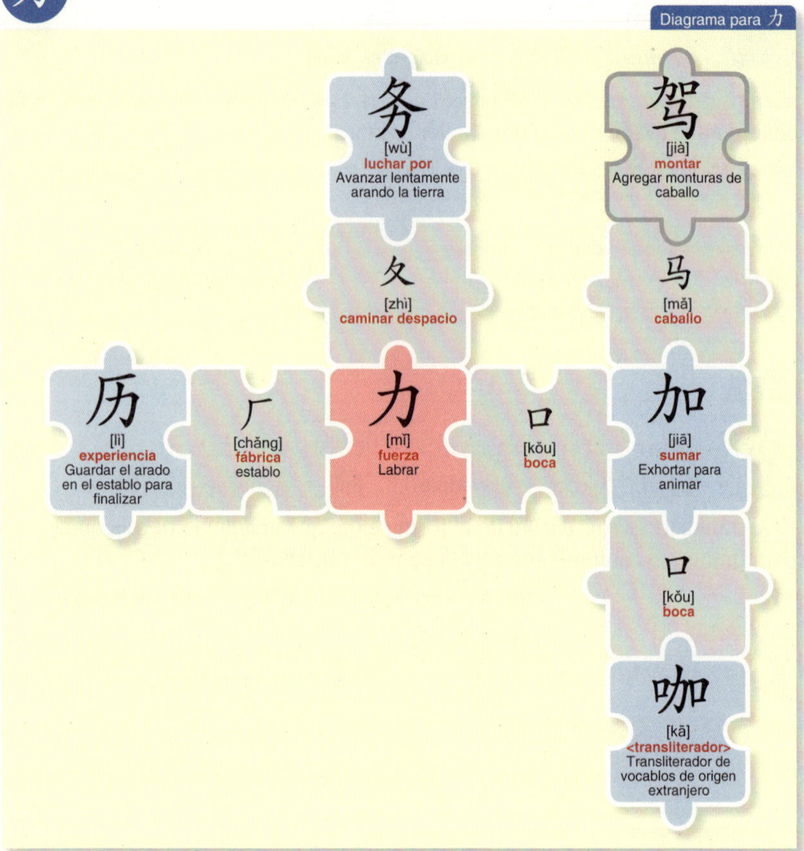

159

159f ノ ク 夂 夅 务

务 wù

luchar por; asunto

caminar lentamente 夂[56][zhǐ] + arado/poder 力 [lì]

Con caminar(夂) lentamente se describe a una persona que avanza lentamente hacia adelante arando(力) y esforzándose. También significa 'labor' en el sentido de que el campesino pone mucho empeño en su trabajo.

* El carácter tradicional(務) describe a una persona que avanza(夂) lentamente hacia adelante, peleando con todas sus fuerzas(力) y sosteniendo la lanza(矛[116]) en la mano.

服务员 [fúwùyuán] personal de servicio - 34b 186h　　服务 [fúwù] servir - 34b
业务 [yèwù] negocio - 223c

159g フ 力 力 加 加

加 jiā

sumar

arado/poder 力 [lì] + boca 口[16][kǒu]

Representa la escena en la que exhorta o tararea con la boca(口) para animar a la gente mientra ara(力) la tierra. Debido a que es un trabajo difícil, significa que exhortar o cantar(口) añade fuerzas(力).

参加[cānjiā] tomar parte en; participar en - 8c 增加[zēngjiā] incrementar; aumentar - 152e

159h フ 力 力 加 加 驾 驾 驾

驾 jià

montar

sumar 加 [jiā] + caballo 马[176][mǎ]

El significado 'manejar(un vehículo), pilotar(un avión), navegar(un barco)' derivó de la forma en la que se agregan(加) monturas como rozal, rienda, montura, etc. para montar a caballo(马).

159i 丨 口 口 叨 叻 咖 咖 咖

咖 kā

<transliterador>

boca 口[16][kǒu] + sumar 加 [jiā]

Eran palabras utilizadas para agradecer y rechazar cortésmente con la boca (口) cuando le ofrecían algo adicional(加). Actualmente se utiliza como transliterador que señala vocablos de origen extranjero como café(咖啡).

咖啡[kāfēi] café - 181b

159j 一 厂 厉 历

历 lì

experiencia

establo/fábrica 厂[148][chǎng] + arado/poder 力 [lì]

Con guardar el arado(力) en el establo(厂) se da a enteder que ha finalizado el cultivo del año. El significado 'experiencia' derivó de reflexionar sobre los pasos que se tomó durante el cultivo al finalizar el año.

* El carácter tradicional (歷) describe el hecho de reflexionar sobre los pasos(止[53]) que se tomó durante el cultivo al finalizar el año, con la cosecha(禾[139]) guardada en el establo (厂).

* "厂" también significa 'establo' por la forma de cosecha acumulada en lo alto.

历史[lìshǐ] historia - 35 经历[jīnglì] experiencia - 132e

159

方

160

160

丶 亠 亍 方

方 fāng

cuadrado; dirección

Este carácter imita la forma del arado y el significado 'cuadrado' derivó del campo de labranza arada(方) y ordenada. También significa 'dirección' debido a que los ángulos del cuadrado están dirigidos hacia las cuatro direcciones.

北方 [běifāng] norte; región del norte - 88c	地方 [dìfang] área; lugar - 84a
方便 [fāngbiàn] conveniente - 35d	方法 [fāngfǎ] métodos; medios; forma - 94b
方面 [fāngmiàn] aspecto; lado; campo - 10	方向 [fāngxiàng] dirección - 150

160a 丶 讠 讠 讠 访 访

访 fǎng

visitar

palabra 讠=言[22][yán] + dirección/cuadrado 方 [fāng]

El significado 'visitar' derivó de la forma en la que se indaga(讠) por todas partes(方) para encontrar a un gran maestro o médico.

访问[fǎngwèn] visitar - 145b

160b 丶 亠 亠 亠 产 产 产 产 旁 旁

旁 páng

lado

estar de pie 立[79][lì] + arado/cuadrado 方 [fāng]

Representa la escena en la que la tierra se divide hacia este lado y aquel lado y se acumula(立) al arar(方) el campo.

旁边[pángbiān] lateral; lado - 61a

161

㫃

Diagrama para 㫃

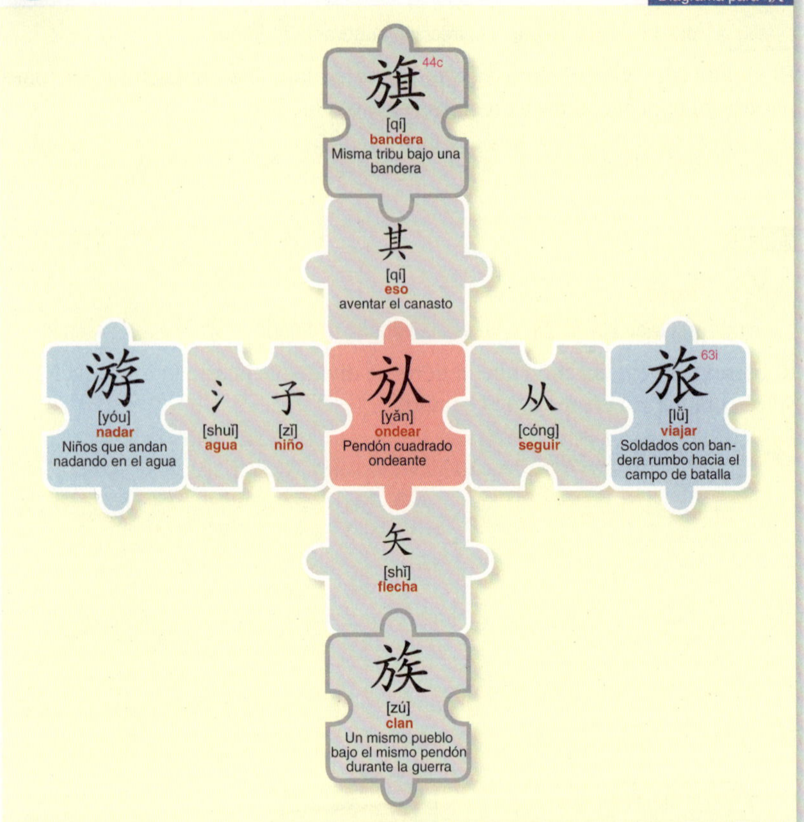

161 丶 亠 亠 方 方 㫃

㫃 yǎn

ondear

cuadrado 方 [fāng] + pendón ondeante 人 [símbolo]

Llegó a significar 'ondear' por la forma(人) en la que ondea el pendón cuadrado(方).

* La parte derecha del carácter es igual a "persona "人[63][rén]," pero no tiene relación con este, sino que es un signo que describe la forma del pendón ondeante, y cuando se une a otro carácter cambia a(𠂉) por razones estéticas.

161a

丶 亠 亣 方 方 方 方 方 方 方 族

族
zú

clan

ondear 方→㫃 [yǎn] + flecha 矢[111][shǐ]

El pendón(㫃) ondeante y la flecha(矢) significan guerra. El hecho de estar bajo el mismo pendón(㫃) durante la guerra da a entender que es 'un mismo pueblo que tiene el mismo lazo sanguíneo', que ha compartido el mismo lenguaje y cultura durante muchos años.

民族[mínzú] raza; nación - 99c

161b

丶 丶 氵 氵 氵 氵 氵 氵 氵 氵 游 游

游
yóu

nadar; andar

agua 氵[202][shuǐ] + ondear 方→㫃 [yǎn] + niño 子[95][zǐ]

El significado 'nadar, andar' derivó de la forma en la que los niños(子) nadan y juegan libremente en el agua(氵) bajo el pendón(㫃) ondeante, es decir, bajo la protección de los adultos.

* "斿[yóu]" tiene forma de niños(子) que andan jugando libremente bajo el pendón ondeante(㫃) e influyó en la pronunciación.

161

旅游[lǚyóu] viajar; viaje - 63i
游泳[yóu/yǒng] nadar - 201b
游戏[yóuxì] juego; jugar - 113e
游览[yóulǎn] ir a visitar los lugares de interés - 13e

酉

Diagrama para 酉

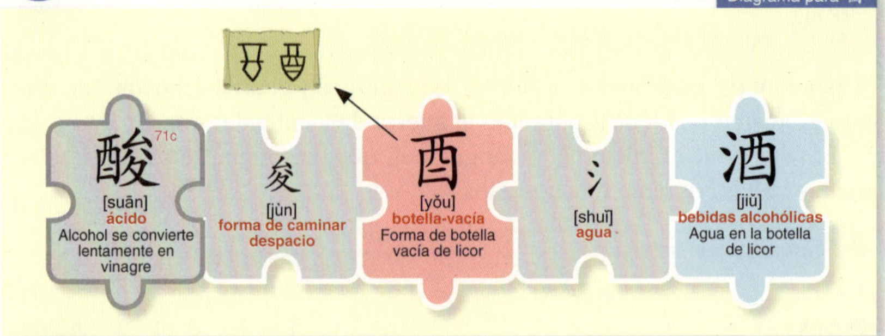

162 一 丆 门 丙 丙 两 酉

酉 yǒu **botella-vacía**

162 El significado 'botella vacía de licor' derivó de la forma de envase en el que guardan el licor, la bebida que apareció desde el comienzo de la historia de la humanidad.

162a 丶 冫 氵 氵 汀 沂 沔 洒 洒 酒

酒 jiǔ **bebidas alcohólicas**

agua 氵 202 [shuǐ] + botella-vacía 酉 [yǒu]

El agua(氵) en la botella vacía de licor(酉) se refiere a 'licor'.

啤酒 [píjiǔ] cerveza - 215d

畐

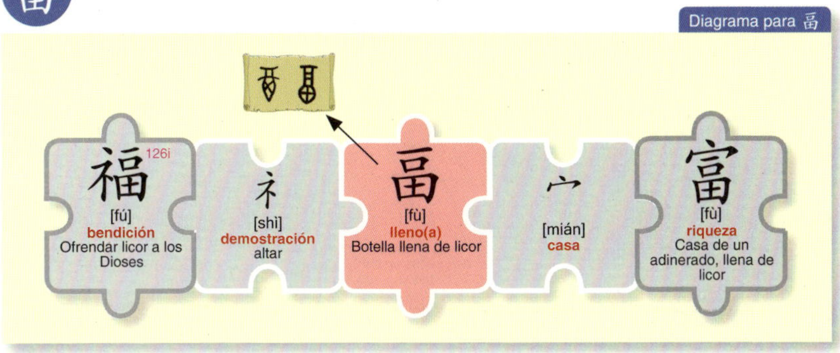

163

畐 fù — lleno(a)

Tiene forma de botella llena de licor(酉[162]).

163a

富 fù — riqueza

casa 宀[141] [mián] + lleno(a) 畐 [fù]

El significado 'riqueza' derivó en el sentido de que únicamente la casa(宀) de un adinerado podía tener muchos(畐) licores, ofrendas y a la vez alimentos predilectos.

丰富 [fēngfù] abundante; rico(a); copioso(a) - 209

163

斗

Diagrama para 斗

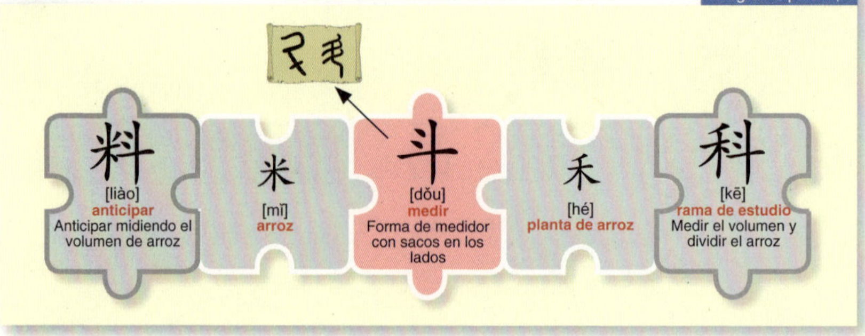

164 丶 ⺀ 亠 斗

斗 dǒu/dòu

medir / luchar contra

Tiene forma de medidor con sacos en los lados para medir el peso del grano. Llegó a significar 'unidad para describir peso' por la escena en la que se mide
164 el peso del grano con el medidor.

* 100升 = 10斗 = 1石[197].

A pesar de que es totalmente distinto al carácter tradicional(鬥), también se utiliza como 'luchar' por tener la misma pronunciación. Recuerda que en este caso tiene diferente entonación.

斗争[dòuzhēng] luchar contra; luchar - 36a

164a 丿 二 千 禾 禾 禾 禾 科 科

科 kē

especialidad

planta de arroz 禾[139][hé] + medir 斗 [dǒu]

Representa la escena en la que se mide el arroz(禾) cosechado con el medidor (斗) y se divide guardándolo en cada saco según el uso que se le va a dar, como por ejemplo 'impuesto, renta, alimento y semilla', y se utiliza como 'unidad para dividir estudios o tareas', o como 'unidad que divide las tareas de una organización o de un instituto'.

* La ciencia significa estudio de la naturaleza sistemáticamente dividido(科) para un entendimiento (学) más fácil.

科学[kēxué] ciencia - 164a
科研[kēyán] investigación científica - 197d
科长[kēzhǎng] jefe de sección (gerente) - 102

164b

、 丷 䒑 半 米 米 米' 米' 米~ 料

料 liào

anticipar

arroz 米[138] [mǐ] + medir 斗 [dǒu]

Representa la escena en la que anticipa cuánto durará el arroz, midiendo(斗) el volumen del arroz(米).

材料[cáiliào] material - 32b

网

Diagrama para 网

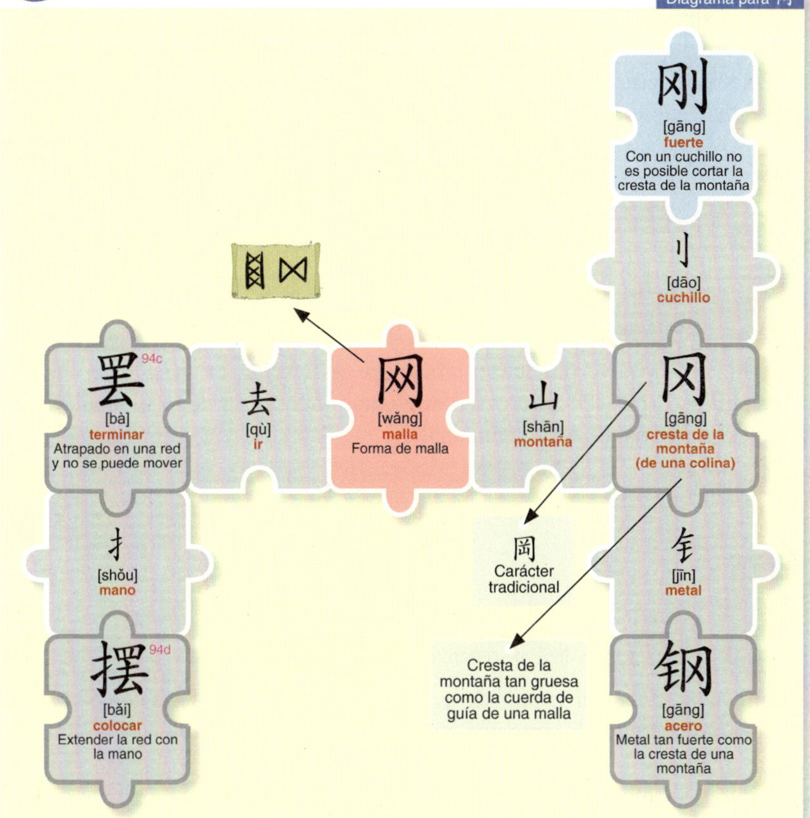

165

165 丨 冂 冂 冈 网 网

网 wǎng

malla

Este carácter imita la forma de la malla que se usa para atrapar pájaros o pescados. Cuando se une a otro carácter cambia a "罒" por razones estéticas.

上网[shàngwǎng] estar en el internet - 223f　　网球[wǎngqiú] tenis - 198b

165a 丨 冂 冈 冈

冈 gāng

cresta de la montaña(de una colina)

malla 网 [wǎng] + montaña 山[195][shān]

Llegó a significar 'cresta de la montaña' por la forma en la que las montañas(山) están conectadas mediante gruesas crestas, al igual que la malla(网) está cubierta de una gruesa cuerda de guía.

* El carácter tradicional(岡) da a enteder que está formado por una malla(网) y una montaña(山).

165

165b 丨 冂 冈 冈 冈 刚

刚 gāng

fuerte; apenas

cresta de la montaña 冈 [gāng] + cuchillo 刂=刀[119][dāo]

Se utiliza como adverbio que significa 'apenas', ya que es difícil de cortar con el cuchillo(刂) por ser grueso y fuerte como una cresta de la montaña(冈) o como una cuerda de guía de una malla.

刚才[gāngcái] recién; hace un momento - 32

165c 丿 𠂉 𠂉 𠂉 钅 钅 钔 钢 钢

钢 gāng

acero

metal 钅=金[199][jīn] + cresta de la montaña 冈 [gāng]

Significa 'acero' en el sentido de que es un metal(钅) tan fuerte como la cresta de una montaña(冈) o como una cuerda de guía de una malla.

钢笔[gāngbǐ] pluma estilográfica - 188a

用

Diagrama para 用

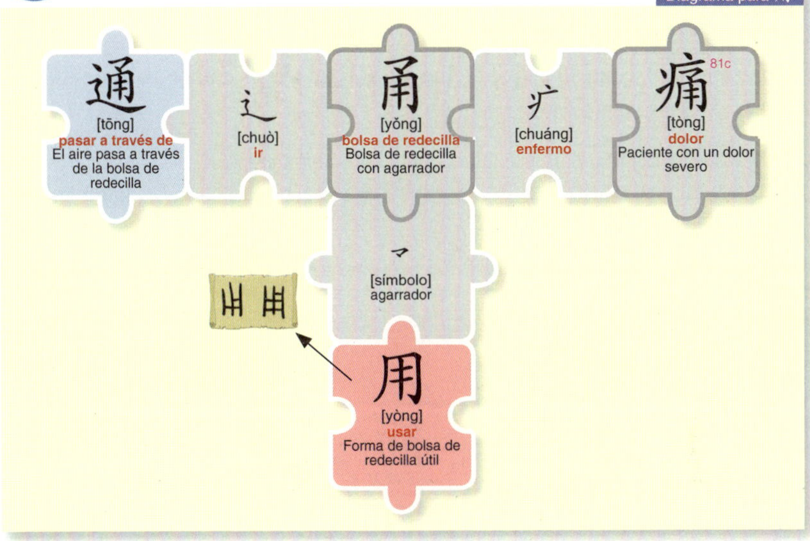

166 丿 冂 月 月 用 166

用 yòng — usar

Es la forma de bolsa de redecilla hecha de tallos trenzados de bambú o de plantas. Significa que es un utensilio útil y necesario que sirve para guardar granos u objetos.

作用 [zuòyòng] acción; efecto - 234b
不用 [bùyòng] no tener que - 223a
利用 [lìyòng] usar; utilizar; hacer uso de - 119h
使用 [shǐyòng] hacer uso de; usar - 35b
耐用 [nàiyòng] duradero(a) - 9a

166a 乛 乛 龴 甬 甬 甬 甬

甬 yǒng — bolsa de redecilla

agarrador 乛 [símbolo] + usar 用 [yòng]

Debido a que "用" con forma de bolsa de redecilla llegó a significar 'usar' por ser utensilio en el que guardan granos, se le agregó agarrador(乛) a la bolsa de redecilla(用) para recuperar el significado original 'bolsa de redecilla'.

166b

通 tōng

pasar a través de

bolsa de redecilla 甬 [yǒng] + ir 辶[61] [chuò]

Representa la escena en la que el aire pasa(辶) a través de la bolsa de redecilla (甬).

普通话[pǔtōnghuà] Mandarín (lengua común del idioma chino) - 79g 24b
通过[tōngguò] pasar; atravesar - 40f　通知[tōngzhī] aconsejar; notificar; informar - 111c

166

用

Diagrama para 甫

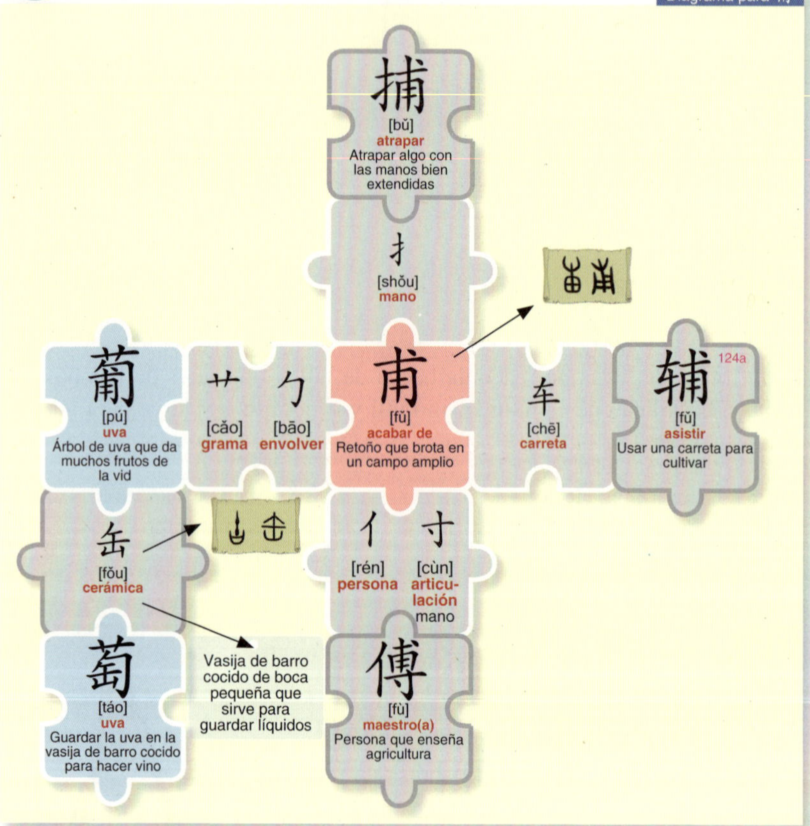

166c 一 丆 冂 冃 冃 甫 甫

甫 fǔ

acabar de

Retoño(屮[207]) de planta que acaba de brotar en un campo amplio. El significado básico de este carácter es 'grande, mucho(a)' y viene del amplio campo de verdura.

* Este carácter se está tratando aquí por ser radical de "usar 用 [yòng]", pero no existe relación alguna entre los dos caracteres.

166d 一 十 扌 扌 扩 扪 捕 捕 捕 捕

捕 bǔ

atrapar

mano 扌=手[31] [shǒu] + grande/acabar de 甫 [fǔ]

Representa la escena en la que se atrapa el animal que arruina el campo de verdura con las manos(扌) bien(甫) extendidas.

逮捕 [dàibǔ] arrestar; aprehender - 38a

166e 丿 亻 亻 亻 亻 佢 佰 俌 俌 傅 傅 傅

傅 fù

maestro(a)

persona 亻[70] [rén] + mucho(a)/acabar de 甫 [fǔ] + mano/articulación 寸[40] [cùn]

Llegó a significar 'maestro(a)' en el sentido de que es una persona(亻) que enseña(寸) la forma de cultivo para obtener grandes(甫) cosechas en el campo de verdura. Puedes ver que la agricultura es una profesión que produce víveres y alimentos más básicos para la supervivencia y tiene un origen muy antiguo dentro del proceso del desarrollo de la humanidad.

师傅 [shīfu] maestro(a); maestro de obra - 131e

166f 一 十 廾 艹 艿 芍 芍 苟 荀 荀 葡 葡

葡 pú

uva

grama 艹[207] [cǎo] + envolver 勹[46] [bāo] + mucho(a)/acabar de 甫 [fǔ]

Representa la escena en la que el árbol de uva cubierto(勹) de vid(艹) está lleno(甫) de racimos de uvas.

葡萄 [pútáo] uva - 166h

166

166g ノ ㅗ 느 午 缶 缶

缶
fǒu

cerámica

Este carácter imita a la vasija de barro cocido de boca pequeña y abultada que sirve para guardar líquidos. Esta vasija se usó como instrumento de percusión en la antigüedad.

166h 一 十 卄 艹 芍 芍 芍 芍 萄 萄 萄

萄
táo

uva

grama 艹[207] [cǎo] + envolver 勹[46] [bāo] + cerámica 缶 [fǒu]

Representa la escena en la que se guarda el racimo de uvas del árbol de uva cubierto(勹) de vid(艹) en la vasija de barro cocido(缶) para hacer vino.

葡萄 [pútáo] uva - 166f

166

凵

Diagrama para 凵

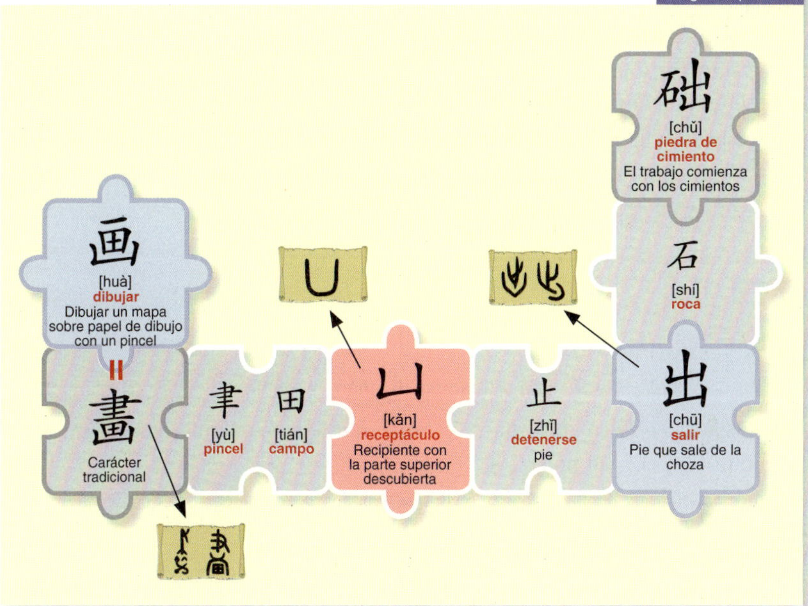

167

167 ㄴ 凵

凵 kǎn **receptáculo**

Este carácter tiene varias interpretaciones, pudiendo interpretarse como una boca abierta o un recipiente con la parte superior descubierta para guardar objetos.

167a ㄴ 凵 屮 㞢 出

出 chū **salir**

pie/detenerse 止[53] [zhǐ] + receptáculo 凵 [kǎn]

En las inscripciones en los huesos oraculares están dibujados pies(止) que salen de la choza(凵) hacia afuera.

出租车[chūzūchē] taxi - 139d 124
出现[chūxiàn] aparecer; emerger; presentarse - 13d
出发[chūfā] salir de viaje; iniciarse - 34f
出来[chūlái] salir de - 212d
出去[chūqu] salir; escapar - 94
出租汽车[chūzūqìchē] taxi - 139d 204a 124

167b 一 丆 丆 石 石 石 矿 础 础 础

础 chǔ

piedra de cimiento

roca 石[197] [shí] + salir 出 [chū]

Para construir una casa se comienza(出) colocando la primera piedra(石) en la base de una cimentación.

* "出" tiene forma de dar el primer paso de adentro hacia afuera por lo que significa 'inicio' de algún trabajo.

基础 [jīchǔ] base; cimiento - 44a

167c 一 丅 丙 冋 亩 亩 画 画

画 huà

dibujar, pintar

pincel 一→聿[37] [yù] + campo 田[154] [tián] + papel de dibujo 凵 [símbolo]

Representa la escena en la que se dibuja un mapa(田) o un dibujo sobre papel de dibujo(凵) con un pincel(聿).

* En el carácter tradicional(畫) se puede ver que tiene forma de una persona que dibuja un mapa (田) sobre un papel(一) con un pincel(聿).

画儿 [huàr] dibujo - 71　　画报 [huàbào] revista ilustrada; pictórico(a) - 34a

167

亅

Diagrama para 亅

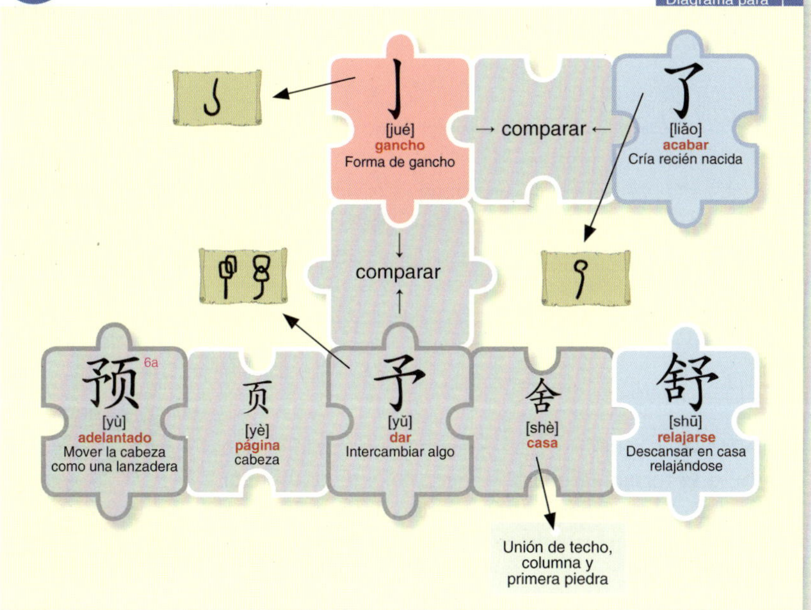

168

168 亅

亅 jué

gancho

Este carácter llegó a significar 'gancho' debido a su forma ya que tiene punta torcida y encorvada, y no se utiliza individualmente sino únicamente cuando se une a otro carácter.

* Se está tratando " 亅 " aquí por ser una herramienta que se utiliza para hacer bolsas de redecilla o malla.

168a ㇇ 了

了 liăo/le

acabar; saber / <partícula>

Tiene forma de cría recién nacida, ya sea persona o animal, y significa 'acabar' en el sentido de que ha finalizado el parto. También significa 'saber' ya que el hecho de finalizar un trabajo es igual a comprender toda la situación.

* Se está tratando " 了 " aquí debido a que su radical es " 亅 [jué]".

了解[liăojiě] entender - 175c

Con el cambio de pronunciación, llegó a 'significar el fin de una acción' si está después de un verbo, o a utilizarse como 'partícula modal' que da a entender que una situación ha terminado, cambiado o que cambiará, si está al final de un párrafo.

除了[chúle] excepto - 147a　　为了[wèile] para - 159c
除了…以外[chúle...yǐwài] a excepción de; de no ser por - 147a 63j 222a
…极了[jíle] extremadamente - 36h
今天来了一封信。Hoy llegó una carta. - 66 74b 212d 168a 223 40e 22a
天黑了，今天去不成了。Ya es muy tarde, por lo que no puedo ir hoy. - 74b 158d 168a 66 74b 94 223a 114a 168a

168b　　ㄱ ㄱ 子 予

予 yǔ

dar

Simboliza dos ganchos que están interconectados uno al otro, o la forma de una lanzadera volante de un telar tradicional. El significado 'dar' derivó del movimiento de la lanzadera, que se mueve de un lado hacia otro para ensartar los hilos.

168

给予[jǐyǔ] dar - 65d

168c　　丿 人 亼 亽 仝 仐 舍 舍

舍 shè

casa

techo 人 [símbolo] + pilares 干 [símbolo] + roca 口 [símbolo]

El significado 'casa' derivó de la forma en la que colocan la columna(干) y el techo(人) sobre la primera piedra(口) resaltando la estructura del edificio.

* Se divide en "persona 人[63][rén]", "seco 干[121][gān]" y "boca 口[16][kǒu]" pero no tienen ninguna relación.

宿舍[sùshè] dormitorio; casa - 134b

168d　　丿 𠂉 𠂉 ⺈ 仐 全 舍 舍 舍 舒 舒 舒

舒 shū

relajarse

casa 舍 [shè] + lanzadera/dar 予 [yǔ]

Tal como una lanzadera(予) volante que ensarta los hilos, las tensiones son disueltas(予) si una persona se relaja en su casa(舍).

舒服[shūfu] cómodo(a) - 34b　　舒适[shūshì] comodidad; cómodo(a) - 24d

冖

Diagrama para 冖

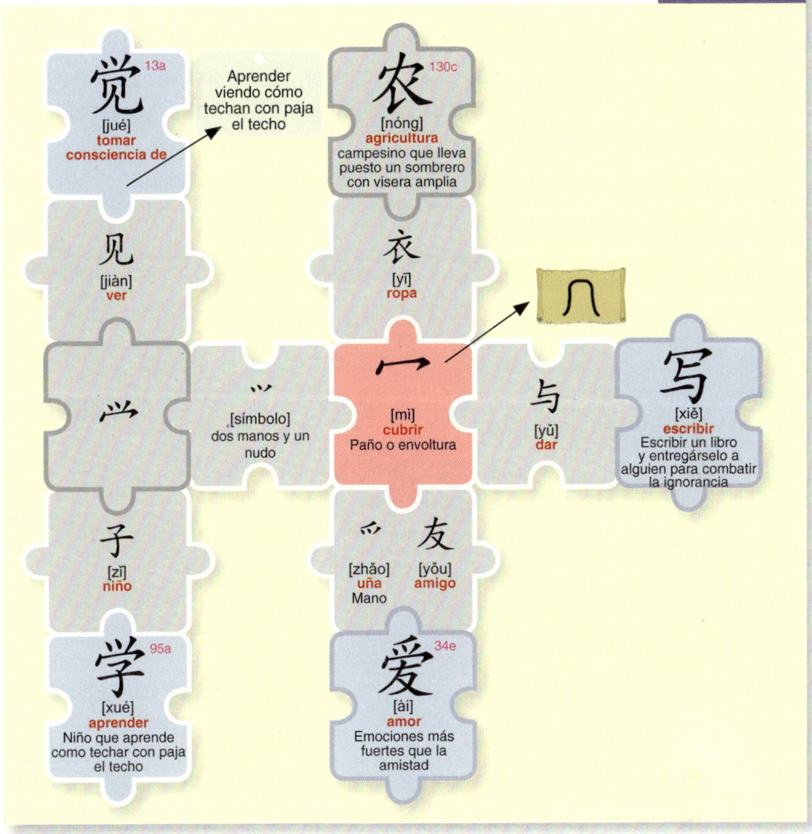

169

169 丶 冖

冖
mì

cubrir

Tiene forma de paño o envoltura que servía para cubrir la comida u otros objetos.

169a 丶 冖 冖 写 写

写 xiě

escribir

cubrir 冖 [mì] + dar 与 [yǔ]

Representa la escena en la que se escribe un buen libro y lo entrega(与) a otras personas para combatir la ignorancia 'que cubre(冖) y oculta' a las personas, figurativamente hablando.

* Del carácter tradicional(寫) derivó 'copiar → escribir' en el sentido de que el nido(宀[141]) de la urraca(舄[xì]) es siempre similar, como si hubiera sido copiado, esté donde esté.

听写 [tīngxiě] dictar; dictado - 16d

170

西

Diagrama para 西

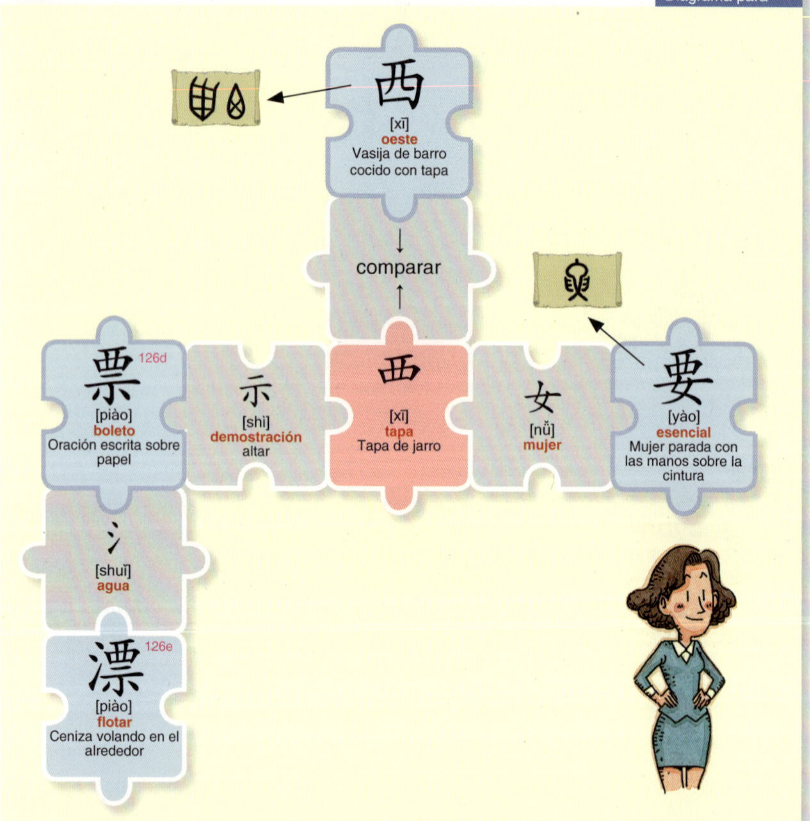

170 一 丅 冂 丙 两 西

西
xī

oeste

Tiene forma de vasija de barro cocido(口) con tapa(兀) en la que guardaban el agua. Tomó prestado el carácter con la misma pronunciación debido a que es difícil describir 'oeste' con signos por ser un concepto abstracto. Junto a "este 东[211]" que tiene forma de saco, llegó a significar 'cosa' por ser algo indispensable en donde guardan cosas que se ven en todos lados, tanto en el este como en el oeste.

* El carácter antiguo da a entender que a la vasija de barro cocido se le agregó la tapa posteriormente.

东西[dōngxi] cosa - 211
西瓜[xīguā] sandía - 33f
西边[xībiān] lado oeste - 61a
东西 este y oeste - 211 170

170a 一 丅 冂 襾 襾 襾

襾
xī

tapa

Este carácter es la forma simplificada de la tapa que se usa para cubrir la botella o el jarro.

170

170b 一 丅 冂 襾 襾 襾 要 要 要

要
yào

esencial; deber; necesitar

cubrir 襾 [xī] + mujer 女[96][nǚ]

Tiene forma de una mujer(女) parada con las manos(襾→臼[43d]) sobre la cintura, y significa 'esencial; deber; necesitar' debido a que la cintura es la parte más importante del cuerpo.

* En el carácter antiguo se puede ver que "襾" tiene forma de "ambas manos 臼[126d][jiù]".

需要[xūyào] necesitar - 9b
要求[yāoqiú] preguntar; demandar - 203b
重要[zhòngyào] importante; significativo(a) - 151a
主要[zhǔyào] principal; gran - 233c
不要[bùyào] no - 223a
要是[yàoshi] si; suponer que; por si - 54b

Naturaleza

Naturaleza

Animal

Los animales ocupan un papel muy importante para el hombre, que se coloca en la cima de la pirámide depredadora.

1. Los animales terrestres son los animales más amistosos con el hombre. Los animales criados por el hombre como 'oveja, perro, cerdo, vaca y caballo' aparecen como caracteres básicos.
2. Otros animales incluyen pájaros que han sido admirados por el hombre por volar en el cielo, insectos y peces. También pueden ver que las conchas han jugado un papel muy importante en los caracteres básicos ya que fueron utilizadas como moneda en la antigüedad.
3. También pueden encontrar los derivados de los animales que han influido sobre la vida del hombre por su estrecha relación. Aquí pueden encontrar diversos caracteres básicos relacionados a 'pelo, cuero, cuerno y carne'.

Paisaje

Entre los principales componentes de la naturaleza, a excepción de los animales, está la montaña y sus recursos naturales, y el hombre habrá necesitado herramientas para su elaboración. También está el agua, la fuente de la vida, y gramas y árboles que pertenecen al último rango de la pirámide depredadora. Observemos qué papel tienen todos estos factores como caracteres básicos.

Cuerpos celestes

Todo ser viviente sobre la Tierra está bajo dominio de los cuerpos celestes. Por tanto, es normal que aquellos cuerpos celestes indispensables para la naturaleza hayan sido convertidos en caracteres básicos. Aquí explicaremos cómo los caracteres básicos derivados del sol y de la luna se combinan con otros caracteres para crear nuevas letras y significados, junto con sus antecedentes.

Otros

Por último, existen números y signos que forman la última etapa de los caracteres básicos. Están los códigos que utilizaron signos para describir aquellos que eran difíciles de explicar con formas. Aquí revisaremos el resto de números que no fueron tratados anteriormente y '丨, 丶, 丿', que se convertieron en caracteres básicos como signos, sin un significado en especial. A pesar de que no tienen un significado en especial, ocupan una parte de los caracteres básicos, por tanto, hay que pensar y comprender los antecedentes o procesos de creación de dichos caracteres.

羊

Diagrama para 羊

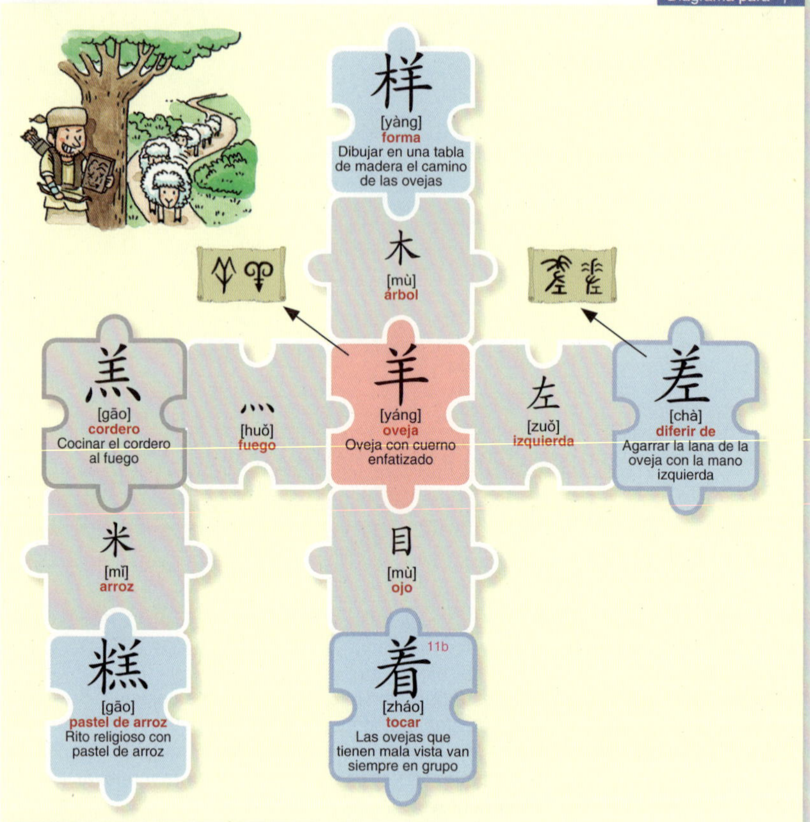

171

171

丶 丷 䒑 ⺷ 兰 羊

羊 yáng **oveja**

Forma de ver una oveja de frente con un elegante cuerno blanco y redondo.

羊肉 [yángròu] carne de carnero - 192

171a

一 十 才 木 杧 杧 栏 栏 栏 样

样 yàng **forma**

árbol 木[210] [mù] + oveja 羊 [yáng]

Las ovejas tienen el hábito de andar por el camino que ya han pasado, y las personas esperaban que las ovejas regresaran para cazar. Tiene la forma de dibujar en una tabla de madera(木) el camino de las ovejas para cazarlas(羊).

* El carácter tradicional(樣) tiene la forma de una tabla de madera(木) trazada de acueducto(水[201]) o topografía(羊).

怎么样[zěnmeyàng] como - 234d 93a
一样[yīyàng] mismo; igual; parecido - 223
那样[nàyàng] de ese tipo; como aquello - 147e
样子[yàngzi] apariencia; forma - 95
怎样[zěnyàng] como - 234d
这样[zhèyàng] como esto; de esta forma - 133a

171b 丶 丷 䒑 𫇧 兰 差 差 差 差

差 chà

diferir de; insuficiente

oveja 羊 [yáng] + izquierda 左[39a] [zuǒ]

Forma de agarrar la lana de la oveja(羊) con la mano izquierda(左) para esquilar la lana. Se derivó el significado de 'diferente, insuficiente' de la diferencia del largo de la lana cuando se la agarra con la mano.

* El carácter antiguo tiene la forma de agarrar el cultivo(禾[139]) con la mano izquierda(左). A pesar de ser del mismo cultivo(禾), el tamaño está desbalanceado y tiene diferencias.

差不多[chàbuduō] casi; por poco; más o menos - 223a 222d
差点儿[chàdiǎnr] ligeramente inferior a - 127d 71

171

171c 丶 丷 䒑 𫇧 𦍌 羊 羔 羔 羔 羔

羔 gāo

cordero

oveja 羊 [yáng] + fuego 灬=火[158] [huǒ]

Forma de cocinar al fuego(灬) el cordero(羊), algo que es delicioso como ofrenda. La carne de oveja tiene una fibra delgada y carne suave y por ello es fácil de digerir. Especialmente un cordero menor de un año es delicioso y está considerado como comida de primera clase.

171d 丶 丷 䒑 半 米 米 米 米 米 米 粃 粃 糕 糕 糕 糕

糕 gāo

pastel de arroz

arroz 米[138] [mǐ] + cordero 羔 [gāo]

Tiene la forma del rito religioso con pastel de arroz hecho de polvo de arroz (米), así como el cordero(羔) se utiliza de ofrenda. Una vez desarrollada la agricultura, el pastel de arroz es una ofrenda primordial en el rito religioso.

蛋糕[dàngāo] pastel - 55b

Diagrama para 犬

172

172 一 ナ 大 犬

犬
quǎn

perro

Forma de perro con la oreja (丶) aguzada.

172a

器 qì

utensilio

plato 㗊 [símbolo] + perro 犬 [quǎn]

Tiene el significado de ‘utensilio’ y tiene forma de un plato(㗊) que contiene el perro(犬) que se utiliza como ofrenda.

* La carne de perro era una comida primordial para las ceremonias y eventos en las antiguas dinastías.

机器 [jīqì] máquina - 213a　　武器 [wǔqì] arma; armamento - 110d

犭

173

Diagrama para 犭

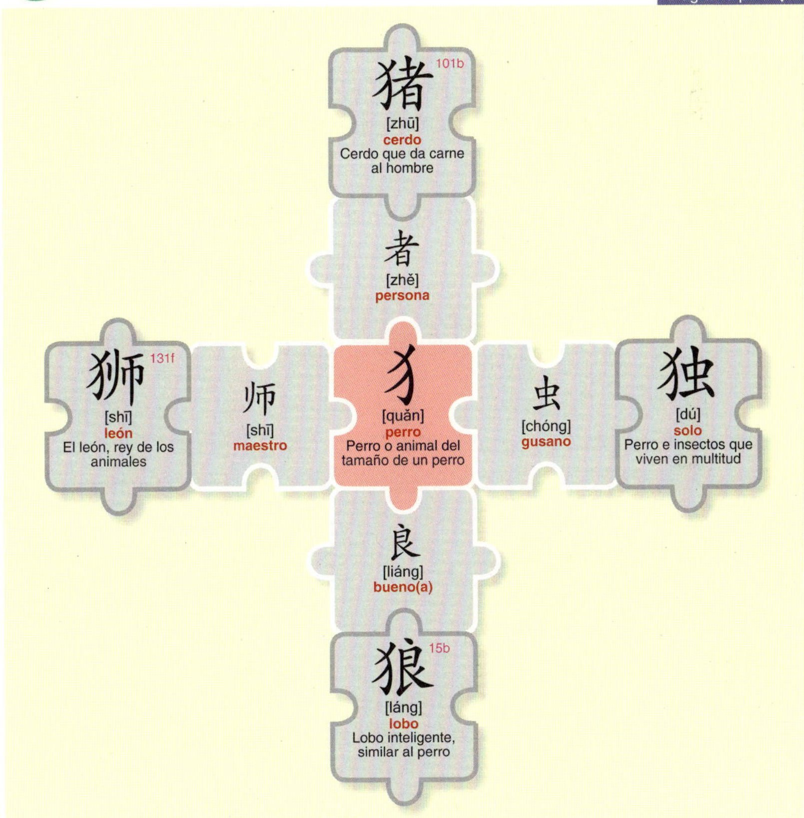

173

丿 犭 犭

犭
quǎn

perro

Tiene un significado similar a "perro 犬 [quǎn]" y no se utiliza individualmente. Cuando se combina con otro carácter se utiliza como el reemplazo de "犬", y también se emplea para representar a los animales del tamaño de un perro.

173a

丿 犭 犭 犭 犭 犯 独 独 独

独
dú

solo

perro 犭 [quǎn] + gusano 虫[184] [chóng]

En animales como el perro(犭) o los insectos(虫), que viven en multitud, siempre tienen un líder que se para solitario y en lo alto.

174

豕

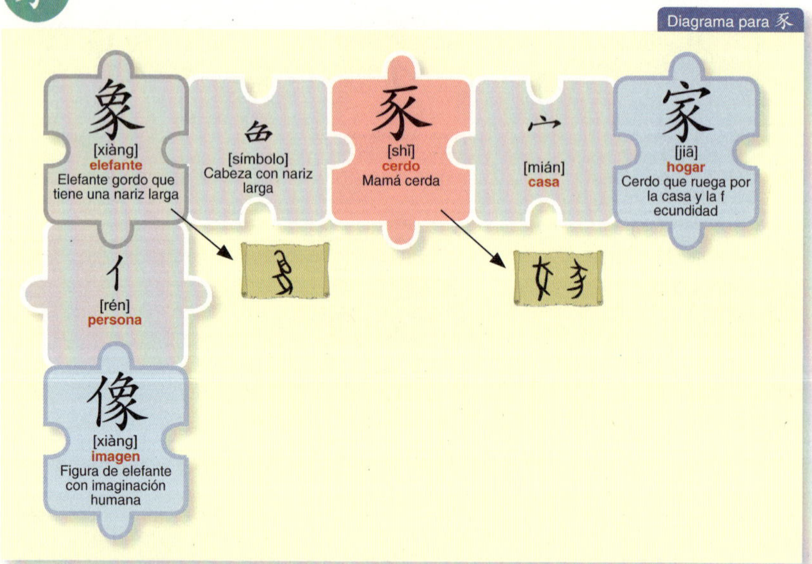

174 一 ㇀ 丆 豕 豕 豕 豕

豕 shǐ

cerdo

Forma de mamá cerda gorda que está acostada para dar de mamar a sus crias.

174a 丶 丶 宀 宀 宀 宁 宇 家 家 家

家 jiā

hogar; ...ista

casa 宀[141][mián] + cerdo 豕 [shǐ]

Carácter combinado entre techo(宀) y cerdo(豕), que es un animal fecundo que representa una familia en armonía. También se utiliza como un sufijo para representar a los profesionales especializados "~ista".

* El cerdo tiene un promedio de entre 8 a 12 crías por parto.

大家[dàjiā] gran maestro; autoridad - 74
国家[guójiā] país; estado; nación - 20a
家庭[jiātíng] familia - 62b
文学家[wénxuéjiā] Trecentista; literato - 133 95a

174b ノ ⺈ ⺈ 㐆 㐆 㐆 兔 㑹 象 象 象

象 xiàng

elefante; forma

Cabeza con nariz larga ⺈ [símbolo] + cerdo 豕 [shǐ]

Carácter que representa la cabeza(⺈) del elefante con una nariz larga y un cuerpo gordo como el cerdo(豕). También tiene el significado de 'forma' porque, en la región norte de China donde se desarrolló el carácter chino, el elefante era un animal casi imaginario.

抽象[chōuxiàng] abstracto - 156a

174c ノ 亻 亻 亻 亻 亻 伯 伯 侮 侮 傍 像 像

像 xiàng

imagen;como

persona 亻[70][rén] + elefante 象 [xiàng]

Forma de crear una imagen de elefante(象) por parte de las personas(亻) de la región norte de China que nunca han visto uno, salvo en su imaginación. Se derivó el significado de 'como···' ya que la forma de un elefante imaginario es similar a la imagen real por su forma peculiar.

好像[hǎoxiàng] parece; como - 96c
录像[lù/xiàng] grabar video; videocasete - 203a
肖像[xiàoxiàng] retrato - 235c

174

牛

Diagrama para 牛

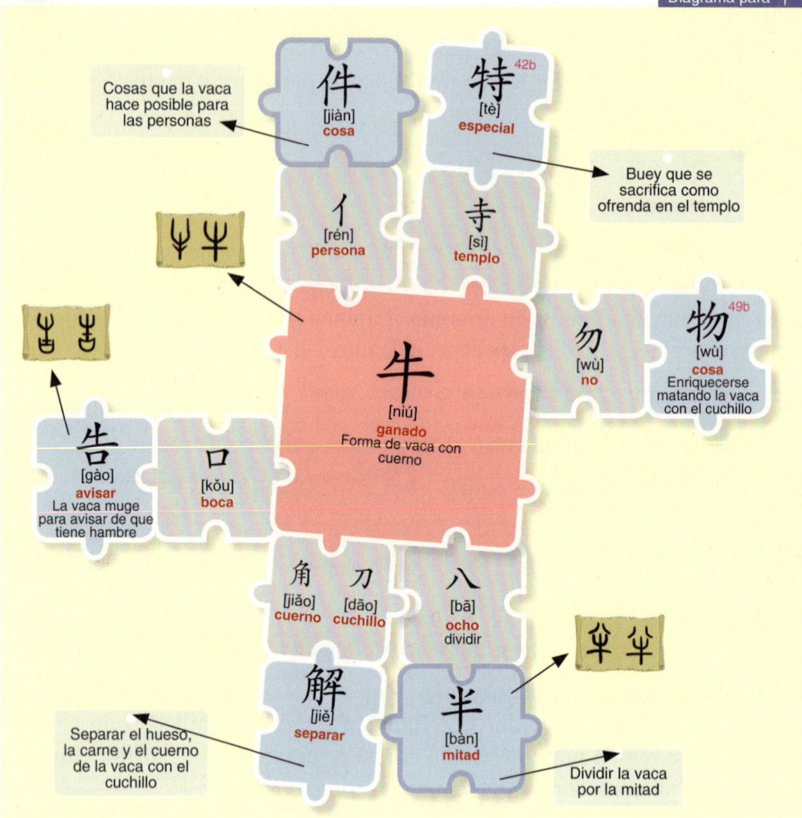

175

175 丿 𠂉 ⺧ 牛

牛 niú

ganado

Forma de vaca con un cuerno hermoso visto de frente.

牛奶 [niúnǎi] leche (de vaca) - 96d

175a 丿 亻 亻丿 亻𠂉 亻⺧ 件

件 jiàn

cosa; <cuantificador>

persona 亻[70] [rén] + ganado 牛 [niú]

La vaca(牛) proporciona muchas cosas a las personas(亻), tales como labranza, ofrenda, carne y lana. Para hacer énfasis en las muchas cosas que la vaca hace (牛) posible a las personas(亻) se utiliza como 'unidad de medida de cosa, caso, ropa, artículos…'.

电子邮件[diànzǐyóujiàn] E-mail - 157a 95 147d
事件[shìjiàn] evento; incidente - 36d
一件衣服 un traje - 223 175a 130 34b
条件[tiáojiàn] condición; calificación - 56c
一件事 un evento - 223 175a 36d

175b 丶 丷 㐅 兰 半

半 bàn

mitad

dividir/ocho 八[229][bā] + ganado 牛 [niú]

Forma de cortar y dividir(八) por la mitad a la vaca(牛), que es un animal que permite hacer posible muchas cosas.

* significa 'dividir' debido a la división simétrica en mitades.

半天[bàntiān] mitad del día - 74b
半导体[bàndǎotǐ] semiconductor - 7b 29b
半夜[bànyè] medianoche; mitad de noche - 222b
半岛[bàndǎo] península - 177c
半拉[bànlǎ] mitad - 79a

175c 丿 ⺈ 𠂊 ⺆ 角 角 角 角' 角' 角' 解 解 解

解 jiě

separar; entender

cuerno 角[191][jiǎo] + cuchillo 刀[119][dāo] + ganado 牛 [niú]

Forma de separar la carne, el hueso e inclusive el cuerno(角) de la vaca(牛) con un cuchillo(刀). También significa entender por la forma de separarlo completamente.

解决[jiějué] resolver - 76a
解放[jiěfàng] liberar - 50a
了解[liǎojiě] entender - 168a
解答[jiědá] respuesta; resolver - 65b

175d 丿 𠂉 牛 生 生 告 告

告 gào

avisar

ganado 牛 [niú] + boca 口[16][kǒu]

Existen dos teorías. ① un letrero(⺧) para avisar lugares de peligro como una trampa(口), o ② el mugido(口) de la vaca(牛) para avisar de que tiene hambre.

告诉[gàosu] contar; hacer saber - 118c
报告[bàogào] informar; reportar - 34a

175

马

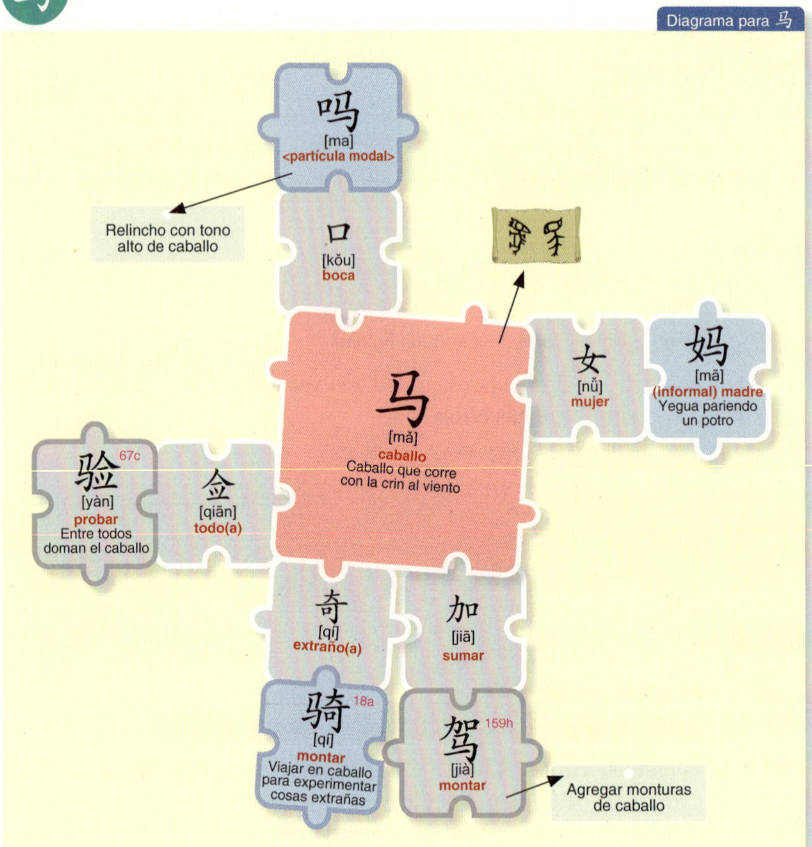

176

176 ㄱ 马 马

马 mǎ

caballo

Forma de caballo que corre con sus cuatro patas(一) soltando la crin.

马上[mǎshàng] en seguida; inmediatamente - 223f   马路[mǎlù] calle; camino - 57a

176a 丨 口 口 口⁷ 吗 吗

吗 ma

<partícula modal>

boca 口[16] [kǒu] + caballo 马 [mǎ]

Carácter que utiliza "马" como símbolo fonético para formar una partícula modal al final de la oración al hablar(口) y representar una oración interrogativa.

* El relincho(口) del caballo(马) con tono alto representa una interrogación.

你有时间吗? ¿Tú tienes tiempo? - 69a 39c 42d 145c 176a
你吃饭了吗? ¿Tú ya comiste? - 69a 16b 148b 168a 176a

176b 𡿨 女 女 女⁷ 妈 妈

妈 mā

(informal) madre

mujer 女[96] [nǚ] + caballo 马 [mǎ]

Derivó el significado de 'mamá' utilizando mujer(女) como elemento semántico y "马" como símbolo fonético.

* Derivó el significado de mamá, ya que un caballo(马) hembra(女) da a luz una cría al igual que el ser humano. En contraste con las vacas, ovejas y cabras, la yegua no tiene muchas crías y da a luz una o dos crías a la vez.

妈妈[māma] mamá; mami

176

鸟

Diagrama para 鸟

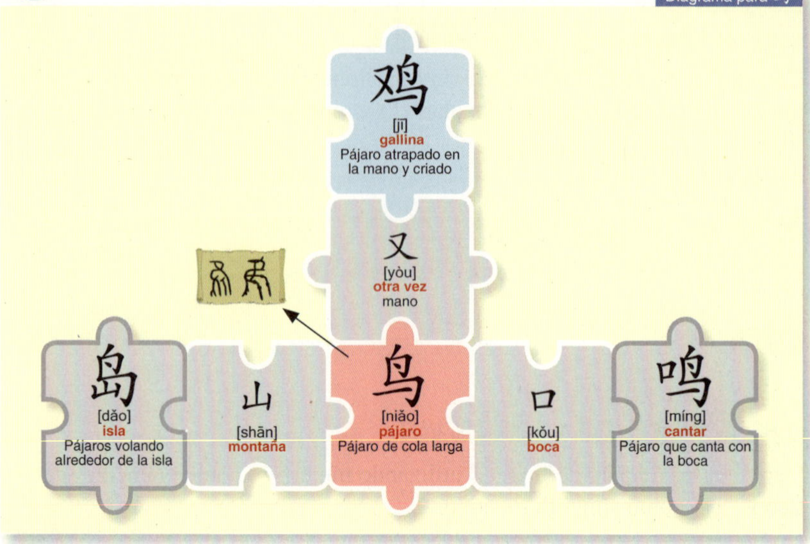

177

177

鸟 niǎo

pájaro

Letra que imita el pico, el tronco y las extremidades de un pájaro de cola larga.

177a

鸡 jī

gallina

mano/otra vez 又[34] [yòu] + pájaro 鸟 [niǎo]

Representa la forma del pájaro(鸟) atrapado en la mano(又), y describe a la gallina, que es un ave criada por una persona, o a la gallina que está atrapada en la mano por no poder volar.

鸡蛋 [jīdàn] (de gallina) huevo - 55b

177b

鸣 míng

cantar

boca 口[16] [kǒu] + pájaro 鸟 [niǎo]

Tiene forma del pájaro(鸟) cantando con la boca(口). Esta letra se refiere al sonido de pájaro, animal o insecto.

177c ′ ㄅ ㄅ 鸟 鸟 岛 岛

岛 dǎo

isla

pájaro 鸟 [niǎo] + montaña 山[195] [shān]

Es la escena en la que muchos pájaros(鸟) vuelan libremente sobre la isla que sobresale como una montaña(山) en medio del mar.

* Nos hace pensar que los pájaros (鸟) pueden acercarse libremente a la isla (山) volando.

半岛 [bàndǎo] península - 175b

隹

178

Diagrama para 隹

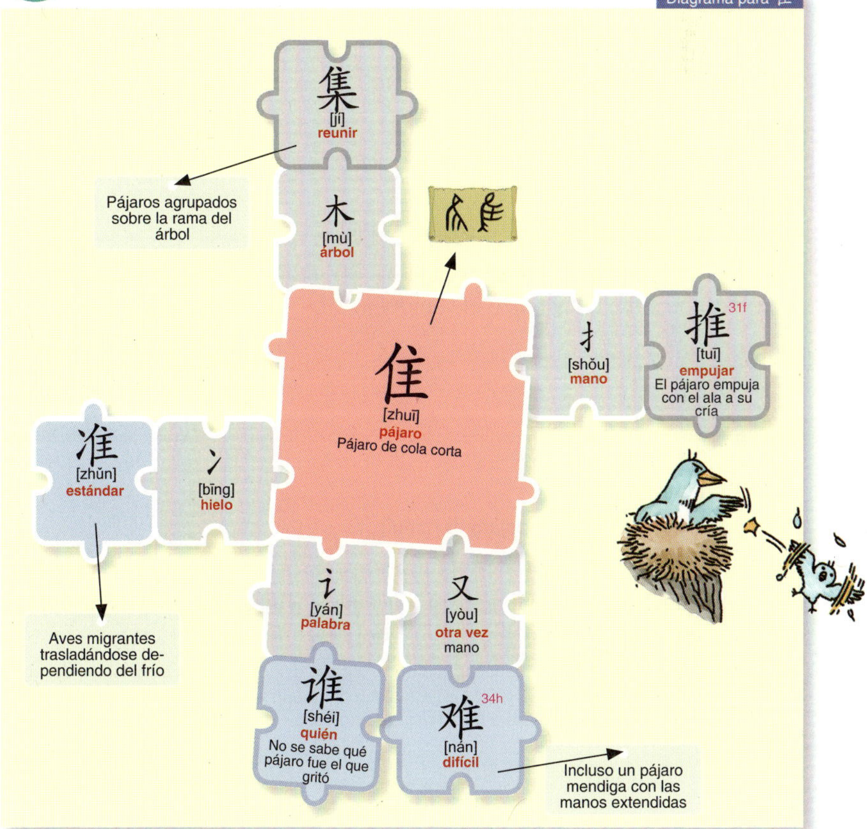

178

178

丿 亻 亻' 亻'' 仁 仨 仹 隹

隹 zhuī

pájaro (cola corta)

Este carácter imita el perfil de un pequeño y bonito pájaro. Normalmente, "pájaro 鸟[177][niǎo]" se refiere a pájaros grandes de pico o cola largos, mientras que "隹", la mayoría de las veces, designa a un pájaro de cola corta.

178a

丿 亻 亻' 亻'' 仁 仨 仹 隹 隼 隽 集 集

集 jí

reunir

pájaro 隹 [zhuī] + árbol 木[210][mù]

Es la forma de pequeños pájaros(隹) reunidos sobre la rama de un árbol(木); parece que charlan.

集合[jíhé] reunir; juntar - 65a　　集中[jízhōng] concentrar - 232a
召集[zhàojí] hacer juntar; convocar - 120

178b

丶 讠 讠' 讠'' 讠仁 讠仨 讠仹 谁 谁 谁

谁 shéi

quién

palabra 讠=言[22][yán] + pájaro 隹 [zhuī]

Cuando están reunidos pequeños pájaros(隹), todos son similares por lo que no se sabe cuál fue el que hizo el sonido(讠) .

您找谁? ¿A quién busca? - 69b 113c 178b

178c

丶 冫 冫' 冫'' 冫仁 冫仨 冫仹 准 准 准

准 zhǔn

estándar

hielo 冫[206][bīng] + pájaro 隹 [zhuī]

El significado 'estándar' derivó de la forma en la que los pájaros migrantes (隹) se preparan infaliblemente para trasladarse a un país cálido dependiendo del punto de congelación del hielo(冫) o del determinado frío(冫).

* El carácter tradicional(準) da a conocer que el significado estándar derivó de la unión del agua (氵[202]) que esta siempre nivelada y del halcón(halcón 隼 [sǔn]) que vuela sobre el cielo siempre manteniendo una determinada altura para buscar sus presas.

准备[zhǔnbèi] preparar - 56a　　准时[zhǔnshí] puntual; a tiempo - 42d

只

Diagrama para 只

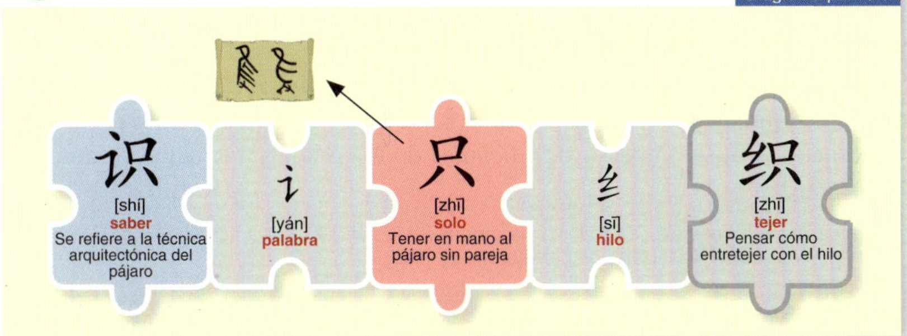

179 丨 冂 口 尸 只

只 zhī/zhǐ

solo/únicamente

boca 口[16][kǒu] + mano/otra vez 八→又[34][yòu]

Representa la forma en la que se tiene en mano(又) a un sólo pájaro (representado por "口" en lugar de "隹[178]"). También sirve como unidad para contar parte de un objeto que forma pareja o para contar animales o barcos. 179

* El carácter tradicional(隻) muestra claramente la forma en la que se tiene en la mano(又) a un pájaro(隹).

一只鞋 un zapato - 223 179 153b　　一只鸟 un pájaro - 223 179 177
一只小船 un bote - 223 179 235 125a

También llegó a significar 'únicamente' por tener en la mano(又) a un solo pájaro(隹) pequeño.

只好[zhǐhǎo] tener que; forzado(a) - 96c
只是[zhǐshì] simplemente; únicamente; precisamente - 54b
只有[zhǐyǒu] únicamente; solo(a) - 39c

179a 乚 乡 纟 纟 纟冂 纟口 纟尸 织

织 zhī

tejer

hilo 纟[132][sī] + un pájaro/solo 只 [zhǐ]

Tal como un pájaro hace su nido utilizando con sutileza ramas insignificantes de los árboles, este carácter indica la forma en la que se piensa sobre cómo entretejer con el hilo(纟) mientras se observa y mira a un pájaro(只 unidad de pájaro).

* El carácter tradicional(織) tiene la forma de entretejer tela con el hilo(糸) siguiendo la instrucción de la tablilla del barro(barro 戠 [shì]).

组织[zǔzhī] organización; organizar - 132f

179b ˋ ì ì' ìᐩ 讵 识 识

识
shí

saber

palabra 讠= 言[22] [yán] + un pájaro/solo 只 [zhǐ]

Es la escena en la que se toma en mano a un pájaro(只 unidad de pájaro) y explica a otras personas con palabras(讠) la manera en la que un pájaro, utilizando con sutileza ramas insignificantes de los árboles, hace que su nido sea resistente.

* El carácter tradicional(識) se refiere a la escena en la que se explica con palabras(言) el conocimiento escrito en las tablillas de barro(barro 戠 [shì]).

认识 [rènshi] reconocer; saber - 63a 知识 [zhīshí] conocimiento - 111c

179

喿

Diagrama para 喿

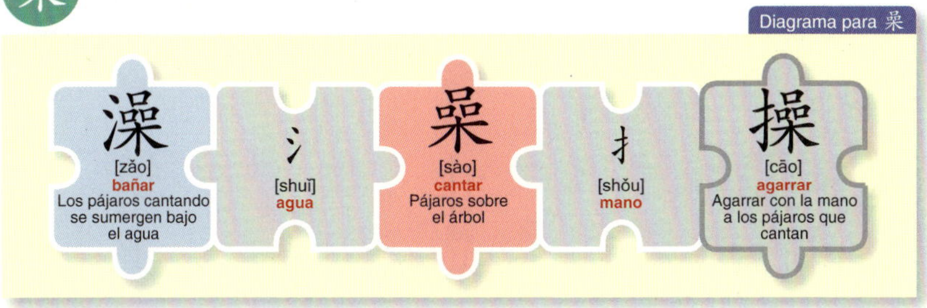

180

喿 sào

cantar

pájaros 品 [símbolo] + árbol 木[210][mù]

Es la forma en la que varios pájaros(品) sentados sobre el árbol(木) cantan ruidosamente.

* Con "品" describe a los pájaros, reemplazando con "boca 口[16][kǒu]" al pájaro(隹[178]) que tiene como característica cantar.

180a

操 cāo

agarrar; ejercitar

mano 扌=手[31][shǒu] + cantar 喿 [sào]

Es la forma en la que se trata de agarrar con la mano(扌) a los pájaros que cantan(喿) ruidosamente sobre el árbol. También significa que se requiere de práctica para poder agarrar a un pájaro con la mano desnuda.

操场[cāochǎng] patio de recreo - 152a

180b

澡 zǎo

bañar

agua 氵[202][shuǐ] + cantar 喿 [sào]

Es la forma en la que los pájaros que estaban cantando(喿) sobre el árbol se sumergen bajo el agua(氵) para lavarse. En efecto, el pájaro es un animal muy limpio que se mantiene alisando su plumaje con el pico o se lavan con la arena para liberarse de parásitos.

洗澡[xǐ/zǎo] darse un baño; lavar - 71e

非

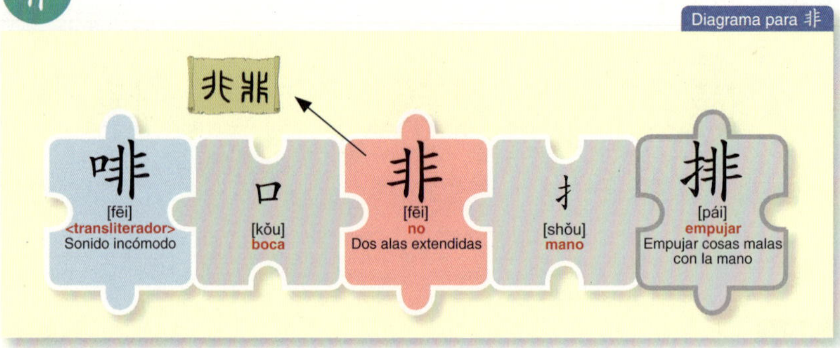

181

181

非 fēi

no

Tiene forma de un pájaro que vuela con ambas alas bien extendidas, y tiene un significado negativo, 'no', ya que dos alas extendidas jamás estarán juntas.

非常[fēicháng] extraordinario(a); inusual - 150c

181a

排 pái

empujar; ordenar

mano 扌=手[31][shǒu] + no 非 [fēi]

Representa la escena en la que se empujan cosas incorrectas(非) con la mano (扌). Además significa ordenar con la mano(扌) cosas inaceptables(非) para que sean aceptables.

安排[ānpái] ordenar - 96a
排球[páiqiú] voleibol - 198b
排斥[páichì] excluir - 118b
排列[páiliè] ordenar - 30b

181b

啡 fēi

<transliterador>

boca 口[16][kǒu] + no 非 [fēi]

Significa 'ronquido' en el sentido de que es un sonido(口) incómodo(非) que ocurre durante el sueño. Actualmente se usa como transliterador para describir vocablos de origen extranjero como café(咖啡).

咖啡[kāfēi] café - 159i

羽

Diagrama para 羽

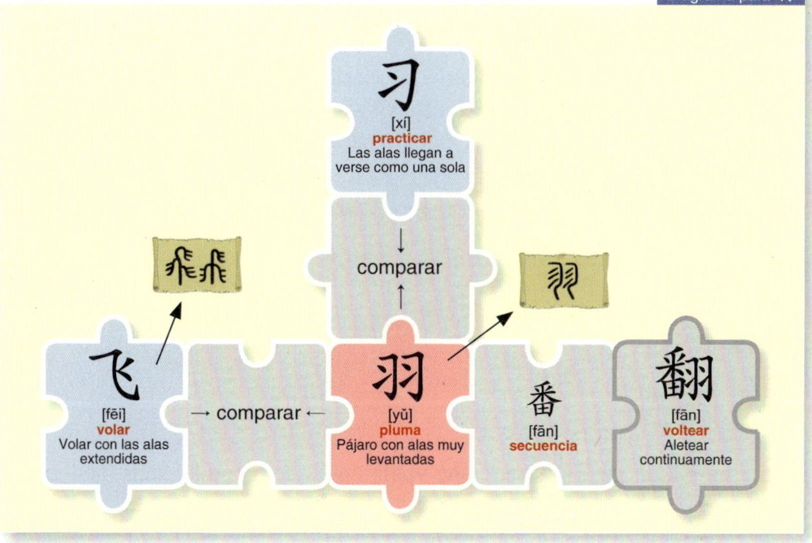

182 丁 习 习 羽 羽 羽 182

羽 yǔ **pluma**

Llegó a significar 'pluma' por la forma del pájaro sentado con las alas muy levantadas con el fin de enseñar sus plumas.

羽毛球[yǔmáoqiú] bádminton - 188 198b

182a 丁 丁 习

习 xí **practicar**

Representa la escena en la que un pajarito practica para aprender a volar y aletea tanto como para que ambas alas(羽) se vean como una(习) sola.

学习[xuéxí] estudiar; aprender - 95a
复习[fùxí] revisar - 56d
练习[liànxí] practicar; hacer ejercicio - 132g
习惯[xíguàn] hábito; estar acostumbrado a - 186f
预习[yùxí] preparar lecciones antes de la clase - 6a

182b

翻 fān

voltear; hurgar en

secuencia 番[183a] [fān] + pluma 羽 [yǔ]

Tiene forma de las alas de un pájaro que, para volar, aletea continuamente(番) con las alas(羽), y estas se voltean de arriba a abajo. También significa 'hurgar en' ya que debe buscar de arriba a abajo para encontrar algo, como un pájaro que aletea.

* "番" tiene forma de huellas(釆) consecutivas de animales que están marcadas en el campo(田).

翻译[fānyì] traducir - 123c

182c

飞 fēi

volar

Representa a un pájaro grande que vuela en el cielo con las alas bien extendidas.

飞机[fēijī] avión - 213a

183

采

Diagrama para 番

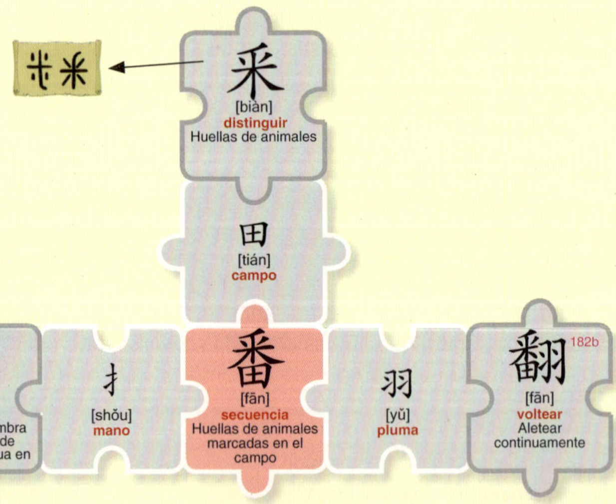

183 一 丶 丷 亠 平 乎 釆

釆
biàn

distinguir

Este carácter imita las huellas de pájaro o de otro animal y significa que, observando las huellas(釆), se puede distinguir el tipo de animal.

* Este carácter importante no se usa individualmente pero se utiliza muchas veces como 'elemento semántico' unido a otro carácter.

183a 一 丶 丷 亠 平 乎 釆 釆 悉 悉 番 番

番
fān

secuencia

huella/distinguir 釆 [biàn] + campo 田[154] [tián]

Representa la escena en la que las huellas(釆) de animales están marcadas en el campo(田) de manera consecutiva y a una determinada distancia.

183b 一 十 扌 扌 扌 扌 扌 抨 抨 採 採 播 播 播 播

播
bō

sembrar

mano 扌=手[31] [shǒu] + secuencia 番 [fān]

Representa la escena en la que se siembra(扌) las semillas de manera continua (番) en el campo, a cierta distancia. También significa 'transmitir' en el sentido de que transmiten las olas electromagnéticas como si sembraran las semillas.

* Aquella mano(扌) que se encarga de sembrar las semillas.

广播[guǎngbō] transmitir - 143

183

虫

Diagrama para 虫

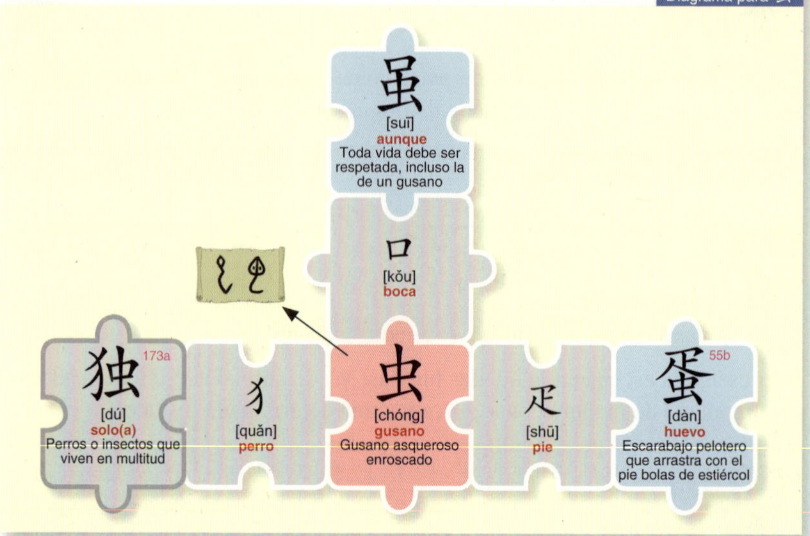

184

184 丶 口 口 中 虫 虫

虫 chóng **gusano**

Tiene forma de serpiente enroscada y se utiliza para nombrar todo tipo de gusano, no solo los gusanos largos como serpientes sino los insectos también.

虫子[chóngzi] insecto; gusano - 95

184a 丶 口 口 吕 吕 吕 吊 虽 虽

虽 suī **aunque**

boca 口[16][kǒu] + gusano 虫 [chóng]

Este carácter resalta la vida del gusano(虫) mediante la boca(口), y significa que no se debe menospreciar a nadie, aunque sea la vida(口) de un asqueroso y humilde gusano(虫).

虽然[suīrán] aunque - 158e

鱼

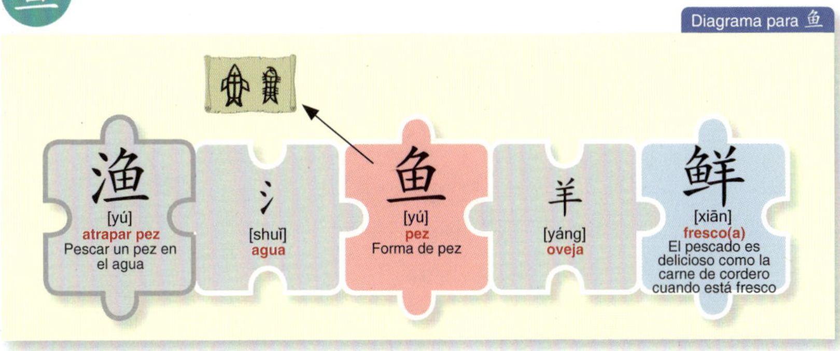

185

丿 ⺈ ⺈ 𠂊 鱼 鱼 鱼 鱼

鱼 yú

pez

Tiene forma de pez, desde la cabeza(⺈), tronco(田) y hasta la cola(一).

我不太喜欢吃鱼。No me gustan mucho los platos de pescado. - 113b 223a 74c 140a 23c 16b 185

185a

丿 ⺈ ⺈ 𠂊 鱼 鱼 鱼 鱼 鱼 鱼' 鱼' 鲜 鲜 鲜

鲜 xiān

fresco(a)

pescado 鱼 [yú] + oveja 羊[171] [yáng]

El pescado(鱼) es un alimento que se descompone fácilmente y es delicioso como la carne del cordero(羊) cuando tiene buen color y está fresco.

* La carne de cordero(羊) tiene fama de ser deliciosa debido a sus fibras muy delgadas y suaves.

新鲜[xīnxiān] fresco(a); nuevo(a) - 103b　　鲜花[xiānhuā] flor fresca; flor - 70b

185b

丶 丶 氵 氵 氵 氵 氵 渔 渔 渔 渔

渔 yú

pescar

agua 氵[202] [shuǐ] + pez 鱼 [yú]

El significado 'pescar pez' derivó de la forma en la que se atrapa un pez(鱼), ya sea en el mar o en el río(氵) .

渔民[yúmín] pescador - 99c

185

贝

186

186 丨 冂 贝 贝

贝 bèi **concha**

Es la concha con el molusco(人) fuera de la cáscara(冂). En la antigua china, las conchas(贝) púrpuras que vivían en el mar del sur eran consideradas muy valiosasa por las dinastías Yin(殷) y Jiu(周), que eran regiones interiores; eran utilizadas como moneda hasta la difusión de la moneda metálica.

* Por su forma, a veces se utiliza como sustitución de olla "鼎[dǐng]" con tres patas.

186a

丿 ⺈ ⺈ 佇 负 负

负
fù

deuda; endeudar

persona ⺈[68][rén] + moneda/concha 贝 [bèi]

Es una persona(⺈) que carga en la espalda un saco de dinero(贝). Aquí dinero sobre la espalda significa 'endeudarse'.

负责[fùzé] a cargo de - 186b

186b

一 二 丰 丰 丰 青 责 责

责
zé

culpa

espina 丰→朿[cì] + moneda/concha 贝 [bèi]

Con la espina(朿) describe a una persona que regaña a alguien que pidió prestado el dinero(贝), es decir, al reo endeudado.

* El carácter antiguo da a entender que la parte superior es la transformación de "朿" que significa 'espina' sobre el árbol(木[210]).

负责[fùzé] a cargo de - 186a　　责任[zérèn] responsabilidad - 105a

186c

纟 纟 纟 纟 纟 纟 纟 纟 绩 绩 绩

绩
jì

hilar (hilo); logro

hilo 纟[132][sī] + culpa 责 [zé]

Este carácter se refiere a todo el proceso de hilado de hilo(纟) y de tejido. En la antigüedad, la tela era una fuente monetaria con valor monetario y se usaba para pagar impuestos o deudas, es decir, para salir de una responsabilidad(责). También significa que la tela, como fuente monetaria, permitía a las personas alcanzar su objetivo.

成绩[chéngjì] resultado; anotación; logro - 114a

186d

丶 冖 口 中 虫 丵 贵 贵 贵

贵
guì

precioso(a)

agarrar con ambas manos 虫 [símbolo] + moneda/concha 贝 [bèi]

Representa la escena en la que una persona agarra(虫) con ambas manos un objeto precioso con mucho valor(贝).

贵姓[guìxìng] (honorífico) apellido - 208c

186

186e

贯 guàn

atravesar

hilo 毌 [guàn] + moneda/concha 贝 [bèi]

El significado 'atravesar' derivó de la forma en la que hacen un saco de monedas ensartando(毌) con un hilo las monedas (贝) que tienen agujero en medio.

* Qin Shi Huang(秦始皇, 259~210 a.C.) de la Dinastía Qin(秦, 221 a.C. ~ 206 a.C) unificó China por primera vez y construyó la Muralla China. También creó las monedas de metal con agujero en medio, y estas llegaron a ser la forma estándar de todas las monedas chinas.
* "毌" tiene forma de agujero de moneda con el hilo ensartado.

一贯 [yīguàn] consistente - 223

186f

惯 guàn

estar acostumbrado a

corazón 忄=心[28] [xīn] + atravesar 贯 [guàn]

Un hábito es una acción que una persona realiza sin pensar, que sale del
186 corazón(忄), por estar acostumbrada a realizar la misma acción durante un
largo período de tiempo, tal como ensartar(贯) hilos en muchas monedas.

习惯 [xíguàn] hábito; estar acostumbrado a - 182a

贝

Diagrama para 贝

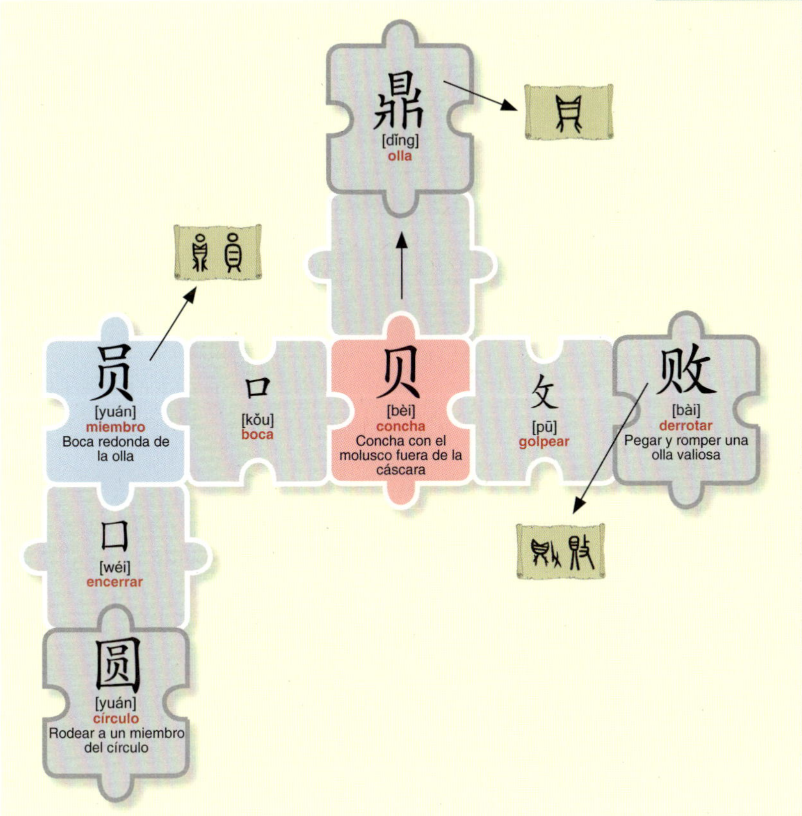

186

186g 丨 冂 贝 贝 贝' 贝' 败 败

败 bài

derrotar

concha 贝 [bèi] → olla 鼎 [dǐng] + golpear 攵[50] [pū]

En la antigüedad, una olla(鼎) con patas era utilizada en diversas ceremonias por simbolizar al rey. Golpear(攵) y quebrar con un palo una olla tan valiosa significa que se ha perdido la guerra.

* En el carácter antiguo se puede ver que "鼎" ha sido sustituído por "贝" debido a que era muy complicado.

* Con inscripciones en bronce se refieren a caracteres marcados en las reliquias antiguas como ollas con patas o campanas.

打败[dǎ/bài] derrotar; vencer - 31c

186h 丶 冂 口 冃 吕 员 员

员
yuán

miembro

boca 口[16][kǒu] + concha 贝 [bèi] → olla 鼎 [dǐng]

Llegó a tener el significado básico de 'círculo' por la forma de boca(口) redonda de una olla(鼎) con patas. Actualmente se usa para referirse a 'miembro, persona que se dedica a una determinada área' en el sentido de que es una persona que pertenece al círculo(员).

* En el carácter antiguo se puede ver que "鼎" ha sido sustituído por "贝" debido a que era muy complicado.

服务员 [fúwùyuán] personal de servicio - 34b 159f
教员 [jiàoyuán] maestro(a) - 50c
技术员 [jìshùyuán] técnico(a) - 51a 210f
委员 [wěiyuán] miembro de comité - 96j

186i 丨 冂 冂 冃 冃 冃 冐 圆 圆 圆

圆
yuán

círculo

encerrar 囗[20][wéi] + miembro 员 [yuán]

186 "员 [yuán]", que significaba 'círculo', llegó a utilizarse como 'miembro', por lo que se le agregó "囗" con forma de rodear para recuperar su significado original 'círculo'.

辰

Diagrama para 辰

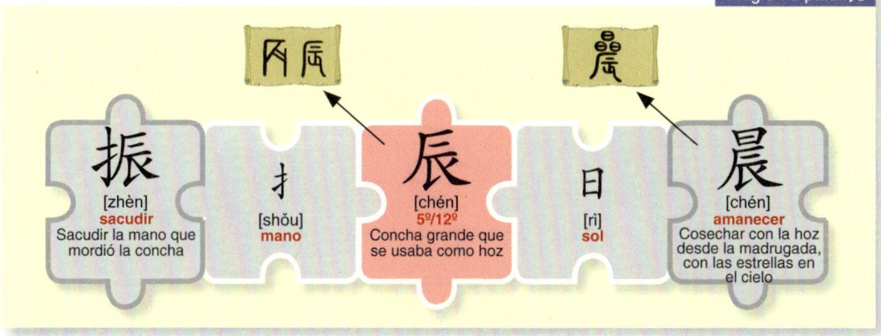

187

辰 chén

5º/12º

Las inscripciones en los huesos oculares describen a almejas con el molusco fuera de la cáscara. En la antigüedad, las almejas se usaban como sustitución de la 'hoz' durante la cosecha por su gran tamaño y su cáscara gruesa. Actualmente se usa como'quinto signo del zodiaco chino'. 187

187a

晨 chén

amanecer

sol 日[218][rì] + hoz / 5to/12mo 辰 [chén]

Representa la escena en la que el obrero sale a cosechar al campo, con la hoz (辰), antes del amanecer, con las estrellas(日→晶) todavía en el cielo, durante la temporada de más trabajo.

* En el carácter antiguo dibujaron tres estrellas(晶) en la parte superior para señalar que el sol (日) ilumina la noche.

早晨[zǎochén] (temprano) mañana - 218e

187b

振 zhèn

sacudir

mano 扌=手[31][shǒu] + almeja / 5to/12mo 辰 [chén]

Representa a una persona que recoge las almejas. Esta es mordida por una almeja abierta(辰), por lo que empieza a sacudir su mano(扌) para quitársela de encima.

振动[zhèndòng] vibrar; oscilar - 159d

毛

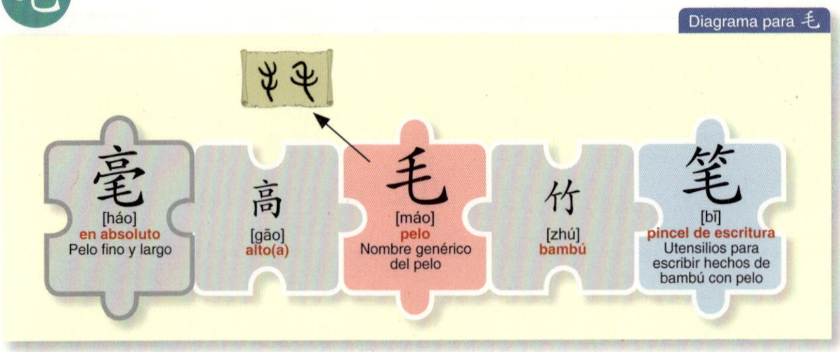

188

毛 máo

pelo

Se refiere a todo tipo de pelo, tanto de persona o de animal como pelo de tallo o fruto de vegetal. También se usa como unidad de moneda china. (1毛 = 1/10
188 元[73])

毛病[máobìng] falla; defecto; enfermedad - 81a	毛巾[máojīn] toalla - 131
毛衣[máoyī] suéter - 130	羽毛球[yǔmáoqiú] bádminton - 182 198b

188a

笔 bǐ

pincel de escritura

bambú 竹[216][zhú] + pelo 毛[máo]

Tiene forma de pincel hecho de bambú(竹) con pelo(毛) de animal y se refiere a utensilios para escribir como 'lápiz, lapicero'.

* El carácter tradicional (筆) está formado por pincel (聿[37]) y bambú(竹).

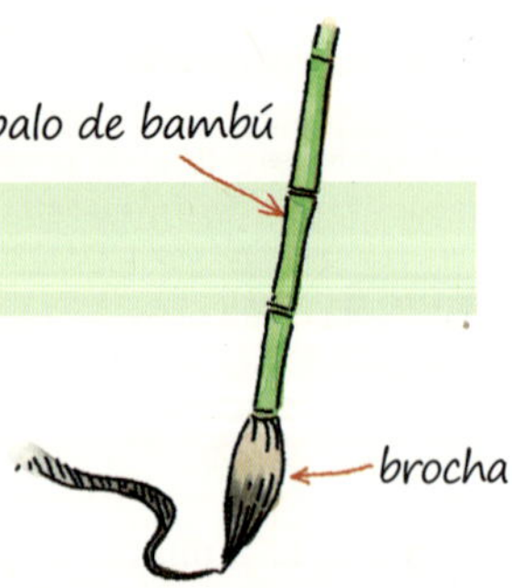

铅笔[qiānbǐ] (plomo) lápiz - 199a
钢笔[gāngbǐ] pluma estilográfica - 165c

188b

丶 亠 亡 亣 亩 高 亭 亭 亭 毫

毫 háo

en absoluto

alto(a) 高[3][gāo] + pelo 毛 [máo]

El significado literal "pelo fino y largo" derivó del pelo(毛) fino y largo(高). Además se usa como 'en absoluto' para resaltar, de manera negativa, que no hay un pelo ni en lo más pequeño.

* Aquí, la abreviatura de "高" resalta la característica 'larga'.

毫无[háowú] para nada - 80c	丝毫[sīháo] en absoluto - 132a

皮

Diagrama para 皮

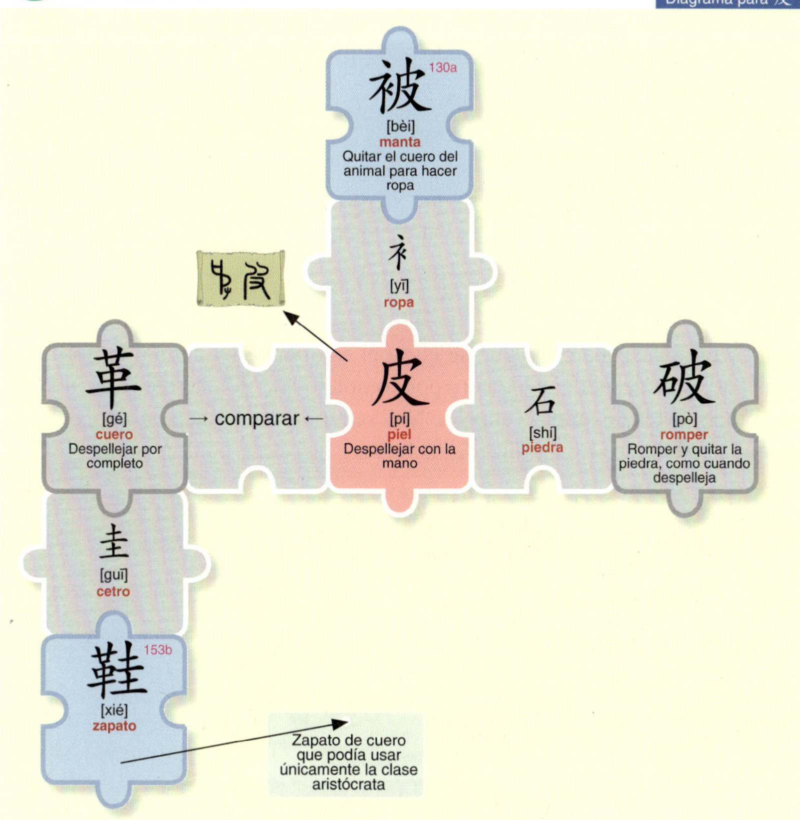

189

189

一 厂 广 皮 皮

皮
pí

piel

Representa la escena en la que se despelleja al animal con la mano(又), utilizando herramientas. Se refiere a cuero no elaborado, antes de quitarle el pelo.

皮革[pígé] cuero; esconder - 189b

189a

一 丆 不 石 石 石 矿 矿 砂 破

破
pò

romper; roto

piedra 石[197] [shí] + piel 皮 [pí]

El significado 'romper, roto' derivó de la forma en la que se rompe y se quita la piedra(石) con la mano, utilizando herramientas, como si le quitara el cuero (皮) al animal.

破坏[pòhuài] destruir; arruinar - 152d

189

189b

一 十 廾 廿 艹 苎 苎 莒 革

革
gé

cuero; reforma

Representa la escena en la que se corta el estómago del animal en forma de "十[231][shí]" para despellejar el cuero por completo. Si "革" se refería al cuero no elaborado, antes de quitarle el pelo, "革" se refiere a cuero elaborado, después de quitarle el pelo. El significado 'reforma' derivó de cómo cambia el cuero al ser elaborado.

改革[gǎigé] reformar; reforma - 50b

韦

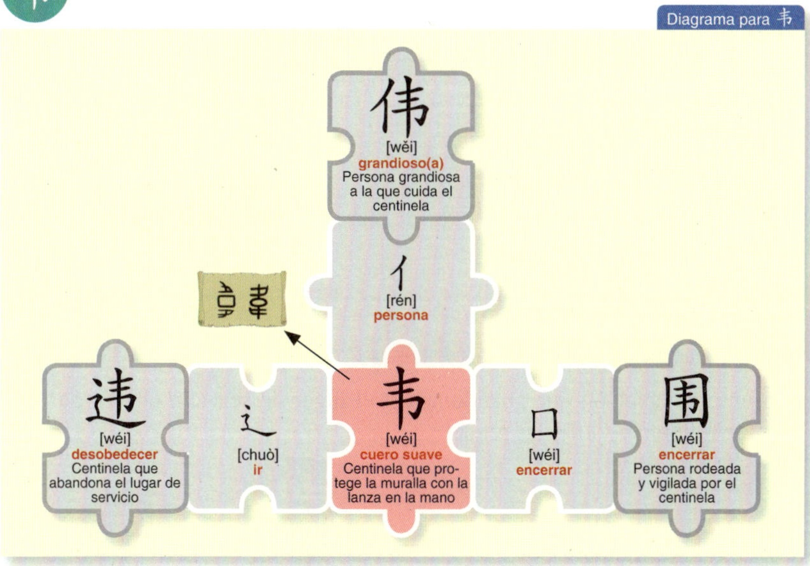

190 一 二 亍 韦 **190**

韦 wéi cuero suave

El carácter antiguo dibuja dos pies(止[53])dirigidos a direcciones opuestas para describir al centinela en guardia que se cruzan, o a una persona que curte la piel jalándola a lados opuestos para 'suavizar el cuero' con pies(止) dirigidos a los lados opuestos y el cuero en medio.

* Piensen que el carácter actual tiene forma de centinela con arma(韦) en la mano o instrumento (韦) que se usa para golpear y curtir la piel.

190a ノ 亻 仁 仁 伝 伟

伟 wěi grandioso(a)

persona 亻[70][rén] + centinela/cuero suave 韦 [wéi]

El significado 'grandioso' derivó de una persona(亻) de alto rango, capaz de tener a un centinela(韦) para su vigilancia.

伟大[wěidà] grandioso(a); potente - 74

190b 丨 冂 冂 冃 冃 冃 围

围 wéi

encerrar

encerrar 口[20][wéi] + centinela/cuero suave 韦 [wéi]

Representa al centinela(韦) que rodea(口) y cuida el castillo, vigilando minuciosamente hasta los alrededores.

周围[zhōuwéi] alrededores - 154a

190c 一 二 亏 韦 韦 讳 违

违 wéi

desobedecer

centinela/cuero suave 韦 [wéi] + ir 辶[61][chuò]

Con un centinela(韦) que abandona(辶) el lugar de servicio en vez de vigilarlo, se refieren a violar las reglas.

违反[wéifǎn] violar - 148a

191

角

Diagrama para 角

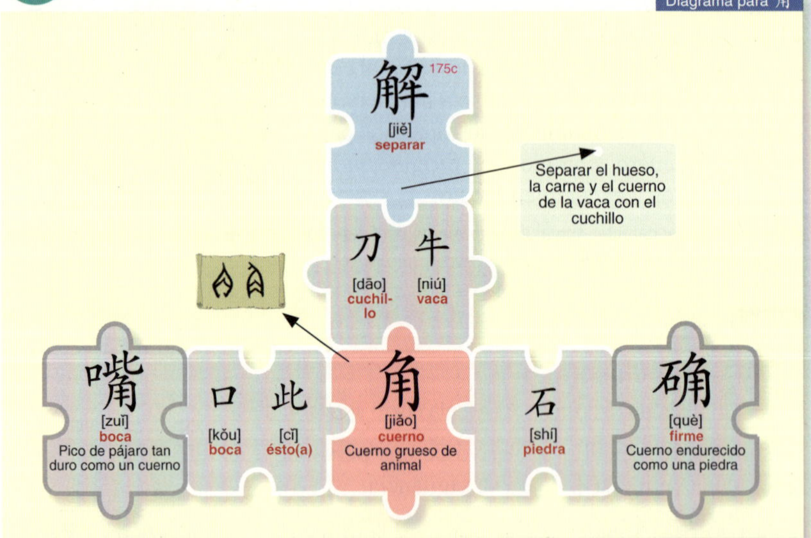

191

丿 ⺈ ⺈ 角 角 角 角

角 jiǎo cuerno; ángulo; cuarto

Este carácter imita la forma de un cuerno grueso de animal como vaca u oveja. Ningún cuerno encorvado es igual a otro, de ahí su significado de ángulo y de 1/4, ya que el ángulo ocupa un cuarto del círculo. También se usa como 'unidad auxiliar de moneda China' por tener similar pronunciación. (1角 = 1/10元[73] = 10分[119a])

191a

一 ア 不 石 石 石' 石' 矿 确 确 确 确

确 què firme

piedra 石[197][shí] + cuerno 角 [jiǎo]

El cuerno(角) de un venado es blando durante el crecimiento, pero con el tiempo se endurece como una piedra(石) firme.

* En efecto, los cuernos de un venado, al empezar a formarse en los meses de abril y mayo de cada año, son blandos debido a que empiezan a salir a partir de dos protuberancias del cráneo y, al crecer, los recubre un terciopelo que posee gran cantidad de vasos sanguíneos.

确实[quèshí] cierto(a); verdadero(a) - 75a　　正确[zhèngquè] exactitud; correcto(a) - 54

191

191b

丨 ㄇ 口 口' 口ト 口ㅏ 口止 口止' 口此 口此 口此 口此 嘴 嘴 嘴 嘴

嘴 zuǐ boca

boca 口[16][kǒu] + ésto(a) 此[88g][cǐ] + cuerno 角 [jiǎo]

Este carácter indica(此) pico(口) de pájaro, saliente y tan duro como un cuerno(角). Sirve para indicar objetos que tienen forma o función similar a la de una boca y se usa también para indicar la boca de una persona o de un animal.

* "此" es pronombre demostrativo y sirve no solo como símbolo fonético sino también para resaltar que "嘴" se usa para indicar la boca.

嘴巴[zuǐba] mejilla; boca - 92a　　山嘴 el espolón de una colina - 195 191b

192

肉

Diagrama para 肉

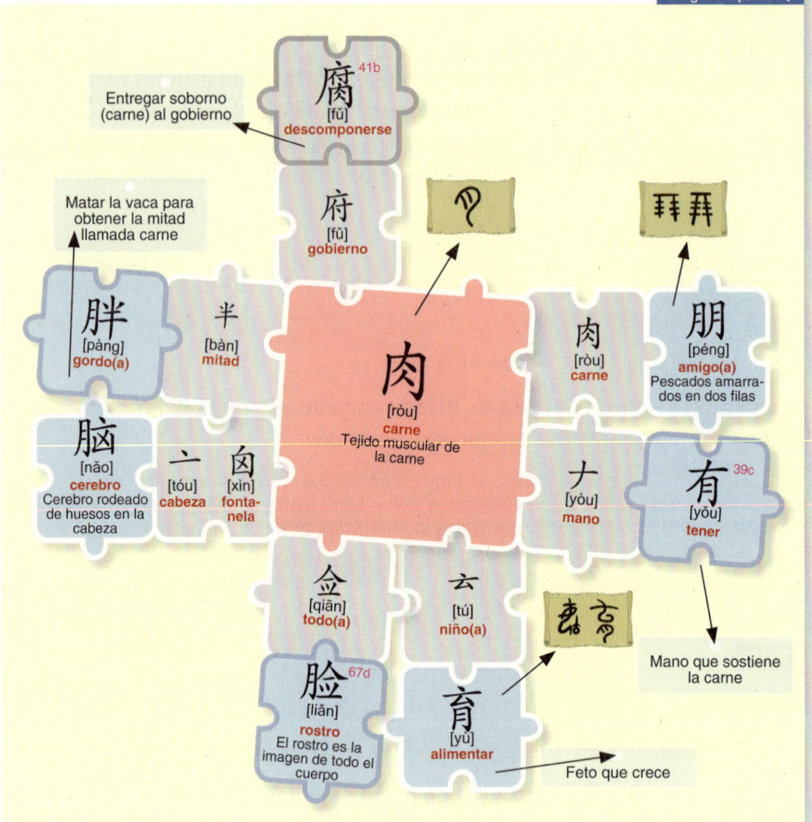

192 丨 冂 内 内 肉 肉

肉 ròu

carne

El significado 'carne' derivó de la forma del tejido muscular(仌) de la carne en la zona de corte(冂).

* Cuando se une a otro carácter, cambia de forma a "luna 月[221][yuè]".

羊肉 [yángròu] carne de carnero - 171	牛肉 carne de res - 175 192

192a

丿 月 月 月 肌 朋 朋 朋

朋 péng

amigo(a)

carne 月[221]→肉 [ròu] + carne 月→肉 [ròu]

Tiene forma de pescados(肉) de tamaño similar amarrados en dos paquetes, y significa que personas con gustos similares se convierten en amigos.

朋友[péngyou] amigo(a) - 34d　　小朋友[xiǎopéngyǒu] niños(as) - 235 34d

192b

丶 亠 云 云 产 育 育 育

育 yù

alimentar

niño(a) 𠫓[202a][tú] + carne 月[221]→肉 [ròu]

El significado 'alimentar' derivó de la forma en la que un niño(𠫓) engorda (肉) cada vez más.

* "𠫓" es el carácter invertido de "niño 子[95][zǐ]" y los dos tienen forma de niño.

体育[tǐyù] deporte; educación física - 29b　　教育[jiàoyù] educación - 50c

192c

丿 月 月 月 月` 月亠 肀 胘 脑 脑

脑 nǎo

cerebro

carne 月[221]→肉 [ròu] + cabeza 亠[1][tóu] + fontanela 凶→囟[132h][xìn]

Tiene forma de cerebro, rodeado(凶) de huesos en la cabeza(亠) y la parte más importante del cuerpo humano(肉).

* En el carácter tradicional (腦) se puede ver que "凶" es la transformación de "囟[xìn]". La fontanela es la zona blanda en donde todavía no se han desarrollado los huesos del cráneo del bebé y se puede notar el latido cada vez que el bebé respira.

电脑 [diànnǎo] ordenador - 157a

192d

丿 月 月 月 月` 月丷 月丷 月ᅩ 胖

胖 pàng

gordo(a)

carne 月[221]→肉 [ròu] + mitad 半[175b][bàn]

En la sociedad agrícola, matar la vaca que labra la tierra o jala la carreta para obtener la carne(肉) o para ofrecerla como ofrenda(肉), conllevaba grandes sacrificios, el de sacrificar la mitad(半). Posteriormente, de 'grandioso(a)' derivó el significado 'gordo(a)'.

* "半[bàn]" representa la escena en la que se mata la vaca (牛[175]), partiendo (八[229]) por la mitad al animal doméstico.

* Cuando miramos a una persona gorda, podríamos pensar que sería bueno que esa persona perdiera (半) la mitad de su carne (肉).

𠂤

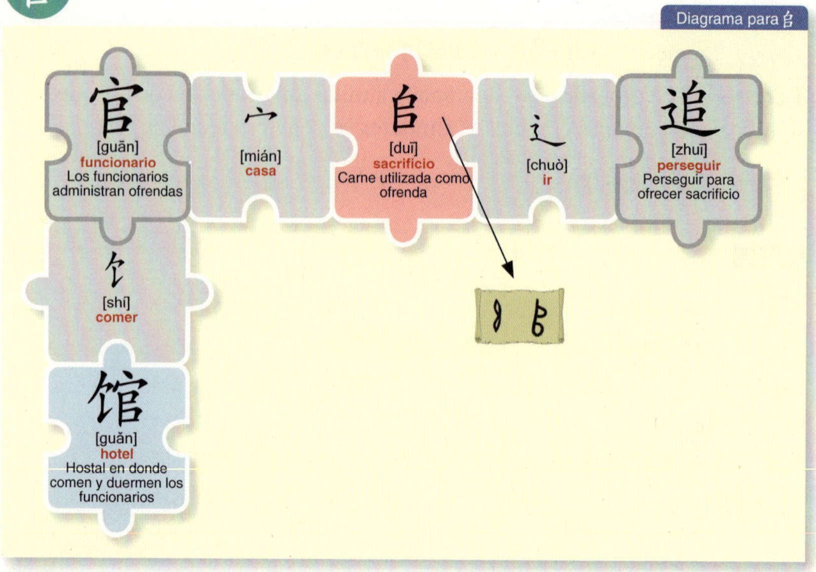

193

193

𠂤 duī — sacrificio

Este carácter imita la forma de un pedazo de carne que está sobre el altar como ofrenda.

* Las inscripciones en los huesos oraculares describen un pedazo de carne. Este carácter no se usa individualmente.

193a

追 zhuī — perseguir

sacrificio 𠂤 [duī] + ir 辶[61] [chuò]

Representa a la multitud que persigue(辶) al líder para ofrecer un sacrificio (𠂤) a Dios.

追求[zhuīqiú] perseguir; buscar - 203b

193b 丶 丶丶 宀 宀 官 官 官 官

官 guān

funcionario

casa 宀[141] [mián] + sacrificio 𠂤 → 𠂤 [duī]

En la antigüedad, ofrecer un sacrificio a Dios era un gran evento nacional, por lo que los funcionarios que trabajaban en las oficinas gubernamentales(宀) administraban las ofrendas(𠂤) .

法官 [fǎguān] juez - 94b

193c 丿 𠂉 饣 饣 饣 饣 饣 饣 馆 馆 馆

馆 guǎn

hotel

comer 饣=食[137] [shí] + funcionario 官 [guān]

Llegó a significar 'lugar utilizado para fines públicos' por la forma en la que ofrecen comida(饣) y lugar para dormir a los funcionarios(官) que viajan por asuntos del gobierno. Además llegó a significar 'hostal' ya que tiene funciones similares de comer y de dormir.

饭馆 [fànguǎn] restaurante - 148b
图书馆 [túshūguǎn] librería - 206f 232d
旅馆 [lǚguǎn] hotel - 63i
宾馆 [bīnguǎn] hotel - 118e
大使馆 [dàshǐguǎn] embajada - 74 35b

193

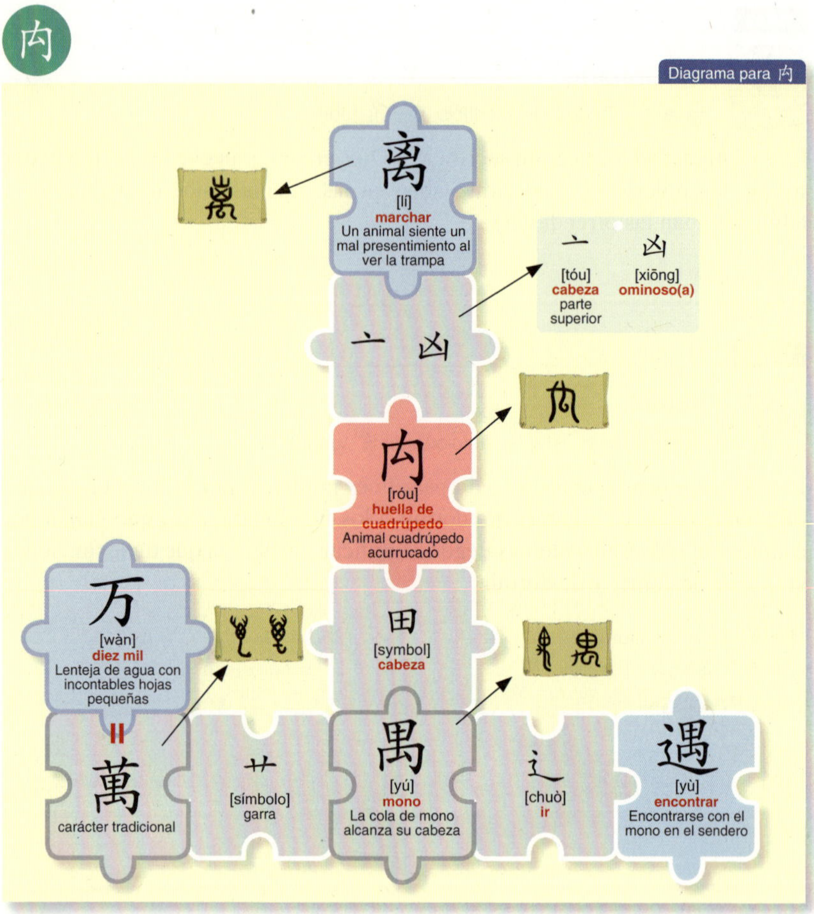

194

194 丨 冂 内 禸

禸 róu

huella de cuadrúpedo

Representa el perfil posterior del animal acurrucado con la cola enrollada o 'huella de animal'. Cuando se une a otro carácter sirve como elemento semántico: 'bestia'.

194a

离 lí

marchar

parte superior/cabeza 亠[1] [tóu] + ominoso(a) 凶 [xiōng] + bestia/huella 禸 [róu]

Representa al animal(禸) que se marcha del lugar por sentir un mal presentimiento(凶) al ver la trampa de camuflaje en la parte superior(亠). También significa 'marcharse de un determinado lugar o tiempo'.

* "凶" tiene forma de algo que se ha caído por la parte dividida(乂) de la trampa(凵).

离开 [líkāi] marchar; salir de - 43a　　脱离 [tuōlí] desvincularse; separarse - 72e

194b

禺 yú

mono

cabeza 田 [symbol] + bestia/huella 禸 [róu]

Llegó a significar 'cercopiteco' por la forma en la que la cola de un mono(禸) acurrucado alcanza hasta la cabeza(田).

194c 194

遇 yù

encontrar

mono 禺 [yú] + ir 辶[61] [chuò]

Representa la escena en la que se encuentra con el mono(禺) mientras anda (辶) por el sendero. Tal como se puede ver en el libro Viaje al oeste, los monos eran animales muy cercanos a los chinos.

* Viaje al oeste es una novela escrita por Wu Cheng'en(吴承恩, 1500 D.C.~1582) y publicada en los años 1590 durante la Dinastía Ming(明, 1368 D.C. ~1644). Se basa en una historia real en la que un monje viaja a India y regresa con las Escrituras Budistas.

遇到 [yù/dào] encontrar; tropezarse con; toparse con - 112b

194d

万 wàn

diez mil

Imita la forma de la lenteja de agua que vive sobre el agua, y llegó a significar 'diez mil' por las incontables hojas pequeñas de lenteja de agua.

* El carácter tradicional(萬) tiene forma del escorpión que tiene dos pinzas(艹) en la frente y una cola tan larga como la de un cercopiteco(禺). Con la aguja en la cola mata las presas que se encuentran adelante. Llegó a significar 'diez mil' ya que los artrópodos como los escorpiones tienen muchas patas. Al utilizar escorpión "萬[wàn]" como 'diez mil', se le agregó "gusano 虫[184] [chóng]" para recuperar su significado original de "escorpión 虿 → 蠆(carácter chino tradicional) [chài]".

山

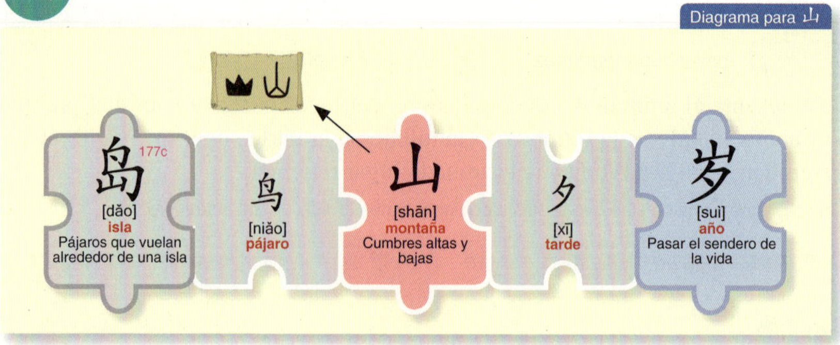

195 丨 山 山

山 shān

montaña

Tiene forma de montaña que tiene cumbres y crestas de diferentes alturas.

爬山[páshān] alpinismo - 33c   山谷[shāngǔ] valle de la montaña - 196

195

195a 丨 山 山 岁 岁 岁

岁 suì

año

montaña 山 [shān] + tarde 夕[222] [xī]

Tarde(夕) significa el fin del día, por lo que describe que ha finalizado(夕) el año y ha pasado la alta montaña(山) de la vida.

我今年十三岁了。Tengo trece años. - 113b 66 121a 231 223e 195a 168a

谷

Diagrama para 谷

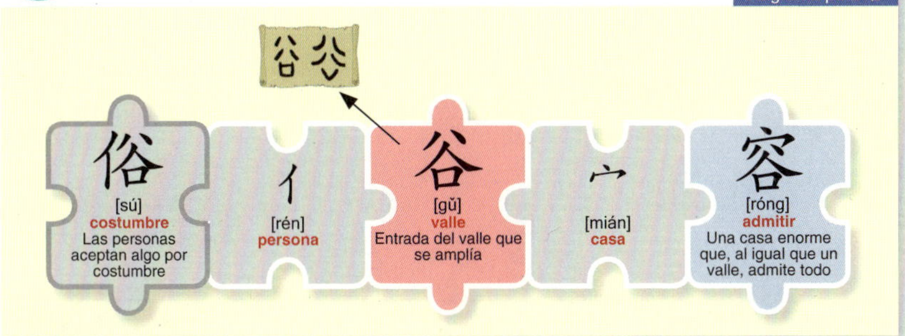

196 丿 八 癶 仌 仌 谷 谷

谷 gǔ

valle

valle 仌 [símbolo] + boca 口[16] [kǒu]

Tiene forma de la entrada(口) del valle(仌) que se amplía cada vez más por aceptar todo el agua que cae cuesta abajo.

山谷 [shāngǔ] valle de la montaña - 195 196

196a 丶 丶 宀 宀 宂 宊 穴 宊 容 容

容 róng

admitir; cara

casa 宀[141] [mián] + valle 谷 [gǔ]

Este carácter describe una casa(宀) grande que puede admitir todo, al igual que un valle(谷) que admite todo el agua que fluye sobre él. También significa 'cara', ya que puede admitir cualquier situación mediante distintas expresiones.

* El carácter tiene una forma bastante similar a la de una cara sonriente.

容易 [róngyì] fácil - 49c 内容 [nèiróng] contenido; sustancia - 64

196b 丿 亻 亻 亻 亻 伀 伀 俗 俗

俗 sú

costumbre

persona 亻[70] [rén] + valle 谷 [gǔ]

Al igual que un valle(谷) que fluye aceptando todo el agua, la costumbre es algo que ha sido aceptado(谷) y transmitido por personas(亻) de generación en generación.

石

Diagrama para 石

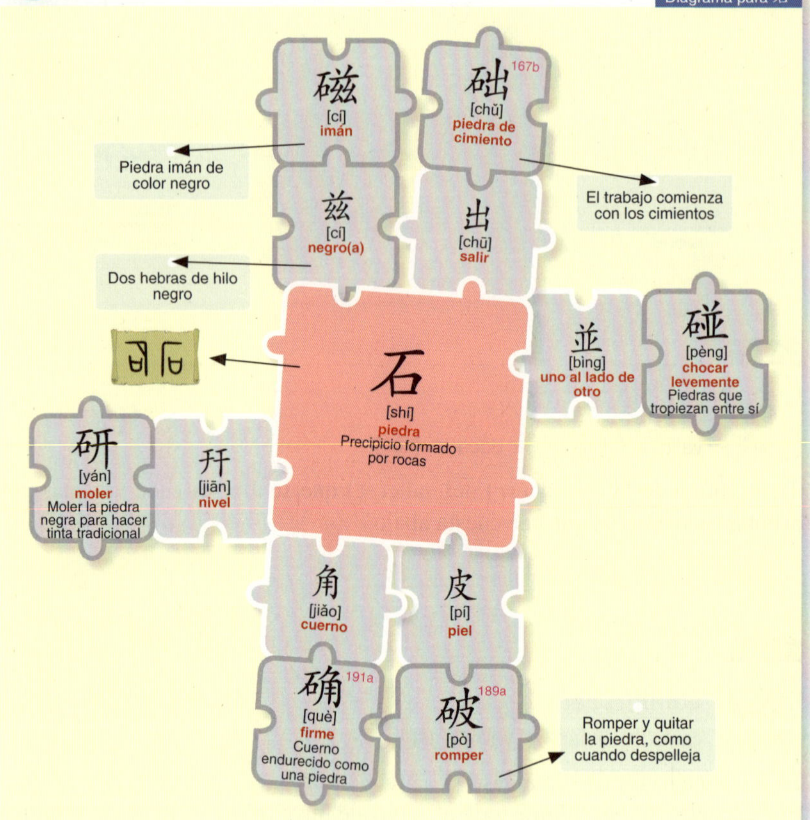

197

197 一 丆 不 石 石

石 shí **piedra**

El significado 'piedra' derivó del precipicio(丆→厂[148]) formado por rocas (ロ) grandes.

化石 [huàshí] fósil - 70a

197

197a

兹 cí

negro(a)

negro(a) 玄 [xuán] + negro(a) 玄 [xuán]

Tiene forma de dos hebras de hilo negro(玄) y significa 'negro'.

* "玄" es la forma invertida de "hilo 纟[132][sī]" y significa 'negro' en el sentido de que no se mira el hilo por ser muy delgado.

197b

磁 cí

imán

piedra 石 [shí] + negro(a) 兹 [cí]

Da a entender que el material del imán, la calamita(石), es un mineral de color negro(兹).

磁带[cídài] cinta magnética - 131b

197c

碰 pèng

chocar levemente

piedra 石 [shí] + uno al lado de otro 並 [bìng]

Las piedras(石) que caen de los precipicios ruedan y se alejan dependiendo de sus tamaños, por tanto, las piedras(石) de tamaño similar llegan a tropezarse unas al lado de otras(並).

* "並" tiene forma de dos personas paradas(立) una al lado de otra y es igual al carácter "并[123][bìng]".

碰见[pèng/jiàn] encontrarse (inesperadamente); chocar con - 13

197d

研 yán

moler; investigar

piedra 石 [shí] + nivel 幵 [jiān]

Para hacer la tinta china tradicional, molían la superficie(幵) de piedra(石) negra y echaban agua a la piedra de entintar. Llegó a significar 'investigar' en el sentido de que para escribir se debe moler la piedra primero.

* "幵" tiene forma de dos escudos(干[121]) pegados paralelamente, dejando su lado frontal al mismo nivel.

研究[yánjiū] investigar - 230a

科研[kēyán] investigación científica - 164a

198

玉

Diagrama para 玉

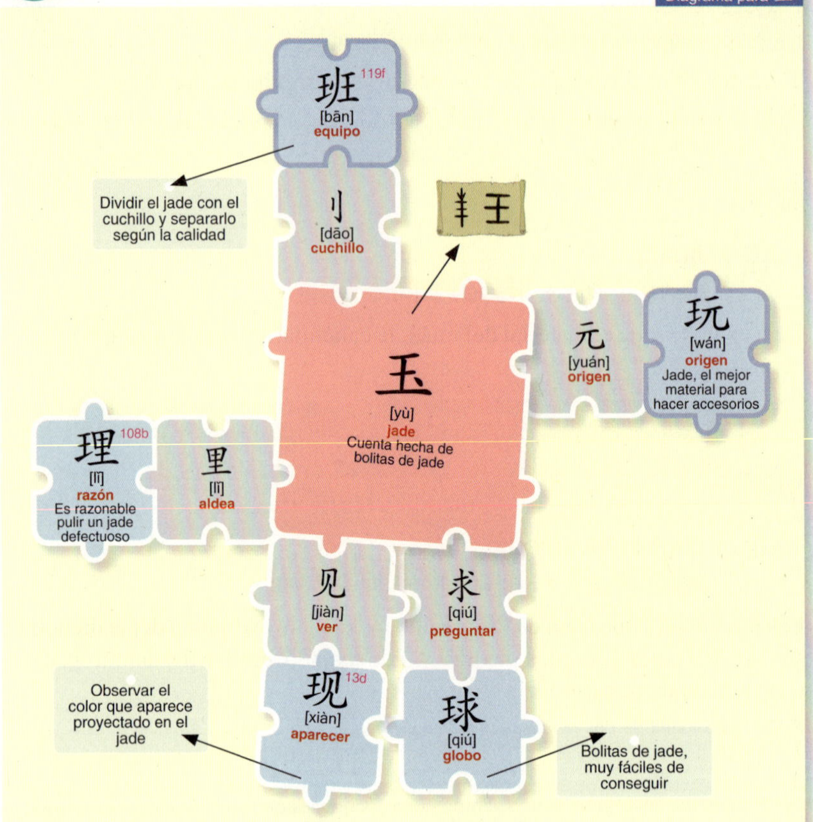

198 一 二 干 王 玉

玉 yù **jade**

Tiene forma de unas cuantas bolitas de jade atadas(丶) con el hilo.

* Cuando se une a otro carácter usualmente cambia a "rey 王[108][wáng]" sin el punto(丶).

玉米[yùmǐ] elote - 138

198a 一 二 Ŧ 王 王一 王二 玗 玩

玩 wán

jugar

jade 王[108]→玉 [yù] + origen 元[73][yuán]

Da a entender que el jade(玉) era el mejor(元) material para hacer accesorios favoritos femeninos de juego en la antigüedad.

* Los chinos empezaron a usar el jade desde la edad neolítica, y lo emplearon como material para hacer accesorios desde el año 500 a.C.

开玩笑[kāiwánxiào] bromear; burlarse de - 43a 78a　　玩儿[wánr] jugar - 71

198b 一 二 Ŧ 王 王一 玎 玎 玎 玡 球 球

球 qiú

globo

jade 王[108]→玉 [yù] + preguntar 求[203b][qiú]

En la antigüedad, entre los accesorios de jade(玉), los más populares y los más fáciles de conseguir(求) eran las bolitas de jade.

打篮球[dǎlánqiú] jugar al baloncesto - 31c 107c
篮球[lánqiú] baloncesto - 107c
月球[yuèqiú] la luna - 221
踢足球[tīzúqiú] jugar al fútbol - 49d 52
排球[páiqiú] voleibol - 181a
足球[zúqiú] fútbol; fútbol americano - 52

198

金

Diagrama para 金

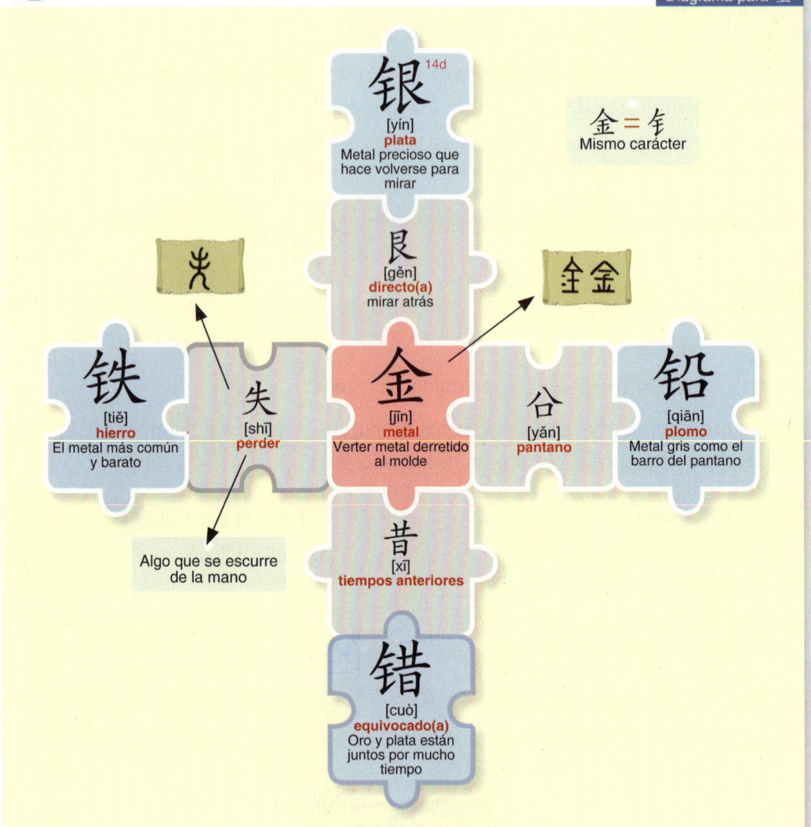

199

199 丿 人 𠆢 今 令 全 金 金

金 jīn — metal; oro

El significado 'metal' derivó de la forma en la que se vierte el metal derretido, que es el mineral(丶) disuelto extraído de la tierra(土[152]), al molde (仝[63f]). Además significa 'oro', el primer mineral valioso que llamó la atención del hombre por ser bello, fácil de elaborar y que no se decolora ni se descompone.

* En efecto, el oro fue el primer metal utilizado por el hombre después del cobre, y fue usado por primera vez en Mesopotamia en el 6000 a.C.

合金[héjīn] aleación; compuesto de metal - 65a

199a 丿 ⺊ ⺊ 乍 钅 钅 钆 钇 铅 铅

铅 qiān **plomo**

metal 钅=金[jīn] + pantano 㕣 [yǎn]

Describe al plomo, metal(钅) de color gris verdoso como el barro del pantano(㕣), que tiene un tono gris.

* "㕣" representa al barro que se abre (八) y absorbe todo como la boca (口), y significa que, si alguien cae al pantano, es muy difícil salir de ahí. Referencia "公[93b]"

铅笔[qiānbǐ] (plomo) lápiz - 188a

199b 丿 ⺊ ⺊ 乍 钅 钅 钎 钍 铁 铁 错 错 错

错 cuò **equivocado(a)**

oro/metal 钅=金[jīn] + tiempos anteriores 昔[220][xī]

Si el oro(钅) y la plata están juntos por mucho tiempo(昔), sus materiales empiezan a fluir el uno al otro y se mezclan. Significa equivocado en el sentido de que es incorrecto que el oro puro se mezcle con otro material.

* En efecto, el oro(钅) y la plata se dispersan entre ellos si están juntos por mucho tiempo(昔).

不错[bùcuò] correcto(a); no está mal - 223a   错误[cuòwù] equivocado(a); error - 22e

199

199c 丿 ⺊ 乍 失 失

失 shī **perder**

El significado 'perder' derivó de la forma en la que se escurre un objeto de la mano(手[31]) hacia abajo.

199d 丿 ⺊ ⺊ 乍 钅 钅 钎 钐 铁 铁

铁 tiě **hierro**

metal 钅=金[jīn] + perder 失 [shī]

El hierro es el metal(钅) más utilizado por el hombre pero a la vez el más común(失) y el más barato(失).

* Piensen que aquí agregaron "perder 失 [shī]" en sentido negativo.

地铁[dìtiě] metro - 84a

工

Diagrama para 工

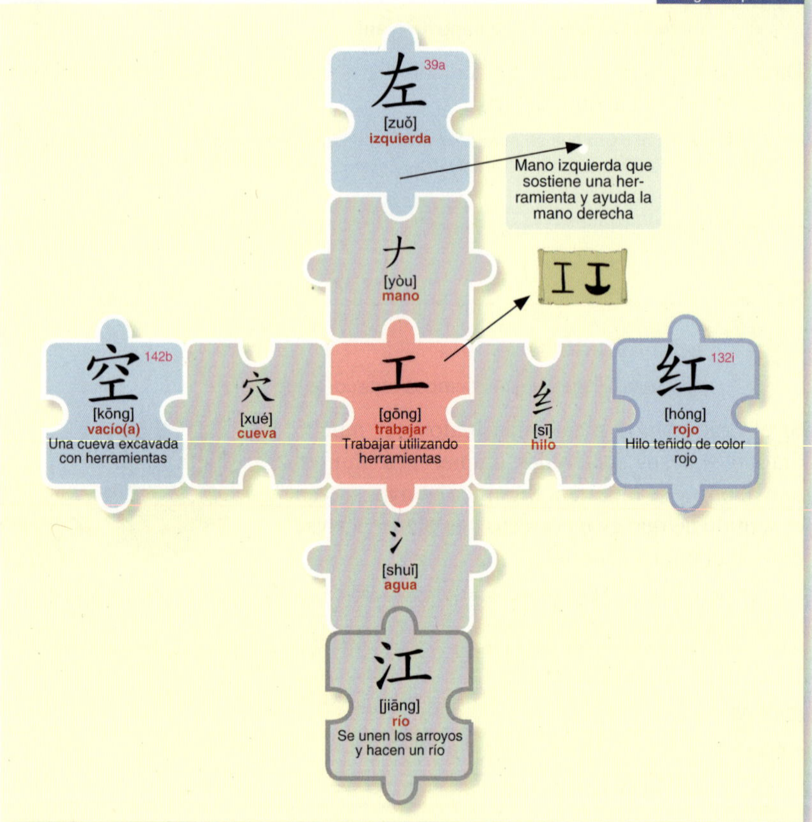

200

200　　一 丅 工

工 gōng **trabajar**

Simboliza a la herramienta utilizada para crear objetos o en los sacrificios, y se refiere a trabajos realizados utilizando herramientas.

工作[gōngzuò] empleo; trabajo - 234b
工人[gōngrén] trabajador(a); obrero(a) - 63
罢工[bà/gōng] huelga; desistir - 94c
工厂[gōngchǎng] fábrica - 148
工业[gōngyè] industria - 223c

200a 丶 ⺀ 氵 氵一 汀 江

江 jiāng

río

agua 氵[202] [shuǐ] + trabajar 工 [gōng]

Significa que, si se unen pequeños arroyos(氵), pueden hacer(工) un gran río.

世界上最长的江是哪条江? De todos los ríos, ¿cuál es el río más largo del mundo?- 207f 63d 223f 10c 102 46b 200a 54b 147f 56c 200a

水

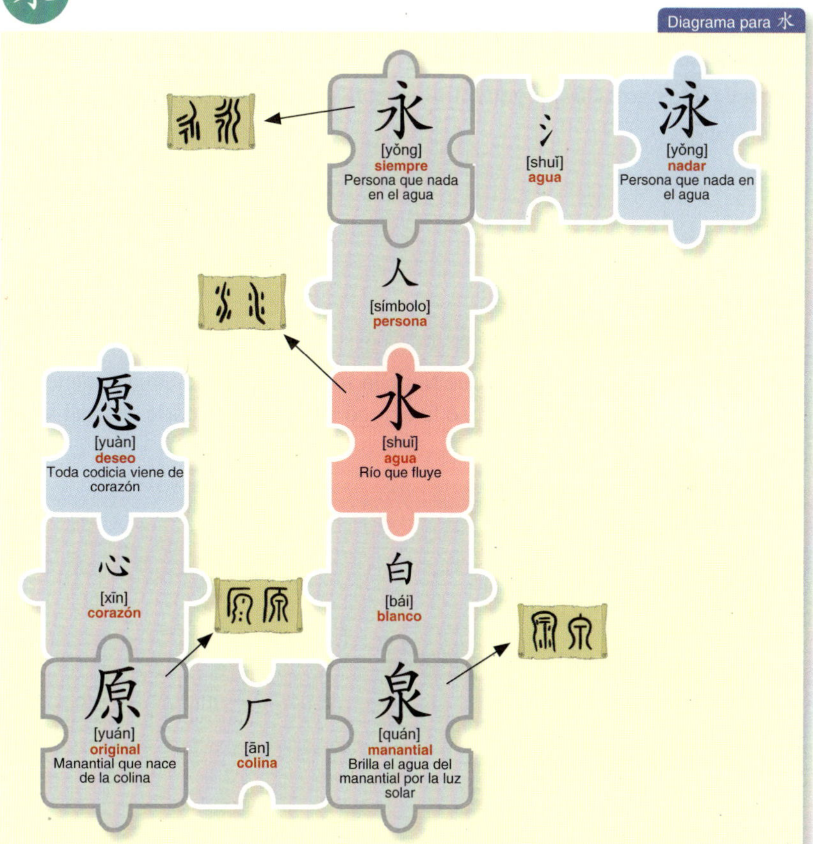

201

201

丨 刁 水 水

201

水 shuǐ

agua

Carácter que viene de la forma del río(水) que fluye; toma el significado de 'agua'.

水果[shuǐguǒ] fruta - 210g　　水平[shuǐpíng] horizontal; nivel - 122
汽水[qìshuǐ] refresco, soda - 204a　　热水瓶[rèshuǐpíng] termo - 158f 123a

201a

` 亅 刁 永 永

永 yǒng

siempre

persona 丶→人[63][símbolo] + agua 水 [shuǐ]

Carácter que tiene forma de persona(丶→人) que nada en el agua(水); de la forma en que uno es arrastrado infinitamente por el río se derivó el significado de 'siempre'.

永远[yǒngyuǎn] siempre - 73d

201b

` ˙ 氵 氵 氵 汈 泳 泳

泳 yǒng

nadar

agua 氵[202][shuǐ] + siempre 永 [yǒng]

Debido a que el carácter "永" que tiene la forma de una persona nadando en agua se utilizó como 'siempre', se le agregó agua(氵) para darle el significado de 'nadar'.

游泳[yóu/yǒng] nadar - 161b

201c

′ 亻 白 白 白 皁 皁 皁 泉

泉 quán

manantial

blanco 白[134][bái] + agua 水 [shuǐ]

Forma de agua(水) de manantial entre las rocas que brilla(白) a causa de la luz solar.

201d

一 厂 厂 厂 厂 厉 原 原 原 原

原 yuán

original

colina 厂[148][ān] + manantial 泉 [quán]

Si vamos río arriba, su procedencia viene de un pequeño manantial(泉) entre las rocas de una colina(厂).

* Hay que tomar en consideración que, del carácter "泉", la parte inferior, agua (水), se ha simplificado a "pequeño 小[235][xiǎo]".

原来[yuánlái] original; anterior - 212d　　原谅[yuánliàng] excusa; perdonar - 2b

201e　一 厂 厂 厂 戶 戶 戶 戶 原 原 原 愿 愿 愿

愿 yuàn

deseo

original 原 [yuán] + corazón 心[28][xīn]

El significado de 'desear' se derivó de que toda codicia tiene su origen(原) en el corazón(心).

愿意[yuànyi] estar dispuesto a; estar listo - 21b　　愿望[yuànwàng] deseo; ganas - 5c

氵

Diagrama para 氵 202

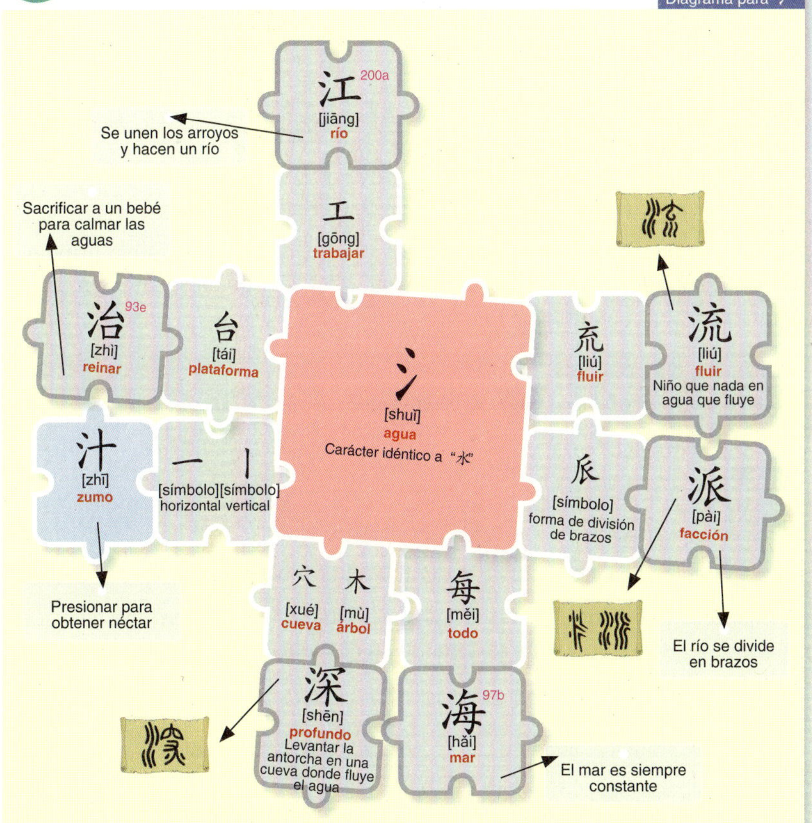

202 　　丶 冫 氵

氵 shuǐ

agua

Tiene diferente forma de "agua 水[201][shuǐ]", pero tiene el mismo significado y no se utiliza de forma individual. Cuando se combina con otro carácter se utiliza de lado izquierdo.

202a 　　丶 冫 氵 氵 氵 泞 泞 泞 济 流

流 liú

fluir

agua 氵 [shuǐ] + fluir 㐬 [liú]

Tiene forma de niño que nada en el agua que fluye "㐬[liú]" y no se emplea de forma individual. Se agregó agua(氵) para darle el significado de 'fluir'.

* "㐬" tiene la forma de un niño(𠫓[192b][tú]) que nada en el agua (arroyo 川 [chuān]) que fluye.

交流[jiāoliú] intercambiar; intercambio - 1a 　　流利[liúlì] fluido; calmada - 119h

202

202b 　　丶 冫 氵 氵 氵 氵 沂 沠 派

派 pài

facción; despachar

agua 氵 [shuǐ] + forma de división de brazos 𠂢 [símbolo]

Forma (𠂢) de división en brazos de los ríos(氵) desde la corriente principal; derivó el significado de 'facción, despacho' del sentido de separación de una parte desde un grupo total.

教派 secta religiosa - 50c 202b
你是谁派来的? ¿A usted quién lo ha enviado? - 69a 54b 178b 202b 212d 46b

202c 　　丶 冫 氵 氵 氵 氵 沪 泙 泙 深 深

深 shēn

profundo

agua 氵 [shuǐ] + cueva 罒 → 穴[142][xué] + árbol 木[210][mù]

Forma de una persona(又[34]) que levanta la antorcha(火[158]) en una cueva(穴) profunda y oscura donde fluye agua(氵) en el suelo.

* El carácter "木" es la forma transformada de una persona(大) que levanta una antorcha(火).

深刻[shēnkè] profundo; hondo - 4a 　　深入[shēnrù] profundizar - 63e

202d ` ⺀ 氵 氵一 汁

汁 zhī

zumo

agua 氵 [shuǐ] + horizontal 一 [símbolo] + vertical 丨 [símbolo]

Forma de ejercer presión en dirección horizontal(一) y vertical(丨) para obtener néctar(氵).

果汁[guǒzhī] zumo de fruta - 210g

氺

Diagrama para 氺

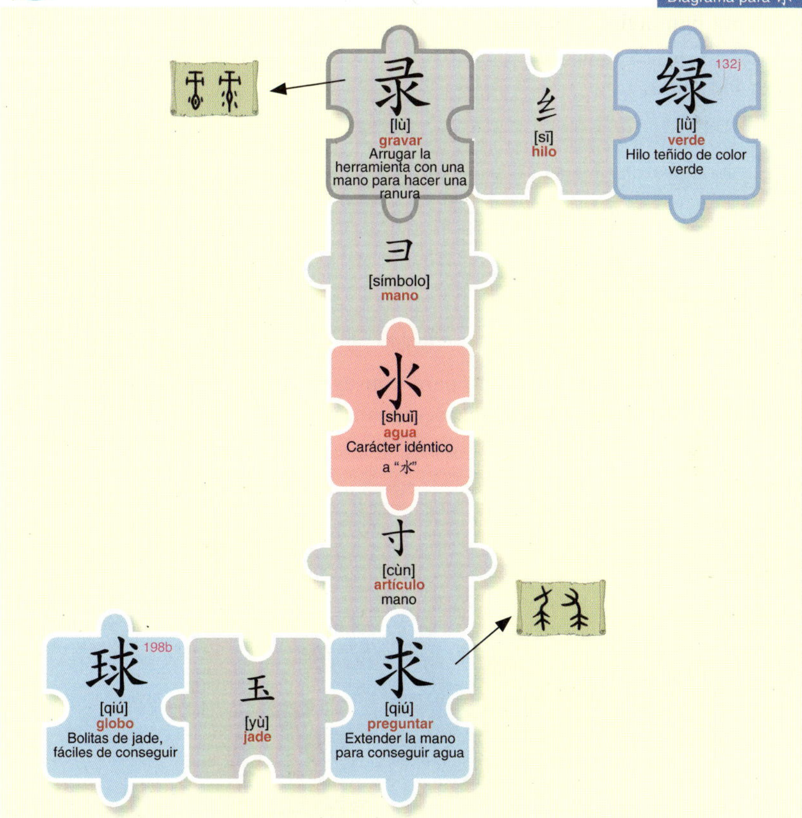

203

203

203 亅 冫 氺 氺 氺

氺 shuǐ **agua**

Tiene diferente forma de "agua 水[201][shuǐ]" pero tiene el mismo significado y no se utiliza de forma individual. Se usa esporádicamente cuando se combina con otro carácter de lado inferior.

203a ㇇ ㇇ ⺕ 寻 寻 寻 录 录

录 lù **gravar**

mano ⺕ → 彐[36][símbolo] + agua 氺 [shuǐ]

En las inscripciones oculares de los huesos tiene la forma de agarrar una herramienta puntiaguda con la mano(⺕) para gravar algo en la madera, por lo tanto "氺" no es agua sino pedazos de madera que salpican al momento de hacer la ranura.

录音[lù/yīn] gravar sonido - 21
记录[jìlù] gravar - 82b
录像[lù/xiàng] gravar imagen; videocasete - 174c

203b 一 寸 寸 寸 求 求 求

求 qiú **preguntar; buscar**

mano/artículo 寸[40][cùn] + agua 氺 [shuǐ]

Forma de extender la mano(寸) para conseguir agua(氺), que es primordial para mantener la vida y derivó al significado de 'preguntar, buscar'.

* El carácter antiguo tiene la forma de extender la mano(寸) para conseguir algo valioso como medicamentos.

要求[yāoqiú] preguntar; demandar - 170b
请求[qǐngqiú] preguntar; solicitar - 135c
乞求[qǐqiú] suplicar - 83a
追求[zhuīqiú] perseguir; buscar - 193a

气

Diagrama para 气

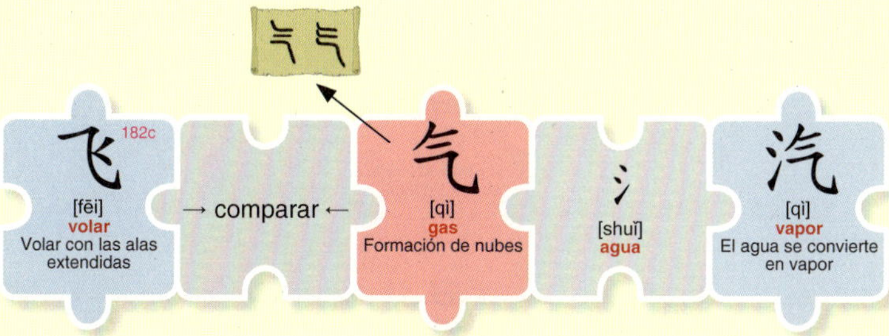

204 丿 𠂉 𠂉 气

气 qì — gas; aire; energía

Forma de formación de nubes en el cielo. Derivó el significado de 'gas, aire, energía' de la forma de evaporación de las gotas de agua.

不客气[búkèqi] descortés; no hay de qué - 223a 57b
天气[tiānqì] clima - 74b
生气[shēng/qì] enfadarse - 208
客气[kèqi] respetuoso; cortés - 57b
空气[kōngqì] aire; atmósfera - 142b
暖气[nuǎnqì] calefacción central; instalación de calefacción - 33b
气候[qìhòu] tiempo; clima - 111b

204

204a 丶 冫 氵 氵 汽 汽 汽

汽 qì — vapor

agua 氵[202] [shuǐ] + gas 气 [qì]

Derivó el significado de 'vapor' de la forma en que se transforma el agua(氵), que es líquido, a gas(气) y sube hacia el aire.

公共汽车[gōnggòngqìchē] bus - 93b 43c 124
出租汽车[chūzūqìchē] taxi - 167a 139d 124
汽车[qìchē] coche; vehículo - 124
汽水[qìshuǐ] bebida carbonatada; soda (gaseosa) - 201

雨

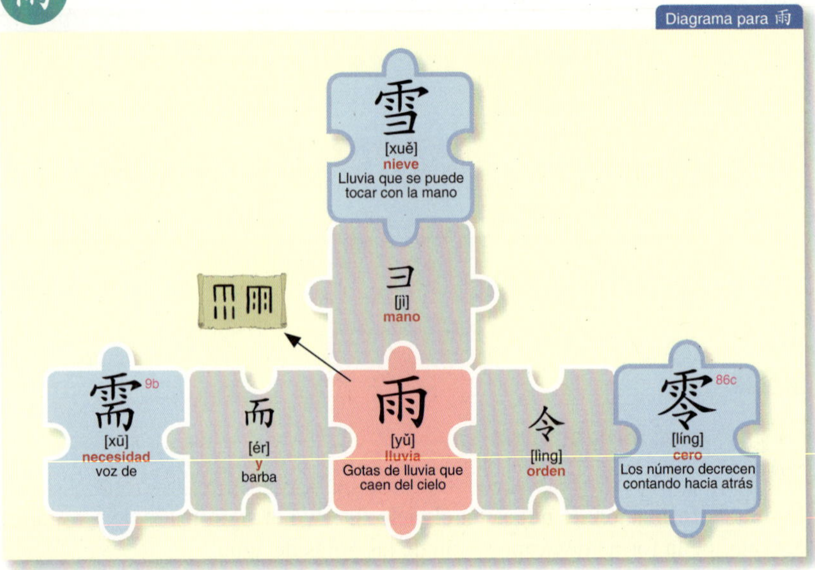

205 **205**

雨 yǔ — lluvia

Se creó el carácter de 'lluvia' de la forma en que caen(巾) las gotas de lluvia (丶) del cielo(一).

下雨[xiàyǔ] lluvia - 223g   雨衣[yǔyī] gabardina; impermeable - 130

205a

雪 xuě — nieve

lluvia 雨 [yǔ] + mano 彐[36] [jì]

La nieve es expresada como lluvia(雨) que se puede tocar con la mano(彐).

雪花[xuěhuā] copo de nieve - 70b

冫

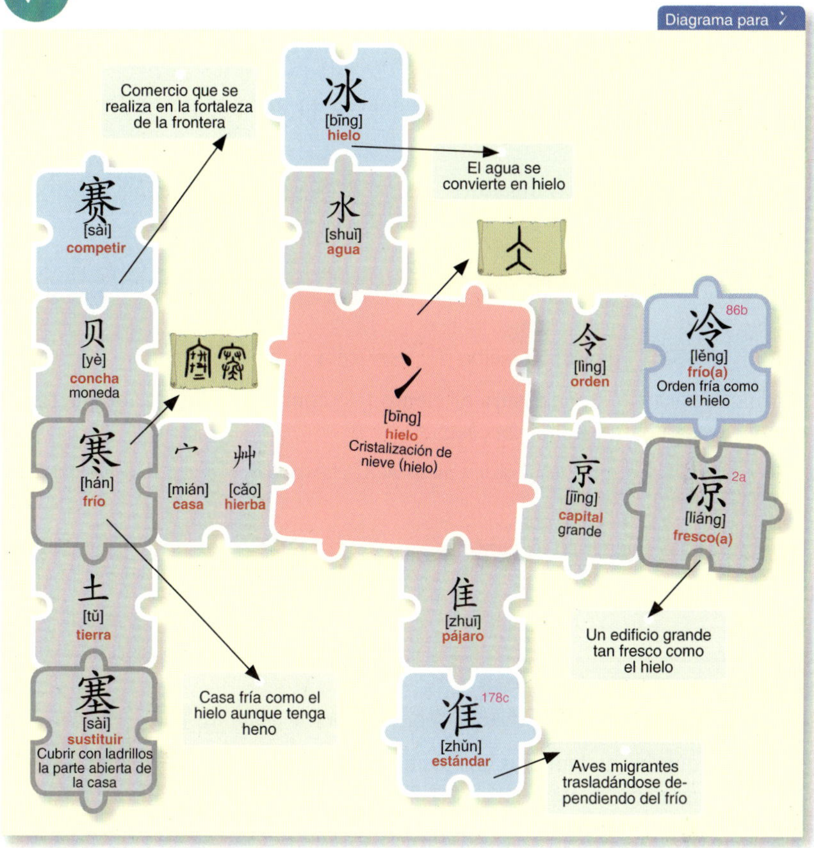

206

206 冫

冫 bīng hielo

El carácter antiguo tiene la forma de la cristalización de dos copos de nieve unidos para referirse al hielo. El carácter actual tiene la cristalización de nieve simplificándolo en un punto(丶) y no se utiliza de forma individual; cuando se combina con otro carácter tiene el significado de 'frío'.

206

206a 丶 冫 冫 冫 冰 冰

冰 bīng

hielo

hielo 冫 [bīng] + agua 水[201][shuǐ]

Tiene la forma de agua(水) transformándose en hielo(冫) por la temperatura que baja a menos de 0 grados.

冰箱[bīngxiāng] congelador; frigorífico - 216a　　滑冰[huá/bīng] patinaje sobre hielo - 29a

206b 丶 丷 宀 宀 宀 宀 宀 宇 実 実 寒 寒

寒 hán

frío

casa 宀[141][mián] + hierba 艹[207]→艸[cǎo] + hielo 冫 [bīng]

Forma de casa(宀) donde entra el viento frío como el hielo(冫) aunque tenga heno(共→茻) para calentar la casa.

＊ El carácter antiguo tiene la forma de una persona(人[63]) temblando por el aire frío(冫) en medio del heno(茻) dentro de la casa(宀).

寒假[hánjià] vacaciones de invierno - 34k　　寒冷[hánlěng] frío; frígido - 86b

206c 丶 丷 宀 宀 宀 宀 宀 宇 実 実 寒 寒 塞

塞 sài

sustituir; fortaleza

casa 宀[141][mián] + hierba 艹[207]→艸[cǎo] + tierra 土[152][tǔ]

Forma de cubrir con ladrillos hechos de barro(土) con una mezcla de heno(共→茻) la parte abierta de la casa(宀). También tiene el significado de fortaleza que protege la frontera.

206d 丶 丷 宀 宀 宀 宀 宀 宇 実 実 寒 寒 寨 赛

赛 sài

competir

fortaleza 塞 [sài] + moneda/concha 贝[186][bèi]

En los fuertes(塞) de las fronteras que controlan la entrada y salida se forman mercados donde se intercambian los productos de ambos países. Tiene la forma de competir para posicionarse mejor en los mercados donde se maneja una gran cantidad de dinero(贝).

＊ El carácter "塞" tiene en la parte inferior "贝", que significa dinero en lugar de "土[152]".

比赛[bǐsài] partido; torneo; juego - 88a

冫

Diagrama para 冬

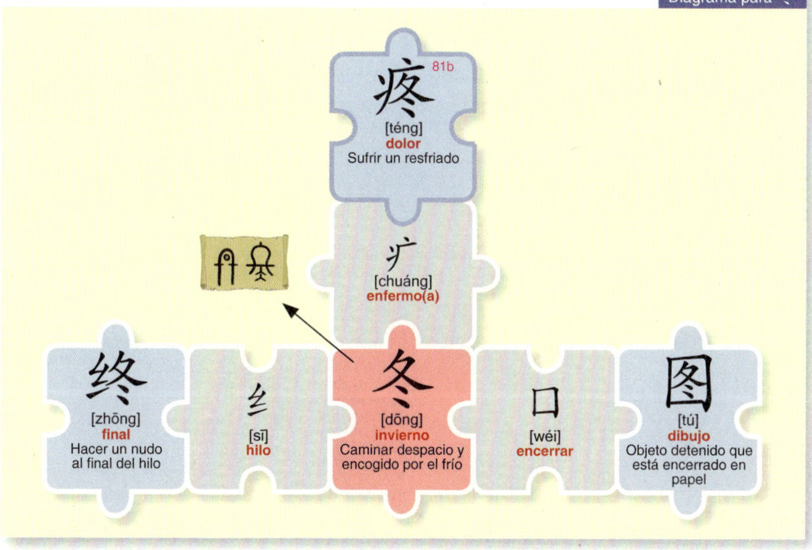

206

206e 丿 ク 夂 冬 冬

冬 dōng

invierno

caminar despacio 夂[56] [zhǐ] + hielo 冫 [bīng]

Derivó el significado de 'invierno' de la forma de caminar despacio(夂) y encoger el cuerpo por el frío(冫).

* El carácter antiguo tiene la forma de nudos en ambos extremos del hilo. Expresaron el invierno con la forma de nudos, ya que en el invierno termina el crecimiento de las plantas y cualquier otra actividad.

冬天[dōngtiān] invierno - 74b

206f 丨 冂 冂 冈 冈 冈 图 图

图 tú

dibujo

encerrar 口[20] [wéi] + invierno 冬 [dōng]

Expresan el 'dibujo' como la forma de un objeto detenido(冬) y encerrado (口) en papel.

* El carácter "冬" es la forma de los objetos detenidos ya que están congelados por el invierno.

地图[dìtú] mapa - 84a 图书馆[túshūguǎn] librería - 232d 193c

206g

ㄥ 纟 纟 纟 纟 纹 终 终

终 zhōng

final

hilo 纟[132][sī] + invierno 冬 [dōng]

El carácter "冬[dōng]" con significado de 'terminar' con un nudo al final del hilo cambió su significado a invierno; se agregó el hilo(纟) para darle su significado original.

终于[zhōngyú] final; finalmente1 - 121d

207

艹

Diagrama para 艹

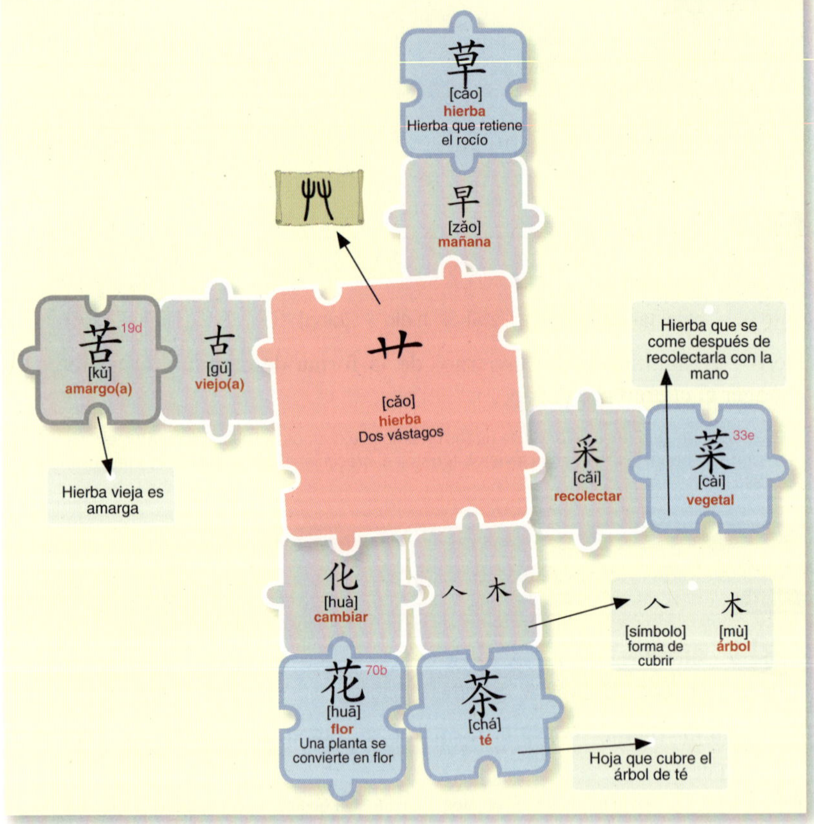

207 一 十 艹

艹 cǎo

hierba

Carácter simplificado de hierba(艸) que tiene la forma de dos vástagos(屮) unidos. No se utiliza de forma individual y se coloca en la parte superior cuando se combina con otro carácter.

207a 一 十 艹 艹 芇 苩 苩 荁 草

草 cǎo

hierba

hierba 艹 [cǎo] + mañana 早[218e] [zǎo]

Forma de hierbas(艹) con rocío que brillan en la mañana(早) por la luz del sol.

草地[cǎodì] césped - 84a   草原[cǎoyuán] pradera - 201d

207b 一 十 艹 艾 艾 苶 苶 茶 茶

茶 chá

té

hierba 艹 [cǎo] + forma de cubrir 人 [símbolo] + árbol 木[210] [mù]

Forma de hacer té procesando las hojas(艹) que cubren(人) el árbol(木) de té.

* La cultura de tomar té proviene de la provincia de Sichuan (四川) y se extendió al resto del país.

* La eliminación de "艹" es la transformación de "余[147a]", en donde tiene la forma de "木" con los trazos de los lados derechos e izquierdos caídos.

红茶[hóngchá] té negro - 132i

207

艹

207

Diagrama para 艹

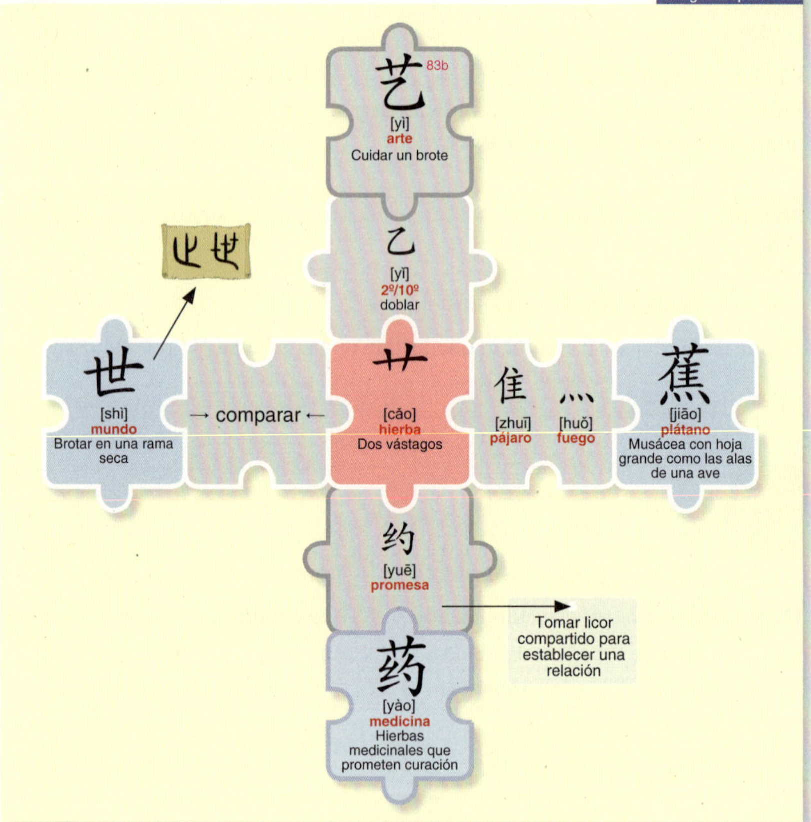

207c 一 十 艹 艹 艹 艹 芢 芢 苲 萑 萑 萑 蕉 蕉 蕉

蕉 jiāo

plátano

grama 艹 [cǎo] + pájaro 隹[178] [zhuī] + fuego 灬 = 火[158] [huǒ]

Musácea es una planta perenne con hojas grandes como un ala abierta de una ave(隹). Su tallo no es leñoso y es herbáceo(艹). Con el paso del tiempo la planta sobre la tierra muere(灬), pero sus raíces se mantiene con vida. También se utiliza para expresar la banana, que es una especie de musácea.

* "灬" significa exterminar quemándolo, dándole el sentido de que muere la musácea que está sobre la tierra.

香蕉 [xiāngjiāo] plátano - 139c

207d

丿 纟 纟 纟 纟 约 约

约
yuē

promesa

hilo 纟[132] [sī] + cucharón 勺[46a] [sháo]

Forma de establecer(纟) una relación de matrimonio, donde el esposo y la esposa se comprometen a estar juntos toda la vida, y se sirven(勺) y comparten el licor.

* En la ceremonia tradicional del matrimonio chino el esposo y la esposa toman un licor compartido, que significa promesa. Esto viene de la tradición de desear dar a luz muchos hijos.

约会[yuēhuì] cita - 66c

207e

一 十 艹 艹 艹 艹 艹 药 药

药
yào

medicina

grama 艹 [cǎo] + promesa 约 [yuē]

El significado de 'medicina' se derivó de la forma en que el doctor le da las hierbas medicinales(艹) prometiendo(约) que le va a curar su enfermedad.

* En la medicina oriental también se utilizan medicamentos de animales como hiel de oso y cuerno de venado, pero la mayoría de los medicamentos son vegetarianos(艹).

中药[zhōngyào] medicina china - 232a

207f

一 十 廾 廿 世

世
shì

mundo; tiempo de vida

Tiene la forma de brotar(屮) en una rama seca en la primavera donde toda la naturaleza revive, y expresa que una nueva vida viene al mundo para comenzar el curso de su vida.

世界[shìjiè] mundo - 63d　　世纪[shìjì] centenario - 82c

207

生

208

208 丿 𠂉 𠂇 牛 生

生 shēng nacer; vida

Derivó el significado de 'nacer, vida' de la forma de un brote(屮[207]) que atraviesa la tierra(土[152]) en la primavera donde revive toda la naturaleza.

先生[xiānsheng] maestro - 71d
学生[xuésheng] estudiante - 95a
医生[yīshēng] doctor - 111a
生病[shēng/bìng] enfermarse - 81a
生日[shēngrì] cumpleaños - 218
生气[shēng/qì] enfadarse - 204
发生[fāshēng] pasar; ocurrir; surgir - 34f
留学生[liúxuéshēng] estudiante que estudia en el extranjero - 87d 95a

生产[shēngchǎn] producir - 8d
生活[shēnghuó] vivir; vida - 24c
生词[shēngcí] palabra nueva - 18f
先生[xiānsheng] maestro - 71d

208a 丿 刀 月 月 月' 月⁻ 月⁼ 胖 胜

胜 shèng

victoria

barco 月[221]→舟[125][zhōu] + vida/nacer 生 [shēng]

Sobrevivir(生) en el barco(舟), donde no tiene a donde huir porque está rodeado de agua, significa que ha obtenido una victoria en la guerra.

* El carácter antiguo tiene la forma de luchar con toda su fuerza(力[159]), levantando la antorcha(火[158]) con ambas manos en el barco(舟), por lo que expresa que ha logrado la victoria pero con mucho esfuerzo.

胜利[shènglì] ganar; victoria; triunfo - 119h
名胜[míngshèng] lugar espectacular - 222c

208b 丶 口 日 日 尸 旦 旱 星 星

星 xīng

estrella

sol 日[218][rì] + nacer 生 [shēng]

Expresan a la 'estrella' que no brilla tanto como el sol, como un sol(日) recién nacido(生).

星期[xīngqī] semana - 44b
星期日[xīngqīrì] Domingo - 218

208

208c ㄑ 女 女 女' 女⁻ 女⁼ 姓 姓

姓 xìng

apellido

mujer 女[96][nǚ] + nacer 生 [shēng]

Derivó el significado de 'apellido', ya que en la edad antigua representaba el nombre de qué mujer(女) habías nacido(生).

贵姓[guìxìng] (honorífico) apellido - 186d
老百姓[lǎobǎixìng] persona común; persona ordinaria - 100a 134a
姓名[xìngmíng] nombre completo - 222c

丰

209

209 一 = 三 丰

丰 fēng

abundancia

Derivó el significado de 'abundancia' de la forma abundante de ramas y hojas de los árboles y las plantas.

丰富 [fēngfù] abundante; rico; abundancia - 163a

209

209a

一 = 三 丰 邦 邦

邦 bāng

estado

abundante 丰 [fēng] + pueblo 阝[147] → 邑[92d] [yì]

Pueblos(邑) en abundancia(丰) quiere decir que hay muchos pueblos, indicando que se forma un país a base de indicando que se forma un país a base de muchos pueblos.

* Si el carácter "colina 阝 [fù]" va de lado derecho significa pueblo "邑".

联邦 [liánbāng] federación; unión - 10e

209b

一 = 三 丰 邦 邦 邦 帮 帮

帮 bāng

ayudar

estado 邦 [bāng] + toalla 巾[131] [jīn]

Forma de personas del mismo país(邦) que se ayudan mutuamente con una toalla(巾) en la cabeza.

帮助 [bāngzhù] ayudar; asistencia - 224b   帮忙 [bāng/máng] ayudar - 5b

209c

一 = 丰 丰 丰 麦 麦

麦 mài

cebada

abundante 丰 [fēng] + caminar despacio 夂[56] [zhǐ]

La cebada brota en el invierno por lo que se debe pisar el campo de sembrado para que la cebada no se congele. Se expresa la forma de pisar el campo de sembrado completamente para una cosecha abundante(丰) de cebada con un lento caminar(夂).

小麦 [xiǎomài] trigo - 235

209d

丶 丶 宀 宀 宀 宣 宝 害 害 害

害 hài

daño

casa 宀[141] [mián] + abundante 丰 [fēng] + boca 口[16] [kǒu]

Forma de maldecir con la boca(口) para que crezca en abundancia(丰) la mala hierba en la casa(宀) del enemigo. Si la casa está llena de malas hierbas por falta de cuidado de una persona indica que el enemigo ha sufrido un daño.

害怕 [hài/pàu] aterrorizado; asustado - 134c

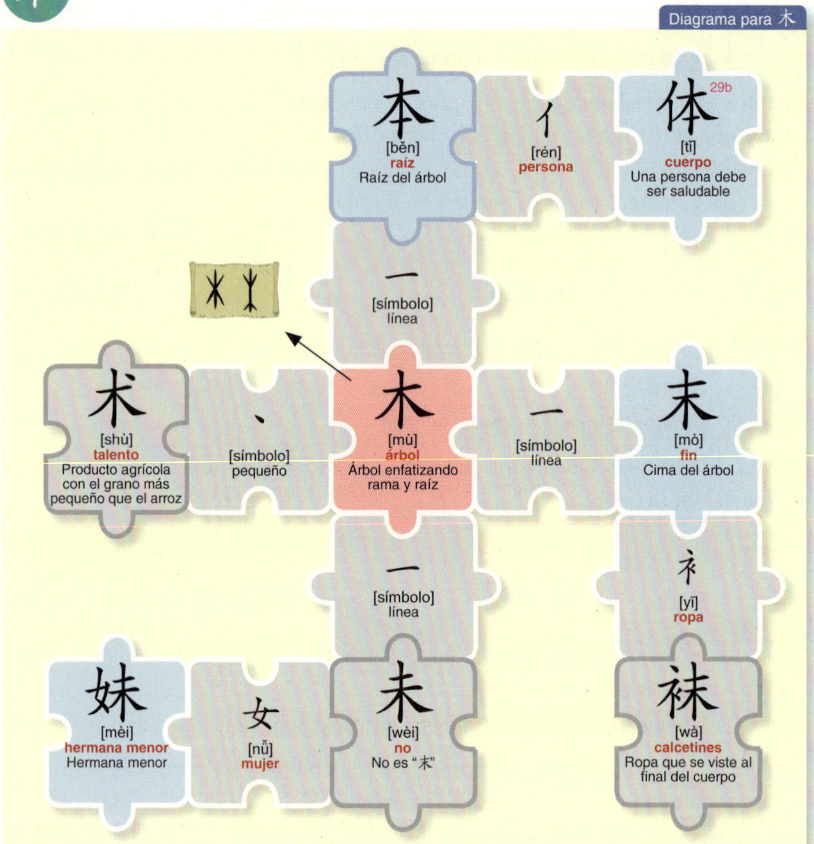

210

210 一 十 才 木

木 mù

árbol

Carácter que viene de la forma de rama(一), raíz(八) y tallo(丨) del árbol.

树木[shùmù] árbol - 40d

210a 一 十 才 木 本

本 běn

raíz; libro

árbol 木 [mù] + línea 一 [símbolo]

Forma enfatizada de la raíz del árbol trazando una línea horizontal(一) en la parte inferior del carácter "木". Así como la raíz es la base del árbol, el libro es la base del conocimiento.

本子[běnzi] libro; cuaderno - 95
课本[kèběn] libro de texto - 210i
基本[jīběn] básico - 44a
根本[gēnběn] raíz; fundamental - 14b

210b 一 二 キ 才 末

末 mò

fin

línea larga 一 [símbolo] + árbol 木 [mù]

Carácter que traza una línea(一) larga en la cima de la copa del árbol(木) para enfatizar que es el final.

周末[zhōumò] fin de semana - 154a

210c 丶 ラ 才 ネ ネ ネ一 ネ二 衦 衭 袜

袜 wà

calcetines

ropa 衤=衣[130][yī] + final 末 [mò]

Tiene el significado de 'calcetines' como ropa(衤) que se viste al final(末) del cuerpo, es decir, el pie.

210

210d 一 二 キ 未 未

未 wèi

no

línea corta 一 [símbolo] + árbol 木 [mù]

Carácter con una línea(一) corta en la cima de la copa del árbol(木), enfatizando que el crecimiento no ha terminado. Carácter que enfatiza un niño prematuro o árbol joven en lugar de adulto o árbol grande.

未来[wèilái] futuro - 212d

210e く 女 女 女一 女二 奸 妹 妹

妹 mèi

hermana menor

mujer 女[96][nǚ] + no 未 [wèi]

Carácter que indica entre hermanas una mujer(女) que no(未) es mayor y es hermana menor.

妹妹[mèimei] hermana menor

210f 一 十 才 木 术

术
shù

talento

árbol 木 [mù] + pequeño 丶 [símbolo]

Originalmente representada al 'mijo', que es un producto agrícola(木) con el grano más pequeño(丶) que el arroz. El mijo crece bien en terrenos secos y áridos por lo que es sencillo cultivarlo en terrenos amplios, y tiene el significado de talento, ya que se necesita de mucha capacidad para ello.

* El carácter tradicional(術) tiene la forma de un cruce(行[60b]) en un campo amplio de cultivo de mijo (术), donde se ve el talento de hacer caminos para facilitar el cultivo.

技术[jìshù] técnica; talento; arte - 51a   艺术[yìshù] arte - 83b

210

木

Diagrama para 木

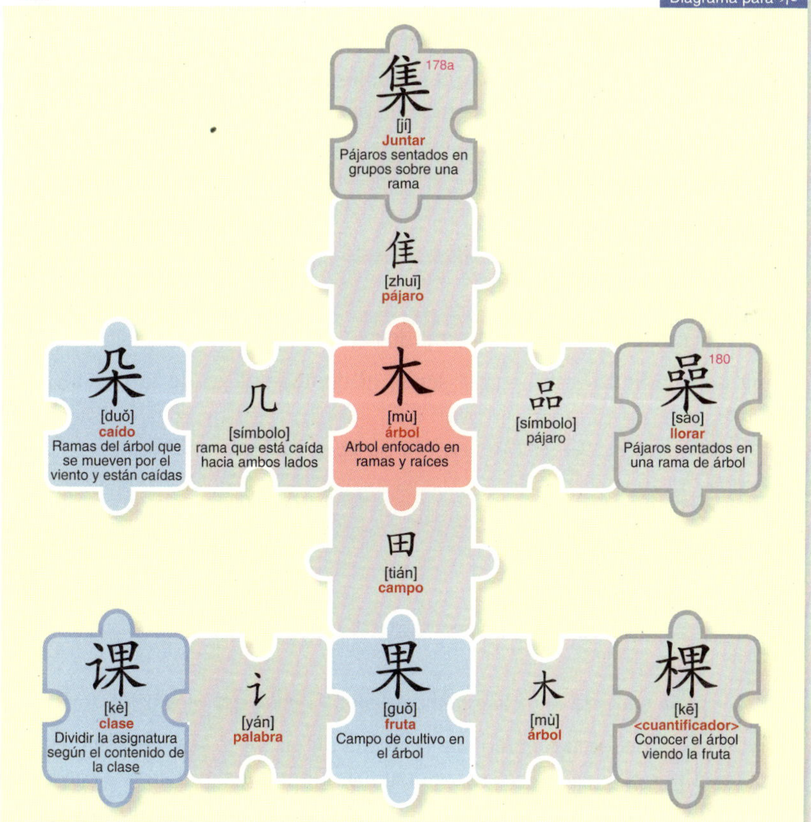

210

210g

果 guǒ

fruta

campo 田[154][tián] + árbol 木 [mù]

Campo de cultivo(田) en el árbol(木) expresa que el árbol tiene fruta.

苹果[píngguǒ] manzana - 122b
果汁[guǒzhī] zumo de fruta - 202d
结果[jiéguǒ] dar fruto; resultado - 104b
水果[shuǐguǒ] fruta - 201
如果[rúguǒ] si; por si; en caso de - 96g

210

210h

一 十 才 木 朩 朾 杩 杩 桿 棵 棵 棵

棵 kē

<cuantificador>

árbol 木 [mù] + fruta 果 [guǒ]

Tiene la forma de darle nombre a los árboles(木) según su fruto(果). Actualmente se utiliza como 'unidad de medida para contar árboles y plantas'.

我种下了五棵树。He plantado cinco árboles. - 113b 232c 223g 168a 226a 210h 40d

210i

丶 讠 讠 讥 讵 讵 误 课 课 课

课 kè

clase

palabra 讠=言[22] [yán] + fruto 果 [guǒ]

Forma de dividir las asignaturas según el contenido(果) de la clase(讠) del maestro.

＊"果" significa "fruto, conclusión" y así da lugar al significado "contenido" de la clase.

课本[kèběn] libro de texto - 210a
课文[kèwén] texto - 133
上课[shàng/kè] asistir a clase - 223f
下课[xià/kè] terminar la clase - 223g

210j

丿 几 几 朵 朵 朵

朵 duǒ

caído

rama que está caída hacia ambos lados 几 [símbolo] + árbol 木 [mù]

Derivó el significado de 'caído' de la forma del árbol(木) con sus ramas que se mueven por el viento y están caídos(几). También significa oreja, ya que el lóbulo de la oreja también está caído. También se utiliza como 'unidad de medida para contar flores, nubes u objetos similares' por la forma en que se mueve por el viento y está caído.

＊La parte superior "几" tiene la misma forma que "mesa 几[213] [jī]" pero no tienen ninguna relación.

耳朵[ěrduo] oreja - 10a

东

Diagrama para 束

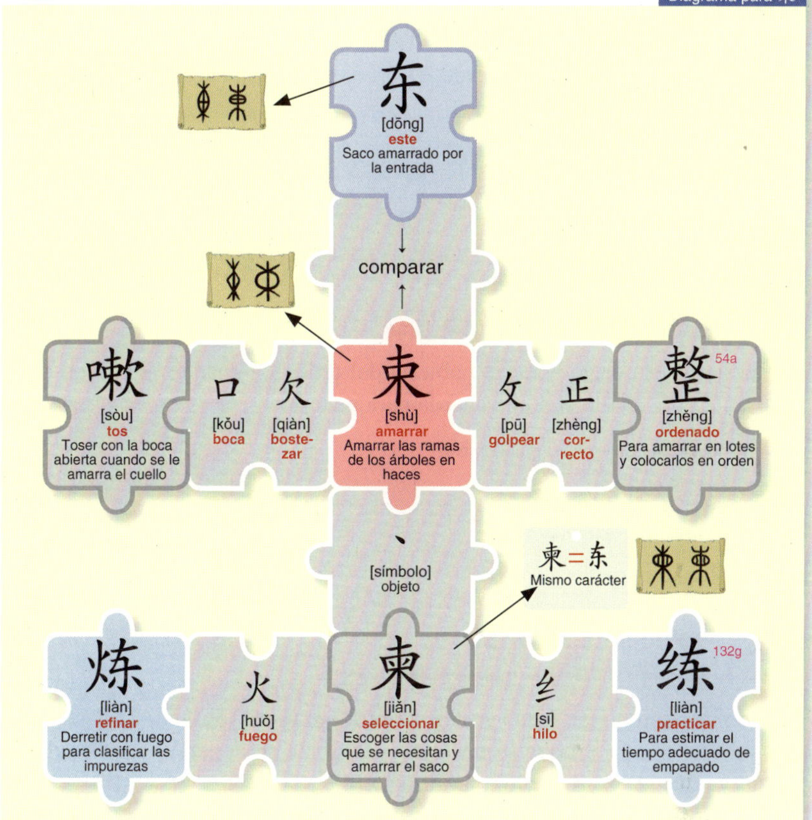

211 一 𠂉 车 东 东

东 dōng

este

Forma de saco(小) con la entrada amarrada(𠂉). 'Este' que es un concepto abstracto y es difícil de representarlo con un símbolo, por ello se utilizó un carácter con la misma pronunciación. Originalmente al igual que el "oeste 西 [170][xī]", que es la forma de una vasija de barro, tenía el significado de 'cosa' ya que es algo indispensable para guardar objetos que se ven desde el este hasta el oeste.

* En las inscripciones oraculares en los huesos se ve claramente que es un saco amarrado por ambos lados.

东西[dōngxi] cosa - 170 　 东边[dōngbiān] lado este - 61a 　 东 西 este y oeste - 211 170

211a 一 ㇀ 丆 𠀀 申 束 束

束 shù

amarrar

árbol 木[210][mù] + atado ㅁ [símbolo]

Forma de amarrar(ㅁ) las ramas de los árboles(木) con cuerdas en haces para facilitar su traslado.

结束[jiéshù] terminar; fin - 104b

211b 丨 ㄇ 口 口 ... 嗽

嗽 sòu

tos

boca 口[16][kǒu] + amarrar 束 [shù] + bostezar 欠[23][qiàn]

Forma de toser con la boca(口) abierta del todo(欠) cuando al animal se le amarra(束) del cuello con una cuerda para matarlo.

* "欠" es forma de boca abierta grandemente.

咳嗽[késou] tos - 4d

211 **211c** 一 ... 柬

柬 jiǎn

seleccionar; carta

amarrar 束 [shù] + objeto 丶 [símbolo]

Cuando se guardan las cosas y se amarra(束) el saco, se clasifican y se guardan solo las cosas(丶) que se necesitan. También se derivó el significado de 'carta' ya que se escribe solo lo necesario.

* Cuando el carácter "柬" se combina con otro carácter se simplifica a "东".

请柬[qǐngjiǎn] carta de invitación - 135c

211d 丶 丷 火 火 灯 炼 炼 炼 炼

炼 liàn

refinar

fuego 火[158][huǒ] + seleccionar 东 = 柬 [jiǎn]

Derivó el significado de 'refinar' de la forma de derretir con fuego(火) para clasificar(柬) las impurezas con el fin de obtener metales con un alto grado de pureza.

锻炼[duànliàn] templar; forjar; entrenar - 117b

林

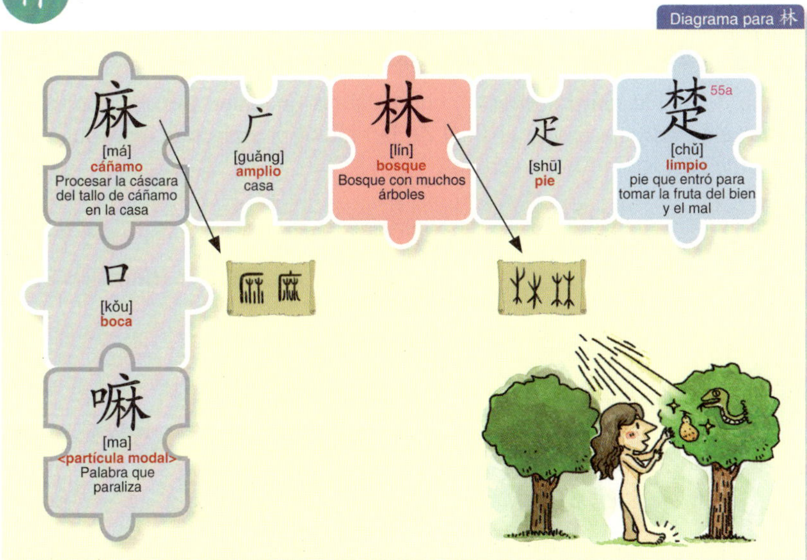

212 一 十 才 木 木 村 材 林 212

林 lín

bosque

árbol 木[210][mù] + árbol 木 [mù]

Expresan el 'bosque' que tiene muchos árboles con el carácter de dos árboles (木).

树林[shùlín] madera; arboleda - 40d

212a 丶 亠 广 广 庁 庁 庍 庥 府 麻 麻

麻 má

cáñamo; adormecer

casa/amplio 广[143][guǎng] + cáscara de cáñamo 朩 [děng]

Derivó el significado de 'cáñamo' de la forma en que las mujeres procesan en la casa(广) la cáscara(朩) del tallo de cáñamo para hacer hilo de cáñamo. La flor y hoja del cáñamo sirve de anestesia y por ello también tiene el significado de "sentirse adormecido".

* El cáñamo fue cultivado en China aproximadamente 2800 años a.C para obtener tela.
* El carácter antiguo "林" tiene la forma del árbol(木[210]) en donde se le quita la corteza(朩) del cáñamo.

麻烦[máfan] problemático; inconveniente - 6b

212b　丨 ㄇ 口 口` 口亠 口广 口广 口庁 口庌 口庥 口庥 口麻 嘛 嘛

嘛
ma

<partícula modal >

boca 口[16][kǒu] + adormecido/cáñamo 麻 [má]

Forma de hablar con la boca(口) con palabras que paralizan(麻). Se utiliza como una partícula modal al final de la oración y significa ‘evidente(麻) a través de la razón, justicia, verdad’.

不会就学嘛。Si no lo sabes hacer, debes aprender. - 223a 66c 80b 95a 212b

212

木

Diagrama para 木

212c

一 ⺁ 乐 乐 乐

乐
yuè/lè

música / placer

tambor con licor ⺁ [símbolo] + soporte 朩 [símbolo]

Derivó el significado de 'música' de la forma del tambor(⺁) con adornos de hilo que está sobre un soporte(朩).

* El carácter tradicional(樂) tiene la forma del tambor(白) con adorno amarrado con hilo(絲[132a]) que está sobre el soporte(朩).

音乐[yīnyuè] música - 21

Derivó el significado de 'alegría' de la forma de disfrutar tocando el tambor (⺁) con licor encima del soporte(朩).

快乐[kuàilè] felicidad; alegría; alentador - 28d
乐观[lèguān] optimismo; sanguíneo - 13b

212d

一 ⺁ ⺁ 亠 平 来 来

来
lái

venir

árbol 木[210][mù] + arroz 米[138][mǐ]

Carácter que representa la cebada, que es un producto agrícola(木) similar al arroz(米). La cebada brota en la primavera, que es la época que más esperan todas las personas pasando el invierno, por lo que significa 'venir'.

* Se puede saber por qué esperaban con ansias las personas de la antigüedad el fin del invierno, donde no había nada de comer, para que llegara la primavera donde brotaba la espiga.

出来[chūlái] salir de - 167a
过来[guòlái] venirse - 40f
回来[huílái] retornar; regresar - 20d
将来[jiānglái] el futuro - 214a
进来[jìnlái] entrar - 228b
起来[qǐlái] levantarse; reacomodarse en el asiento - 53d
上来[shànglái] empezar; comenzar - 223f
下来[xiàlái] bajar - 223g
原来[yuánlái] original; anterior - 201d

212

几

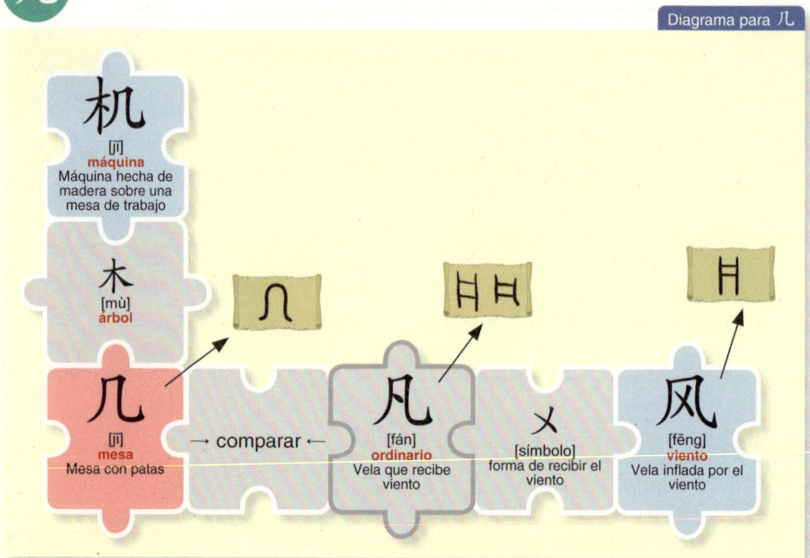

213 **213** 丿 几

几 jī/jǐ — mesa; algunos; cuántos

Forma de mesa pequeña estable con patas estiradas.

* Se trata aquí porque tiene relación con madera.

几乎[jīhū] casi; por poco - 121e

Se utiliza como 'unos cuantos', que no es una cantidad grande y también se utiliza como 'cuántos' para preguntar la cantidad.

* Para que sea fácil de recordar pensemos que la asignatura indispensable que se debe estudiar en la mesa son las matemáticas.

今天几号? ¿Qué día es hoy? - 66 74b 213 16c

213a 一 十 才 木 朷 机

机 jī — máquina

árbol 木[210] [mù] + mesa 几 [jī]

Forma de máquina de madera(木) sobre mesa de trabajo(几).

飞机[fēijī] avión - 182c
手机[shǒujī] teléfono celular; móvil - 31
司机[sījī] conductor; chófer - 18e
机器[jīqì] máquina - 172a
机场[jīchǎng] aeropuerto - 152a
机会[jīhuì] chance; oportunidad - 66c
照相机[zhàoxiàngjī] cámara - 120c 11c

213b 丿 几 凡

凡 fán **ordinario**

Forma de vela que le da propulsión al barco con el viento; tiene el significado de 'ordinario, común' por el hecho de utilizar el viento, que es algo común.

平凡[píngfán] ordinario - 122

213c 丿 几 凡 风

风 fēng **viento**

navegación/ordinario 凡 [fán] + forma de recibir el viento ㄨ [símbolo]

Signo(ㄨ) conciso con forma de vela(凡) inflada por el viento.

刮风[guāfēng] soplar (del viento) - 24a
风浪[fēnglàng] viento y ola; tormenta - 15a
风俗[fēngsú] costumbre - 196b
风景[fēngjǐng] escena; paisaje - 2c
风力[fēnglì] energía eólica - 159

213

丬

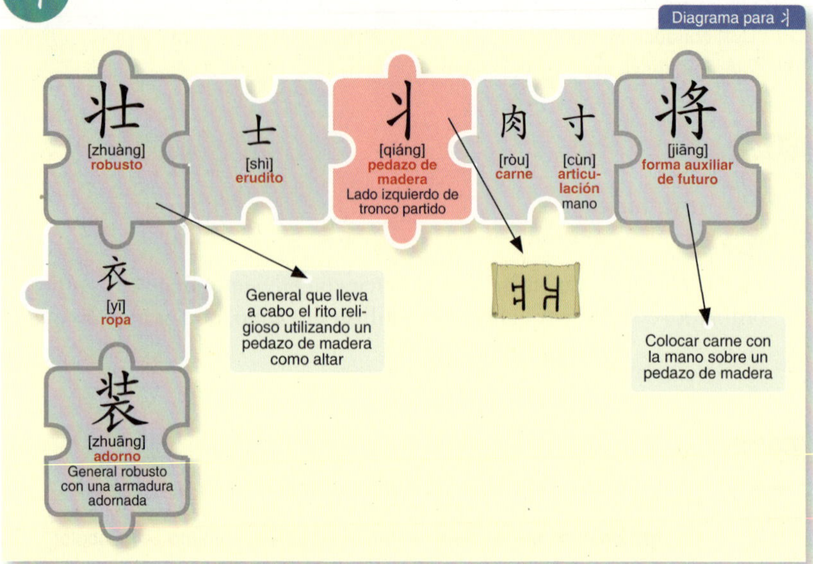

214 **214** 丶 冫 丬

丬 qiáng

pedazo de madera

Derivó el significado de 'pedazo de madera' de la forma del pedazo izquierdo de un tronco partido por la mitad.

214a 丶 冫 丬 丬' 丬ク 丬タ 丬夕 将 将

将 jiāng

forma auxiliar de futuro

pedazo de madera 丬 [qiáng] + carne 夕[222] → 月[221] → 肉[192] [ròu] + mano/articulación 寸[40] [cùn]

Forma de un general que coloca la carne(肉) como ofrenda para lograr la victoria con la mano(寸) sobre un pedazo de madera(丬) plana que servía de altar en época de guerra; rezar por la victoria es solicitar una bendición en el futuro; de ahí derivó el significado de 'will' en inglés.

* El carácter tradicional(將) da a entender que "noche 將" es de hecho la forma simplificada de la luna(月), la cual es otra forma distinta de carne.

* Si la entonación cambia a "jiàng" en época de guerra significa 'general', que es quien se encarga del rito religioso.

将来[jiānglái] en el futuro - 212d 将要[jiāngyào] will; shall - 170b

214b

壮 zhuàng

robusto

pedazo de madera 丬 [qiáng] + erudito 士[104] [shì]

Forma de un general(士) robusto que en época de guerra realiza un rito religioso utilizando como altar el lado plano de un pedazo de madera(丬).

* "士" tiene la forma de un 'hacha', que es un adorno que representa autoridad, y representa la autoridad del general.

健壮[jiànzhuàng] fuerte y saludable; robusto - 37c

214c

装 zhuāng

adorno; instalar

robusto 壮 [zhuàng] + ropa 衣[130] [yī]

Forma de un general robusto(壮) que lleva una armadura(衣) adornada con adornos. Es quien se encarga del rito religioso en época de guerra. Derivó el significado de 'adornar' de la forma de colocar los adornos.

他装起老人来了。El comenzó a maquillarse de anciano. - 84b 214c 53d 100a 63 212d 168a
他正装着电灯。El está instalando la bombilla. - 84b 54 214c 11b 157a 158a

215

片

Diagrama para 片

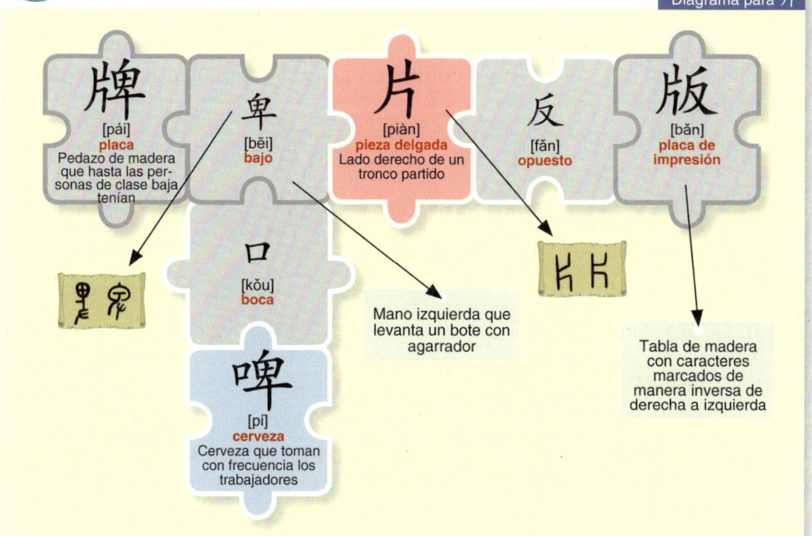

215 丿 丿' 片 片

片 piàn

pieza delgada

Si "丬[214][qiáng]" es el lado izquierdo de un tronco partido por la mitad, este carácter es el lado derecho y se utiliza como 'pedazo delgado'. También se utiliza como 'unidad de medida de cosas planas y delgadas'.

照片 [zhàopiàn] fotografía; imagen - 120c　　片面 [piànmiàn] unilateral; parcial - 10
一片儿面包 Una rodaja de pan. - 223 215 71 10 47

215a 丿 丿' 片 片 片' 片' 版 版

版 bǎn

placa de impresión

objeto delgado 片 [piàn] + opuesto 反[148a][fǎn]

Derivó el significado de 'placa de impresión' de la forma de la tabla de madera(片) que tiene los caracteres marcados de manera inversa(反) de derecha a izquierda.

出版 [chūbǎn] publicar - 167a

215

215b ′ 亻 白 白 白 由 由 卑

卑 bēi

bajo

bote con agarrador 由 [símbolo] + mano izquierda 𠂇 [símbolo]

La mano izquierda(𠂇) es subestimada en China y tiene la forma de levantar un bote(由) con asa, que es muy común en la vida cotidiana; de ahí se derivó el significado de 'bajo'.

* La parte inferior que se ve similar a "diez 十[231][shí]" es la forma inversa de "mano 𠂇[39][yòu]", que significa mano izquierda.

自卑 [zìbēi] sentirse inferior - 26

215c 丿 丿' 片 片 片' 片' 片' 片' 片' 片' 牌 牌

牌 pái

placa

objeto delgado 片 [piàn] + bajo 卑 [bēi]

Forma de una 'placa pequeña' hecha con un pedazo de madera(片) como método de identificación que el gobierno utilizó para administrar el pueblo. Todas las personas, inclusive las de clase baja(卑), también lo tenían que cargar.

牌子 [páizi] placa; firma - 95

215d 丨 ㄇ 口 口' 口' 吖 吖 咱 啤 啤 啤

啤 pí — cerveza

boca 口[16] [kǒu] + bajo 卑 [bēi]

Carácter para representar la cerveza, que es un vocablo de origen extranjero (口). Se agregó "卑" como signo fonético para imitar el sonido de cerveza en inglés "beer".

* El nombre de un tipo de cerveza 'Porter (conserje, portero)' da a entender que la cerveza es un licor que los trabajadores(卑) tomaban(口) con frecuencia.

啤酒 [píjiǔ] cerveza - 162a

竹

216

216

216 ノ ⺈ ⺮ 𥫗 竹 竹

竹 zhú

bambú

Simboliza la forma del bambú. En China el bambú es símbolo de longevidad debido a su vida larga y a la hoja perenne. Tiene la misma pronunciación que el carácter "deseo 祝[72a][zhù]".

竹子[zhúzi] bambú - 95

216a

箱 xiāng

caja

bambú 竹 [zhú] + uno con el otro 相[11c][xiāng]

El bambú es ligero y flexible, pero no se rompe fácilmente. Este carácter representa una caja hecha con bambú(竹) entretejido(相).

冰箱[bīngxiāng] nevera; frigorífico - 206a
行李箱[xínglǐxiāng] maleta; maletero - 60b 95c

216b

筷 kuài

palillo

bambú 竹 [zhú] + rápido 快[28d][kuài]

En la mayoría de los países del Asia del Este la gente utiliza palillos para comer. Este carácter combina el carácter (bambú 竹), materia prima para hacer palillos, y el carácter fonético "快[kuài]".

* Es más fácil recordar si se piensa en que es difícil aprender rápido(快) a manejar los palillos hechos con bambú.

筷子[kuàizi] palillo - 95

册

Diagrama para 册

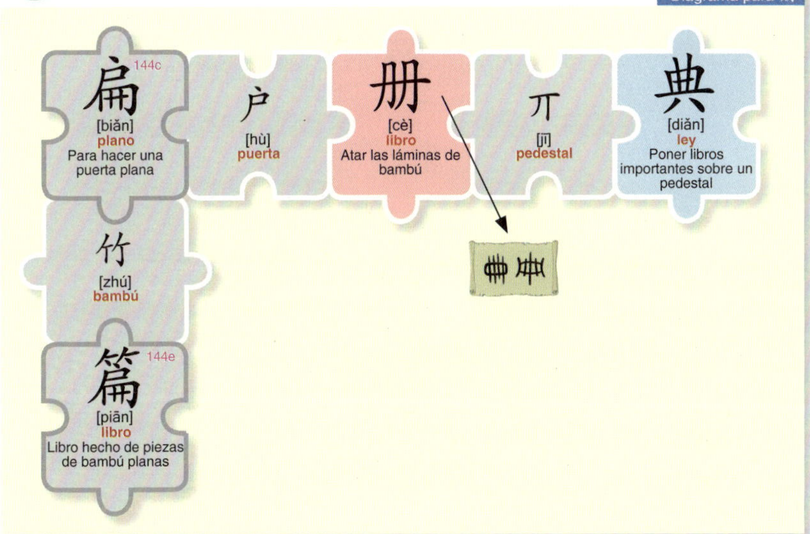

217

丿 几 川 川 册

217

册 cè

libro

Se atan las láminas de bambú(竹[216]) para hacer un libro de bambú(册).

＊Libro de bambú: antes de que fuese inventado el papel, se ataban láminas de bambú para escribir sobre ellas.

217a

丶 冂 冂 冃 冄 曲 典 典

典 diǎn

ley; ceremonia; diccionario

libro 曲→册[cè] + pedestal 丌[12c][jī]

Poner los libros(册) importantes utilizados en ceremonias nacionales o sobre las leyes del país sobre un pedestal(丌). También derivó el significado de 'diccionario' ya que los diccionarios contienen todas las escrituras importantes.

＊El carácter "丌" representa la forma de un pedestal.
＊Aunque "册, 冊, 曲" tengan diferentes apariencias, se trata del mismo carácter.

字典[zìdiǎn] diccionario - 95b	词典[cídiǎn] diccionario - 18f

日

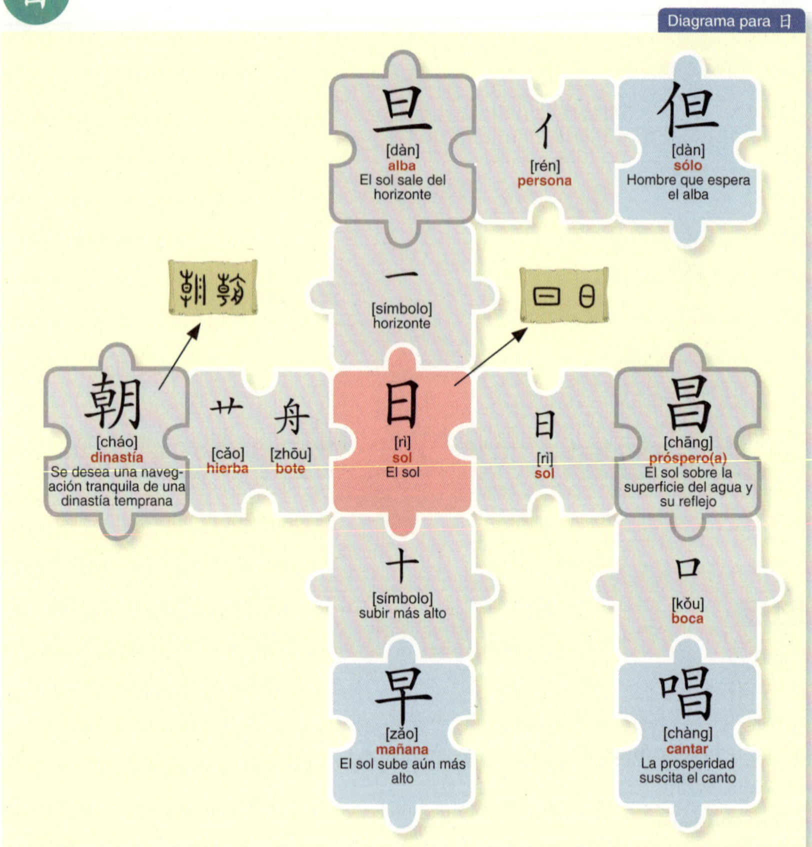

218

218 丨 冂 日 日

日 rì **sol; día**

Simboliza el sol redondo, y también significa un 'día', un ciclo del sol.

生日 [shēngrì] cumpleaños - 208
日语 [rìyǔ] japonés (lenguaje) - 226c
星期日 [xīngqīrì] domingo - 208b 44b
节日 [jiérì] festival; fiesta - 85g
日子 [rìzi] día; fecha - 95

218a 丶 冂 日 日 旦

旦 dàn

alba

sol 日 [rì] + horizonte 一 [símbolo]

Cuando el sol(日) sale del horizonte(一), llega el alba.

218b 丿 亻 亻 仴 仴 但 但

但 dàn

sólo; pero

persona 亻[70] [rén] + alba 旦 [dàn]

El hombre(亻) solo puede esperar que llegue el alba(旦) y no hay nada que pueda hacer al respecto.

但是[dànshì] pero; sin embargo - 54b　　不但[bùdàn] no sólo - 223a

218c 丨 冂 日 日 日 昌 昌 昌

昌 chāng

próspero(a)

sol 日 [rì] + sol 日 [rì]

Simboliza el sol(日) sobre el horizonte y su reflejo(日) en el agua. El sol(日) se hará más fuerte y brillante conforme va subiendo; de ahí llegó a significar 'próspero(a)'. 218

218d 丨 口 口 口 口 叩 叩 叩 唱 唱 唱

唱 chàng

cantar

boca 口[16] [kǒu] + próspero(a) 昌 [chāng]

Cuando todo va bien(昌), la gente empieza a cantar(口).

唱歌[chànggē] cantar - 17b

我唱给你们听。Déjame que te cante una canción. - 113b 218d 65d 69a 145a 16d

218e 丨 冂 日 日 旦 早

早 zǎo

mañana

sol 日 [rì] + subir más alto 十 [símbolo]

El sol(日) está más alto(十) que en el "alba 旦[dàn]"; indica el comienzo de la 'mañana'.

早上[zǎoshang] mañana - 223f　　早晨[zǎochén] (temprano) por la mañana - 187a

218f 一 十 𠂇 冇 冇 古 直 卓 卓 朝 朝 朝

朝 cháo

dinastía; hacia

hierba 艹[207] [cǎo] + sol 日 [rì] + bote 月[221] → 舟[125] [zhōu]

Originalmente significaba el sol(日) de la mañana que subía de un campo de grama(艹). Pero en las inscripciones en bronce se añadía el carácter "bote (舟)" para dar el significado de una navegación tranquila, simbolizando el deseo de un viaje tranquilo(舟) para la dinastía recién establecida. También llegó a tener el significado de "hacia" ya que el pueblo de una nación siempre mira al reino de una dinastía.

* El carácter antiguo indica que el carácter "luna 月 [yuè]"contenido en "朝" efectivamente se parece al carácter "舟".

218

日

Diagrama para 日

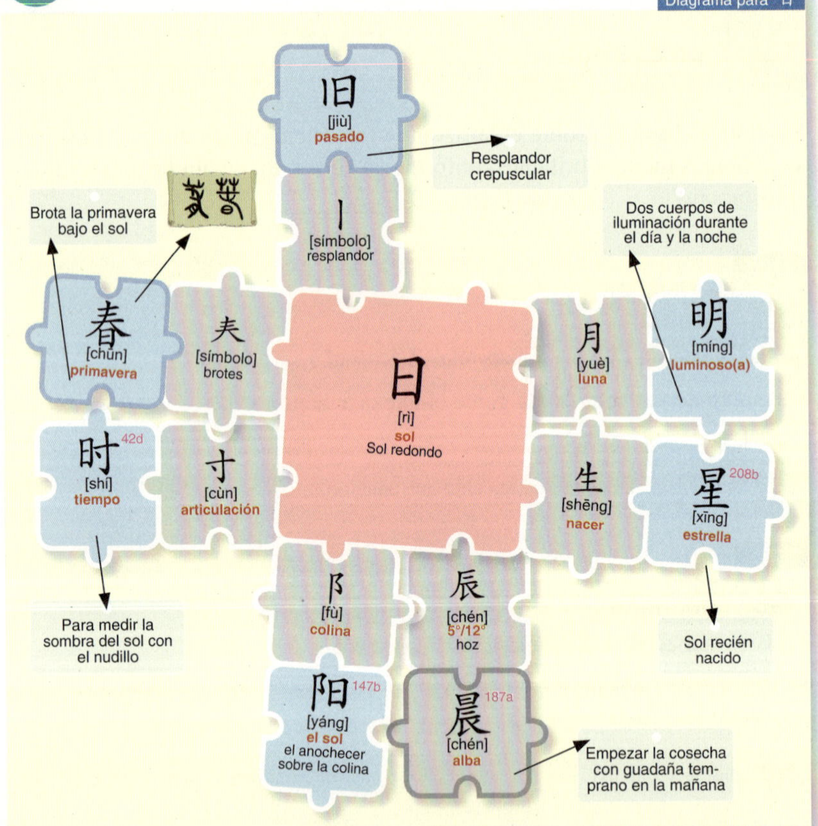

218g 丨 丨丨 丨冂 丨日 旧

旧 jiù

pasado

resplandor 丨 [símbolo] + sol 日 [rì]

Simboliza el sol(日) ligeramente superpuesto y representa el resplandor crepuscular del sol ya pasado con un símbolo(丨).

旧衣服 ropa usada (vieja) - 218g 130 34b

218h 丨 冂 日 日 旫 明 明 明

明 míng

luminoso(a); próximo(a)

sol 日 [rì] + luna 月[221] [yuè]

El sol(日), la luz del día, y la luna(月), luz de la noche, se combinan para tener el significado de 'luminoso(a)'. También significa desear un futuro brillante que llegará próximo.

明天 [míngtiān] mañana - 74b
明白 [míngbai] claro; obvio - 134
说明 [shuōmíng] explicar; ilustrar - 72d
聪明 [cōngmíng] inteligente; brillante; listo - 16g
明年 [míngnián] el año que viene - 121a

218

218i 一 二 三 丰 夫 夫 春 春 春

春 chūn

primavera

brotes 𡗗 [símbolo] + sol 日 [rì]

Simboliza los brotes(𡗗)que germinan con el sol(日) de primavera.

* El carácter antiguo representa el carácter "𡗗" como un grupo de brotes(屮[207]).

春天 [chūntiān] primavera - 74b
春节 [chūnjié] Fiesta de la Primavera (Año Nuevo chino) - 85g

219

昜

Diagrama para 昜

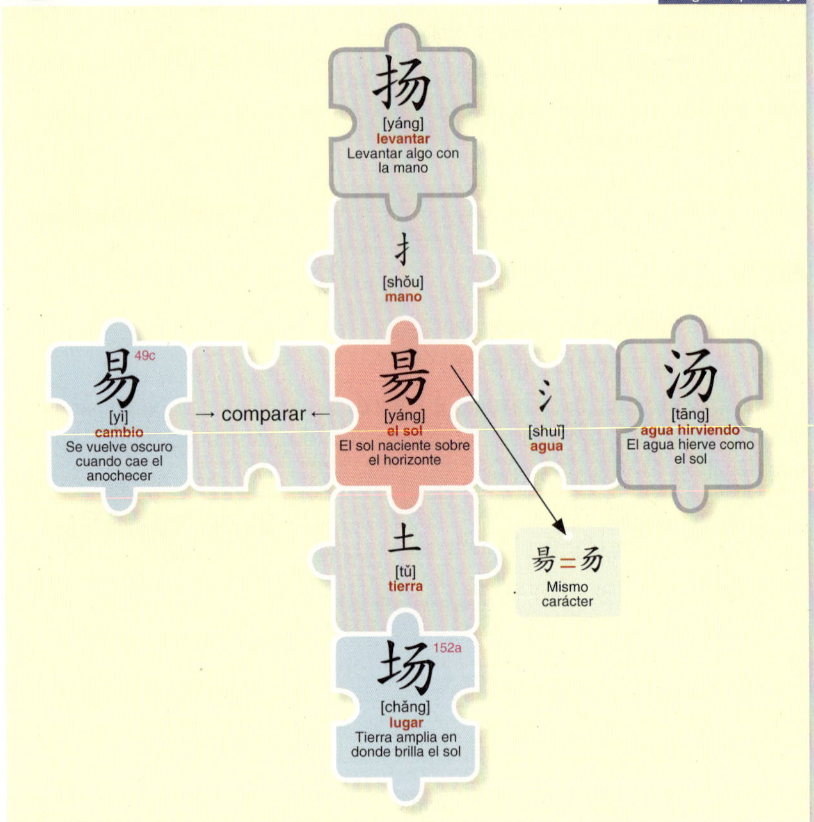

219

丨 冂 日 日 旦 旦 昜 昜 昜

昜 yáng	**el sol** alba 旦[218a][dàn] + calima/no 勿[49][wù]

En el alba(旦) el sol naciente arde en una calima(勿). Este es el carácter antiguo del “sol 阳[147b][yáng]” y cambia su forma a “𠃓” cuando es añadido a otro carácter.

* Cuando el carácter “勿” se utiliza en relación con algún objeto inanimado, puede simbolizar una calima.

* No lo confundan con el carácter “cambiar 易[49c][yì]”, parecido a este carácter.

219a

一 丨 扌 扔 扬 扬

扬
yáng

levantar

mano 扌=手[31] [shǒu] + el sol 昜=易 [yáng]

Simboliza levantar algo con la mano(扌) de la misma forma en que el sol(昜) sale del horizonte.

表扬[biǎoyáng] alabar; elogiar - 130b 发扬[fāyáng] desarrollar; promover - 34f

219b

丶 冫 氵 汅 汤 汤

汤
tāng

agua hirviendo

agua 氵[202] [shuǐ] + el sol 昜=易 [yáng]

Simboliza el agua(氵) que hierve como el sol(昜). También se refiere a una 'sopa' en general.

我们喝了一些鸡汤。Tuvimos un poco de sopa de pollo. - 113b 145a 48c 168a 223 88h 177a 219b

219

昔

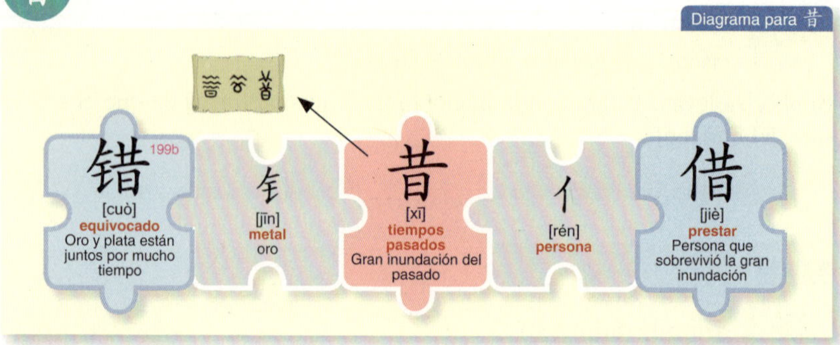

220 一 十 廾 龷 昔 昔 昔 昔

昔 xī — tiempos pasados

inundación 龷 [símbolo] + día/sol 日[218][rì]

El mayor desastre en la historia que recuerda el hombre es la gran inundación (variación de "agua 水[201]") donde murió todo el mundo excepto los ocho miembros del arca de Noé. Se cree que este carácter simboliza el pasado o los
220 tiempos pasados(日) de la inundación(龷). – Véase Génesis 6:13~7:24.

* Las inscripciones en los huesos oraculares muestran el agua que inunda y el sol(日), que representa ese día.

220a 丿 亻 亻 亻 亻 借 借 借 借 借

借 jiè — prestar; pedir prestado

persona 亻[70][rén] + tiempos pasados 昔 [xī]

La familia de Noé(亻) pudo sobrevivir a la gran inundación(昔) ya que obedeció las palabras de Dios. Su vida fue básicamente prestada por Dios.

我要借书。Quiero pedir prestados algunos libros. - 113b 170b 220a 232d

月

Diagrama para 月

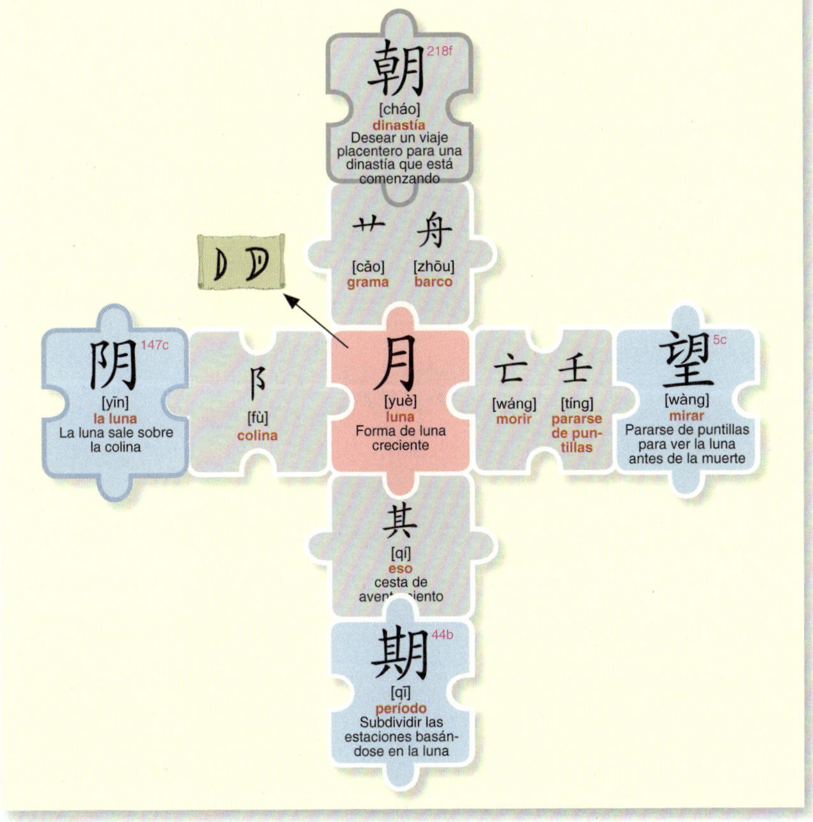

221

221 丿 刀 月 月

月 yuè **luna; mes**

Simboliza la forma de la luna creciente o de media luna. Cuando se añade a otro carácter, normalmente significa "carne 肉[192][ròu]" o "bote 舟[125][zhōu]".

月亮 [yuèliang] luna - 3b	月球 [y5uèqiú] la luna - 198b

月

221

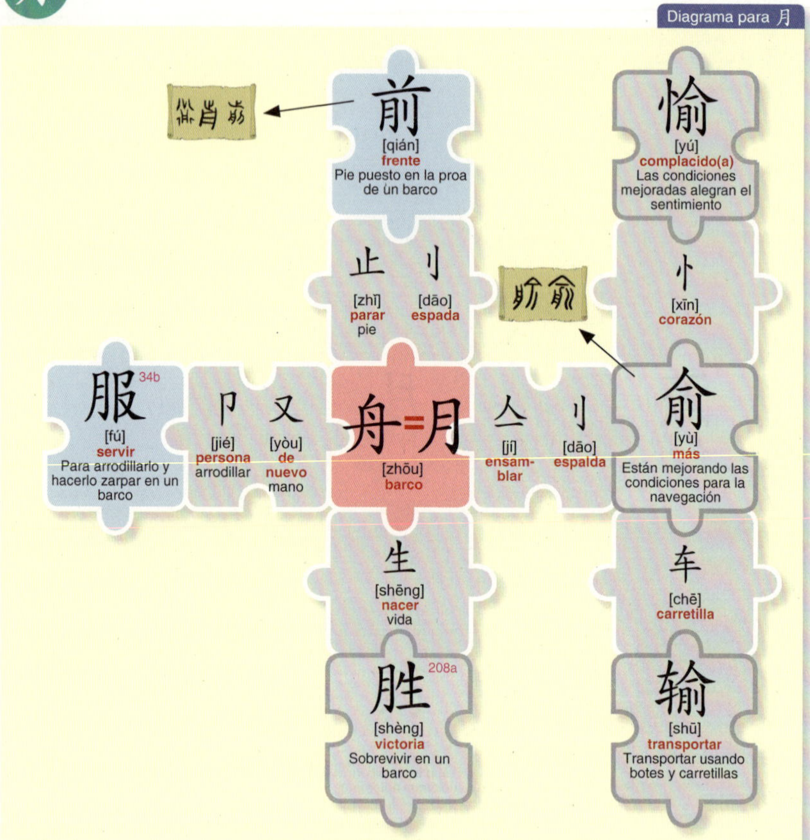

221a 丶 丷 䒑 产 前 前 前 前 前

前 qián

frente

pie/parar 䒑→止[53][zhǐ] + bote 月→舟[125][zhōu] + espada 刂=刀[119][dāo]

Simboliza el pie(止) de un hombre en la proa (o en frente) de un bote(舟) que navega rompiendo(刂) las aguas.

* El carácter (espada 刂) simboliza aquí las aguas que se rompen cuando navega un barco.

* En las inscripciones en los huesos oraculares este carácter representa el pie(行[60b]) de una persona en la proa de un barco(舟) que avanza(行).

前面[qiánmian] frente; delante de - 10
以前[yǐqián] antes; anteriormente - 63j

从前[cóngqián] antes; anteriormente - 63g
目前[mùqián] en este momento - 11
前边[qiánbiān] en frente; delante de - 61a

221b

丿 人 亼 亼 俞 俞 俞 俞 俞

俞 yù

más

ensamblar 亼[65][jí] + bote 月→舟[125][zhōu] + espalda 刂=刀[119][dāo]

Las circunstancias colectivas(亼) para la navegación(刂) de un barco(舟) están mejorando.

221c

丶 丶 忄 忄 忄 忄 忄 愉 愉 愉 愉 愉

愉 yú

complacido(a)

corazón 忄=心[28][xīn] + más 俞 [yù]

Significa el corazón(忄) complacido por las condiciones que mejoran para la navegación.

愉快[yúkuài] alegre; placentero(a) - 28d

221

221d

一 ㇐ ㇐ 车 车 车 车 输 输 输 输 输 输

输 shū

transportar

carretilla 车[124][chē] + más 俞 [yù]

Significa "transportar" objetos a través de botes y carretillas(车) ya que mejoran(俞) las condiciones para la navegación.

运输[yùnshū] transportar - 227a

夕

Diagrama para 夕

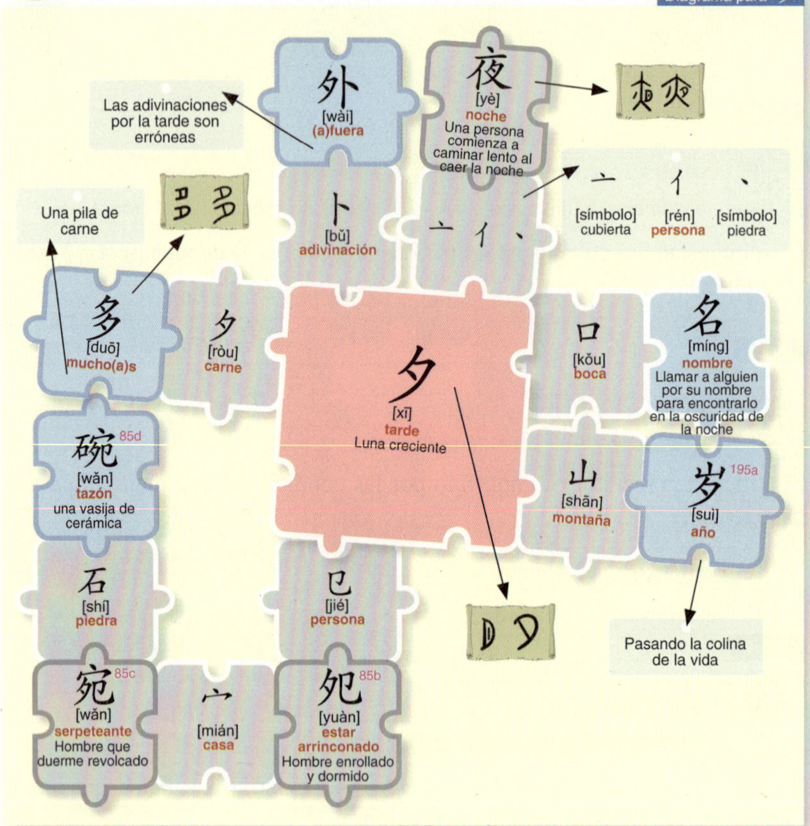

222

222

丿 ク 夕

夕 xī

tarde

Simboliza la forma de una luna creciente y significa 'tarde'.

222a

丿 ク 夕 夘 外

外 wài

(a)fuera

tarde 夕 [xī] + adivinación 卜[127] [bǔ]

Las adivinaciones(卜) por la tarde(夕) cansan tanto al adivino como a los espíritus y hacen que estos se equivoquen (afuera de la verdad).

除了…以外[chúle...yǐwài] excepto por; de no ser por - 147a 168a 63j
外边[wàibian] (a)fuera - 61a 外国[wàiguó] país extranjero - 20a
外语[wàiyǔ] lengua extranjera - 226c 另外[lìngwài] otro - 119d

222b 丶 亠 广 产 疒 夜 夜 夜

夜 yè

noche

cubierta 亠 [símbolo] + persona 亻[70][rén] + caminar lento 夂[56][zhǐ] + piedra 丶 [símbolo]

Una persona(亻) camina(夂) lento por la noche(亠) para no caerse a causa de una piedra(丶).

* En las inscripciones en bronce este carácter representa la noche a través de la imagen de la luna (夕) en la axila(丶) de una persona(大[74]), la parte más oscura del cuerpo humano.

半夜[bànyè] medianoche; medio de una noche - 175b 夜晚[yèwǎn] noche - 68b

222c ノ ク 夕 夕 名 名

名 míng

nombre

tarde 夕 [xī] + boca 口[16][kǒu]

En medio de la noche(夕), uno tiene que llamar(口) a otro por su nombre para poder encontrarlo.

名字[míngzi] nombre - 95b 有名[yǒumíng] famoso(a); bien conocido(a) - 39c
报名[bào/míng] inscribirse; contratar; rellenar con su nombre - 34a
名胜[míngshèng] lugar pintoresco - 208a 姓名[xìngmíng] nombre completo - 208c

222d ノ ク 夕 夕 多 多

多 duō

mucho(a)s

carne 夕→月[221]→肉[192][ròu] + carne 夕→月→肉 [ròu]

Una pila de mucha carne(肉) dio lugar al significado de 'mucho(a)s'. También se utiliza como un 'sufijo al final de cuantificadores' para representar una cantidad restante desconocida.

* El carácter antiguo indica que "夕" es efectivamente carne, no una luna creciente.

多少[duōshao] cuánto; cuánto(a)s - 235a 多么[duōme] cómo; qué - 93a
许多[xǔduō] mucho(a)s; mucho - 121c
差不多[chàbuduō] casi; por poco; más o menos - 171b 223a
50多岁 más de cincuenta años - 222d 195a

222

一

Diagrama para 不

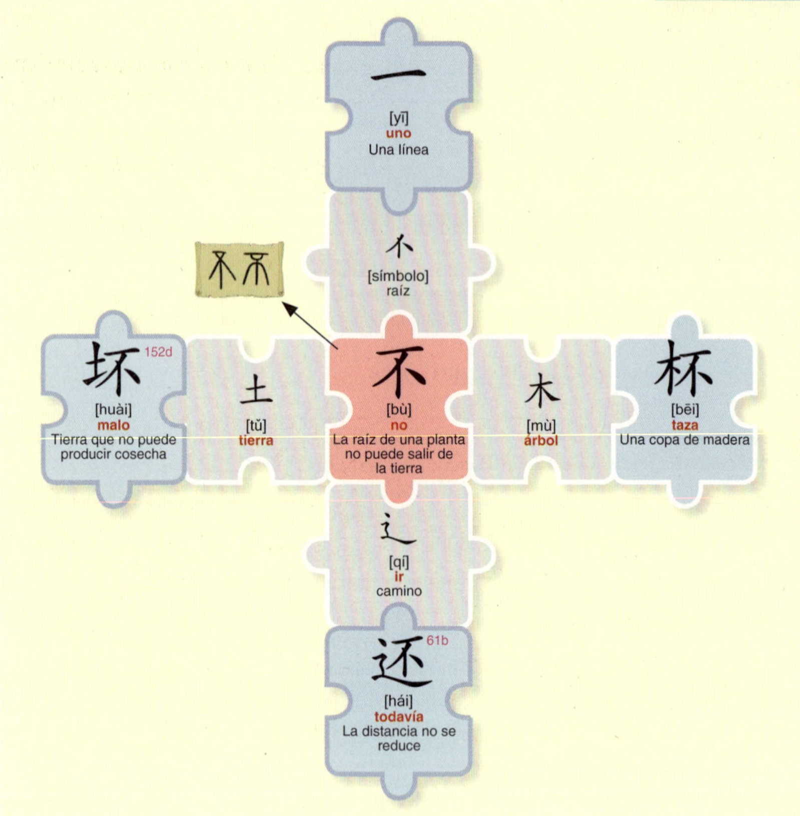

223

223 一

一 yī

uno; 1

Para representar el 'número 1' se trazó una línea.

第一[dìyī] el primero - 109b
一般[yìbān] igual a; tipo; general - 117c
一定[yīdìng] fijo; establecido(a); regular - 54e
一会儿[yīhuìr] un rato - 66c 71
一直[yīzhí] directo(a); constantemente - 12
一起[yīqǐ] en el mismo lugar; juntos - 53d
一边[yìbiān] un lado - 61a
一共[yīgòng] en total - 43c
一样[yīyàng] igual; igualmente; similar - 171a

一边…一边…[yībiān...yībiān...] dos acciones que se llevan a cabo simultáneamente - 61a
(他们一边工作一边学习。Ellos trabajan y aprenden al mismo tiempo) - 84b 145a 200 234b 95a 182a
一点儿[yīdiǎnr] un rato; un poco - 127d 71
一…就…[yī...jiù...] tan pronto como; inmediatamente - 80b
一块儿[yīkuàir] en el mismo lugar; juntos - 76b 71
一切[yīqiè] todo(a)s; todo - 119b
一下[yīxià] la vez; una vez - 223g
一些[yīxiē] alguno(a)s; unos pocos; un poco - 88h

223a

一 丆 不 不

不 bù

no

tierra 一 [símbolo] + raíz 个 [símbolo]

La raíz(个) de una planta no puede salir de la tierra(一). Es utilizado como una negación.

* Tratamos el carácter "不" en esta sección ya que "uno 一 [yī]" es un radical.

不客气[búkèqi] descortés; No hay de qué. - 57b 204
对不起[duìbuqǐ] Lo siento - 40c 53d
不错[bùcuò] correcto(a); justo(a); no está mal - 199b
不但[bùdàn] no sólo - 218b
不久[bùjiǔ] pronto; en breve - 68g
不如[bùrú] no tan bueno(a) como; no es igual a - 96g
不同[bùtóng] no igual; diferente - 149b
不要[bùyào] no - 170b
不用[bùyòng] no necesita - 166

223

223b

一 十 才 木 木 杠 杯 杯

杯 bēi

taza

árbol 木[210] [mù] + no 不 [bù]

Representa la copa de madera(木) que se utilizaba en la antigüedad. Se añadió el carácter "不" que se pronuncia de forma similar.

* Recuerden que cuando los chinos brindan(干杯), suelen vaciar(不) las copas y enseñar el fondo de la copa(木).

杯子[bēizi] taza; copa - 95
干杯[gān/bēi] hacer un brindis; ¡salud! - 121

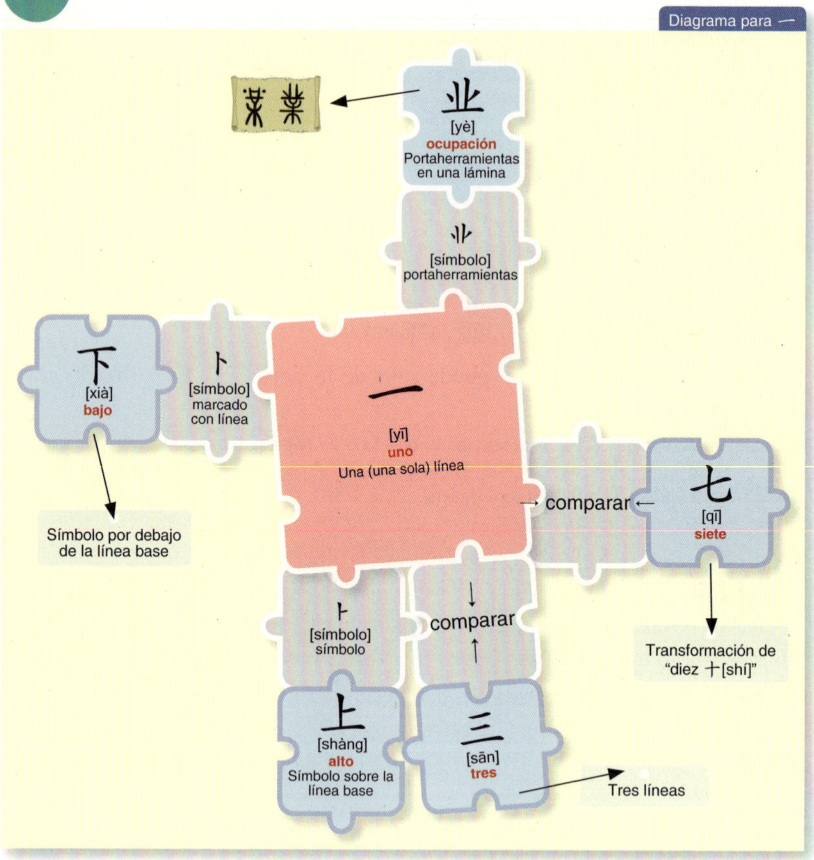

223

223c

业 yè

ocupación

portaherramientas 业 [símbolo] + lámina 一 [símbolo]

Un portaherramientas(业) puesto encima de una lámina(一) derivó al significado de 'ocupación, trabajo'.

* El carácter antiguo muestra un instrumento musical bajo un gancho(业), representando de esa forma el trabajo que uno tiene que aprender.

作业[zuòyè] deberes; trabajo - 234b
工业[gōngyè] industria - 200
农业[nóngyè] agricultura - 130c
商业[shāngyè] comercio - 103c
业务[yèwù] negocio - 159f

223d　　一七

七 qī **siete; 7**

La parte inferior del carácter "diez 十[231] [shí]" es doblado para representar el número 'siete, 7', número algo menor que 10.

223e　　一 二 三

三 sān **tres; 3**

Tres trazos de líneas para representar el número 'tres, 3'.

223f　　丨 ⺊ 上

上 shàng **arriba**

símbolo ⺊ [símbolo] + línea base 一 [símbolo]

Un símbolo(⺊) sobre la línea base(一). Se puede usar de diferentes formas como verbo. Véanse ejemplos de su uso más abajo.

223

上午[shàngwǔ] ante merídiem (a.m.) - 121b
上班[shàng/bān] ir a trabajar; ir a la oficina - 119f
晚上[wǎnshang] (por la) tarde; (por la) noche - 68b
早上[zǎoshang] mañana - 218e
马上[mǎshàng] en seguida; inmediatamente - 176
上网[shàngwǎng] navegar por Internet - 165
上边[shàngbian] cumbre - 61a
上课[shàng/kè] asistir a clase - 210i
上来[shànglái] comenzar; empezar - 212d
上去[shàngqù] subir; hacia arriba - 94
上学[shàng/xué] ir a la escuela - 95a

223g　　一 丅 下

下 xià **abajo**

línea base 一 [símbolo] + marcado con línea ⺊ [símbolo]

Un símbolo(⺊) por debajo de la línea base(一). Opuesto al carácter "arriba 上 [shàng]". Puede tener diferentes significados cuando se usa como verbo.

下午[xiàwǔ] post merídiem (p.m.) - 121b
下雨[xiàyǔ] lluvia - 205
下边[xiàbian] debajo de; bajo - 61a
下课[xià/kè] acabar clase - 210i
下来[xiàlái] bajar - 212d
下去[xiàqù] bajar; descender - 94
一下[yīxià] una vez; hace tiempo - 223

且

224

224 丨 冂 月 月 且

且 qiě **y**

Se apila el montón de carne en una tabla de cortar(一) a fin de ser preparada para una ceremonia ritual. Ya que la carne se apila capa sobre capa, derivó el significado de 'y'.

* Tratamos aquí el carácter "且" ya que tiene como radical el carácter "uno 一[223][yī]".

而且[érqiě] no sólo … pero (también); y que - 9 　　并且[bìngqiě] y; también - 123

224a ㄑ 𡿨 女 如 如 如 姐 姐

姐 jiě

hermana mayor

mujer 女[96] [nǚ] + tabla de cortar/y 且 [qiě]

Igual que la carne apilada sobre una tabla de cortar(且), una hermana mayor es una mujer(女) en la familia con años "apilados".

小姐[xiǎojiě] jovencita; señorita - 235 姐姐[jiějie] hermana mayor

224b 丨 冂 冃 月 且 助 助

助 zhù

ayuda

tabla de cortar/y 且 [qiě] + fuerza 力[159] [lì]

Igual que la carne apilada sobre una tabla de cortar(且), muchas personas reúnen fuerzas(力) para ayudar.

帮助[bāngzhù] ayudar; asistir a - 209b

224c 一 十 才 木 木 杏 杏 查 查

查 chá

investigar

árbol 木[210] [mù] + tabla de cortar/y 且 [qiě]

Igual que la carne apilada sobre una tabla de cortar(且), hay que investigar si la madera(木) apilada sirve para hacer una balsa.

* La parte inferior "alba 旦[218a] [dàn]" representa la forma de una tabla de cortar en las inscripciones antiguas.

* Efectivamente, en las inscripciones antiguas el carácter "查" tenía el significado original de 'balsa de madera'.

检查[jiǎnchá] inspeccionar; examinar - 67b 调查[diàochá] investigar - 154b

224d 丶 丶 宀 宀 宁 宁 宜 宜

宜 yí

apropiado(a)

casa 宀[141] [mián] + tabla de cortar/y 且 [qiě]

Es apropiada una ceremonia en casa(宀) para honrar a los antepasados con carne apilada sobre una tabla de cortar(且).

便宜[piányi] barato(a); modesto(a) - 35d

224

224e ` 讠 讠 讠 讠 讠 讠 谊 谊 谊

谊 yì

amistad

palabra 讠=言[22][yán] + apropiado(a) 宜 [yí]

Cuanto más allegado sea un amigo, debe ser más cortés y usar palabras(讠) apropiadas(宜).

友谊[yǒuyì] amistad - 34d

225

丁

Diagrama para 丁

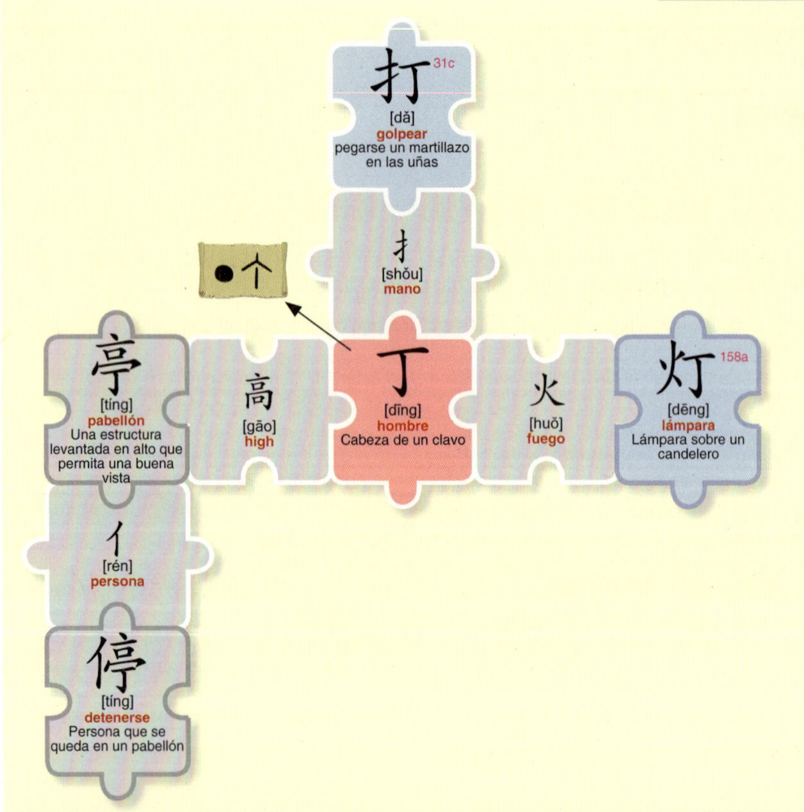

225 一丁

丁 dīng **hombre**

Cabeza(一) de un clavo(亅). Una cabeza grande resulta más fácil de clavar. De ahí derivó el significado de 'hombre' ya que, conforme crezca su cabeza (一), tendrá más fuerza(亅).

* Tratamos aquí el carácter "丁" ya que tiene como radical el carácter "uno 一[223][yī]".

225a 丶 亠 亡 亩 亩 亨 亭 亭 亭

亭 tíng **pabellón**

alto 高[3][gāo] + clavo/hombre 丁 [dīng]

Un pabellón construido en lo alto(高) donde uno puede sentarse(丁) y disfrutar de una vista hermosa.

* "丁" que significa clavar y 'estabilizar', también puede significar 'sentarse firmemente'.

* La parte inferior del carácter "高" fue eliminado para mantener el balance estético.

亭子[tíngzi] pabellón - 95

225b 丿 亻 亻 亻 亻 亻 亻 亻 亻 亻 停

停 tíng **detenerse; quedarse**

persona 亻[70][rén] + pabellón 亭 [tíng]

Una persona(亻) se detiene en un pabellón(亭) para descansar.

停止[tíngzhǐ] parar; detener - 53

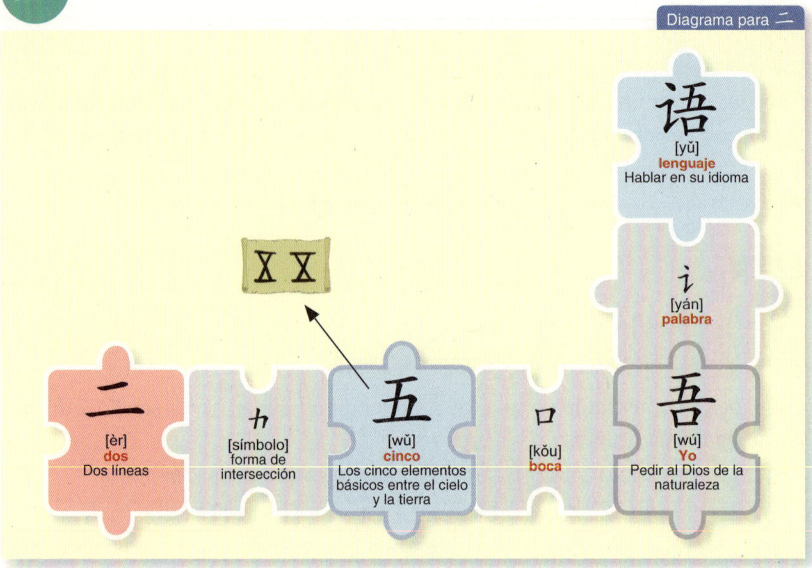

226

226 一 二

二 èr

dos; 2

Derivó el significado de 'dos, 2' para representar números y se han trazado dos líneas.

226a 一 丆 五 五

五 wǔ

cinco; 5

cielo y la tierra 二 [símbolo] + forma de intersección 力 [símbolo]

Forma de intersección(力) entre dos líneas(二) que representa el cielo y la tierra para describir la naturaleza entre el cielo y la tierra. Derivó el significado de 'cinco, 5' ya que existen cinco elementos básicos en la naturaleza.

* El carácter antiguo tiene la forma de las dos líneas que representan el cielo y la tierra(二) en forma de "X".
* Yin-Yang y la Teoría de los Cinco Elementos, que es una filosofía asiática, mencionan que existen cinco elementos básicos para mantener la naturaleza que son agua(水[201]), fuego(火[158]), árbol (木[210]), metal(金[199]) y tierra (土[152]).

226b

一 丅 万 五 五 吾 吾

吾 wú

Yo; nosotros

cinco 五 [wǔ] + boca 口[16] [kǒu]

Derivó el significado de 'yo, nosotros' de la forma en que se le pide(口) al Dios de la naturaleza, que controla los cinco(五) elementos básicos, la felicidad de uno mismo.

* "口" representa la boca que pide la bendición.

226c

丶 讠 讠 讠 讶 语 语 语 语

语 yǔ

lenguaje

palabra 讠=言[22] [yán] + yo 吾 [wú]

Forma de rezar(讠) al Dios de la naturaleza en su propio(吾) idioma.

汉语[hànyǔ] Chino (lenguaje) - 34g
法语[fǎyǔ] Francés (lenguaje) - 94b
日语[rìyǔ] Japonés (lenguaje) - 218
英语[yīngyǔ] Inglés (lenguaje) - 77a
语言[yǔyán] lenguaje - 22
词语[cíyǔ] palabras; expresiones; términos - 18f
口语[kǒuyǔ] idioma que habla - 16
外语[wàiyǔ] idioma extranjero - 222a
语法[yǔfǎ] gramática; sintaxis - 94b

226

云

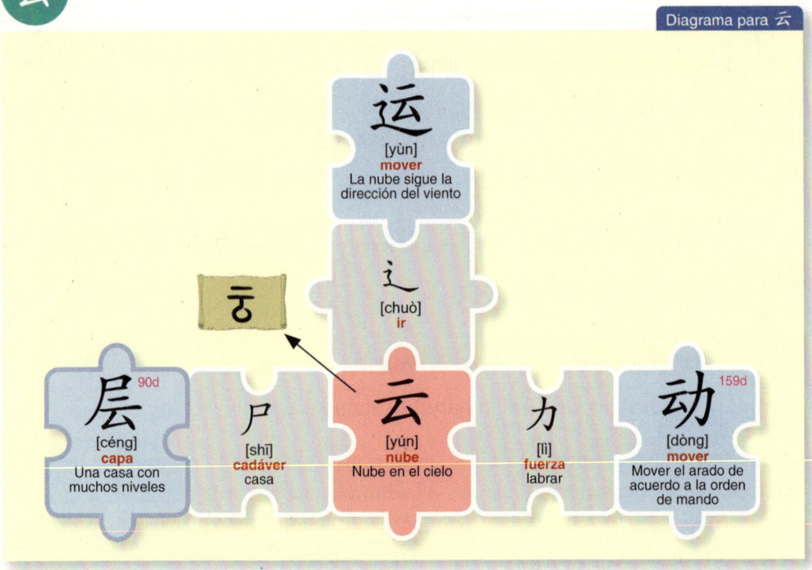

227 **227** 一 二 云 云

云 yún — nube; hablar

Forma de nube que está en el cielo, que es un aviso de lluvia; de ahí derivó el significado de 'hablar'.

* "云" se trata aquí porque "dos 二[226][èr]" es un radical.

227a 一 二 亍 云 `云 运 运

运 yùn — mover

nube 云 [yún] + ir 辶[61][chuò]

Derivó el significado de 'mover' de la forma en que la nube(云) se mueve(辶) en la dirección del viento.

运动[yùndòng] movilidad; movimiento - 159d　　运输[yùnshū] transporte - 221d

井

Diagrama para 井

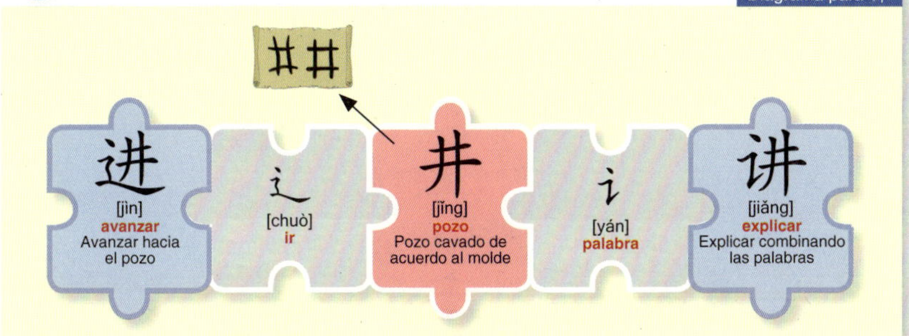

228 一 二 井 井

井 jǐng **pozo**

Carácter que representa el tallado de vida de madera o de piedra para cavar verticalmente el pozo.

* "井" se trata aquí porque es el radical de "dos 二[226] [èr]".

228

228a 丶 讠 讠 讠 讲 讲

讲 jiǎng **explicar**

palabra 讠=言[22] [yán] + pozo 井 [jǐng]

Forma de explicar adecuando(井) las palabras(讠), como cavar el pozo(井) tallando con una viga de madera o piedra.

讲话[jiǎng/huà] hablar; conversar - 24b　　讲座[jiǎngzuò] curso de lectura - 152c

228b 一 二 井 井 井 讲 进

进 jìn **avanzar**

pozo 井 [jǐng] + ir 辶[61] [chuò]

Derivó el significado 'ávanzar' de la forma en que una persona cansada y con calor y sed corre(辶) hacia adelante en dirección al pozo(井).

进来[jìnlái] entrar - 212d　　进去[jìnqù] ir hacia; llegar; entrar - 94
进行[jìnxíng] progresar; avanzar - 60b

八

Diagrama para 八

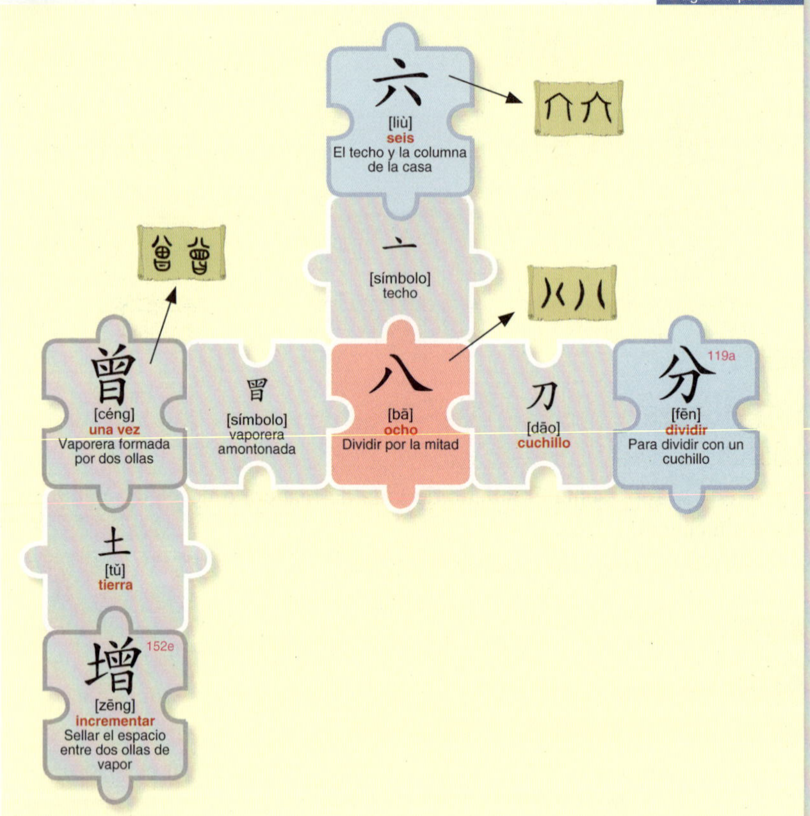

229

229 ノ 八

八 bā

ocho;8

Significa 'dividir' de la forma de dividir simétricamente en ambos lados. También derivó el significado de 'ocho, 8' porque es un número que continúa dividiéndose(八).

* También significa 'La bendición de Dios viene del cielo' si se voltea la forma del carácter(ヽノ).

229a

丶 亠 亣 六

六
liù

seis; 6

Carácter que representaba el techo(亠[1]) y columna(八) de la casa, pero fue cambiando hasta significar el número 'seis, 6'.

* El carácter antiguo cambió la forma de techo(宀[141]) a cabeza(亠).

229b

丶 丷 丷 屵 屵 屵 屵 曾 曾 曾 曾 曾

曾
céng

una vez

ocho 丷 → 八 [bā] + vaporera apilada 曽 [símbolo]

Forma de cuando se le sale(八) el vapor de la vaporera(罒) apilada, la de abajo que es la "olla(曰) para hervir agua" y la de arriba es 'olla(罒) con un agujero en la base para el vapor'. Si en la vaporera se está cocinando comida, quiere decir que el agua ya está hervida, de ahí se derivó el significado de 'temprano'.

* "八" es la forma de sacar el vapor.

不曾 [bùcéng] nunca - 223a

229

九

230

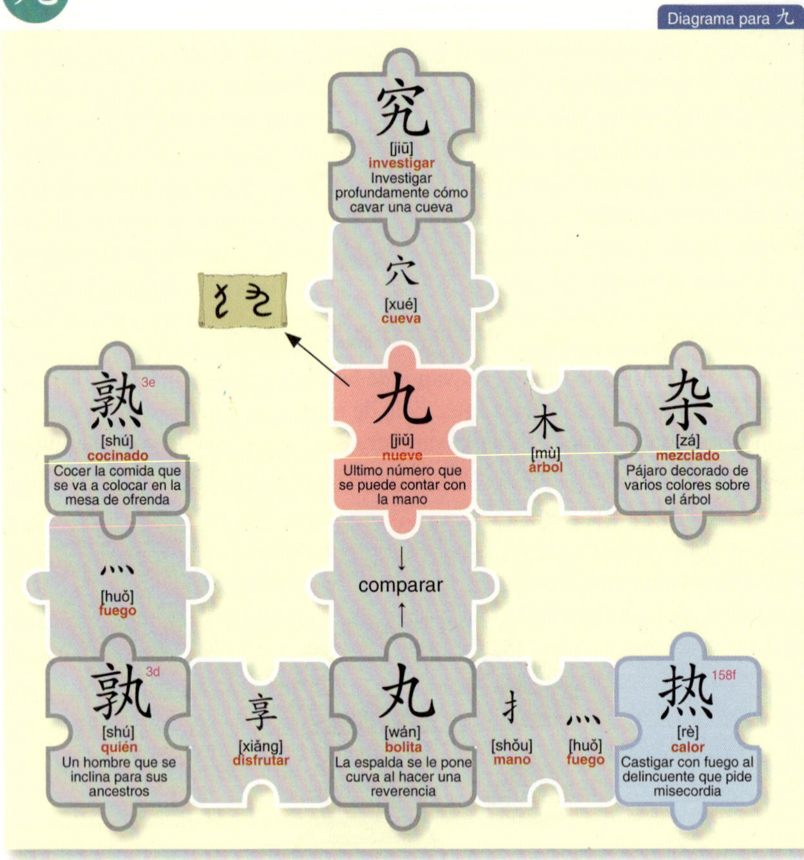

230 ノ 九

九 jiǔ **nueve; 9**

Tiene la forma del extremo de la mano(ナ[39])expresada de forma torcida (乚) para representar el número 'nueve, 9' que es el último(乚) que se puede contar con la mano.

230a

丶 丷 宀 ⺡ 穴 穷 究

究 jiū

investigar

cueva 穴[142] [xué] + nueve 九 [jiǔ]

Forma de investigar profundamente(九) un campo para cavar una cueva(穴).

* "九" es el último número de la numeración decimal, y representa que está metido profundamente hasta el final.

研究[yánjiū] investigación - 197d 研究所[yánjiūsuǒ] instituto de investigación - 197d 144a

230b

丿 九 九 卆 杂 杂

杂 zá

mezclado

nueve 九 [jiǔ] + árbol 木[210] [mù]

Forma de pájaro sentado sobre un árbol(木) que tiene una pluma hermosa con la mezcla de gran variedad(九) de colores.

* El carácter tradicional(雜) tiene la forma de un pájaro(隹[178]) sobre un árbol(木) adornado con un vestido(衣[130]) mezclado de varios colores.

复杂[fùzá] complicado - 56d 杂技[zájì] acrobacia - 51a

230

230c

丿 九 丸

丸 wán

bolita

Derivó el significado de 'huevo' de la forma de la espalda que se le pone curva al hacer una reverencia.

* Es un carácter que no tiene ninguna relación con "nueve 九[jiǔ]".

十

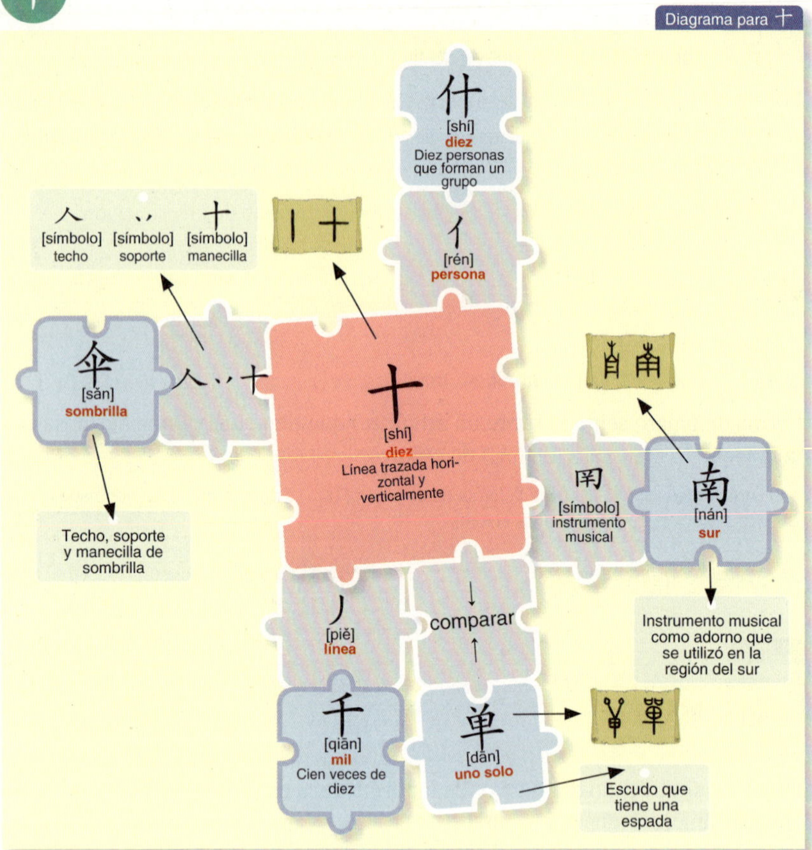

231

231

一十

十 shí diez; 10

Para representar el número 'diez, 10' se utilizó una línea vertical(丨) pero para evitar confusiones se le agregó una línea horizontal en medio.

十分[shífēn] completo; de gran; extremadamente - 119a

231a ノ亻亻一什

什 shí/shén

diez; variado

persona 亻[70][rén] + diez 十 [shí]

Significa que diez(十) personas variadas(亻) han formado un grupo. También se utiliza para representar fracción o múltiplos de 'diez'.

什九。nueve décimos. - 231a 230 | 什百。décuplo o cien veces. - 231a 134a

También se utiliza como un estado del vocabulario que cambia su pronunciación en donde 'ya no se puede analizar más el significado del lenguaje'.

什么 [shénme] qué - 93a | 为什么 [wèishénme] porqué - 159c 93a

231b 一十冂冂冂冂冂冂南

南 nán

sur

adorno que se cuelga 十 [símbolo] + instrumento musical 冂 [símbolo]

Derivó el significado de 'lado sur' de la forma del instrumento musical(冂) que al tocar sonaba claramente y se colgaba como un adorno(十); era utilizado en la región del sur.

* En la actualidad la raza Miao, que vive en la región del sur, todavía tiene un instrumento musical al que llaman "南".

南边 [nánbian] al sur - 61a | 南方 [nánfāng] sur - 160

231c 丶丷丷台台台鱼单

单 dān

uno solo

Forma de espada colgada en un escudo (escudo/seco 干[121] [gān]) que tiene la punta dividida en dos direcciones. Se utiliza como un arma de defensa y ataque, y significa que es posible la caza solo con tener este instrumento.

菜单 [càidān] menú; carta - 33e | 简单 [jiǎndān] simple - 145d

231d 丿二千

千 qiān

mil

línea 丿[234][piě] + diez 十 [shí]

Se agregó un trazo(丿) al diez "十" para representar el número 'mil', que son cien veces diez.

* "丿" es un carácter sin significado por lo que se puede interpretar de varias formas.

231

千万 [qiānwàn] diez millones; sin falta - 194d

231e 丿 人 亼 仒 仐 伞

伞 sǎn

sombrilla

techo 人 [símbolo] + soporte `` [símbolo] + manecilla 十 [símbolo]

Carácter de la forma de techo(人), soporte(``) y manecilla(十) de una sombrilla abierta.

丨

232

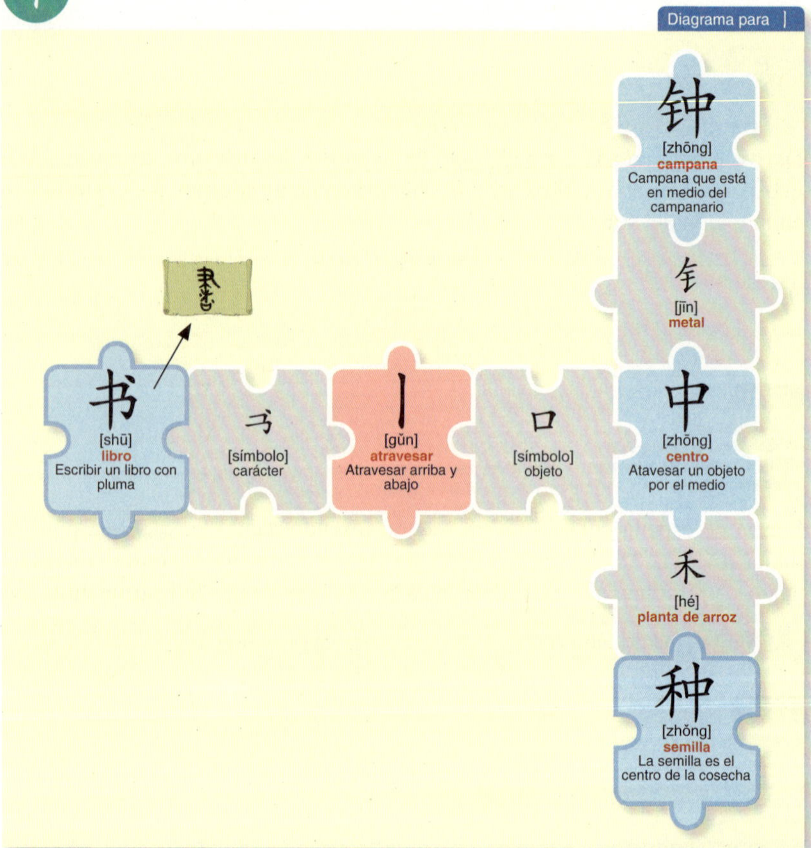

232 丨

丨 gǔn **atravesar**

Forma vertical que ha atravesado arriba y abajo.

232a 丶 冂 口 中

中 zhōng **centro**

objeto 口 [símbolo] + atravesar 丨 [gǔn]

Forma de atravesar(丨) un objeto(口) por el centro. Tiene el significado de 'China' e indica que China es el centro del mundo. También se utiliza para indicar que 'la actividad después del verbo está en progreso' ya que está en medio del movimiento. Generalmente antes del verbo se utiliza "existencia 在[32a][zài]".

中国[Zhōngguó] China - 20a
中午[zhōngwǔ] mediodía - 121b
中间[zhōngjiān] centro; entre - 145c
中文[zhōngwén] el lenguaje Chino - 133
中学[zhōngxué] secundaria - 95a
集中[jízhōng] concentrar - 178a
第二号大桥在建设中。Están construyendo el segundo puente.
- 109b 226 16c 74 78c 32a 37b 117e 232a

232

232b ノ ト ヒ 乍 钅 钅 钔 钔 钟

钟 zhōng **campana; reloj**

metal 钅=金[199][jīn] + centro 中 [zhōng]

Forma de campana metálica(钅)colgada en medio(中) del campanario. Derivó el significado de 'reloj' debido a que en la antigüedad la oficina gubernamental avisaba la hora tocando la campana.

分钟[fēnzhōng] minuto - 119a
点钟[diǎnzhōng] en punto - 127d
钟头[zhōngtóu] hora - 75

232c ㇒ 二 千 禾 禾 和 和 和 种

种 zhǒng

semilla; especie

planta de arroz 禾[139] [hé] + centro 中 [zhōng]

La semilla que permite el traslado y almacenaje es el centro(中) de la cosecha (禾). También derivó el significado de 'especie', ya que de la misma semilla siempre sale un mismo tipo de cosecha.

各种[gèzhǒng] todos los tipos - 57
种植[zhòngzhí] planta; crecer - 12a
种子[zhǒngzi] semilla - 95

232d ㇆ ㇋ 书 书

书 shū

libro

carácter ㇋ [símbolo] + pluma 丨 [símbolo]

Forma de escribir caracteres(㇋) con pluma(丨). Cuando se reúnen esos caracteres se convierte en un libro.

* El carácter tradicional(書) tiene la forma de escribir caracteres con una pluma(聿[37]), que se remoja con la tinta de un tintero(曰[símbolo]).

232

图书馆[túshūguǎn] biblioteca - 206f 193c
读书[dúshū] leer; estudiar - 75d
书包[shūbāo] mochila; bolso - 47
书店[shūdiàn] librería - 127b

Diagrama para 丶

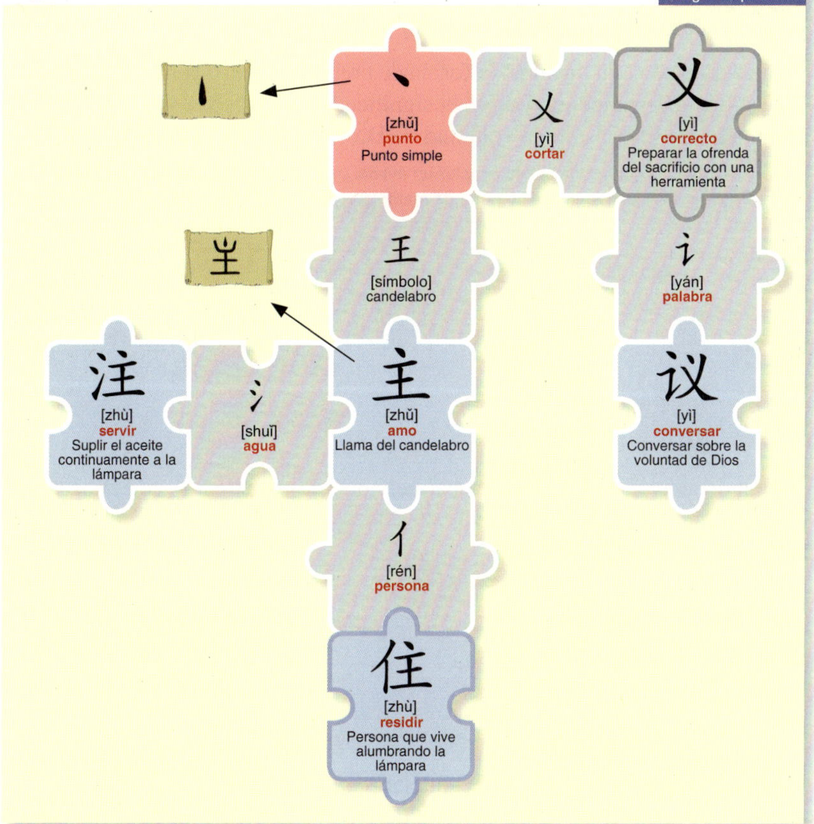

233

233 丶

丶 zhǔ **punto**

Forma de 'punto' sencillo; especialmente se utiliza como un signo al momento de simplificar caracteres complejos del carácter chino tradicional al carácter chino simplificado.

233a 丶 丿 义

义 yì

correcto; significado

ofrenda de sacrificio 丶 [símbolo] + cortar 乂 [yì]

Se ha expresado con un signo la forma de preparar(乂) la ofrenda del sacrificio (丶) con una herramienta. Derivó el significado de 'correcto, significado' de la forma en que se consulta la voluntad de Dios a través de la ofrenda.

* "cortar 乂 [yì]" es cortar una planta o matar un animal y se expresa con una "X".
* El carácter tradicional(義) tiene la forma de matar la oveja(羊[171]), que es la ofrenda del sacrificio con una lanza(我[113b]) que tiene dientes de sierra.

意义[yìyì] sentido; significado - 21b

233b 丶 讠 讠 订 议

议 yì

conversar

palabra 讠=言[22][yán] + correcto 义 [yì]

Forma de conversar(讠) reunidos para conocer la voluntad(义) de Dios y cúal es el camino correcto(义).

233

会议[huìyì] reunión; conferencia - 66c

233c 丶 亠 二 丰 主

主 zhǔ

amo

llama 丶 [símbolo] + candelabro 王 [símbolo]

Forma de lámpara(丶) sobre el candelabro(王). En una noche oscura la lámpara es el centro de las cosas y de ahí derivó el significado de 'dueño'.

* Caracteres que tienen la forma similar a "rey 王[108][wáng]"; tienen la misma forma de candelabro pero no tienen ninguna relación con rey.

主要[zhǔyào] principal; mayor - 170b
主意[zhǔyi] plan; idea - 21b
主张[zhǔzhāng] afirmar; mantener; opinión - 102a

233d ノ 亻 亻' 亻˗ 亻= 仠 住

住 zhù

residir

persona 亻[70] [rén] + lámpara/dueño 主 [zhǔ]

Derivó el significado de 'vivir' de la forma en que viven las personas(亻) que prenden las lámparas(主) de noche.

住院[zhù/yuàn] estar en el hospital - 73b

233e ˋ ˋˊ 氵 氵' 氵˗ 氵= 汼 注

注 zhù

servir; concentrar

agua 氵[202] [shuǐ] + lámpara/dueño 主 [zhǔ]

Forma de verter aceite(氵) a la lámpara(主) para que no se apague. Derivó el significado de 'concentración' de enfocar la mente en una actividad continuamente, así como el hecho de verter aceite continuamente para que no se apague la lámpara.

注意[zhùyì] poner atención; tomar nota de - 21b
注册[zhùcè] registrar; iniciar - 217
注射[zhùshè] inyectar; inyección - 27b

233

丿

Diagrama para 乍

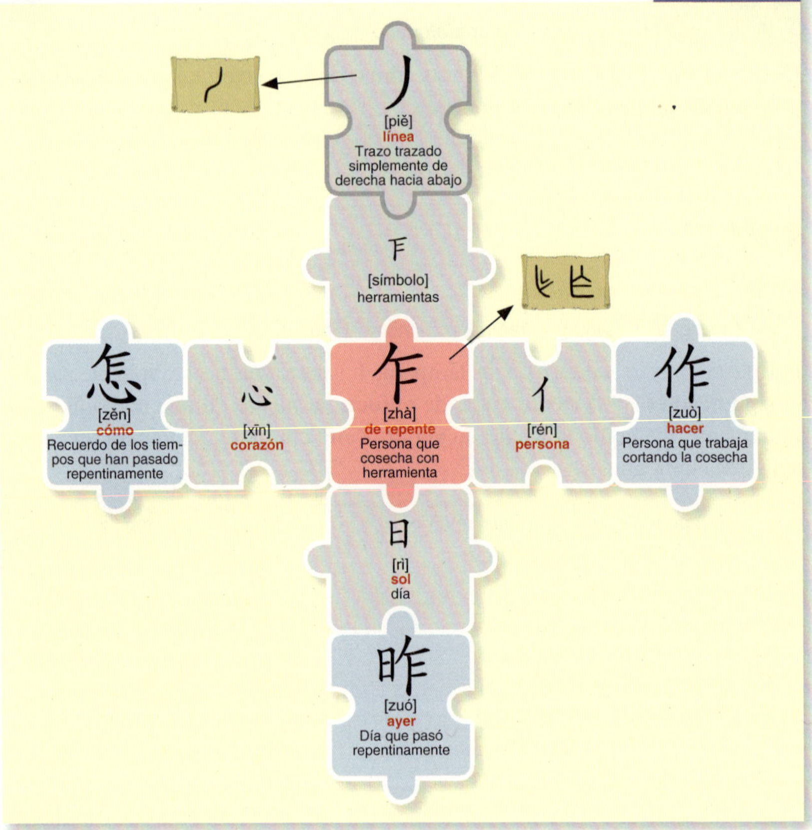

234

234 丿

丿 piě

línea

Este carácter está trazado simplemente de la parte superior derecha hacia la inferior izquierda, y puede interpretarse de distintas formas ya que no tiene un significado específico.

234a 乍

乍 zhà

de repente

Forma de persona(𠂉→人[63]) que está recolectando la cosecha con una herramienta(乍); tiene el significado de que está cortando repentinamente la cosecha que ha crecido durante un año.

* Se está tratando "乍" aquí debido a que es radical de "Trazo trazado de derecha hacia abajo 丿 [piě]".

234b 丿 亻 亻 𠂉 作 作 作

作 zuò

hacer

persona 亻[70][rén] + de repente 乍 [zhà]

El carácter "乍" es una persona que corta con una herramienta la cosecha y fue utilizado para expresar 'de repente'; se agregó el carácter persona(亻), que es quien está a cargo del trabajo para dar el significado de 'hacer'.

工作[gōngzuò] empleo; trabajo - 200
作业[zuòyè] tarea; trabajo - 223c
作用[zuòyòng] acción; efecto - 166

234c 丨 冂 日 日 日' 日𠂉 昨 昨 昨

昨 zuó

ayer

día/sol 日[218][rì] + de repente 乍 [zhà]

234

Como la expresión 'el tiempo vuela como una flecha', el tiempo que ha pasado se siente rápido. Se derivó el significado de 'ayer' como el día(日) que pasó repentinamente(乍), casi sin darse cuenta.

昨天[zuótiān] ayer - 74b

234d 丿 𠂉 午 乍 乍 乍 怎 怎 怎

怎 zěn

cómo

de repente 乍 [zhà] + corazón 心[28][xīn]

Derivó el significado de 'cómo' de la forma de preguntarse a sí mismo recordando(心) el tiempo que ha pasado repentinamente(乍).

* "心" expresa sentimientos o características y por ello representa el estado de recordar el tiempo que ha pasado.

怎么[zěnme] cómo - 93a
怎么样[zěnmeyàng] cómo - 93a 171a
怎样[zěnyàng] cómo - 171a

小

235

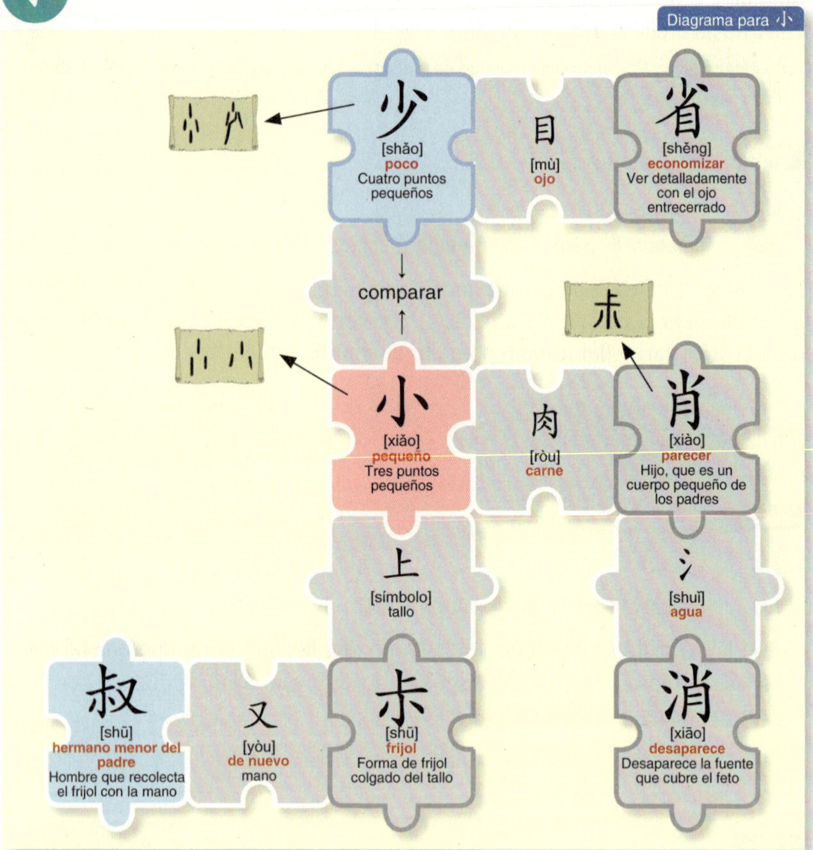

235

小 xiǎo **pequeño**

Tiene la forma de tres puntos(丶) pequeños y significa 'pequeño'.

小姐[xiǎojiě] mujer joven; señorita - 224a
小心[xiǎoxīn] tener cuidado - 28
小朋友[xiǎopéngyǒu] niño - 192a 34d
小时[xiǎoshí] hora - 42d
小孩儿[xiǎoháir] infantil; niño - 4c 71

235

235a

丨 小 小 少

少 shǎo

poco

Forma de cuatro puntos(丶) pequeños y significa 'poco'.

多少 [duōshao] cúanto; cúantos - 222d　　不少 [bùshǎo] no tan poco; dejar algunos - 223a

235b

丨 小 小 少 少 省 省 省 省

省 shěng

economizar; provincia

poco 少 [shǎo] + ojo 目[11] [mù]

Forma de ver con el ojo(目) entrecerrado(少) para enfocar la vista a fin de ver detalladamente. Derivó el significado de 'economizar' por el hecho de ver detalladamente, y de 'provincia' para dividir la nación en áreas adecuadas de administración con el fin de ver detalladamente al pueblo.

* Realmente, si uno abre el ojo(目) entrecerrado(少) para enfocar la vista cuando los objetos se ven borrosos, el párpado presiona el cristalino y ayuda al músculo que transforma la forma del cristalino y permite temporalmente mejorar la vista.

节省 [jiéshěng] economizar; ahorrar - 85g
广东省 provincia de Guangdong - 143 211 235b

235c

丨 小 小 肖 肖 肖 肖

肖 xiào

parecer

pequeño 小 [xiǎo] + carne 月[221] → 肉[192] [ròu]

A los hijos se les considera como un cuerpo(肉) pequeño(小), indicando que son parecidos a sus padres.

肖像 [xiàoxiàng] retrato - 174c

235d

丶 丷 氵 氵' 氵'' 氵'' 氵' 消 消 消

消 xiāo

desaparece; noticias

agua 氵[202] [shuǐ] + parecer 肖 [xiào]

Forma en la que se rompe y desaparece la fuente(氵) que protegía al feto que se parece(肖) a los padres, al momento en que la madre da a luz. También derivó el significado de 'noticias' por el hecho de que al momento de dar a luz desaparece la fuente, así como las noticias también aparecen y desaparecen continuamente.

消息[xiāoxi] noticias - 26b　　取消[qǔxiāo] cancelar - 10b

235e

丨 ⺊ 上 上 卡 尗

尗 shū

frijol

tallo 上 [símbolo] + frijol 小 [símbolo]

El carácter antiguo tiene la forma de un frijol(小) pequeño colgado del tallo (上).

235

235f

丨 ⺊ 上 上 卡 尗 叔 叔

叔 shū

hermano menor del padre

frijol 尗 [shū] + mano/de nuevo 又[34] [yòu]

En la sociedad agrícola o de caza el hombre se dedicaba al trabajo pesado como la caza o la labranza de la tierra. Han expresado la forma de recolectar el frijol(尗)con la mano(又) para el hermano menor del padre que todavía no puede hacer esos trabajos pesados.

叔叔[shūshu] hermano menor del padre

Conclusión

Si usted esta ahora leyendo estas palabras finales, no es exagerado decir que usted posee tanto interés por el carácter chino como comprensión sobre éste a nivel semi-académico. A partir de ahora quisiera comentar cómo fue creado el carácter chino y cuál fue mi propósito al escribir este libro. Esto ayudará a ver los muchos caracteres chinos que llegará a conocer en el futuro desde un punto de vista más objetivo, fácil e interesante.

¿Cómo fue creado el carácter chino?

- Caracteres jeroglíficos : En la Antigua China las personas se expresaban la escritura con dibujos sencillos que imitaban forma de las cosas, y éste fue el inicio de los caracteres chinos. Por ejemplo, la letra creada imitando la rama(一), la raíz (八) y el tronco(丨) del árbol es nada menos que la letra "árbol 木 [mù]", y los 300 caracteres jeroglíficos similares son fáciles de recordar al imaginar la forma de un objeto.
- Códigos : Utilizaron signos para aquellos que eran difíciles de explicar con formas. Por ejemplo, el carácter que surge trazando una línea(一) larga sobre la copa del árbol(木), dando lugar al significado de "fin 末 [mò]". Existen otros 130 caracteres similares. Estos caracteres, que fueron creados añadiendo signos sobre caracteres jeroglíficos, también son relativamente fáciles de recordar pensando sobre su proceso de creación.
- Ideogramas : Con el paso del tiempo se crearon nuevas palabras, añadiendo caracteres jeroglíficos a los códigos. Por ejemplo, el carácter "descansar 休 [xiū]" deriva de una persona(亻) que descansa apoyando sobre el árbol(木), y hay unos mil ideogramas del mismo modo. Si se conocen los caracteres jeroglíficos que son la base y los códigos, es posible recordar estos caracteres de manera sencilla, relacionándolos con el significado de los caracteres añadidos.
- Ideogramas compuestos : Es fácil entender el significado de los ideogramas si los relaciona con el significado de los caracteres añadidos, pero tiene la desventaja de tener que memorizar la nueva pronunciación. Por ello, los chinos de la Antigüedad crearon nuevos caracteres, añadiendo caracteres que representan el significando a caracteres que describen al sonido. Por ejemplo, para crear el carácter calcetín añadieron el carácter "ropa 衤 [yī]" al carácter "fin 末 [mò]" que representa el sonido, y así crearon el carácter "calcetín 袜 [wà/mò]". Este tipo de caracteres ocupa el 97% del total de caracteres chinos.
- También existen dobletes derivados (significado recíproco) y Rebus (o préstamo fonético o caracteres prestados) pero el significado de estos caracteres se desarrolla sobre los caracteres originales o simplemente se tomó prestado el sonido por lo que no es necesario aprender a leer y escribirlas separadamente.

Caracteres básicos que forman la raíz de los caracteres chinos

Tal como se indica en la parte anterior, observando el origen en que fue creado el carácter chino, se puede ver que todos los 'ideogramas, ideogramas compuestos, dobletes derivados o Rebus' derivan de jeroglíficos y códigos. Por tanto, conociendo estos últimos, que cumplen el papel de los caracteres básicos, se puede deducir que es posible entender numerosos caracteres chinos de manera sencilla y aprovechar al máximo la ventaja de éstos, o sea, viendo la letra es posible entender su significado.

Efectivamente, el estudioso de los caracteres chinos Hsu Shen(许慎, 30~124) de la Dinastía Han fue el primero en historia en ordenar sistemáticamente el significado y el sonido de los caracteres chinos a través del Primer Diccionario de caracteres chinos (说文解字), clasificando en 540 unidades los caracteres básicos. Los académicos de 'China, Corea del Sur y Japón' que utilizan los caracteres chinos actualmente clasifican los mismos en 200 unidades, y los denominan 'radicales'. Pero existen caracteres que, aun que no estén incluidas dentro de radicales, cumplen con el papel de caracteres básicos, por lo que sumando todas estas es posible asumir la existencia de 300 unidades de caracteres básicos dentro de los caracteres chinos.

Así es. En toda escritura existen letras básicas, al igual que en los caracteres chinos. En inglés existen 26 letras, en coreano existen 24 consonantes y vocales, y en japonés existen 50 sílabas. Conociendo dichas letras básicas es posible leer y escribir cualquier oración. Pero no se debe pensar que los caracteres chinos son difíciles por sus 300 letras básicas. En el caso del inglés, coreano y japonés, que son escrituras fonéticas, es imposible conocer su significado aun que pueda leer y escribir, mientras que en el caso de los caracteres chinos, que son escrituras ideográficas, tienen la ventaja de que se puede comprender el significado de un carácter simplemente mirándolo.

Ideogramas compuestos que ocupan la mayoría de los caracteres chinos

Los que ocupan la mayoría del total de los caracteres chinos tienen la ventaja de dar a conocer fácilmente su significado y su sonido, pero observando detalladamente se puede ver que las escrituras fonéticas describen al significado también.

Por tanto, Wan Anshih(王安石, 1021~1086), que fue uno de los 8 escritores sobresalientes de las Dinastías Tang(唐) y Sung(宋), argumentó que las escrituras fonéticas de los ideogramas compuestos describen también su significado. Desde luego, las personas que crearon caracteres chinos en la Antigüedad, al seleccionar escrituras fonéticas, tuvieron que haber añadido aquellas que, por su significado, estaban relacionadas con las otras escrituras fonéticas.

Por ejemplo, pensemos en el carácter "calcetines 袜 [wà/mò]" que mencionamos anteriormente como ideogramas compuestos. ¡Tuvieron que haber creado el carácter calcetín, pensando en el carácter "ropa 衤 [yī]" que describe el significado, y añadieron el carácter "fin 末 [mò]" que describe el sonido. De esta forma pensaron que el pie es la parte final(末) del cuerpo y el calcetín(袜) es la ropa(衤) que viste a dicho pie!

Claro está que es imposible adecuar todos los ideogramas compuestos a dicho marco, ya que dentro de los muchos ideogramas compuestos existen caracteres que únicamente describen el sonido. Por ejemplo, al carácter "狼[láng]" añadieron el carácter "perro 犭 [quǎn]" que significa "buen, -na 良 [liáng]" que describe el sonido, para poder crear el carácter lobo.

Pero si buscan relación entre los dos caracteres para aumentar el interés por los caracteres chinos, es posible entenderlos con más facilidad sin tener que memorizarlos. Por ejemplo, tal como dijimos anteriormente, es mas fácil si entendemos el caracter "狼[láng]" como 'se puede ver que el lobo(犭) es un animal listo con magnífica(良) inteligencia'. Por ello, los indios americanos consideraban al lobo como sagrado y lo adoraban por su sagacidad.

Este libro esta escrito para que puedan recordar todos los caracteres chinos, incluyendo los ideogramas compuestos, conjuntamente con esas historias interesantes.

Uso de los caracteres chinos descompuestos y compuestos

¿Si ya comprendimos como fueron creados los caracteres chinos y con que propósito fue escrito este libro, como podemos usar los caracteres chinos que aprendimos en este libro?

En este libro, la mayoría de las veces, a cada carácter está asignado un sólo significado para que el lector pueda acercarse de manera mas fácil a los caracteres chinos. Pero, al igual que cualquier otro idioma, la mayoría de las palabras posee muchos significados. Los caracteres chinos, que son jeroglíficos, tienen su trasfondo también, su uso es más variable en cuanto a la derivación de su significado. Por ejemplo, "对[duì]" explica la escena en la que 'buscan entre ellos, sosteniendo el candil con la mano(又, 寸), preguntándose y respondiéndose si son efectivamente las personas que estaban buscando. Es la forma en la que se miran frente a frente'. En este contexto, "对" tiene varios significados como 'dirigir, acertar, responder, tratar, y mirar frente a frente'. Por tanto, si piensan en el trasfondo, en vez de memorizar el significado de los caracteres chinos, les será más fácil comprender que motivó el desarrollo de un significado, y así recordar su significado más fácilmente.

En este momento ustedes, sin darse cuenta, estarán separando los complejos caracteres chinos en caracteres básicos. No es exagerado decir que la mayoría de los caracteres chinos que lleguen a conocer a partir de ahora serán ideogramas compuestos por caracteres básicos que representan el significado y el sonido. Por tanto, espero que, al conocer un nuevo carácter chino, observen con atención como afectan los caracteres básicos separados a su significado y a su sonido. Y si llegan a conocer nuevos caracteres, pensando en la relación existente entre los diferentes caracteres básicos, sentirán el encanto de los caracteres chinos y su nivel de chino se desarrollará cada vez más.

Índice de los caracteres Pinyin

a

a 啊 17f
ā 阿 17e
啊 17f
ǎi 矮 96k
ài 爱 34e
ān 安 96a
厂 148
áng 卬 87

b

ba 吧 92c
bā 巴 92a
八 229
bǎ 把 92b
bà 罢 94c
爸 98a
bái 白 134
bǎi 摆 94d
百 134a
bài 败 186g
bān 般 117c
搬 117d
班 119f
bǎn 板 148c
版 215a
bàn 办 159b
半 175b
bāng 邦 209a
帮 209b
bāo 勹 46
包 47
bǎo 饱 47a
bào 报 34a
抱 47b
bēi 卑 215b
杯 223b
běi 北 88c
bèi 备 56a
倍 79e
被 130a
贝 186
běn 本 210a
bí 鼻 26c
bǐ 匕 88
比 88a
笔 188a
bì 必 28b
biān 边 61a
biǎn 扁 144c
biàn 变 34c
便 35d
遍 144d
釆 183
biǎo 表 130b
bié 别 119e
bīn 宾 118e
bīng 兵 118d
冫 206
冰 206a
bìng 病 81a
并 123
bō 癶 59
播 183b
bǔ 卜 127
捕 166d
bù 步 53a
部 79f
布 131c
不 223a

c

cā 擦 126c
cái 才 32
材 32b
cǎi 彩 8b
采 33d
cài 菜 33e
cān 参 8c
cāo 操 180a
cǎo 艹 207
草 207a
cè 册 217
céng 层 90d
曾 229b
chá 察 126b
茶 207b
查 224c
chà 差 171b
chǎn 产 8d
chāng 昌 218c
cháng 长 102
常 150c
chǎng 厂 148
场 152a
chàng 唱 218d
chāo 超 120d
cháo 朝 218f
chē 车 124
chén 臣 106
辰 187
晨 187a
chèn 衬 130d
chéng 乘 88d
成 114a
城 114b
chī 吃 16b
chí 持 42a
弛 84d
迟 91b
chǐ 尺 91
chì 彳 60
斥 118b
chóng 虫 184
chōu 抽 156a
chū 初 119c
出 167a
chú 厨 140b
除 147a
chǔ 楚 55a
处 56b
础 167b
chù 处 56b
chuān 穿 25a
chuán 船 125a
chuǎn 舛 58
chuāng 窗 142a
chuáng 疒 81
床 143a
chuī 吹 23a
chuí 垂 11i
chūn 春 218i
chuò 辶 61
cí 词 18f
兹 197a
磁 197b
cǐ 此 88g
cì 次 23b
cōng 聪 16g
cóng 从 63g
cūn 村 40a
cùn 寸 40
cuò 错 199b

d

dá 答 65b
dǎ 打 31c
dà 大 74
dǎi 歹 30
逮 38a
dài 大 74
代 110c
戴 113a
带 131b
dān 担 31g
单 231c
dàn 蛋 55b
旦 218a
但 218b
dāng 当 150e
dāo 刀/刂 119
dǎo 导 7b
倒 112c
岛 177c
dào 道 7a
到 112b
de 的 46b
地 84a
de/dé/děi 得 40b
dēng 登 59a
灯 158a
děng 等 42c
dī 低 99b
dì 的 46b
地 84a
弟 109a

	第	109b
diǎn	点	127d
	典	217a
diàn	店	127b
	电	157a
diào	掉	128a
	调	154b
dīng	丁	225
dìng	定	54e
diū	丢	94a
dōng	冬	206e
	东	211
dǒng	懂	151b
dòng	动	159d
dōu	都	101a
dǒu/dòu	斗	164
dòu	豆	140
dū	都	101a
dú	读	75d
	独	173a
dù	度	143b
duǎn	短	111d
duàn	段	117a
	锻	117b
duī	𠂤	193
duì	对	40c
	兑	72c
dùn	顿	6e
duō	多	222d
duǒ	朵	210j

e

è	厄	85a
	饿	137a
ēn	恩	74f
ér	而	9
	儿	71
ěr	耳	10a
	尔	69
èr	二	226

f

fā	发	34f
fǎ	法	94b
fà	发	34f
fān	翻	182b
	番	183a
fán	烦	6b
	凡	213b
fǎn	反	148a
fàn	饭	148b
fāng	方	160
fáng	房	144b
fǎng	访	160a
fàng	放	50a
fēi	非	181
	啡	181b
	飞	182c
fēn	分	119a
fēng	封	40e
	丰	209
	风	213c
fǒu	缶	166g
fū	夫	74a
fú	服	34b
	福	126i
	甶	155
fǔ	府	41a
	腐	41b
	辅	124a
	甫	166c
fù	付	41
	附	41c
	复	56d
	父	98
	阝	147
	畐	163
	富	163a
	傅	166e
	负	186a

g

gāi	该	4b
gǎi	改	50b
gài	匃	48
	概	80f
gān	甘	24f
	干	121
gǎn	敢	50g
	感	114d
gàn	干	121
gāng	冈	165a
	刚	165b
	钢	165c
gāo	高	3
	羔	171c
	糕	171d
gǎo	搞	3a
gào	告	175d
gē	哥	17a
	歌	17b
	戈	113
gé	革	189b
gè	各	57
	个	63b
gěi	给	65d
gēn	根	14b
	跟	14c
gěn	艮	14
gèng	更	35c
gōng	公	93b
	弓	109
	工	200
gǒng	廾	43
gòng	共	43c
gǒu	狗	46e
gòu	够	46d
gū	姑	19c
	骨	29
gǔ	古	19
	鼓	51b
	谷	196
gù	顾	6d
	故	19a
guā	刮	24a
	瓜	33f
guà	挂	153a
guài	夬	76
guān	关	45
	官	193b
guǎn	馆	193c
guàn	观	13b
	贯	186e
	惯	186f
guǎng	广	143
guī	圭	153
guǐ	鬼	155a
guì	贵	186d
gǔn	丨	232
guo	过	40f
guó	国	20a
guǒ	果	210g
guò	过	40f

h

hā	哈	65c
hái	孩	4c
	还	61b
hǎi	海	97b
hài	亥	4
	害	209d
hán	含	66a
	寒	206b
hǎn	喊	114e
hàn	汉	34g
háo	毫	188b
hǎo	好	96c
hào	号	16c
hē	喝	48c
hé	何	17c
	河	17d
	曷	48a
	合	65a
	禾	139
	和	139a
hēi	黑	158d
hěn	很	14a
hóng	红	132i
hòu	后	18d
	候	111b
hū	忽	49a
	乎	121e
hú	胡	19e
	湖	19f
hù	户	144
	护	144f

互 146
huā 花 70b
huá 滑 29a
huà 话 24b
化 70a
划 119g
画 167c
huài 坏 152d
huān 欢 23c
huán 还 61b
环 108c
huàn 奂 68c
huàn 换 68d
huáng 皇 108a
黄 136
huí 回 20d
huì 会 66c
hūn 昏 99d
婚 99e
huó 活 24c
huǒ 火/灬 158
huò 或 113d

j

jī 基 44a
鸡 177a
几 213
机 213a
jí 及 36e
急 36f
级 36g
极 36h
亼 65
吉 104a
集 178a
jǐ 己 82
挤 133d
几 213
jì 寄 18b
计 22b
彐 36
技 51a
旡 80d
既 80e
记 82b
纪 82c
祭 126a
继 132d
济 133c
季 139e
绩 186c
jiā 加 159g
家 174a
jiǎ 叚 34j
jià 假 34k
驾 159h
jiān 坚 106c
戋 115
间 145c
jiǎn 检 67b
简 145d
柬 211c
jiàn 见 13
建 37b
健 37c
践 52a
监 107a
件 175a
jiāng 江 200a
将 214a
jiǎng 讲 228a
jiàng 降 58b
jiāo 交 1a
教 50c
蕉 207c
jiǎo 饺 1b
脚 85f
角 191
jiào 较 1c
觉 13a
叫 16e
教 50c
jiē 街 60c
接 96i
结 104b
jié 巳/卩 85
节 85g
结 104b
jiě 解 175c
姐 224a
jiè 介 63c
界 63d
借 220a
jīn 今 66
斤 118
巾 131
金 199
jǐn 紧 106b
jìn 近 118a
进 228b
jīng 京 2
睛 11h
经 132e
精 135b
jǐng 景 2c
井 228
jìng 竟 21c
境 21d
镜 21e
jìng 净 36b
静 36c
jiōng 冂 149
jiū 究 230a
jiǔ 久 68g
酒 162a
九 230
jiù 就 80b
旧 218g
jū 居 90g
jú 局 91a
橘 116b
jǔ 举 43e
jù 句 46c
据 90h
jué 觉 13a
决 76a
绝 92e
亅 168
jūn 君 37e

k

kā 咖 159i
kǎ 卡 128c
kāi 开 43a
kǎn 凵 167
kàn 看 11a
kāng 康 38b
kǎo 考 100c
kē 科 164a
棵 210h
ké 咳 4d
kě 可 17
渴 48b
kè 刻 4a
克 19g
客 57b
课 210i
kōng 空 142b
kǒu 口 16
kū 哭 16a
kǔ 苦 19d
kù 库 124d
裤 124e
kuài 快 28d
块 76b
筷 216b
kuàng 况 72b
kùn 困 20b

l

la 啦 79b
lā 拉 79a
lái 来 212d
lán 蓝 107b
篮 107c
lǎn 览 13e
láng 狼 15b
làng 浪 15a
láo 劳 159e
lǎo 耂 100
老 100a
le 了 168a
lè 乐 212c
lèi 累 132c
lěng 冷 86b
lí 离 194a

lǐ	李	95c
	理	108b
	礼	126g
	里	151
lì	例	30c
	吏	35a
	隶	38
	立	79
	利	119h
	力	159
	历	159j
liǎ	俩	64c
lián	联	10e
	连	124c
liǎn	脸	67d
liàn	练	132g
	炼	211d
liáng	凉	2a
	良	15
liǎng	两	64b
liàng	谅	2b
	亮	3b
	辆	64d
liǎo	了	168a
liào	料	164b
liè	列	30b
lín	邻	147g
	林	212
líng	零	86c
lǐng	领	6c
lìng	令	86
	另	119d
liú	留	87d
	流	202a
liù	六	229a
lóu	娄	138a
	楼	138b
lù	路	57a
	录	203a
lǚ	旅	63i
lǜ	律	37a
	绿	132j
luàn	乱	24e
lùn	论	22d
m		
ma	吗	176a
	嘛	212b
mā	妈	176b
má	麻	212a
mǎ	马	176
mǎi	买	75b
mài	卖	75c
	麦	209c
mǎn	满	64e
màn	曼	28e
	慢	28f
máng	忙	5b
māo	猫	154d
máo	矛	116
	毛	188
mǎo	卯	87c
mào	冒	11e
	帽	11f
me	么	93a
méi	没	117f
měi	每	97a
mèi	妹	210e
men	们	145a
mén	门	145
mǐ	米	138
mì	冖	169
mián	宀	141
miǎn	免	68a
miàn	面	10
miáo	苗	154c
mín	民	99c
mǐn	皿	125b
míng	鸣	177b
	明	218h
	名	222c
mìng	命	86a
mò	末	210b
mǔ	母	97
mù	目	11
	木	210
n		
na	呐	64a
	哪	147f
ná	拿	31b
nǎ	哪	147f
nà	那	147e
nǎi	奶	96d
nài	耐	9a
nán	难	34h
	男	159a
	南	231b
nǎo	脑	192c
ne	呢	90c
nèi	内	64
néng	能	89b
ng	嗯	74g
ní	尼	90b
nǐ	你	69a
nián	年	121a
niàn	念	66b
niáng	娘	15c
niǎo	鸟	177
nín	您	69b
niú	牛	175
nóng	农	130c
nú	奴	96e
nǔ	努	96f
nǚ	女	96
nuǎn	暖	33b
p		
pá	爬	33c
pà	怕	134c
pāi	拍	31d
pái	排	181a
	牌	215c
pài	派	202b
pán	盘	125c
páng	旁	160b
pàng	胖	192d
pǎo	跑	47c
péng	朋	192a
pèng	碰	197c
pī	批	88b
pí	皮	189
	啤	215d
piān	篇	144e
pián	便	35d
piàn	片	215
piào	票	126d
	漂	126e
piě	丿	234
píng	平	122
	评	122a
	苹	122b
	瓶	123a
pò	破	189a
pǒu	咅	79d
pū	攵	50
pú	葡	166f
pǔ	普	79g
q		
qī	期	44b
	妻	96l
	七	223d
qí	奇	18
	骑	18a
	其	44
	旗	44c
	齐	133b
qǐ	企	53b
	起	53d
	乞	83a
qì	器	172a
	气	204
	汽	204a
qiān	佥	67
	臤	106a
	铅	199a
	千	231d
qián	钱	115a
	前	221a
qiǎn	浅	115b
qiàn	欠	23
qiáng	墙	20f
	丬	214
qiáo	乔	78b
	桥	78c
qiē	切	119b

qiě	且	224
qiè	妾	96h
	切	119b
qīn	亲	103a
qīng	轻	124b
	青	135
	清	135a
qíng	情	135d
	晴	135e
qǐng	请	135c
qiū	秋	139b
qiú	球	198b
	求	203b
qǔ	取	10b
qù	趣	10d
	去	94
guài	怪	152f
quán	全	63f
	泉	201c
quǎn	犬	172
	犭	173
què	却	85e
	确	191a
qún	裙	37f
qùn	夋	71b

r

rán	然	158e
ràng	让	22c
rè	热	158f
rén	人	63
	𠆢	68
	亻	70
	儿	71
	壬	105
rèn	认	63a
	任	105a
rì	日	218
róng	容	196a
róu	内	194
ròu	肉	192
rú	如	96g
rù	入	63e

s

sài	塞	206c
	赛	206d
sān	三	223e
sǎn	伞	231e
sàn	散	50d
sǎo	扫	31h
sào	喿	180
sè	啬	20e
	色	68f
shān	衫	130e
	山	195
shàn	彡	8
shāng	商	103c
shàng	尚	150b
	上	223f
shāo	烧	158b
sháo	勺	46a
shǎo	少	235a
shào	绍	120a
shé	舌	24
shè	射	27b
	设	117e
	社	126h
	舍	168c
shéi	谁	178b
shēn	身	27
	申	157
	深	202c
shén	神	126f
	什	231a
shēng	声	104d
	生	208
shěng	省	235b
shèng	剩	88e
	胜	208a
shī	尸	90
	师	131e
	狮	131f
	失	199c
shí	拾	31e
	时	42d
	实	75a
	食	137
	识	179b
	石	197
	十	231
	什	231a
shǐ	史	35
	使	35b
	始	93f
	矢	111
	豕	174
shì	视	13c
	适	24d
	事	36d
	是	54b
	氏	99
	士	104
	式	110a
	试	110b
	室	112a
	示	126
	市	131a
	世	207f
shōu	收	50e
shǒu	首	7
	手/扌	31
shòu	瘦	34m
shū	疋	55
	殳	117
	舒	168d
	输	221d
	书	232d
	尗	235e
	叔	235f
shú	孰	3d
	熟	3e
shǔ	数	138c
shù	树	40d
	数	138c
	术	210f
	束	211a
shuā	刷	90i
shuāng	双	34i
shuǐ	水	201
	氵	202
	氺	203
shuì	睡	11j
shuō	说	72d
sī	司	18e
	思	28a
	厶	93
	纟	132
	丝	132a
sǐ	死	30a
sì	四	20c
	寺	42
	似	63k
	巳	92
sòng	送	45a
sǒu	叟	34l
sòu	嗽	211b
sú	俗	196b
sù	诉	118c
	宿	134b
suān	酸	71c
suàn	算	43b
suī	虽	184a
suì	岁	195a
suǒ	所	144a

t

tā	他	84b
	她	84c
	它	88f
tái	台	93c
	抬	93d
tài	太	74c
	态	74d
tán	谈	158c
tāng	汤	219b
táng	唐	138d
	糖	138e
	堂	150d
tǎng	躺	27a
táo	逃	129b
	萄	166h
tǎo	讨	40g
tè	特	42b
téng	疼	81b
tī	踢	49d

梯 109c
tí 提 54c
题 54d
tǐ 体 29b
tiān 天 74b
tián 甜 24g
田 154
tiáo 条 56c
调 154b
tiào 跳 129a
tiě 铁 199d
tīng 听 16d
tíng 廷 62a
庭 62b
壬 105
亭 225a
停 225b
tǐng 挺 62c
tōng 通 166b
tóng 同 149b
tòng 痛 81c
tóu 亠 1
头 75
tū 突 142c
tú 图 206f
tǔ 土 152
tuán 团 32c
tuī 推 31f
tuǐ 腿 14f
tuì 退 14e
tuō 脱 72e

w

wà 瓦 146a
袜 210c
wài 外 222a
wán 完 73a
玩 198a
丸 230c
wǎn 晚 68b
宛 85c
碗 85d
wàn 万 194d
wāng 尢 80
wáng 亡 5
王 108
wǎng 往 60a
网/罒 165
wàng 忘 5a
望 5c
wēi 危 68e
wéi 囗 20
为 159c
韦 190
围 190b
违 190c
wěi 委 96j
伟 190a
wèi 位 79c
畏 155b
喂 155c
为 159c
未 210d
wén 闻 10f
文 133
wèn 问 145b
wǒ 我 113b
wò 握 90f
卧 107
wū 屋 90e
wú 无 80c
吾 226b
wǔ 舞 58a
武 110d
午 121b
五 226a
wù 误 22e
勿 49
物 49b
戊 114
务 159f

x

xī 息 26b
希 131d
西 170
覀/襾 170a
昔 220
夕 222
xí 习 182a
xǐ 洗 71e
喜 140a
xì 戏 113e
系 132b
细 132h
xià 夏 56e
下 223g
xiān 先 71d
鲜 185a
xián 咸 114c
xiǎn 险 67a
xiàn 现 13d
xiāng 相 11c
香 139c
箱 216a
xiǎng 享 3c
想 11d
响 150a
xiàng 相 11c
向 150
象 174b
像 174c
xiāo 消 235d
xiǎo 小 235
xiào 校 1d
笑 78a
孝 100b
肖 235c
xiē 些 88h
xié 鞋 153b
xiě 写 169a
xiè 谢 27c
xīn 心/忄 28
辛 103
新 103b
xìn 信 22a
xīng 星 208b
xíng 行 60b
xìng 性 28c
兴 43d
幸 123b
姓 208c
xiōng 兄 72
xióng 熊 89c
xiū 休 70c
xū 须 8a
需 9b
xǔ 许 121c
xù 续 75e
xuǎn 选 71f
xué 学 95a
穴 142
xuě 雪 205a

y

ya 呀 25b
yā 呀 25b
yá 牙 25
yán 颜 8f
言/讠 22
研 197d
yǎn 眼 11g
演 136b
㫃 161
yàn 彦 8e
验 67c
宴 96b
yāng 央 77
yáng 阳 147b
羊 171
昜 219
扬 219a
yàng 样 171a
yāo 夭 78
yào 要 170b
药 207e
yé 爷 98b
yě 也 84
yè 页 6
夜 222b
业 223c
yī 医 111a
衣 130
一 223
yí 夷 109d
姨 109e

宜 224d
yǐ 椅 18c
以 63j
已 82a
乙 83
乚 83e
yì 意 21b
易 49c
艺 83b
亿 83c
邑 92d
弋 110
译 123c
谊 224e
义 233a
议 233b
yīn 音 21
因 74e
阴 147c
yín 银 14d
寅 136a
yǐn 尹 37d
廴 62
yìn 印 87b
yīng 英 77a
应 143c
yíng 赢 5d
迎 87a
yǐng 影 2d
yìng 映 77b
yǒng 甬 166a
永 201a
泳 201b
yòng 用 166
yóu 尤 80a
邮 147d
由 156
游 161b
yǒu 友 34d
有 39c
酉 162
yòu 又 34
ナ 39
右 39b
yú 于 121d
鱼 185
渔 185b
禺 194b
愉 221c
yǔ 予 168b
羽 182
雨 205
语 226c
yù 预 6a
聿 37
矞 116a
育 192b
遇 194c
玉 198
俞 221b
yuán 爰 33a
元 73
园 73c
员 186h
圆 186i
原 201d
yuǎn 远 73d
yuàn 院 73b
夗 85b
愿 201e
yuē 约 207d
yuè 戉 114f
越 114g
乐 212c
月 221
yún 云 227
yǔn 允 71a
yùn 运 227a

Z

zá 杂 230b
zài 在 32a
再 149a
zán 咱 26a
zāng/zàng 脏 143e
zǎo 澡 180b
早 218e
zé 择 123d
责 186b
zěn 怎 234d
zēng 增 152e
zhà 乍 234a
zhǎn 展 90a
zhàn 占 127a
站 127c
zhāng 章 21a
张 102a
zhǎng 掌 31a
长 102
涨 102b
zhàng 丈 39d
zhāo 昭 120b
zháo 着 11b
zhǎo 爪/爫 33
找 113c
zhào 召 120
照 120c
兆 129
zhe 着 11b
zhě 者 101
zhè 这 133a
zhēn 真 12c
zhèn 振 187b
zhēng 争 36a
zhěng 整 54a
zhèng 政 50f
正 54
zhī 支 51
之 83d
知 111c
只 179
织 179a
汁 202d
zhí 直 12
植 12a
值 12b
zhǐ 止 53
夂 56
旨 89
指 89a
纸 99a
只 179
zhì 治 93e
志 104c
至 112
zhōng 终 206g
中 232a
钟 232b
zhǒng 种 232c
zhòng 众 63h
重 151a
zhōu 舟 125
周 154a
zhū 猪 101b
zhú 竹 216
zhǔ 丶 233
主 233c
zhù 祝 72a
助 224b
住 233d
注 233e
zhuāng 庄 143d
装 214c
zhuàng 壮 214b
zhuī 隹 178
追 193a
zhǔn 准 178c
zhuō 桌 128b
zhuó 卓 128
zǐ 子 95
zì 自 26
字 95b
zǒng 总 16f
zǒu 走 53c
zū 租 139d
zú 足 52
族 161a
zǔ 祖 126j
组 132f
zuǐ 嘴 191b
zuì 最 10c
zuó 昨 234c
zuǒ 左 39a
zuò 做 19b
坐 152b
座 152c
作 234b

Índice de los caracteres básicos

Al buscar un carácter chino en el diccionario, lo ideal es buscarlo mediante el índice de pinyin, pero si no conoce el pinyin es necesario buscar el índice que está enumerado a base de radicales normales. Pero al principio, puede ser difícil ver un carácter chino y deducir cuál es el radical. Por tanto, en este índice, están anotados de manera reiterada las letras básicas para que, aun que no sean radicales, si encuentran cualquier carñácter básico al descomponer un carácter chino, puedan encontrar lo que buscaban. De los caracteres chinos enumerados, aquellos que están señalados con el color azul son radicales o caracteres que cumplen con el papel de caracteres básicos, por lo que, si cuentan los trazos al buscarlo puede encontrar mucho más caracteres chinos.

1~2 trazos

1 trazos

乙(乚)83 | 九230 习182a 飞182c 亿83c 乞83a 吃16b 艺83b 也84 电157a 礼126g 乱24e

亅168 | 了168a 丁225 予168b 预6a 于121d 乎121e 争36a 事36d

一223 | 七223d 切119b 二226 于121d 三223e 与169a 写169a 上223f 让22c 赤235e 叔235f 下223g 卡128c 万194d 不223a 夫74a 天74b 无80c 世207f 甘24f 乎121e 本210a 末210b 未210d 东211 炼211d 旦218a 但218b 查224c 且224 吏35a 使35b 事36d 业223c 西170 酉162 同149b 两64b 佥67 担31g 或113d 咸114c 感114d 喊114e 面10

丨232 | 个63b 丰209 中232a 钟232b 种232c 书232d 申157 旧218g

丶233 | 丸230c 义233a 议233b 太74c 态74d 办159b 为159c 尤80a 就80b 以63j 似63k 发34f 斥118b 诉118c 头75 永201a 泳201b 术210f 主233c

丿234 | 九230 丸230c 么93a 久68g 之83d 千231d 义233a 议233b 尹37d 君37e 裙37f 夭78 笑78a 乔78b 桥78c 少235a 省235b 发34f 乎121e 禾139 乍234a 必28b 缶166g 丢94a 我113b 系132b 重151a 乐212c

2 trazos

亠1 | 亡5 六229a 文133 立79 市131a 交1a 亥4 变34c 享3c 孰3d 熟3e 京2 高3 亮3b 亭225a 停225b 毫188b 夜222b 离194a 脑192c

讠22 | 计22b 认63a 让22c 讨40g 记82b 议233b 论22d 设117e 许121c 访160a 讲228a 词18f 诉118c 评122a 译123c 识179b 该4b 话24b 试110b 误22e 说72d 语226c 谅2b 读75d 请135c 调154b 谈158c 谁178b 谊224e 课210i 谢27c

又34 | 丈39d 友34d 双34i 及36e 级36g 极36h 支51 殳117 反148a 发34f 汉34g 对40c 树40d 奴96e 努96f 皮189 观13b 欢23c 戏113e 报34a 服34b 译123c 择123d 鸡177a 取10b 最10c 趣10d 变34c 臥106a 度143b 怪152f 叔235f 叚34j 假34k 叟34l 瘦34m 难34h 紧106b 坚106c 曼28e 慢28f

十39 | 丈39d 友34d 左39a 右39b 布131c 有39c 希131d
勹46 | 勺46a 的46b 约207d 药207e 勿49 易219 易219 包47 匈48 句46c 萄166h 葡166f 够46d 狗46e
廴62 | 廷62a 庭62b 挺62c 建37b 健37c
人63 | 个63b 久68g 认63a 介63c 从63g 众63h 以63j 似63k 内64 呐64a 两64b 今66 令86 论22d 匈48 企53b 合65a 会66c 伞231e 佥67 坐152b 座152c 舍168c 舒168d 界63d 食137 除147a 茶207b 俞221b 愉221c 输221d 入63e 全63f 金199
⺈68 | 久68g 及36e 尔69 你69a 您69b 争36a 危68e 色68f 负186a 免68a 晚68b 奂68c 换68d 角191 急36f 象174b 像174c
亻70 | 亿83c 化70a 花70b 什231a 付41 他84b 代110c 们145a 似63k 休70c 任105a 件175a 伟190a 何17c 体29b 你69a 您69b 位79c 倍79e 低99b 但218b 住233d 作234 例30c 使35b 夜222b 信22a 便35d 俩64c 俗196b 值12b 健37c 候111b 倒112c 借220a 做19b 假34k 宿134b 停225b 傅166e 像174c
儿71 | 见13 允71a 夋71b 酸71c 元73 兄72 四20c 西170 酉162 先71d 洗71e 选71f 兆129 克19g 免68a 晚68b 亮3b 鬼155a 竟21c 境21d 镜21e 烧158b
𠂉 | 乞83a 吃16b 失199c 铁199d 乍234a 每97a 海97b 览13e 监107a 蓝107b 篮107c 复56d 旅63i 族161a 游161b 旗44c 舞58a
卩(㔾)85 | 厄85a 危68e 顾6d 印87 迎87a 夗85b 宛85c 碗85d 节85g 令86 印87b 卯87c 爷98b 却85e 脚85f 报34a 服34b
匕88 | 化70a 花70b 比88a 北88c 乘88d 剩88e 它88f 尼90b 呢90c 论22d 死30a 此88g 些88h 嘴191b 旨89 指89a 老100a 能89b 熊89c
厶93 | 么93a 允71a 夋71b 酸71c 公93b 内194 离194a 台93c 去94 育192b 流202a 参8c 鬼155a 能89b 熊89c
刀(刂)119 | 分119a 切119b 召120 列30b 例30c 划119g 师131e 狮131f 刚165b 初119c 别119e 利119h 刻4a 刮24a 刷90i 到112b 倒112c 览13e 监107a 蓝107b 篮107c 前221a 俞221b 愉221c 输221d 留87d 紧106b 坚106c 班119f 剩88e 解175c
卜127 | 占127a 处56b 外222a 卧107 卓128 掉128a 桌128b
阝147 | 阳147b 阴147c 那147e 哪147f 邦209a 帮209b 阿17e 啊17f 附41c 邮147d 邻147g 降58b 险67a 院73b 除147a 部79f 都101a
厂148 | 厄85a 危68e 顾6d 反148a 历159j 产8d 彦8e 颜8f 原201d 愿201e 厨140b
冂149 | 冃11e 冒11e 帽11f 内64 呐64a 两64b 内194 离194a 冈165a 刚165b 钢165c 央77a 再149a 同149b 向150 响150a 网165 冏116a 周154a 调154b 禺194b 遇194c 南231b 病81a
力159 | 办159b 为159c 历159j 边61a 另119d 别119e 务159f 加159g 驾159h 咖159i 动159d 努96f 男159a 劳159e 助224b
凵167 | 出167a 础167b 画167c 离194a 脑192c
冖169 | 写169a 农130c 劳159e 学95a 觉13a 带131b 爱34e 深202c
冫206 | 冬206e 图206f 终206g 疼81b 决76a 冰206a 况72b 冷86b 净36b 凉2a 准178c

2
trazos

寒206b

几213 | 凡213b 赢5d 风213c 朵210j 机213a

丁225 | 打31c 灯158a 亭225a 停225b

二226 | 元73 互146 五226a 吾226b 语226c 云227 井228 讲228a 进228b 次23b 些88h

八(丷)229 | 公93b 殳117 分119a 六229a 穴142 深202c 只179 织179a 识179b 共43c
戴113a 兴43d 举43e 同116a 其44 典217a 真12c 铅199a 船125a 黄136 寅136a
演136b 介63c 界63d 乔78b 桥78c 齐133b 济133c 挤133d 半175b 关45 当150e
伞231e 兑72c 说72d 脱72e 尚150b 总16f 聪16g 柬211c 兹197a 磁197b 黑158d
曾229b 增152e

九230 | 丸230c 杂230b 究230a

十231 | 千231d 计22b 什231a 汁202d 早218e 伞231e 草207a 卓128 掉128a 单231c 南231b
章21a 朝218f

3 trazos

亡5 | 忙5b 忘5a 望5c 赢5d

彡8 | 参8c 衫130e 须8a 彦8e 颜8f 彩8b 影2d

口16 | 号16c 叫16e 可17 啊17f 司18e 词18f 古19 史35 右39b 句46c 够46d 兄72 台93c
另119d 别119e 召120 占127a 加159g 驾159h 咖159i 只179 织179a 识179b 石197
吃16b 后18d 回20d 啬20e 墙20f 舌24 各57 路57a 客57b 合65a 哈65c 含66a
如96g 吉104a 结104b 同149b 问145b 向150 响150a 尚150b 吗176a 名222c 听16d
言22 吹23a 呀25b 君37e 裙37f 呐64a 免68a 晚68b 局91a 吧92c 同116a 告175d
员186h 圆186i 束211a 吾226b 语226c 狗46e 音79d 倍79e 部79f 命86a 呢90c
知111c 或113d 咸114c 感114d 喊114e 和139a 周154a 调154b 舍168c 舒168d 鸣177b
咳4d 总16f 聪16g 误22e 咱26a 哪147f 虽184a 哭16a 器172a 唐138d 糖138e
铅199a 害209d 船125a 啦79b 啡181b 啤215d 唱218d 喝48c 喜140a 喂155c 嗯74g
枭180 操180a 澡180b 嗽211b 嘛212b 嘴191b 赢5d

囗20 | 四20c 西170 酉162 回20d 啬20e 墙20f 团32c 因74e 恩74f 嗯74g 困20b 园73c
邑92d 围190b 国20a 图206f 面10 圆186i

忄28 | 忙5b 快28d 性28c 怕134c 怪152f 情135d 惯186f 愉221c 筷216b 慢28f 懂151b

扌31 | 打31c 扫31h 扬219a 报34a 技51a 我113b 饿137a 批88b 把92b 找113c 护144f
拍31d 担31g 抱47b 拉79a 啦79b 抬93d 择123d 抽156a 拾31e 持42a 挺62c 指89a
挤133d 挂153a 换68d 热158f 捕166d 振187b 推31f 据90h 接96i 掉128a 排181a 提54c
握90f 搞3a 摆94d 搬117d 播183b 操180a 擦126c

才32 | 在32a 团32c 材32b

彐36 | 尹37d 君37e 裙37f 扫31h 争36a 聿37 当150e 事36d 隶38 妻96l 录203a 绿132j
叟34l 瘦34m 急36f 唐138d 糖138e 雪205a

寸40 | 对40c 树40d 讨40g 付41 导7b 过40f 寺42 村40a 时42d 衬130d 耐9a 封40e
将214a 射27b 谢27c 得40b 厨140b 傅166e

3 trazos

廾43 | 开43a 研197d 兵118d 宾118e 算43b

丌 | 其44 典217a 真12c 鼻26c

⺍ | 兴43d 举43e 金67 应143c 学95a 觉13a

夂56 | 处56b 务159f 冬206e 图206f 终206g 疼81b 各57 路57a 客57b 条56c 夋71b 酸71c 麦209c 备56a 复56d 降58b 夏56e 窗142a

彳60 | 行60b 街60c 往60a 很14a 律37a 得40b

辶61 | 边61a 过40f 还61b 远73d 迎87a 迟91b 近118a 连124c 这133a 违190c 运227a 进228b 退14e 适24d 送45a 选71f 逃129b 追193a 通166b 逮38a 道7a 遍144d 遇194c 腿14f

大74 | 夫74a 天74b 太74c 态74d 夬76 筷216b 夭78 笑78a 乔78b 桥78c 犬172 头75 央77a 失199c 铁199d 因74e 恩74f 嗯74g 夷109d 姨109e 参8c 奇18 误22e

尢80 | 尤80a 就80b 无80c

己82 | 已82a 记82b 纪82c 改50b 起53d

也84 | 他84b 地84a 她84c 弛84d

尸90 | 尺91 局91a 迟91b 尼90b 呢90c 声104d 层90d 居90g 据90h 刷90i 屋90e 握90f 展90a

巳92 | 巴92a 包47 导7b

子95 | 字95b 好96c 李95c 孝100b 享3c 孰3d 熟3e 学95a 季139e 孩4c 教50c 游161b

女96 | 奶96d 奴96e 努96f 她84c 安96a 宴96b 好96c 如96g 妈176b 姑19c 妾96h 接96i 委96j 矮96k 妻96l 姓208c 妹210e 姐224a 姨109e 娄138a 楼138b 数138c 要170b 娘15c 婚99e

士104 | 吉104a 结104b 桔116b 壮214b 装214c 志104c 声104d 喜140a

弓109 | 夷109d 姨109e 张102a 涨102b 弟109a 第109b 梯109c 弛84d

弋110 | 代110c 式110a 试110b 武110d

干121 | 午121b 许121c 平122 评122a 苹122b 年121a 并123 瓶123a 幸123b 舍168c 舒168d

巾131 | 市131a 布131c 希131d 师131e 狮131f 刷90i 带131b 帮209b 常150c 帽11f

纟132 | 丝132a 级36g 纪82c 红132i 约207d 药207e 纸99a 绍120a 经132e 组132f 练132g 细132h 织179a 终206g 给65d 绝92e 结104b 继132d 续75e 绿132j 绩186c

饣137 | 饭148b 饱47a 饺1b 饿137a 馆193c

宀141 | 它88f 穴142 字95b 安96a 宴96b 完73a 院73b 定54e 实75a 宛85c 碗85d 官193b 馆193c 宜224d 谊224e 尚150b 客57b 室112a 宾118e 家174a 容196a 害209d 寄18b 宿134b 寅136a 演136b 富163a 寒206b 塞206c 赛206d 察126b 擦126c

广143 | 庄143d 脏143e 库124d 裤124e 床143a 应143c 府41a 腐41b 店127b 庭62b 度143b 唐138d 糖138e 座152c 康38b 麻212a

门145 | 们145a 问145b 间145c 简145d 闻10f

土152 | 耂100 去94 在32a 寺42 地84a 至112 庄143d 脏143e 场152a 圭153 走53c 块76b 坚106c 社126h 里151 坐152b 座152c 坏152d 垂11i 睡11j 幸123b 怪152f 周154a 调154b 城114b 基44a 堂150d 黑158d 塞206c 墙20f 境21d 增152e

3 trazos

犭173 | 狗46e 狮131f 独173a 狼15b 猪101b 猫154d
马176 | 吗176a 妈176b 驾159h 验67c 骑18a
山195 | 出167a 础167b 岁195a 岛177c
工200 | 左39a 式110a 试110b 红132i 江200a 空142b 经132e 轻124b 差171b
氵202 | 汉34g 汁202d 江200a 汤219b 没117f 汽204a 河17d 法94b 浅115b 泳201b 注233e 活24c 洗71e 济133c 派202b 浪15a 海97b 涨102b 酒162a 流202a 消235d 清135a 渔185b 深202c 湖19f 滑29a 渴48b 游161b 满64e 漂126e 演136b 澡180b
艹(屮)207 | 屯6e 顿6e 艺83b 节85g 花70b 劳159e 苦19d 英77a 革122b 苗154c 猫154d 草207a 茶207b 药207e 菜33e 萄166h 葡166f 满64e 蓝107b 懂151b 蕉207c
丬214 | 壮214b 装214c 将214a
昜(易)219 | 场152a 扬219a
夕222 | 夗85b 宛85c 碗85d 外222a 岁195a 名222c 多222d 舛58 舞58a 夜222b 将214a 够46d
丸230c | 热158f 孰3d 熟3e
小235 | 少235a 省235b 尔69 你69a 您69b 赤235e 叔235f 肖235c 消235d 原201d 愿201e

4 trazos

见13 | 观13b 视13c 现13d 觉13a 览13e
欠23 | 次23b 欢23c 吹23a 歌17b 嗽211b
牙25 | 呀25b 穿25a
心28 | 必28b 忘5a 志104c 忽49a 念66b 总16f 聪16g 思28a 急36f 怎234d 息26b 恩74f 嗯74g 您69b 想11d 意21b 感114d 愿201e
歹30 | 死30a 列30b 例30c
手31 | 看11a 拿31b 掌31a
爪(爫)33 | 瓜33f 爬33c 采33d 菜33e 爱33a 暖33b 爱34e 彩8b
友34d | 发34f 爱33a 暖33b 爱34e
曰 | 更35c 便35d 音21 曷48a 渴48b 喝48c 复56d 曼28e 慢28f 最10c 曾229b 增152e
勿49 | 昜219 忽49a 物49b 易49c 踢49d
攵50 | 收50e 改50b 放50a 败186g 故19a 做19b 政50f 教50c 敢50g 散50d 数138c 整54a
支51 | 技51a 鼓51b
止53 | 正54 企53b 走53c 此88g 些88h 嘴191b 步53a 武110d
今66 | 含66a 念66b
元73 | 完73a 院73b 园73c 远73d 玩198a
夬76 | 决76a 快28d 块76b
无80c | 旡80d 既80e 概80f
比88a | 批88b
巴92a | 色68f 把92b 吧92c 邑92d 爬33c 爸98a
父98 | 爷98b 爸98a

4 trazos

氏99 | 民99c 纸99a 低99b 昏99d 婚99e

耂100 | 老100a 考100c 孝100b 者101 都101a 猪101b 教50c

长102 | 张102a 涨102b

壬105 | 任105a 廷62a 庭62b 挺62c

王108 | 玉198 主233c 住233d 往60a 注233e 全63f 现13d 国20a 环108c 玩198a 皇108a
班119f 望5c 理108b 球198b

戈113 | 戊114 戋115 戏113e 划119g 我113b 饿137a 找113c 或113d 烧158b 戴113a

殳117 | 设117e 没117f 段117a 锻117b 般117c 搬117d

斤118 | 斥118b 诉118c 听16d 兵118d 宾118e 近118a 所144a 新103b

车124 | 连124c 库124d 裤124e 较1c 轻124b 辆64d 辅124a 输221d

礻126 | 礼126g 社126h 视13c 祝72a 神126f 祖126j 福126i

文133 | 齐133b 济133c 挤133d 这133a

户144 | 护144f 所144a 房144b 扁144c 遍144d 篇144e

瓦146a | 瓶123a

反148a | 饭148b 板148c 版215a

火(灬)158 | 灯158a 秋139b 炼211d 烦6b 烧158b 谈158c 点127d 羔171c 糕171d 热158f
黑158d 然158e 照120c 熊89c 熟3e 蕉207c

方160 | 访160a 㫃161 放50a 房144b 旅63i 旁160b 族161a 游161b 旗44c

斗164 | 科164a 料164b

犬172 | 哭16a 然158e 器172a

牛175 | 半175b 胖192d 件175a 告175d 物49b 特42b 解175c

贝186 | 负186a 员186h 圆186i 责186b 绩186c 贯186e 惯186f 败186g 贵186d 赛206d 赢5d

毛188 | 笔188a 毫188b

韦190 | 伟190a 围190b 违190c

水201 | 永201a 冰206a 泳201b 泉201c

气204 | 汽204a

丰209 | 邦209a 帮209b 麦209c 害209d

木210 | 禾139 本210a 体29b 末210b 袜210c 未210d 妹210e 术210f 乐212c 休70c 朵210j
机213a 杂230b 困20b 材32b 极36h 村40a 树40d 条56c 李95c 床143a 柬211a
来212d 采33d 板148c 果210g 课210i 棵210h 林212 麻212a 楚55a 杯223b 相11c
想11d 箱216a 亲103a 新103b 茶207b 查224c 校1d 根14b 桥78c 桔116b 桌128b
样171a 彩8b 检67b 梯109c 深202c 植12a 椅18c 集178a 概80f 楼138b 喿180
操180a 澡180b 橘116b

片215 | 版215a 牌215c

日218 | 旦218a 但218b 担31g 易219 查224c 旧218g 旨89 指89a 早218e 草207a 阳147b
时42d 间145c 简145d 易49c 踢49 昏99d 婚99e 者101 都101a 猪101b 卓128
掉128a 桌128b 昌218c 唱218d 明218h 昔220 借220a 错199b 是54b 提54c 题54d
映77b 昭120b 照120c 香139c 星208b 春218i 昨234c 晚68b 宴96b 得40b 晨187a

4
trazos

景2c 影2d 普79g 晴135e 朝218f

月221 | 有39c 阴147c 肖235c 消235d 服34b 朋192a 育192b 明218h 胡19e 湖19f 骨29 胖192d 胜208a 前221a 俞221b 愉221c 输221d 能89b 熊89c 脏143e 脑192c 望5c 脸67d 脱72e 脚85f 期44b 散50d 然158e 朝218f 腿14f 赢5d

不223a | 还61b 坏152d 环108c 杯223b

云227 | 会66c 动159d 层90d 运227a

5 trazos

目11 | 直12 看11a 相11c 想11d 箱216a 冒11e 帽11f 省235b 着11b 眼11g 睛11h 睡11j 算43b

可17 | 何17c 阿17e 啊17f 河17d 奇18 哥17a 歌17b

古19 | 克19g 姑19c 苦19d 居90g 据90h 故19a 做19b 胡19e 湖19f

甘24f | 甜24g

史35 | 吏35a 使35b 更35c 便35d

付41 | 附41c 府41a 腐41

包47 | 饱47a 抱47b 跑47c

匃48 | 曷48a 渴48b 喝48c

正54 | 定54e 政50f 是54b 提54c 题54d 整54a

疋55 | 蛋55b 楚55a

癶59 | 登59a

兄72 | 况72b 祝72a 兑72c 说72d 脱72e

头75 | 买75b 卖75c 读75d 续75e 实75a

央77 | 奂68c 换68d 英77a 映77b

立79 | 产8d 彦8e 颜8f 位79c 拉79a 啦79b 音79d 倍79e 部79f 妾96h 接96i 音21 亲103a 新103b 站127c 旁160b 商103c

疒81 | 病81a 疼81b 痛81c 瘦34m

令86 | 冷86b 邻147g 命86a 领6c 零86c

台93c | 抬93d 治93e 始93f

去94 | 丢94a 却85e 脚85f 法94b 罢94c 摆94d

母97 | 每97a 海97b

皿125b | 监107a 蓝107b 篮107c 盘125c

矢111 | 医111a 知111c 候111b 族161a 短111d 矮96k

戊114 | 戌114f 越114g 成114a 城114b 咸114c 感114d 喊114e

戋115 | 浅115b 钱115a 践52a

矛116 | 矞116a 橘116b

召120 | 绍120a 昭120b 照120c 超120d

示126 | 祭126a 察126b 擦126c 票126d 漂126e

占127a | 店127b 点127d 站127c

5 trazos

衤130 | 初119c 衬130d 衫130e 被130a 袜210c 裙37f 裤124e

白134 | 百134a 宿134b 拍31d 的46b 怕134c 皇108a 泉201c 原201d 愿201e

禾139 | 利119h 委96j 矮96k 和139a 季139e 秋139b 香139c 科164a 种232c 乘88d 剩88e 租139d

穴142 | 究230a 空142b 穿25a 突142c 窗142a

田154 | 甶155 由156 邮147d 抽156a 申157 神126f 电157a 里151 男159a 备56a 细132h 苗154c 猫154d 画167c 果210g 课210i 棵210h 卑215b 啤215d 牌215c 单231c 思28a 界63d 畐163 鬼155a 畏155b 喂155c 禺194b 遇194c 留87d 累132c 黄136 寅136a 演136b 番183a 播183b 翻182b 鼻26c 戴113a

罒 | 罢94c 摆94d 曼28e 慢28f

用166 | 甬166a 通166b 痛81c 甫166c 捕166d 辅124a 傅166e 葡166f 角191

鸟177 | 鸡177a 鸣177b 岛177c

皮189 | 被130a 破189a

石197 | 研197d 础167b 破189a 确191a 碗85d 碰197c 磁197b

钅(金) 199 | 钢165c 铅199a 钟232b 钱115a 铁199d 银14d 错199b 锻117b 镜21e

氺203 | 求203b 球198b 录203a

生208 | 性28c 姓208c 胜208a 星208b

东(柬)211c | 练132g

册(冊)217 | 扁144c 遍144d 篇144e

业223c | 普79g 碰197c

且224 | 助224b 组132f 姐224a 宜224d 谊224e 祖126j 租139d

乍234a | 作234b 昨234c 怎234d

6 trazos

交1a | 饺1b 较1c 校1d

亥4 | 刻4a 该4b 孩4c 咳4d

页6 | 须8a 预6a 烦6b 顾6d 顿6e 领6c 颜8f 题54d

而9 | 耐9a 需9b

耳10a | 取10b 最10c 趣10d 闻10f 敢50g 联10e 聪16g

艮14 | 很14a 退14e 腿14f 根14b 眼11g 银14d 跟14c

舌24 | 乱24e 刮24a 话24b 活24c 适24d 甜24g

自26 | 首7 咱26a 息26b 夏56e 鼻26c

争36a | 净36b 静36c

聿37 | 建37b 健37c 律37a

寺42 | 持42a 特42b 等42c

关45 | 送45a 联10e

合65a | 拾31e 哈65c 给65d 拿31b 答65b

色68f | 绝92e

6 trazos

臣106 | 臤106a 卧107
至112 | 到112b 倒112c 屋90e 握90f 室112a
舟125 | 般117c 搬117d 船125a 盘125c
兆129 | 逃129b 跳129a
衣130 | 农130c 表130b 装214c
糸132 | 系132b 紧106b 累132c
米138 | 来212d 娄138a 楼138b 数138c 继132d 料164b 精135b 糖138e 糕171d
圭153 | 封40e 挂153a 街60c 鞋153b
缶166g | 萄166h
覀170a | 要170b 票126d 漂126e
羊171 | 差171b 样171a 羔171c 糕171d 着11b 鲜185a
羽182 | 习182a 翻182b
虫184 | 虽184a 蛋55b 独173a
肉192 | 腐41b
𠂤193 | 追193a 官193b 馆193c
竹216 | 笑78a 笔188a 第109b 等42c 答65b 简145d 筷216b 箱216a 算43b 篇144e 篮107c

7 trazos

良15 | 浪15a 狼15b 娘15c
言22 | 信22a
身27 | 射27b 谢27c 躺27a
釆33d | 菜33e
足(⻊)52 | 跑47c 践52a 跟14c 路57a 跳129a 踢49d
走53c | 起53d 越114g 超120d 趣10d
两64b | 俩64c 辆64d 满64e
佥67 | 险67a 验67c 检67b 脸67d
邑92d
辛103 | 妾96h 接96i 亲103a 新103b 商103c
冏 | 商103c 矞116a 橘116b
豆140 | 登59a 短111d 喜140a 厨140b 鼓51b
里151 | 重151a 懂151b 理108b
酉162 | 酒162a 酸71c
豕174 | 家174a 象174b 像174c
采183 | 播183b 番183a 翻182b
辰187 | 振187b 晨187a
角191 | 确191a 解175c
谷196 | 俗196b 容196a
柬211a | 柬211c 嗽211b 整54a

7 trazos

8 trazos

京2 | 凉2a 谅2b 景2c 影2d 就80b
直12 | 值12b 真12c 植12a
奇18 | 骑18a 寄18b 椅18c
隶38 | 逮38a 康38b
其44 | 基44a 期44b 旗44c
青135 | 请135c 清135a 情135d 晴135e 睛11h 静36c 精135b
尚150b | 常150c 堂150d 掌31a 躺27a
隹178 | 难34h 谁178b 准178c 推31f 集178a 蕉207c
非181 | 排181a 啡181b
鱼185 | 渔185b 鲜185a
雨205 | 雪205a 零86c 需9b

9 trazos

首7 | 道7a
面10
音21 | 章21a 竟21c 境21d 镜21e 意21b
骨29 | 滑29a
食137
香139c
鬼155a
畐163 | 富163a 福126i
革189b | 鞋153b

10 trazos

高3 | 享3c 孰3d 熟3e 亮3b 毫188b 搞3a

11 trazos

黄136
麻212a | 嘛212b

12 trazos

黑158d

13 trazos

鼓51b